DAS ATTENTAT

Die Männer des 20. Juli 1944

Hrsg. von Klemens von Klemperer
Enrico Syring · Rainer Zitelmann

Das Attentat

Die Männer des 20. Juli 1944

tosa

Originaltitel: „Für Deutschland“ – Die Männer des 20. Juli
Genehmigte Lizenzausgabe 2006 für tosa im
Verlag Carl Ueberreuter Ges. m. b. H., Wien
Covergestaltung: Peter Udo Pinzer, Eppstein
Alle Titelbilder: akg-images
Druck: Druckerei Theiss GmbH, St. Stefan im Lavanttal

www.tosa-verlag.com

INHALT

Der 20. Juli 1944

VON KLEMENS VON KLEMPERER, ENRICO SYRING, RAINER ZITELMANN

»Für Deutschland!« – Mit diesen schlichten Worten beantwortete Generalmajor Hellmuth Stieff am 7. August 1944 die Frage des Volksgerichtshofspräsidenten Roland Freisler nach dem Motiv für seinen Widerstand. Wie Adam von Trott zu Solz gingen fast alle in diesem Band vorgestellten Verschwörer wider die nationalsozialistische Herrschaft »durch die Hölle der Identifikation mit Deutschland«. Jeder fühlte sich auf seine Weise für die von Deutschen und in deutschem Namen während des Dritten Reiches begangenen Untaten mitverantwortlich, hielt die Ehre seines Vaterlandes für befleckt und sah es als seine ganz persönliche sittlich-moralische Verpflichtung an, ein als verbrecherisch erkanntes Regime zu beseitigen.

So war beispielsweise dem langjährigen Generalstäbler Henning von Tresckow klar, daß der Staatsstreichversuch im Juli 1944 nach menschlicher Voraussicht scheitern mußte. Und selbst wenn er wider Erwarten doch glücken sollte, würde er angesichts der militärisch ausweglos gewordenen Gesamtlage am Schicksal des Deutschen Reiches nichts mehr ändern. Gleichwohl ließ Tresckow keinen Zweifel daran, daß der Attentatsversuch auf Hitler, koste es was es wolle, auf jeden Fall unternommen werden müsse. Jenseits jeden praktischen Zweckes ging es für den neuernannten Generalmajor darum, vor der Geschichte den Nachweis zu führen, daß das andere, bessere Deutschland noch nicht tot sei. Notfalls unter Opferung des eigenen Lebens sollte der Nation die moralische Legitimation für eine weitere Existenz verschafft, sollte verhindert werden, daß alle Deutschen angesichts der ungeheuren Massenverbrechen in den Jahren 1933 bis 1945 von der Weltgemeinschaft ausnahmslos in Acht und Bann getan werden könnten.

Die aus diesen Gedankengängen sprechende Haltung ist vielen Deutschen heute fremd geworden. Bei Erscheinen dieses Bandes liegt der Aufstand vom 20. Juli 1944 mehr als 60 Jahre zurück. Trotz einer umfangreichen Spezialliteratur und wiederholter wissenschaftlicher Konferenzen über dieses Ereignis, trotz der jährlichen Gedächtnisfeiern im »Bendlerblock« und der Einrichtung der Berliner »Gedenkstätte deutscher Widerstand«, trotz des Geschichtsunterrichts in den deutschen Schulen ist das Wagnis des Grafen Stauffenberg und seiner Mitverschworenen nur in relativ geringem Maße in das kollektive Gedächtnis der Deutschen eingegangen. Das jährliche offizielle Gedenkritual kann nicht darüber hinwegtäuschen, daß die überwiegende Mehrheit der Bevölkerung nur wenig mit dem 20. Juli anzufangen weiß. Und außerhalb der Bundesrepublik hat es bisher ebenfalls nur wenig Anerkennung und Verständnis gefunden.

Wenn auch heute kaum noch in Zweifel gezogen wird, daß es tatsächlich einen deutschen Widerstand gegen den Nationalsozialismus gab, haben damit verbundene stereotype Vorstellungen immer wieder ihre Zähigkeit bewiesen. Die Tradition des »Vansittartismus«, die während des Zweiten Weltkrieges im Lager der Alliierten bestimmend wurde und derzufolge die Bilanz der deutschen Geschichte, »past and present«, ganz und gar »schwarz« war und die dazu führte, daß man die Existenz eines »anderen Deutschlands« leichtweg abtat, hat ihre Wirkung bis zum heutigen Tag nicht eingebüßt. Das zeigt sich vor allem daran, daß den aus dieser Tradition abgeleiteten Fragestellungen, nicht zuletzt auch unter deutschen Historikern, ein vorrangiger Stellenwert eingeräumt wird. Sie lauten etwa: Warum wurde im deutschen Raum, wenn überhaupt, nur vereinzelt Widerstand geleistet? Warum so spät? Unterschied sich der konservative Widerstand in Weltbild und Zielen nicht nur geringfügig vom Nationalsozialismus? Zielte das Wagnis des Grafen Stauffenberg nicht vor allem darauf ab, der unvermeidlich gewordenen militärischen Niederlage auszuweichen?

Diese Fragestellungen sind durchaus berechtigt und werden

daher auch die ernsthafte und unpolemische Literatur immer wieder beschäftigen. Darüber hinaus sollte sich die deutsche Öffentlichkeit jedoch vor Augen führen, daß der deutsche Widerstand, insbesondere in seinen Auslandskontakten während des Krieges, immer auch an Landesverrat grenzte. In den besetzten Ländern und Gebieten Europas manifestierte sich im Widerstehen stets auch ein freiheitlicher und patriotischer Akt. Zwar konnte der Widerstand innerhalb Deutschlands für sich zweifellos ebenfalls das freiheitliche Motiv beanspruchen, jedoch mußte er zwangsläufig mit dem unmittelbaren nationalen Interesse, das heißt mit der Machterweiterung des Reiches, in Konflikt geraten – und das war sein furchtbares Dilemma.

Das Ziel dieses Buches ist weder Rechtfertigung noch Anklage. Neben Zusammenfassungen des Forschungsstandes bringt es vielmehr auch manch neue wissenschaftliche Erkenntnis, beispielsweise in den Beiträgen über Gisevius und Hofacker, und will nach den 62 Jahren, die inzwischen seit dem 20. Juli 1944 vergangen sind, neuerlich Verständnis für die einzigartige Zwangslage wachrufen, in welcher sich jeglicher Widerstand in einem totalitären Staat befindet. Dabei ist der biographische Ansatz ganz bewußt gewählt worden, damit die Gewissenskonflikte deutlich werden, mit denen jeder Oppositionelle im Dritten Reich zu ringen hatte. Denn Widerstand war damals überall und unter allen Umständen, zumal innerhalb Deutschlands, vor allem eine Frage der ganz persönlichen und einsamen Entscheidung.

Eine Einordnung des Widerstandsphänomens in die Geschichte des Nationalsozialismus hat sich natürlich zunächst einmal mit den Erwartungen auseinanderzusetzen, die wir an den Begriff »Widerstand« knüpfen. Das gilt für den Widerstand in ganz Europa. Nach dem Untergang der nationalsozialistischen Herrschaft wurde der Widerstand zu ihrem dezidierten Gegenbild erhoben. Man ging dabei von der Voraussetzung aus, er sei die Sache, wenn nicht gar die Pflicht aller anständigen Bürger gewesen; Widerstand wurde im nachhinein als ethisch-moralisches Postulat verstanden.[1] Dies führte allerdings zu einer Mystifizierung der historischen Wirklichkeit. Nach dem Ende des Zweiten Weltkrieges wurde der vermeintlich oder tatsächlich geleistete Widerstand in den ehemals deutsch besetzten Gebieten in Europa ganz allgemein zur Legitimierung der wieder- beziehungsweise neugeborenen Staaten instrumentalisiert. So wurde beispielsweise während der vierten und fünften französischen Republik unter dem Einfluß des Generals Charles de Gaulle die Résistance derart stilisiert, daß man den Eindruck gewinnen mußte, die Franzosen seien in den Jahren zwischen 1940 und 1944 nahezu ohne jede Ausnahme ein Volk von Widerstandskämpfern gewesen. In Deutschland, West wie Ost, sollte der Widerstand die jeweilige Staatsgründung in ähnlicher Weise legitimieren. Zwar konnte niemand behaupten, der Widerstand sei hier während der Herrschaft der Nationalsozialisten ein ausgesprochenes Massenphänomen gewesen; das schützte ihn jedoch nicht vor einer nachhaltigen Mystifizierung. In der jungen Bundesrepublik wurde vor allem der konservative und nichtkommunistische Widerstand mit dem »anderen Deutschland« gleichgesetzt[2], während die DDR den kommunistischen Untergrund als Alleinvertreter des Antifaschismus glorifizierte. In beiden Fällen wurde Geschichte mit Politik verflochten. Die Geschichtsschreibung des Widerstandes geriet so in Gefahr, zur Legende im Dienste der staatspolitischen Legitimation zu werden.

Es ist verständlich, daß diese wirklichkeitsfremde Anfangsperspektive eine ebenso wirklichkeitsfremde Reaktion hervorrief. So wurde anfangs der achtziger Jahre mit Blick auf Frankreich das Wort vom Land der »40 Millionen Kollaborateure« geprägt.[3] Diese Einschätzung erhielt im Verlauf des Prozesses gegen den ehemaligen Lyoner Gestapo-Chef Klaus Barbie weitere Nahrung. In der Bundesrepublik wiederum meldete sich bereits in den sechziger Jahren ein rigoroser Revisionismus, der den sogenannten nationalkonservativen Widerstand, und damit besonders die Männer des 20. Juli, scharf unter die Lupe nahm und bei aller Würdigung der ethischen Motive und des persönlichen Mutes der Verschwörer deren weltanschauliche Nachbarschaft zum Gedankengut des Nationalsozialismus hervorhob.[4] Doch auch hier kam man nicht über die Formulierung eines Postulats hinaus, in dem Sinne, die Widerständler hätten sich eindeutiger und entschlossener vom herrschenden Regime absetzen sollen. In einer extremen Zuspitzung wurde gar die Frage aufgeworfen, wie man gegen etwas rebellieren kann, mit dem man doch eigentlich identisch ist.[5]

Ein Charakteristikum dieser Sichtweise war, daß generell alles »Konservative« und »Nationale« als verdächtig galt. So wurde der »reaktionäre« Charakter des »nationalkonservativen« Widerstandes dezidierter Kritik unterworfen. Zum Teil war diese Kritik durchaus nachvollziehbar, denn in der Tat speiste sich der Widerstand der alten Eliten auch aus der Ablehnung jenes Modernisierungsprozesses, den die Nationalsozialisten in Gang setzten. Andererseits kamen in dieser Kritik auch politische Werthaltungen zum Ausdruck, die für die bundesrepublikanische Situation vor 1989 spezifisch waren: Von vielen Historikern wurde der deutsche Nationalstaat als geschichtlicher Irrweg betrachtet.[6] Demnach galt, anders als in anderen westeuropäischen Ländern, alles »Nationale« *per definitionem* als »reaktionär«. Diese politischen Wertungen sind mit der Überwindung jener historischen Bedingungen, denen sie ihren Ursprung verdankten, sicherlich zu korrigieren, so daß es heute keinen Anlaß mehr gibt, den Patriotismus der »Nationalkonservativen« im deutschen Widerstand von vornherein als Ausdruck eines anachronistischen Wertesystems zu denunzieren.

In den Beiträgen dieses Bandes sollen dem Leser die konkreten Bedingungen, unter denen Widerstand in einem totalitären Staat geleistet wurde, vor Augen geführt und ein realistisches Bild von dessen Möglichkeiten vermittelt werden. Er soll im Idealfall beurteilen können, inwieweit die Gruppe um den Attentatsversuch vom 20. Juli 1944 prädisponiert und imstande war, innerhalb dieses Rahmens auf einen Sturz des Hitlerregimes hinzuwirken.

Hier sei zunächst einmal vorausgeschickt, daß jede Résistance, wenn wir diesen Begriff einmal als Sammelbezeichnung für alle

Spielarten des außerdeutschen Widerstandes gebrauchen wollen, einige grundlegende Gemeinsamkeiten mit dem deutschen Widerstand aufweist: 1. Überall raffte man sich erst spät zum Widerstand auf. 2. Die Kluft zwischen Widerstand, Anpassung und Kollaboration war generell nicht so tief, wie es die kurz nach dem Krieg entstandenen Stereotypen behaupten. Vielmehr betrieb, wie der niederländische Historiker Louis de Jong einmal zusammengefaßt hat, nahezu jedermann Widerstand und Kollaboration zugleich.[7] Denn, wie der damalige tschechoslowakische Präsident Václav Havel 1990 in seiner Neujahrsansprache zutreffend betonte, in der moralisch verseuchten Atmosphäre eines totalitären Staates ist man gezwungen, sich auf lange Sicht einzurichten. Die Scheidelinie verlaufe mithin nicht zwischen Volk und Staat, nicht zwischen Widerstand und Kollaboration, sondern mitten durch jeden einzelnen hindurch: Jeder sei zugleich Opfer und Stütze des Regimes. 3. Widerstand war, mit Ausnahme vielleicht des Partisanenkampfes in Jugoslawien und in der Sowjetunion, nirgends ein Massenphänomen, sondern stets eine Angelegenheit von wenigen. Die verschiedenen regierungsamtlichen Versionen, nach denen die Résistance in den besetzten Gebieten aus der patriotischen Mehrheit hervorging, sind nicht aufrechtzuerhalten. Auch in Frankreich war die Zahl der aktiven Widerstandskämpfer vor der alliierten Invasion im Juni 1944 nur verschwindend gering. Tapfere Menschen sind zu allen Zeiten die Ausnahme, vor allem in einer Situation, in der der Unterdrücker eine nahezu umfassend scheinende Kontrolle ausübt. 4. Der Widerstand speiste sich aus höchst unterschiedlichen Motiven. Auch Einsamkeit, Freundschaft, Abenteuerlust, Stolz oder Auflehnung gegen die von den Nationalsozialisten angestrebte gesellschaftliche Nivellierung spielten eine Rolle. Es waren mithin nicht ausnahmslos edle oder aus ethisch-moralischem Verantwortungsbewußtsein entsprungene Antriebe, die in den Widerstand führten. Was bewog beipielsweise in Frankreich Colonel François de la Rocque, den rechtsextremistischen Führer der »Croix de Feu«, nicht mit den deutschen Besatzern zu kollaborieren, sondern sich statt dessen der Résistance anzuschließen? Und was ließ in Deutschland etwa den anfänglich so intensiv in das Intrigennetz nationalsozialistischer Machtkämpfe verstrickten Hans Bernd Gisevius zu einem umtriebigen Verschwörer gegen das Hitler-Regime werden?

Ferner ist daran zu erinnern, daß die Diktatur in Deutschland nach Richard Löwenthal »bodenständig« war[8], hier folglich über eine viel breitere Palette von Beeinflussungs- und Unterdrükkungsmaßnahmen verfügte als die »Quislingregime« in den besetzten Gebieten und daher dem Ideal totalitärer Kontrolle, dem von Massenmanipulation gedeckten Terror näher kam als anderenorts.

Zudem kann man für die besetzten Gebiete mit einigem Recht von regelrechten Widerstands*bewegungen* sprechen, die im Laufe des Krieges entstanden. Sie konnten mit einem weitgehenden »social support«[9] im Lande rechnen, der ihnen eine Identität verlieh und Schutz gewährte. Denn sie wirkten, wenn auch im Untergrund, doch im nationalen Interesse, indem sie sich der Besatzungsmacht entgegenstellten. Im Reichsgebiet sah dies alles ganz anders aus.

Wenn sich die Nestoren der deutschen Widerstandsforschung, Gerhard Ritter und Hans Rothfels, auch noch berechtigt fühlten, von der deutschen Widerstands*bewegung* zu schreiben[10], so kann dies nach unserer heutigen Kenntnis nicht mehr aufrechterhalten werden. Unter den wachsamen Augen des totalitären Staates konnte es zu einer Institutionalisierung des Widerstandes, wie wir sie etwa in Frankreich oder Norwegen beobachten können, auch gar nicht kommen. Für das Reichsgebiet kann man daher nur von Widerstands*segmenten* sprechen. Sicherlich gab es noch die Kader der alten Linksparteien aus der Zeit der Weimarer Republik, der Sozialdemokraten und der Kommunisten. Doch gerade die letztgenannten verfolgten politisch höchst eigene Ziele, hatten sie doch eine bolschewistische Revolution auf deutschem Boden angestrebt. Und wenn auch insbesondere die Kommunisten und linkssozialistische Gruppen wie »Neu Beginnen« ihre Untergrundnetze das ganze Dritte Reich hindurch weitgehend intakt halten konnten, so gingen sie doch zumeist in dem Bemühen auf, den Fortbestand ihrer illegalen Zellen sicherzustellen. Unter den Sozialdemokraten gelangten hingegen beispielsweise Leber und Leuschner zu der Einsicht, daß unter den gegebenen Umständen ohne eine Zusammenarbeit mit der bewaffneten Macht jeder Widerstand aussichtslos bleiben würde.

Im Laufe der Konsolidierung des NS-Regimes bildeten sich dann die verschiedenen Gruppen und Kreise heraus, deren verbindendes Element die Überzeugung von der Notwendigkeit eines Umsturzes und die Suche nach einem durchführbaren Weg dazu war: die Beck-Goerdeler-Gruppe, die militärischen Widerstandszentren, hier insbesondere die Abwehrgruppe um Hans Oster, der Kreisauer Kreis um Helmuth James Graf von Moltke und verschiedene Freundeskreise wie der im Auswärtigen Amt. Zwischen sämtlichen Gruppen gab es vielfältige Spannungen - so vor allem zwischen den »Alten« um Goerdeler und den »Jungen« um Moltke -, aber auch manche Gemeinsamkeit. Die Kontakte mußten allerdings so spärlich wie möglich bleiben - schon um einer jederzeit möglichen Aufdeckung durch die Staatsmacht entgegenzuwirken.

Gerade die Einzigartigkeit der Rahmenbedingungen, die fast totale Kontrolle innerhalb des Reichsgebietes, führte später dazu, daß die historische Forschung immer neue Formen, immer noch subtilere Spielarten des Widerstandes entdecken zu können glaubte. So wurde beispielsweise die in den sechziger Jahren formulierte, an sich sehr überzeugende These Hans Mommsens, der Widerstand im Dritten Reich sei ein Widerstand »ohne ›Volk‹« gewesen[11], seither in Frage gestellt. Nicht allein, daß man nun den lange vernachlässigten Arbeiterwiderstand untersuchte. Auch den »Alltagswiderstand« oder die »Volksopposition« setzte man, wenn auch nur mit beschränktem Erfolg, auf die Tagesordnung. Dem letztgenannten Ansatz wurden schon allein dadurch seine - recht engen - Grenzen aufgezeigt, daß die überwältigende Mehrheit des deutschen Volkes nun einmal buchstäblich bis zum bitteren Ende im Banne ihres »Führers« und der nationalsozialistischen Weltanschauung blieb. Studien wie beispielsweise die von Ian Kershaw über den *Hitler-Mythos*[12] oder von Marie-Luise Recker über die *Nationalsozialistische Sozialpolitik im Zweiten Weltkrieg*[13] haben die lange verdrängte Attraktivität des Nationalsozialismus für breite Schichten der deutschen Bevölkerung belegt und auch Erklärungsmodelle dafür angeboten. Zu berücksichtigen ist dabei besonders die in vieler Hinsicht progressive und modernisierende Sozial- und Wirtschaftspolitik der Nationalsozialisten, deren Ergebnisse zu der Massenloyalität großer Teile des deutschen Volkes entscheidend beigetragen haben. Man hat diese Begeisterung und Loyalität nach dem Zweiten Weltkrieg zunächst verdrängt - aus politisch nachvollziehbaren Gründen. Gegen die These von der »Kollektivschuld« der Deutschen führte man zu Recht die Beispiele für Widerstand und Opposition an, neigte jedoch dazu, deren Ausmaß erheblich zu überzeichnen - ähnliches können wir heute aus der Rückschau auf die zweite deutsche Diktatur beobachten.

Unter diesen Umständen wird verständlich, daß sich die Historiker des Widerstandes um eine fortlaufende Verfeinerung ihrer Begrifflichkeit bemühten. Wenn auch privater Nonkonformismus, etwa das Nichtbeflaggen eines Gebäudes an staatlichen Feiertagen oder die Verweigerung des »deutschen Grußes«, kaum zum Widerstand im engeren Wortsinne gerechnet werden kann und wohl auch kaum geeignet war, das Regime wirksam zu bedrohen, so ist er unter den besonderen Umständen des Dritten Reiches doch immerhin zumindest im Vorfeld des Widerstandes anzusiedeln und wurde daher, wie Karl Dietrich Bracher festgestellt hat, zu einem Politikum.[14]

Es sind also noch viele Fragen offen: Wo und wie kann beispielsweise die weitverbreitete Verweigerung auf der Skala zwischen Anpassung und Widerstand eingeordnet werden? Sie zielte zwar nicht auf einen Sturz des Regimes ab, wurde aber von der Absicht getragen, den neuen Herrschern und dem Prozeß der »Gleichschaltung« gegenüber die individuelle beziehungsweise institutionelle Autonomie zu wahren. Oder wie ist der Fall des Münsteraner Bischofs Clemens August Graf von Galen einzuschätzen, der sich in seinen Predigten im Sommer 1941 scharf und unerschrocken gegen die Euthanasiemaßnahmen der Regierung aussprach, ohne aber die Rechtmäßigkeit von Hitlers Herrschaft selbst in Frage zu stellen? Wie kann man den Soldaten und Offizieren der im Grauen von Stalingrad zugrundegegangenen 6. deutschen Armee gerecht werden, die, nachdem sie ihr »Führer« so schmählich im Stich gelassen hatte, aus sowjetischer Gefangenschaft nun im Namen eines »Freien Deutschland« das deutsche Volk und die Wehrmacht aufriefen, das Hitler-Regime zu stürzen? Sind deren Aufrufe, obgleich »hinter Stacheldraht« verfaßt und von den Sowjets aus ganz anderen Motiven verbreitet, nicht auch als eine Form des Widerstandes anzusehen? Und welchen Platz sollen die stillen Helden einnehmen, die unter äußerster Lebensgefahr politisch Verfolgten oder Juden Unterschlupf gewährten?

Es ist verschiedentlich versucht worden, solche Erscheinungen und Verhaltensformen in eigene Kategorien wie »Resistenz«, »gesellschaftliche Verweigerung«, »weltanschauliche Dissidenz« zu fassen und so als passiven vom aktiven Widerstand zu trennen. Dem »Nationalkomitee ›Freies Deutschland‹« ist zudem ganz grundsätzlich, selbst aus Kreisen ehemaliger Widerstandskämpfer heraus, jeglicher Anspruch darauf abgesprochen worden, zum Widerstand gezählt zu werden. Allerdings helfen weder begriffliche Sophismen noch eine weitere Verurteilung der ohnehin nur sehr wenigen Überlebenden der 6. Armee, die sich in der genannten Organisation engagierten, diese Problemfälle zu lösen. Sie alle beabsichtigten eine Umgehung, wenn nicht gar eine Begrenzung des umfassenden nationalsozialistischen Herrschaftsanspruchs, und müssen daher wohl zumindest dem weiteren Umfeld des Widerstandes zugesprochen werden. Und wenn sie auch keinen »social support« im Sinne Barrington Moores zu bieten hatten, so bildeten sie doch gewissermaßen eine »stille Reserve« des aktiven Widerstandes, mit dem sie das Feindbild, wenn nicht gar auch die Gesinnung teilten, und auf deren Wohlwollen er hätte rechnen können.

Trotz aller Hindernisse, die das Entstehen einer regelrechten

Widerstands*bewegung* innerhalb des Reiches unmöglich machten, kann der Aufstandsversuch vom 20. Juli 1944 nicht als völlig isoliert und bar jeder nationalen Legitimität betrachtet werden. Wohl waren die früheren militärischen Umsturzversuche vom Spätsommer/Herbst 1938 und vom Herbst/Winter 1939/40 im Sande verlaufen. Auch waren die verschiedenen Attentatsversuche auf den »Führer«, ganz so als stünde er tatsächlich mit der »Vorsehung« im Bunde, an den unglaublichsten Zufälligkeiten gescheitert. Dennoch hatte sich im Laufe der Jahre eine - natürlich »untergründige« - Staatsstreichtradition herausgebildet, die bis in die späten dreißiger Jahre zurückreichte und von Militärs wie Ludwig Beck, der allgemein als der »Souverän« der Opposition galt, und Hans Oster von der Abwehr sowie Zivilisten wie Carl Goerdeler verkörpert wurde. Gerade Oster und Goerdeler wurden denn auch zu den »Motoren« des Widerstandes.

Im Laufe der Kriegsjahre stellte sich allerdings heraus, daß die überwiegende Mehrheit der aktiven deutschen Generalität nicht imstande war, sich über die Beschränkungen des Soldateneides hinwegzusetzen. Erstaunlicherweise ist allerdings kein Fall bekannt, daß auch nur einer der vielen Versuche der Fühlungnahme denunziert worden wäre.[15] Verblüfft mußten die Verschwörer oftmals feststellen, daß ihre Lageeinschätzungen von den Oberbefehlshabern der Heeresgruppen und Armeen durchaus geteilt wurden; auch waren die nationalsozialistischen Massenverbrechen im Grundsatz bekannt. Gleichwohl konnte sich niemand aus diesem Kreise zur Überwindung seiner Passivität aufraffen. Niemand wollte die Initiative ergreifen, niemand die Verantwortung übernehmen. So ging die Vorbereitung und Leitung des Aufstandes auf eine jüngere Generation aktiver Militärs, wie Henning von Tresckow, erster Generalstabsoffizier (Ia) der Heeresgruppe Mitte, und Claus Schenk Graf von Stauffenberg, ab 1. Juli 1944 Stabschef beim Befehlshaber des Ersatzheeres, über. Trotz allem hatte sich aber eine Kontinuität im deutschen Widerstand entwickelt, und der 20. Juli 1944 stellt die - wenn auch tragische - Kulmination aller vorangegangenen Versuche dar, das Regime von innen her zu beseitigen.

Gerade diejenigen Schichten der deutschen Gesellschaft, welche so zahlreich am Staatsstreichversuch vom 20. Juli 1944 beteiligt waren, wie Militärs und Beamte, hatten ursprünglich eine »systemimmanente«[16] Opposition dargestellt. Ihnen war es zunächst darum gegangen, das neue Regime, das sie anfänglich im großen und ganzen begrüßten, zu beeinflussen, vielleicht zu reformieren. An Umsturz dachte noch niemand. Aber man muß berücksichtigen, daß diese Schichten, je mehr sie dann in eine substantielle Gegnerschaft zum Nationalsozialismus gerieten, gerade aus ihrer »Insiderlage« Vorteil ziehen konnten. Unter dem Eindruck der außerordentlichen Wachsamkeit der Geheimen Staatspolizei und der Festigung des SS-Staates insgesamt war offenkundig geworden: Die wirksamste Möglichkeit, Opposition zu leisten, war die Opposition im Dienst unter »vorgetäuschter Mitarbeit«.[17] Daher waren Militärs und Beamte in der richtigen Position, um einen strategischen Platz innerhalb der Verschwörung einzunehmen.

In dieser Beziehung darf sich der Historiker nicht irreführen lassen: Derselbe junge Oberst, Claus Schenk Graf von Stauffenberg, der aufgrund seiner neuen Dienststellung Zugang zu Hitlers Hauptquartier »Wolfschanze« bekam und dort, wie eine Photographie belegt, am 15. Juli 1944 in strammer Haltung vor dem »Führer« stand[18], war zu gleicher Zeit in höchster Anspannung damit beschäftigt, das Attentat auf ihn vorzubereiten. Wie auch die Einstellung der sozialistischen Mitglieder des Kreisauer Kreises belegt, gelangte man in der Opposition allgemein zu der Einsicht, daß alle Untergrundarbeit ohne Beteiligung der Wehrmacht letztlich sinnlos war. Auch Willy Brandt äußerte sich im September 1943 in Stockholm gegenüber dem amerikanischen Gesandten Herschel V. Johnson, die einzige Gruppe innerhalb Deutschlands, die imstande sei, mit der Gestapo und der SS abzurechnen, sei die Wehrmacht. Allerdings fügte er noch einschränkend hinzu: »aber nur nach einer militärischen Niederlage«[19].

Es wäre jedoch völlig verfehlt, Stauffenbergs Attentatsversuch als eine bloße Offiziersfronde abzutun. Zugegeben: Die Offiziere waren das führende Element des Unternehmens, und die überwältigende Mehrheit des deutschen Volkes und der Soldaten und Offiziere der Wehrmacht stand damals noch zu ihrem »Führer«. Aber Hitlers Propagandaversion eines nur von einer »ganz kleinen Clique« getragenen Komplotts, die ja später im wesentlichen auch von den Westalliierten übernommen wurde und auch heute noch von Rechtsextremisten aufrechterhalten wird, ist angesichts der historischen Fakten abwegig. Dabei können wir es allerdings nicht belassen. Die Tat des 20. Juli war mit Sicherheit alles andere als eine Standesaffäre. Sie sollte der Rettung des Reiches dienen und muß daher auch im Zusammenhang mit all den verschiedenen nonkonformistischen und oppositionellen Regungen und Bestrebungen innerhalb des Dritten Reiches gesehen werden. Hinter dem engen Kreis der Verschwörer um Stauffenberg standen doch immerhin Segmente der Bevölkerung, von Teilen der alten Oberschicht bis zu solchen der Arbeiterschaft, die das Regime ganz grundsätzlich ablehnten. Außerdem hatte die Schreckensherrschaft, zumal in den besetzten Gebieten, vielen die Augen geöffnet. In einem der frühesten Rückblicke auf den 20. Juli 1944, von der amerikanischen Journalistin Dorothy Thompson im Juli 1945 ursprünglich für die in den USA weitverbreitete und einflußreiche Wochenzeitschrift *Life* verfaßt, wurde auf die weite Spanne zwischen den »isolierten Einzelnen und Gruppen« unter den Oppositionellen und dem großen »stillen Widerstand« hingewiesen, der am Ende Gestalt angenommen hatte.[20] Das war ausgezeichnet beobachtet: Hinter dem Attentäter und seinen Mitverschwörern stand letzten Endes tatsächlich eine immerhin nicht völlig unerhebliche »stille Reserve«, der an Recht und Anstand gelegen war.[21]

Es ist nur zu verständlich, daß uns der 20. Juli heute so fern liegt. Das Gesellschaftsbild und die Verfassungspläne des Widerstandes, von Goerdeler bis hin zu den Kreisauern, entsprechen sicherlich nicht dem heutigen Demokratieverständnis der westlichen Welt. Die nationalkonservative Variante des Widerstands, repräsentiert von den sogenannten »Honoratioren« wie Ulrich von Hassell, Johannes Popitz, Carl Goerdeler oder den Militärs, war vorwiegend autoritär, nicht parlamentarisch orientiert, und unter den Kreisauern überwog gemeinschaftlich-konfliktfreies Denken. Der Attentäter Graf Stauffenberg selbst war in keinem Sinne des Wortes ein Demokrat. In der außenpolitischen Vorstellungswelt der Verschwörer herrschte, vor allem unter den »Honoratioren«, deutsches Großmachtdenken und das Festhalten an einer fast mystisch übersteigerten »Reichsidee« vor. Insofern hat die Historisierung des deutschen Widerstandes immerhin schon dazu geführt, uns die politischen Horizonte der Männer erkennbar werden zu lassen, die den Aufstandsversuch vom 20. Juli 1944 vorbereitet hatten. Allerdings erhebt sich die Frage, inwieweit es zulässig ist, hieraus politische Werturteile abzuleiten und die Männer des 20. Juli in Bausch und Bogen als »undemokratisch« und »hegemonial« abzuqualifizieren. »Merkwürdig, daß es so schwer ist, sich in vergangene Zeiten zu versetzen«, schrieb Marion Gräfin Dönhoff 1989 mit spürbarem Unbehagen. Damals, so betonte sie, galt allein die Frage: »Ist jemand dafür oder dagegen?«[22] Diese Fragestellung sollte auch für unsere heutige Beurteilung der Männer des 20. Juli bestimmend sein. Entscheidend war in allen diesen Fällen die freiheitliche Komponente. Das Widerstehen bedeutete für sie alle eine letzte, verzweifelte Auflehnung gegen eine als tyrannisch empfundene politische Realität.

Unsere heutigen Maßstäbe an die damaligen Akteure anzulegen, muß zu einem schiefen und ungerechten Urteil führen. So sicher die parlamentarische Demokratie beim deutschen Widerstand, einschließlich der Sozialisten im Kreisauer Kreis, übrigens auch nicht bei der französischen Résistance, im Mittelpunkt der Neuordnungspläne stand, so wenig ist es doch zulässig, daraus auf eine grundsätzlich antiparlamentarische Einstellung zu schließen. So hat Goerdeler durchaus an die Möglichkeit zur Einführung eines Parteiensystems gedacht. Und wie hätte denn überhaupt auf eine totalitäre Diktatur unmittelbar eine parlamentarische Demokratie folgen sollen? Im übrigen müssen wir bei den Männern des 20. Juli einen Erkenntnisprozeß berücksichtigen: Sie alle hegten keinerlei Zweifel daran, daß sie bei ihren Planungen für die Zeit nach einem geglückten Umsturz zunächst ein Notstandsprovisorium höchst unberechenbaren Zuschnitts erwarten müßten, welches erst später von einem wirklichen Rechtsstaat abgelöst werden könnte.

Von ähnlicher Zurückhaltung sollten wir uns auch beim Urteil über die außenpolitischen Pläne des Widerstandes leiten lassen. Wohl erregten die von Goerdeler und Trott im Ausland vorgebrachten territorialen Bedingungen schon damals Anstoß. Allerdings müssen wir uns vergegenwärtigen, in welcher Zwangslage sich diese Emissäre damals befanden: Auf der einen Seite standen die stets zögerlichen Generäle, auf der anderen die Alliierten, deren Vorstellungen ebenfalls einbezogen werden mußten. Von der einen Seite im Stich gelassen, von der anderen zurückgewiesen, operierten diese »Botschafter« des deutschen Widerstandes in einem Vakuum, dem sie auf Dauer nicht gewachsen sein konnten. Auch reduzierten sie ihre territorialen Ordnungsvorstellungen im Laufe der Zeit auf die Idee eines föderativen Europa und verabschiedeten sich von dem außenpolitischen Ziel einer deutschen Hegemonie.

Auf jeden Fall sollte man es bei dem Versuch einer Historisierung des Widerstands nicht unterlassen, die individuellen Motivationen zu würdigen. Dennoch ist das Widerstehen, wie gesagt, keine Frage eines offensichtlichen Postulats, weder das eines Kollektivs noch das eines Standes oder einer weltanschaulich bedingten Einstellung. Große Gruppen als solche leisten keinen Widerstand und können dies auch nicht tun. Die Annahme, man könne Widerstand von *den* Soldaten, *dem* Beamtentum, *den* Kirchen oder von *der* Industrie en bloc erwarten, ginge an der Realität vorbei. Im Zweifelsfalle neigen solche Großgruppen eher zur Anpassung an ein herrschendes Regime, wenn nicht gar zur Kollaboration. Unter Umständen leisten sie noch »Resistenz« oder »Verweigerung«. Diese Haltungen waren allerdings bestenfalls eine Art »Unkraut im Garten des Widerstandes«.

Die sogenannte »Repräsentationstheorie«[23], die vorwiegend

soziologisch orientierte Behandlung des Widerstandes, übersieht die ausgeprägte existentielle Dimension einer dezidierten Opposition. Widerstand war, ist und bleibt vor allem eine Sache des einzelnen, allenfalls der kleinen Gruppe. Daher markiert der bewußte Einstieg in den Widerstand einen außergewöhnlichen Schritt in eine ganz konkrete persönliche Grenzsituation hinein, bei dem manch historischer beziehungsweise gesellschaftlich-sozialer »Ballast« abgeworfen werden muß. Im Widerstand erweist sich das Individuum, wenn auch oft undurchsichtig und nicht immer unzweideutig in seiner Motivation, als souverän.

Axel von dem Bussche, selbst tief in die Vorbereitungen zum 20. Juli verstrickt, hat denn auch die Historiker, »aber besonders die Soziologen«, ausdrücklich davor gewarnt, »zu sehr verallgemeinernd zu sprechen« und ihnen geraten, »immer bei einzelnen Leuten auf die Motivation zurückzugehen«.[24] Und er fügte hinzu: »Meine Zielvorstellung war nicht die Erhaltung des Reiches im Sinne des status quo von 1937 oder 1918 oder so was. Meine Zielvorstellung war: das muß aufhören.«[25] In Frankreich oder Norwegen verhielt es sich ganz anders. Dort stellte das unmittelbare nationale Interesse ein Band zwischen den widerstehenden Individuen dar. In Deutschland aber durfte, vor allem in Hinblick auf die immer offenkundigeren Massenverbrechen des Nationalsozialismus, der Widerständler nicht vor Hochverrat zurückschrecken, ja, einzelne Männer wie Hans Oster hielten sogar den Landesverrat für legitim und geboten. Dies stürzte manchen in quälende Gewissenskonflikte. In Deutschland, so schrieb Axel von dem Bussche, mußte sich der einzelne entscheiden, und er entschied sich »aufgrund von Erlebnissen und Motivationen«.[26]

Diesen Hinweis sollten wir Historiker beherzigen. Er kann uns jenseits aller Mystifizierung, aber auch jenseits des allzu rigoros urteilenden Revisionismus lehren, den deutschen Widerstand als »selbständiges Wagnis«[27] zu begreifen. Denn es waren Menschen unterschiedlicher Herkunft, die auf verschiedensten Wegen, der eine früher, der andere (viel) später, in einsamer Gewissensentscheidung ihren Weg in die Verschwörung fanden, die im Aufstandsversuch des 20. Juli 1944 gipfelte. Sie vorzustellen und auf diese Weise vielleicht dem Nachgeborenen ein bloßes Gedenkdatum etwas begreifbarer zu machen, ist das Anliegen dieses Bandes. Vollständigkeit kann und soll dabei nicht angestrebt werden. Widerständler wie etwa Carlo Mierendorff, Josef Wirmer oder Johannes Popitz sind zudem bereits an anderer Stelle gewürdigt worden. Hier sollten möglichst alle an der Verschwörung beteiligten Gruppen der Gesellschaft durch ihre herausragendsten Persönlichkeiten präsentiert werden. Daß dabei den Militärs ein besonderer Stellenwert zukommt, ist kein Zufall, lag doch in ihren Händen sowohl die Planung als auch die praktische Durchführung des Staatsstreichversuches vom 20. Juli 1944.

Anmerkungen

1 Siehe zu diesem Thema auch Klaus-Jürgen Müller, Der deutsche Widerstand und das Ausland, Berlin 1986, S. 6 f.

2 Siehe besonders Gerhard Ritter, Carl Goerdeler und die deutsche Widerstandsbewegung, Stuttgart 1954 sowie Hans Rothfels, Die deutsche Opposition gegen Hitler: Eine Würdigung, Frankfurt/M./Hamburg 1958.

3 Patrice Higonnet, The Inevitability of Vichy, in: *Times Literary Supplement* vom 13. 3. 1981, S. 287.

4 Siehe besonders Klaus-Jürgen Müller, Nationalkonservative Eliten zwischen Kooperation und Widerstand, in: Jürgen Schmädeke/Peter Steinbach (Hrsg.), Der Widerstand gegen den Nationalsozialismus. Die deutsche Gesellschaft und der Widerstand gegen Hitler, München/Zürich 1985, S. 24–49. Die Wurzeln dieser Auffassung reichen bis in den Zweiten Weltkrieg zurück; vgl. dazu Christof Mauch, Subversive Kriegführung gegen das NS-Regime. Der Widerstand gegen den Nationalsozialismus im Kalkül des amerikanischen Geheimdienstes OSS, in: Jürgen Heideking/Christof Mauch (Hrsg.), Geheimdienstkrieg gegen Deutschland. Subversion, Propaganda und poli-

tische Planungen des amerikanischen Geheimdienstes im Zweiten Weltkrieg, Göttingen 1993, S. 51–89, hier besonders S. 56–60.

5 Siehe Wolfgang Graetz, Conspirators, in: *The German Tribune*, 18. 9. 1965 und George K. Romoser, Preview to a German Controversy, in: *The Nation*, 27. 9. 1965, S. 172 ff.

6 Vergleiche dazu Jens Hacker, Deutsche Irrtümer. Schönfärber und Helfershelfer der SED-Diktatur im Westen, Berlin/Frankfurt/M. 1992 und Harold James, Vom Historikerstreit zum Historikerschweigen. Die Wiedergeburt des Nationalstaates, Berlin 1993.

7 Louis de Jong, Zwischen Kollaboration und Résistance, in: Andreas Hillgruber (Hrsg.), Probleme des Zweiten Weltkrieges, Köln 1967, S. 245–265, hier S. 252.

8 Richard Löwenthal, Widerstand im totalen Staat, in: ders./Patrick von zur Mühlen (Hrsg.), Widerstand und Verweigerung in Deutschland 1935 bis 1945, Berlin/Bonn 1982, S. 11–24, hier S. 12.

9 Barrington Moore Jr., Injustice. The Social Bases of Obedience and Revolt, London 1978, S. 97.

10 Ritter und Rothfels (Anm. 2).

11 Hans Mommsen, Gesellschaftsbild und Verfassungspläne des deutschen Widerstandes, in: Walter Schmitthenner/Hans Buchheim (Hrsg.), Der deutsche Widerstand gegen Hitler, Köln/Berlin 1966, S. 73–167, hier S. 76. Siehe weiter auch Ian Kershaw, »Widerstand ohne Volk?« Dissens und Widerstand im Dritten Reich, in: Schmädeke/Steinbach (Anm. 4), S. 779–798.

12 Ian Kershaw, Der Hitler-Mythos. Volksmeinung und Propaganda im Dritten Reich, Stuttgart 1980.

13 Marie-Luise Recker, Nationalsozialistische Sozialpolitik im Zweiten Weltkrieg, München 1985.

14 Karl Dietrich Bracher, Widerstand und »Rechtsdiktaturen« – die deutsche Erfahrung, in: ders., Wendezeiten der Geschichte. Historisch-politische Essays 1987–1992, Stuttgart 1992, S. 185–202, hier S. 190.

15 Siehe dazu beispielsweise Horst Mühleisen (Hrsg.), Patrioten im Widerstand. Carl-Hans von Hardenbergs Erlebnisbericht, in: *Vierteljahrshefte für Zeitgeschichte* 41 (1993), S. 419–477, hier S. 429 f.

16 Müller (Anm. 4), S. 28.

17 Warren E. Magee, Opening Statement for Defendant von Weizsäcker, 3. June 1948, Trials of War Criminals before the Nürnberg Military Tribunals 12 (Nuremberg, Oct. 1946–Apr. 1949), S. 241.

18 Siehe Peter Hoffmann, Claus Schenk Graf von Stauffenberg und seine Brüder, Stuttgart 1992, S. 415.

19 Herschel V. Johnson to Secretary of State, 27. 10. 1943 über Willy Brandt, Oppositional Movements in Germany, 25. 9. 1943, National Archives, Washington D. C., OSS (R and A), 53318.

20 Dorothy Thompson, The Germans Who Faught Hitler, Manuskript, Juli 1945, Syracuse University Library, Syracuse, New York. Es ist bemerkenswert, daß Dorothy Thompson für ihre Arbeit zwar fürstlich bezahlt wurde, ihre Studie dennoch unveröffentlicht blieb. Damals sollte (wollte) man in den Vereinigten Staaten noch nicht wissen, daß es ein »anderes Deutschland« gegeben hatte.

21 Hoffmann (Anm. 18), S. 415.

22 Marion Gräfin Dönhoff, Was heißt Widerstand?, in: *Die Zeit* vom 28. 7. 1989.

23 Peter Hüttenberger, Vorüberlegungen zum Widerstandsbegriff, in: Jürgen Kocka (Hrsg.), Theorien in der Praxis des Historikers, Göttingen 1977, S. 117-134, hier S. 118.

24 »Bericht von Axel von dem Bussche«, in: Christoph Kleßmann/Falk Pingel (Hrsg.), Gegner des Nationalsozialismus. Wissenschaftler und Widerstandskämpfer auf der Suche nach historischer Wirklichkeit, Frankfurt/M. 1980, S. 272-275, hier S. 272.

25 Ebenda, S. 274.

26 Ebenda, S. 272.

27 Eberhard Bethge, Adam von Trott und der deutsche Widerstand, in: *Vierteljahrshefte für Zeitgeschichte* 11 (1963), S. 213-223, hier S. 217.

Ludwig Beck – Oberhaupt der Verschwörer

VON PETER HOFFMANN

Ludwig August Theodor Beck wurde am 29. Juni 1880 in Biebrich am Rhein geboren. Sein Vater, Dr. phil. Ludwig Beck, leitete die Eisengießerei »Rheinhütte« in Biebrich und trat als Verfasser einer fünfbändigen Geschichte des Eisens und anderer metallwissenschaftlicher Veröffentlichungen hervor; 1905 erhielt er den Professortitel. Die Mutter Bertha, geborene Draudt, stammte aus einer hessischen Juristenfamilie. Beck wuchs in einer Umgebung auf, die von Fleiß, Pflicht, bescheidener Lebensführung, wissenschaftlicher Bildung bestimmt war sowie von der Lektüre der Dramen der deutschen Klassiker und Shakespeares, von zu Hause geübter Kammermusik und von Liebe zur rheinischen Heimat. Die Vorfahren des Vaters hatten Generationen hindurch als hessische Offiziere gedient, ein Bruder des Vaters und ein Bruder der Mutter als Generale. Diese Tradition, verbunden mit spartanischer Lebensweise, bestimmte Becks Entwicklung und seine Liebe zum Soldatentum. Ebenso prägend für die Kraft und Weite seines Geistes war der Besuch des humanistischen Gymnasiums in Wiesbaden.

Nach der Reifeprüfung trat Beck am 12. März 1898 als Fahnenjunker in das preußische Feldartillerie-Regiment Nr. 15 in Straßburg im Elsaß ein. Er hatte sich für eine Waffe entschieden, die eine bedeutende moderne Entwicklung vor sich hatte.

Am 18. August 1899 wurde Beck zum Leutnant ernannt. Er war

mit ganzer Seele Soldat und arbeitete auch außerhalb des Dienstes; nicht aus übermäßigem Ehrgeiz, sondern weil ihm Arbeit und Lernen selbstverständlich waren. Umständliche oder überflüssige Worte waren ihm ein Greuel, von Untergebenen verlangte er eine sachliche und klare Sprache, so wie er selbst stets scharf und klar formulierte. Als Vorgesetzter forderte er schnelle Entschlüsse, wenn er taktische und operative Aufgaben stellte.

Vom Herbst 1908 bis zum Sommer 1911 besuchte Beck die Kriegsakademie. Nach der abschließenden Übungsreise beurteilte ihn der Prüfer, Major im Generalstab von Thaer, als den Fähigsten des Jahrgangs und verglich ihn mit dem älteren Moltke. Im Frühjahr 1912 wurde Beck zum Großen Generalstab kommandiert und zum 1. Oktober 1913 als Hauptmann endgültig dorthin versetzt. Im Weltkrieg diente er während der Marneschlacht im Generalkommando des VI. Reservekorps, dann 1915 in der 117. Infanterie-Division im Artois, 1916 in der 13. Reserve-Division in den Kämpfen um Verdun, seit dem Winter 1916/17 im Generalstab des Oberkommandos der Heeresgruppe Deutscher Kronprinz. Dessen Generalstabschef General Friedrich Bernhard Graf von der Schulenburg brachte Beck besonderes Vertrauen entgegen. Beck hatte Anteil an der Leitung der Schlachten von 1917 an der Aisne, in der Champagne und um Verdun, 1918 - seit April als Major im Generalstab - beiderseits Reims und schließlich am Beginn des Rückzuges seit Ende Juli.

Den 9. November 1918 erlebte Beck im Großen Hauptquartier in Spa. In dienstlichen Aufzeichnungen für General Graf von der Schulenburg schilderte er seine Eindrücke von den Berichten der von der Front kommenden Offiziere, die man unter Umgehung des Dienstweges ins Hauptquartier befohlen hatte, um sie nach der Treue der Truppe gegenüber dem Kaiser zu befragen. Sie schilderten die Lage und die Stimmung an der Front in düsteren Farben. Obgleich Beck selbst äußerte, Deutschland habe den Krieg militärisch verloren, meinte er drei Wochen nach dem Waffenstillstand, die »Revolution« des 9. November 1918 sei von langer Hand vorbereitet gewesen, sei der kämpfenden Front in den

Rücken gefallen und habe im Augenblick der größten Gefahr für Nation und Staat deren Not vervielfacht, wenn nicht gar ihren Untergang besiegelt. In einem Brief vom 28. November 1918 klagte Beck, der an die Front gelangende Ersatz und die Urlauber seien in der Heimat seit Monaten systematisch revolutionär bearbeitet worden, woraus sich ein großer Teil der deutschen Mißerfolge seit dem 15. Juli 1918 erkläre. Er stellte aber auch fest, das deutsche Heer habe wochenlang auf ungeheueren Fronten ohne ein Bataillon Reserve gefochten, mit einem bloßen Spinnwebennetz von Kämpfern. Beck führte dies zum Beweis dafür an, daß die Entente nicht stark genug gewesen sei, um die deutsche Front zu durchbrechen. Er unterlag offenbar einer verbreiteten Täuschung, wie es scheint ohne Ludendorffs 1919 veröffentlichte Auffassung zur Kenntnis zu nehmen, der Krieg sei spätestens nach dem Einbruch englischer, australischer und kanadischer Tank-Truppen in die deutsche Front bei Villers Bretonneux am 8. August verloren gewesen.

Nach dem Ende des Krieges diente Beck in der Reichswehr in verschiedenen Kommandos in Baden und in Schlesien; 1922 als Abteilungskommandeur im Artillerie-Regiment Nr. 6 in Münster (Westfalen). Danach war er im Wehrkreis-Kommando VI in Münster zwei Jahre als Oberstleutnant Leiter der Führergehilfenausbildung, die an die Stelle der aufgrund des Versailler Vertrages geschlossenen Kriegsakademie und sonstigen Kriegsschulen getreten war. 1925 kam er in den Stab des Wehrkreis-Kommandos IV in Dresden und wurde Oberst und Chef des Stabes. Vom Herbst 1929 bis zum Herbst 1931 war er Kommandeur des Artillerie-Regiments Nr. 5 mit den Standorten Fulda, Ludwigsburg und Ulm. Er wurde Generalmajor und in das Gruppenkommando I nach Berlin versetzt, kam zum 1. Februar 1932 als Artillerie-Führer IV wieder nach Dresden, zum 1. Oktober 1932 als Kommandeur der 1. Kavallerie-Division nach Frankfurt/Oder und wurde kurz darauf zum Generalleutnant ernannt. Am 1. Oktober 1933 wurde er Chef des Truppenamtes, das ab 1. Juli 1935 Generalstab des Heeres hieß.

Als im Jahre 1930 zwei Leutnante aus Becks Regiment wegen politischer Agitation für den Sturz der Republik durch die NSDAP, wegen Hochverrats also, vor das Reichsgericht kamen, wurde Becks Verabschiedung erwogen. Man vermutete, Beck sympathisiere ebenfalls mit den Nationalsozialisten. Beck verurteilte die Tätigkeit der jungen Offiziere als gesetz- und disziplinwidrig, aber er stimmte ihrer Auffassung zu, die Reichswehr brauche mehr »nationalen Geist«. Später betonte Beck, er sei nicht für den Nationalsozialismus eingetreten, sondern für die Autorität der Regimentskommandeure, die er beeinträchtigt sah, weil seine Offiziere ohne seine vorherige Verständigung verhaftet worden waren. Beck begrüßte jedoch die Wahlerfolge der NSDAP in den Jahren 1930 und 1932. Hitler schien ihm als einziger fähig, Deutschlands militärische Macht zurückzugewinnen, und er äußerte sich hoffnungsvoll über Hitlers Ernennung zum Reichskanzler am 30. Januar 1933. Im März 1933 schrieb er, er habe den »politischen Umschwung . . . seit Jahren erhofft«, es sei »der erste große Lichtblick seit 1918«.[1] Noch Ende 1943 erklärte er in einem Gespräch, es habe ihm wohlgetan, als er damals zum erstenmal nach 1918 wieder die Farben Schwarz-Weiß-Rot gesehen habe - als Umrandung eines Wahlplakats der Nationalsozialisten. Aus der Zeit vor 1934 sind keine dem neuen Regime gegenüber grundsätzlich kritische Äußerungen Becks bekannt.

Angesichts der Stärke der Streitkräfte der Deutschland umgebenden, fast sämtlich unfreundlich eingestellten Staaten hielt Beck die Vermehrung des Heeres über die vom Versailler Vertrag bestimmten 100000 Mann hinaus - Reservisten durfte Deutschland seit 1919 nicht mehr ausbilden - für nötig. Frankreich hatte 1933 ein stehendes Heer von 600000 Mann und konnte dazu 900000 Reservisten einberufen; Polen hatte 284000 Mann unter Waffen und konnte insgesamt 1,2 Millionen mobilisieren; die Tschechoslowakei hatte ein Heer von 110000 Mann, Jugoslawien 115000, Rumänien 246000, die Sowjetunion 562000 ohne Reservisten. Überdies waren Frankreich, Polen und die Tschechoslowakei in gegen Deutschland gerichteten Bündnissen zusammengeschlossen, ebenso Jugoslawien, die Tschechoslowakei und Rumänien. Spätestens seit Juni 1934 strebte Frankreich ein Militärbündnis gegen Deutschland mit der Sowjetunion an, das 1935 zustande kam, zugleich mit einem Bündnis zwischen der Sowjetunion und der Tschechoslowakei. Allerdings verweigerte sich Frankreich 1933 polnischen Sondierungen wegen einer gemeinsamen militärischen Aktion gegen Deutschland; der deutsch-polnische Nichtangriffspakt vom Januar 1934 war die Folge.

Ob die Genfer sogenannten Abrüstungsverhandlungen an der französischen Weigerung, abzurüsten, scheiterten oder an der Änderung der Haltung Englands und Frankreichs nach Hitlers Ernennung zum Reichskanzler - jedenfalls waren die fortgesetzte Bevormundung Deutschlands, die erneute Auferlegung einer Bewährungsfrist, ehe Frankreich wieder zu Verhandlungen über Rüstungsfragen bereit wäre, für Deutschland ein Affront. Die Reichsregierung verließ die Abrüstungsverhandlungen und erklärte den Austritt Deutschlands aus dem Völkerbund. So bekam die deutsche Regierung freie Hand zur Aufrüstung, weil die ehemaligen Ententemächte ernstere Maßnahmen scheuten. Beck erklärte in einer Denkschrift vom Dezember 1933 über den Aufbau des künftigen deutschen Friedensheeres: »Unsere militärpolitische Lage verlangt *rasche* Beseitigung des Zustandes völliger Wehrlosigkeit. Der Angriff muß für unsere Nachbarn zum Risiko werden.«[2]

In der Frage der Aufrüstung kam es aber auch zum ersten schweren Gegensatz zwischen Beck und der Regierung. Im Herbst 1933 wandte Beck sich gegen die Tendenz des Reichswehrministers Generaloberst von Blomberg und des Chefs des Ministeramts Generalmajor von Reichenau, die Ausbildungskapazität des Heeres teilweise der SA zugute kommen zu lassen. Der Oberbefehlshaber des Heeres, General Freiherr von Fritsch, nahm denselben Standpunkt ein und konstatierte später, in einer Aufzeichnung von 1938: »Die Ausbildung der Truppe litt. . . . Der 30. Juni 1934 schloß diese Periode ab.«[3] In einer Denkschrift vom Dezember 1933 über den Aufbau des Heeres verlangte Beck, daß »im neuen Reich nur das Heer als alleiniger Waffenträger und höchstes Machtmittel der Staatsgewalt« bestehen solle.[4]

Während die Frage der Konkurrenz zwischen Heer und SA schwelte, forderte Hitler die Reichswehrführung im April 1934 auf, bis zum 1. Mai 1935 ein 21-Divisionen-Heer von 300000 Mann aufzustellen. Beck verfaßte unter dem Datum des 20. Mai 1934 ein Memorandum für den Chef der Heeresleitung, General Freiherr von Fritsch, mit dem Verdikt, dies sei »nicht mehr der Aufbau eines Friedensheeres, sondern eine Mobilmachung«. Eine so forcierte Rüstung fördere die Kriegsgefahr und sei außenpolitisch nur gerechtfertigt, wenn Deutschland tatsächlich mit Krieg rechnen müsse. Der Kern des Berufsheeres werde durch so rasche Vermehrung geschwächt; innen- wie außenpolitisch werde sein Wert so nicht erhöht; »die Machtfrage mit der SA (und SS) wird damit nicht gelöst«, denn »gegenüber deren Millionen spielt es keine Rolle, ob ihr 100000 oder 300000 (noch dazu qualitativ geringere) Soldaten gegenüberstehen«.

Gegen Ende Juni 1934 erschien im Reichswehrministerium der Kommandeur der SS-Leibstandarte »Adolf Hitler«, Sepp Dietrich, und wies eine Liste von Reichswehroffizieren vor, die die SA demnächst umbringen wolle. Beck befahl darauf allen Generalstabsoffizieren, eine Pistole griffbereit zu halten. Im Prinzip übernahm die Reichswehrführung im voraus Hitlers in der Kabinettsitzung vom 3. Juli 1934 vorgetragene Version, er habe »eine militärische Meuterei« niederschlagen lassen, das heißt den Anspruch der SA-Führer, die SA müsse den Hauptteil des Heeres bilden.[5]

Beck scheinen die Erschießungen tief empört zu haben. Sie waren doch nicht standrechtlich zu nennen, am wenigsten bei Hitlers Vorgänger als Reichskanzler, Generalmajor Kurt von Schleicher und seiner Frau in ihrer Wohnung und Vizekanzler Franz von Papens Gehilfen Generalmajor Ferdinand von Bredow in seinem Büro. Vielmehr lag in diesen und auch anderen Fällen dringender Mordverdacht vor. Beck begann also die Regierung Hitler in ihrer wahren Gestalt zu erkennen. Seine wachsende

Einsicht hinderte ihn nicht, nach Kräften die Verantwortung für das Heer mitzutragen.

Als Hitler nach dem Tod des Reichspräsidenten von Hindenburg dessen Amt mit dem des Reichskanzlers vereinigte und alle Soldaten einen neuformulierten Eid auf seine, Hitlers, Person schwören ließ, versuchte Beck Fritsch zu überreden, den Eid zu verweigern. Fritsch lehnte ab, worauf Beck erklärte, er wolle seinen Abschied nehmen. Fritsch redete ihm das aus mit dem Argument, er werde gebraucht, und niemand würde seinen Rücktritt verstehen. Beck leistete also den Eid, entgegen seiner richtigen Einsicht, daß das verderbliche Folgen haben werde. Der Reichswehrminister und damit der Vorgesetzte Fritschs und Becks hatte die Eidesleistung befohlen, Beck hatte außer dem Abschied keinen Ausweg. Doch verzieh er sich nie, daß er nicht seiner inneren Stimme gefolgt war. Er nannte damals, und zuletzt noch im Juli 1944, den Tag der Eidesleistung auf Hitler den schwärzesten Tag seines Lebens.[6]

Becks Verbleiben im Amt trotz seiner zunehmend kritischen Haltung gegenüber der nationalsozialistischen Regierung ist zum einen damit zu erklären, daß er wie viele noch nicht begriff, daß die verwerflichen Methoden - Judenverfolgung, Morde an SA-Führern und anderen Gegnern, Ermordung des österreichischen Kanzlers Dollfuß (Juli 1934), Vorbereitung von Eroberungskriegen - keine Abweichungen vom nationalsozialistischen Programm, sondern dessen eigentlicher Inhalt waren. Er notierte: »Nicht was wir tun, sondern wie wir es tun, ist so schlimm. Politik der Perfidie u. des Treubruchs.«[7] Andererseits konnte er sich nur im Amt noch bemühen, das Heer den Einflüssen der Partei zu entziehen und gegen die sich abzeichnende Kriegspolitik zu wirken.

Unter dem Datum des 2. Mai 1935 wies Blomberg die Oberbefehlshaber der Reichswehr an, sofort das Unternehmen »Schulung« gegen die Tschechoslowakei vorzubereiten, das »schlagartig als Überfall zur Ausführung gelangen« solle.[8] Beck wandte ein - selbstverständlich standen ihm nur militärische und militärpolitische Argumente zur Verfügung -, daß Deutschland in diesem

Fall sofort auch gegen weitere Mächte, also Frankreich und England, zu kämpfen hätte, was es vor 1939/40 keinesfalls auf sich nehmen könne, ohne seine Wehrmacht der Vernichtung preiszugeben. Eine militärische Operation gegen die Tschechoslowakei komme nur als »Aushilfe der Kriegführung« in einem möglichen Konflikt mit Frankreich in Frage. Das hieß: In einem Konflikt mit Frankreich müßten alle verfügbaren Kräfte gegen diesen Gegner eingesetzt und zugleich operative offensive oder defensive Vorkehrungen gegen die mit Frankreich verbündete Tschechoslowakei getroffen werden. Der einzig wertvolle militärpolitische Leitsatz sei, es mit keiner fremden Macht zu verderben. Wenn die Weisung Blombergs keine operative Studie, sondern Kriegsvorbereitungen verlange, schrieb Beck an Fritsch, so bitte er um seine Ablösung.

Scharf ablehnend reagierte Beck auf Hitlers Ankündigung vom 5. November 1937, die Tschechoslowakei sei demnächst niederzuwerfen und Österreich dem Reich anzuschließen. Revisionen seien erwünscht, schrieb Beck, aber auf friedlichem Weg zu erreichen; die militärpolitischen Voraussetzungen für einen Krieg werden nie gegeben sein. Ohne Gefährdung der Einheit und sogar des Bestandes des deutschen Volkes seien »weitgehendere Änderungen« des Staatsgebietes nicht möglich. Die Behauptung Hitlers, »die deutsche Raumfrage« müsse spätestens 1943/45 gelöst werden, sei in ihrer »mangelnden Fundierung nicht überzeugend«.[9]

Gegen den Zusammenschluß Österreichs mit dem Deutschen Reich hatte Beck selbstverständlich nichts einzuwenden. Diese Vereinigung war schon 1919 von den Parlamenten beider Staaten beschlossen und nur von den Entente-Mächten verhindert worden. Beck wandte sich jedoch von Anfang an gegen die Vorbereitung einer militärischen Intervention, etwa zur Verhinderung einer Wiederherstellung der Habsburger Monarchie. Er schrieb Fritsch am 20. Mai 1937, die österreichische Armee würde unter solchen Umständen kämpfen, das würde das Ende des Anschlußgedankens bedeuten und wahrscheinlich französische und tschechoslowakische, ja britische, russische, polnische und litauische Interventionen nach sich ziehen. Deutschland aber könne »zur Zeit und bis auf weiteres überhaupt keinen Krieg führen«, eine Weiterverfolgung des Gedankens, in Österreich gegen eine Wiedereinsetzung der Habsburger einzugreifen, könne daher »seitens des Heeres nicht verantwortet werden«.[10] Beck weigerte sich, irgendwelche Pläne dafür ausarbeiten zu lassen.

Es wäre absurd, ein Heer für den Krieg auszubilden und zugleich jeden Krieg auszuschließen. Das tat Beck auch nicht. Er verlangte aber mit den Worten Clausewitz', daß die Heerführung von der politischen Führung in allen Fragen der Kriegführung gehört werde: »Die Aufgabe und das Recht der Kriegskunst der Politik gegenüber ist hauptsächlich zu verhüten, daß die Politik Dinge fordere, *die gegen die Natur des Krieges sind*, daß sie aus Unkenntnis über die Wirkungen des Instruments Fehler begeht in dem Gebrauch desselben.« Beck ließ den Brief Clausewitz', aus dem dieses Zitat stammt, Anfang März 1937 in der vom Generalstab herausgegebenen *Militärwissenschaftlichen Rundschau* veröffentlichen. Er sprach sich im Prinzip sogar gegen Krieg überhaupt aus. Er erklärte mit dem älteren Moltke »jeden Krieg, auch den siegreichen, für ein ›nationales Unglück‹«.[11]

Bei einem offiziellen Besuch in Paris im Juni 1937 äußerte sich Beck in einer Abendrunde, in Gegenwart des deutschen Militärattachés, und absichtlich für die Ohren der britischen Regierung. Durch den britischen Luftattaché Group-Captain M. G. Christie erreichten Becks Mitteilungen ihre Bestimmung, den Staatssekretär im englischen Auswärtigen Amt, Sir Robert Vansittart. Beck sagte, er hätte wohl bei seinem Besuch in Paris über eine Vereinbarung zur Begrenzung der Rüstungen reden können, habe es aber nicht getan, weil die deutsche Regierung jede solche Vereinbarung brechen würde. Die militärischen Führer, mit Ausnahme Blombergs, seien gegen außenpolitische Abenteuer, verlören aber ständig an Einfluß auf Hitlers Entschlüsse. Hitler sei »pathologisch u. völlig unberechenbar«, Blomberg sei ein Phantast; »Himmler und die Partei hätten im Mai mit Zustimmung Hitlers, aber ohne

Wissen des Kriegsministeriums den Plan entworfen, Österreich durch SS-Truppen besetzen zu lassen«.[12]

Diese Äußerungen belegen eine grundlegende Änderung der Einstellung Becks. Ihre Anzeichen sind vermischt mit den Gegebenheiten des Amtes des Chefs des Generalstabs des Heeres in einem Diktatur- und Polizeistaat und deshalb nicht jederzeit sichtbar. Dadurch konnte der Eindruck entstehen, Becks Einstellung habe sich erst nach 1937 und auch dann nur allmählich gewandelt. Das ist sicher eine Täuschung. In Wirklichkeit nahm nur die Intensität seiner *Handlungen* gegen Hitlers Regime zu.

Dazu trug auch die Art bei, wie Blomberg und Fritsch gestürzt wurden. Mit Energie setzte Beck sich für Fritschs Rehabilitierung ein, er erreichte eine förmliche Untersuchung vor dem »Gericht des Obersten Befehlshabers der Wehrmacht«. Dieses stellte die Unhaltbarkeit der gegen Fritsch erhobenen Anschuldigungen fest und brachte die Niedrigkeit der gegen ihn mit Hilfe eines im Zuchthaus einsitzenden Erpressers in Gang gebrachten Intrigen ans Licht. Gleichwohl war Beck noch nicht zur entscheidenden Konfrontation mit dem Regime bereit.

Am 10. März 1938 um 10 Uhr begann das Verfahren gegen Fritsch vor dem »Gericht des Obersten Befehlshabers der Wehrmacht« im Preußischen Staatsministerium in der Leipziger Straße 3. Gegen Mittag holte General Wilhelm Keitel, der an die Stelle des Kriegsministers getretene »Chef des Oberkommandos der Wehrmacht«, den Generalstabschef und seinen (inzwischen versetzten, zur Einarbeitung des Nachfolgers noch diensttuenden) Oberquartiermeister I, Generalleutnant Erich von Manstein, in die Reichskanzlei. Beck sollte Hitler die Pläne für den Einmarsch in Österreich vorlegen, erklärte aber, es gebe keine. Hitler befahl die Mobilmachung zweier Armee-Korps für den Einmarsch, Beck hielt ihm entgegen, das Heer könne keinen europäischen Krieg auf sich nehmen. Hitler drohte, die SS in Österreich einmarschieren zu lassen. Dies hätte die Stellung der Heeresführung, die durch die Blomberg-Fritsch-Krise schwer angeschlagen war, noch mehr geschädigt. Tatsächlich befahl Hitler, die SS-Verfügungstruppe, der SS-Totenkopfverband Oberbayern und 40 000 Mann Polizei hätten für die Zeit des Einmarsches als 2. Welle zum Heer zu treten. Beck befand sich in der Lage des Soldaten, der von seinem Befehlshaber einen Befehl erhielt, dem er gehorchen mußte.

In seinen weiteren Denkschriften gegen Hitlers Absicht, die Tschechoslowakei zu überfallen, sprach Beck dann aber von letzten Entscheidungen über den Bestand der Nation, von »Wissen und Gewissen«, von »Blutschuld« der Wehrmachtführer, falls sie Hitler nicht widerstünden.[13] Es war unerhört, daß ein deutscher Generalstabschef seinem Oberbefehlshaber und seinem Obersten Befehlshaber in solcher Weise entgegentrat. Ebenso unerhört war aber, daß er dazu Anlaß hatte und daß ihm schließlich nur der Weg des Hochverrats blieb.

In Denkschriften für seinen unmittelbaren Vorgesetzten, den im Januar 1938 anstelle Fritschs ernannten neuen Oberbefehlshaber des Heeres, Generaloberst von Brauchitsch, legte Beck dar, daß die Bedingungen, unter denen ein Krieg gegen die Tschechoslowakei zu führen wäre, nie eintreten würden, wenn nicht Frankreich Deutschland unprovoziert angriffe, was er für ausgeschlossen hielt, so daß der Fall eines Krieges gegen die Tschechoslowakei ad calendas graecas verschoben wurde. Durch eine für 1938 eigens angesetzte Generalstabsübung bewies er zudem, daß ein *Feldzug* gegen die Tschechoslowakei zwar gewonnen, ein *Krieg* gegen eine Koalition ihrer Verbündeten aber nur verloren werden könne. In einer Serie von Denkschriften vom Mai, Juni und Juli 1938 setzte er dem Oberbefehlshaber des Heeres auseinander, im Falle eines gewaltsamen Vorgehens gegen die Tschechoslowakei würden Frankreich, England, Rußland und schließlich Amerika »einen Krieg *auf Leben und Tod mit Deutschland*« führen. Wiederholt bot Beck seinen Rücktritt an. Er verlangte schließlich von Brauchitsch, daß er die geschlossene Weigerung der höheren Führer des Heeres, Hitlers Angriffsbefehl zu befolgen, herbeiführe mit der Aussicht auf eine »klärende Auseinandersetzung zwischen Wehrmacht und SS«, also auf einen Staatsstreich und den Sturz des Regimes.[14]

Beck legte schriftlich nieder, was ihn und das Regime trennte: Verantwortung auf der einen, Verbrechertum auf der anderen Seite. Für den erwarteten Zusammenstoß mit der SS sollten »kurze, klare Parolen« gelten, notierte er am 16. Juli 1938: »Für den Führer! Gegen den Krieg! Gegen die Bonzokratie! Friede mit der Kirche! Freie Meinungsäußerung! Schluß mit den Tschekamethoden! Wieder Recht im Reich! . . . Preußische Einfachheit und Sauberkeit!«[15] In diesen »Parolen« glaubte er nicht offen sagen zu können, daß natürlich das Ziel der Sturz des ganzen Regimes, auch des Führers sein mußte. Aber am 29. Juli schrieb er es für sich und für den Oberbefehlshaber nieder: »Der Fall v. Fritsch hat zwischen Führer und Offizierkorps der Wehrmacht eine Kluft gerissen, auch in Bezug auf Vertrauen, die nie wieder zu überbrücken ist.«[16]

Brauchitsch versagte sich Becks Ansinnen. Am 18. August 1938 reichte der Chef des Generalstabes des Heeres seinen Rücktritt ein und übergab am 27. sein Amt an seinen Nachfolger, General Franz Halder.

In der Folge wurde Beck das anerkannte Oberhaupt und präsumtive Staatsoberhaupt der Widerstandsbewegung gegen Hitler. Seiner Initiative waren seit August 1938 enge Grenzen gesetzt, der Einfluß des im Ruhestand lebenden früheren Generalstabschefs war durch die Entwicklungen des Krieges noch mehr gemindert. Gleichwohl unternahm er mehrere geheime Interventionen und war an allen wesentlichen Umsturzplanungen von September 1938 bis Juli 1944 beteiligt. Er gab durch sein Ansehen den Sondierungen wegen Friedensbedingungen für eine Anti-Hitler-Regierung bei der englischen Regierung durch Vermittlung Papst Pius' XII. das Gewicht, das die Kontakte überhaupt erst ermöglichte. Er gab sein Einverständnis zumindest im März und April 1940, wenn nicht schon früher, für die Warnungen Oberst Osters an die Regierungen Belgiens und der Niederlande vor dem geplanten deutschen Angriff im Westen. Als Hitler kurz vor dem Angriff gegen die Sowjetunion im Juni 1941 hemmungslos brutales Vorgehen der Truppe gegen die Bolschewisten befahl, knüpfte

Beck daran die Hoffnung, die höheren Führer – Kommandierende Generale, Armee- und Heeresgruppen-Oberkommandierende – würden die Ausführung der Mordbefehle verweigern und dadurch den Sturz des Regimes in Gang bringen. Im Januar 1942 stand Beck mit Goerdeler und anderen Verschworenen hinter dem Plan, durch den Oberbefehlshaber West Generalfeldmarschall von Witzleben den Umsturz ins Werk zu setzen. Nach vergeblichen Versuchen, Generalfeldmarschall von Manstein für eine Aktion gegen Hitler zu gewinnen, leitete Beck am 8. Januar 1943 eine Art Koalitionsgespräch einer jüngeren Gruppe der Verschwörung um Moltke und Yorck einerseits und der älteren um Goerdeler andererseits. Im Februar 1943 stimmte er schließlich auch der Beseitigung Hitlers durch ein Attentat zu. Bis zu Stauffenbergs Eintritt in die Verschwörung mißlangen wenigstens drei Versuche.

Als bloßer Major im Generalstab versuchte Graf Stauffenberg 1942 selbständig, höhere Führer des Feldheeres zur Herbeiführung eines Umsturzes zu gewinnen. Während eines darauffolgenden Fronteinsatzes in der 10. Panzer-Division in Tunesien von Februar bis April 1943 erlitt er schwere Verwundungen und verlor ein Auge, eine Hand, zwei Finger der anderen und eine Kniescheibe. Nach seiner Genesung wurde er, inzwischen Oberstleutnant, zum Chef des Stabes beim Chef des Allgemeinen Heeresamtes beim Befehlshaber des Ersatzheeres ernannt. Im August 1943 schloß er sich der zivilen Verschwörung an, trotz Bedenken wegen ihres vielgestaltigen Charakters. Damit kam Bewegung in die Umsturzbemühungen. Mit großem Elan nahm Stauffenberg die Vorbereitungen in die Hand, und bald regte sich die Besorgnis, es werde zu einem bloßen Militärputsch kommen. Beck und Goerdeler bestanden jedoch auf dem politischen Charakter der Umsturzbewegung. Sie verlangten deshalb, daß jedem militärischen Vertrauensmann der Verschwörung, der als Verbindungsoffizier in einem der Wehrkreiskommandos eingesetzt werden sollte, ein politischer Beauftragter beigeordnet werde, der für die Durchsetzung vor allem der politischen Gedanken des Umsturzes Sorge zu tragen hatte. Goerdeler stellte schließlich gegen Ende

1943 eine Liste der »Politischen Beauftragten« zusammen und unterbreitete sie Beck und Stauffenberg.

Beck legte seine Vorstellungen über eine einheitliche Wehrmachtführung, die er 1934 und 1938 in Denkschriften gefordert hatte, nun im Entwurf zu einem Erlaß über die »vorläufige Kriegsspitzengliederung« nieder: Ein Chef des Großen Generalstabes sollte Chef der Vereinten Generalstäbe und zugleich Oberbefehlshaber des Heeres sein. Alle weiteren Entwürfe für die ersten Proklamationen nach dem Umsturz wurden von Beck mitredigiert und gutgeheißen. Einzelne Formulierungen Becks werden in den erhaltenen Entwürfen schwer nachzuweisen sein, aber die Grundgedanken – Wiederherstellung der Rechtsordnung, Bestrafung der Verbrechen der Parteiherrschaft, Anstreben des äußeren Friedens, Absage an jede Bedrohung anderer Völker gingen auf ihn zurück. Noch am 15. Juli 1944, während er mit Goerdeler und dem mitverschworenen Agenten des militärischen Nachrichtendienstes Hans Bernd Gisevius auf dic Ausführung des für diesen Tag geplanten Attentats wartete, las Beck seinen Besuchern die letzte Fassung der Entwürfe vor. Ein Satz, der nur von Beck und Goerdeler stammen kann, lautete: »Wir haben vor diesem Kriege gewarnt, der so viel Leid über die ganze Menschheit gebracht hat, und können daher in Freimut sprechen. Wir waren und sind der Ansicht, daß es andere Möglichkeiten gab, unsere Lebensinteressen sicherzustellen.«[17] Nun sei selbst der Bestand Deutschlands fraglich, aber auch ohne irgendwelche Gewißheiten habe die Befreiung von innen gewagt werden müssen: »Wir wissen noch nicht, wie sich das Ausland zu uns stellt. Wir haben handeln müssen aus der Verpflichtung des Gewissens heraus.«[18] Beck war nach den Aussagen Goerdelers, Hassells und Wirmers der Haupturheber eines vorgesehenen Aufrufes an die Wehrmacht. In diesem Aufruf an die Soldaten ist auch das tiefste Motiv für den Aufstand niedergelegt: »Wir müssen handeln, weil – und das wiegt am schwersten – in Eurem Rücken Verbrechen begangen wurden, die den Ehrenschild des deutschen Volkes beflecken und seinen in der Welt erworbenen guten Ruf besudeln.«[19]

Am 20. Juli 1944 begab sich Beck am Nachmittag gegen 16 Uhr mit Hauptmann Graf Schwerin von Schwanenfeld als Adjutanten in die Dienststelle des Befehlshabers des Ersatzheeres, dessen Chef des Generalstabes seit Mitte Juni Stauffenberg war. Von hier aus sollte der Staatsstreich geleitet werden. Da Hitler überlebte und die Mitverschworenen bis zur Rückkehr Stauffenbergs von Hitlers Hauptquartier »Wolfschanze« untätig blieben, mißlang der Umsturzversuch. Beck gab gleichwohl, im Gegensatz zu manch einem, der sich lieber noch aus der Sache herausgezogen hätte, die ehrenhafte Richtlinie an: »Für mich ist dieser Mann tot. Davon lasse ich mein weiteres Handeln bestimmen. Von dieser Linie dürfen wir nicht abweichen, sonst bringen wir unsere eigenen Reihen in Verwirrung. Ein unwiderleglicher Beweis, daß Hitler – wenn nicht sein Doppelgänger – lebt, kann vom Hauptquartier frühestens nach Stunden geführt werden. Bis dahin muß die Berliner Aktion abgeschlossen sein.«[20] Am späten Abend des Tages, als der Befehlshaber des Ersatzheeres Generaloberst Fromm sich anschickte, die militärischen Führer der Verschwörung erschießen zu lassen, zog Beck die Konsequenz. Er versuchte zweimal, sich eine Kugel in den Kopf zu schießen, verletzte sich aber nur schwer, worauf Fromm ihm den Gnadenschuß geben ließ.

Anmerkungen

1 Vorbemerkung: Die Richtlinien der Herausgeber erlauben Quellenverweise nur für die Herkunft wörtlicher Zitate. Zu diesem Zitat: Oberst Wolf Eberhard (damals in Becks Regiment in Ulm, später Keitels Adjutant), mündliche Mitt. an den Verf. 19. 8. 1979; Max von Viebahn, Generaloberst Ludwig Beck 29. 6. 1880–20. 7. 1944, Masch., o. O., 29. 6. 1948, im Besitz des Verf.; Kunrat Freiherr von Hammerstein, Spähtrupp, Stuttgart 1963, S. 16, 19; Alexander Freiherr von Falkenhausen, Bericht über meine Stellung zur N.S.D.A.P. und ihrem Regime, Masch., o. O. 15. 11. 1946, National Archives, Washington, D. C., RG 338 Ms. No. B–289; Klaus-Jürgen Müller, General Ludwig Beck. Studien und Dokumente zur politisch-militärischen Vorstellungswelt und Tätigkeit des Generalstabschefs des deutschen Heeres 1933–1938, Boppard am Rhein 1980, S. 339; Hel-

muth Groscurth, Tagebücher eines Abwehroffiziers 1938–1940, Stuttgart 1970, S. 168 f.

2 Beck zit. nach Müller (Anm. 1), S. 341.

3 Fritsch zit. nach Friedrich Hoßbach, Zwischen Wehrmacht und Hitler 1934–1938, Göttingen [2]1965, S. 60.

4 Beck zit. nach Müller (Anm. 1), S. 344, 350 f., auch z. Folg.

5 S. Herbert Michaelis und Ernst Schraepler (Hrsg.), Ursachen und Folgen. Vom deutschen Zusammenbruch 1918 und 1945 bis zur staatlichen Neuordnung Deutschlands in der Gegenwart. Eine Urkunden- und Dokumentensammlung zur Zeitgeschichte, Bd. X, Berlin o. J., S. 198.

6 Gisevius in: Der Prozeß gegen die Hauptkriegsverbrecher vor dem Internationalen Militärgerichtshof Nürnberg 14. November 1945 – 1. Oktober 1946, Bd. XII, Nürnberg 1947, S. 266.

7 Randbemerkung Becks zu Oberst i. G. Stülpnagel (Abt.-Chef T 3), Notizen zur augenblicklichen militärpolitischen Lage, Masch., Berlin 11. 4. 1935, BA-MA N 28/2.

8 Prozeß XXXIV, Nürnberg 1949 (Anm. 6), S. 485 f.

9 Beck zit. nach Müller (Anm. 1), S. 498–501.

10 In BA-MA N 28/2 und Klaus-Jürgen Müller, Das Heer und Hitler. Armee und nationalsozialistisches Regime 1933–1940, Stuttgart 1969, S. 493–497.

11 Zwei Briefe des Generals von Clausewitz. Gedanken zur Abwehr, in: *Militärwissenschaftliche Rundschau* 2 (1937), Sonderheft, S. 8–9; Ludwig Beck, Studien, Stuttgart 1955, S. 118.

12 M. G. Christie, Gist of Conversation between General Beck, Chief of the German Army General Staff & one or two *intimate* friends (officers) on his visit to Paris, June/1937, Christie Papers, Churchill College, Cambridge; T. P. Conwell-Evans, None So Blind. A Study of the Crisis Years, 1930–1939, London 1947 (veröffentlicht 1972), S. 91 f.

13 Beck zit. nach Müller (Anm. 1), S. 552.

14 Ebenda, S. 502–512, S. 521–580.

15 Ebenda, S. 556.

16 Ebenda, S. 561.

17 Spiegelbild einer Verschwörung. Die Kaltenbrunner-Berichte an Bormann und Hitler über das Attentat vom 20. Juli 1944. Geheime Dokumente aus dem ehemaligen Reichssicherheitshauptamt, Stuttgart 1961, S. 155.

18 Schriftstücke, die in dem »Hospiz am Askanischen Platz« in einem für

Dr. Goerdeler bestimmten Umschlag vorgefunden wurden (Masch.-Abschrift, Reichssicherheitshauptamt), Amt IV/Sonderkommission 20. 7. 1944, Berlin 3. 8. 1944, 90 Ausfertigungen/23. Ausfertigung, Sammlung H. R. Trevor-Roper auf Mikrofilm von David Irving DJ38 16.

19 Spiegelbild (Anm. 17), S. 199–202; Veit Osas, Walküre. Die Wahrheit über den 20. Juli 1944 mit Dokumenten, Hamburg 1953, S. 98.

20 Hans Bernd Gisevius, Bis zum bittern Ende, Bd. 2, Zürich 1946, S. 369.

Bibliographie

Quellen

Die wichtigsten veröffentlichten Quellen zu Beck und zu seiner Tätigkeit im Widerstand sind: Ludwig Beck, Studien, Stuttgart 1955; Beck und Goerdeler, Gemeinschaftsdokumente für den Frieden 1941–1944, München 1965; Ulrich von Hassell, Die Hassell-Tagebücher 1938–1944. Aufzeichnungen vom Andern Deutschland, Berlin 1988; Hans Bernd Gisevius, Bis zum bittern Ende, 2 Bde., Zürich 1946; Klaus-Jürgen Müller, General Ludwig Beck. Studien und Dokumente zur politisch-militärischen Vorstellungswelt und Tätigkeit des Generalstabschefs des deutschen Heeres 1933–1938, Boppard am Rhein 1980.

Literatur

Die wichtigsten biographischen Studien sind: Wolfgang Foerster, Generaloberst Ludwig Beck. Sein Kampf gegen den Krieg. Aus nachgelassenen Papieren des Generalstabschefs, München 1953; Gert Buchheit, Ludwig Beck, ein preußischer General, München 1964; Nicholas Reynolds, Beck. Gehorsam und Widerstand. Das Leben des deutschen Generalstabschefs 1935–1938, Wiesbaden und München 1977. Klaus-Jürgen Müller, Das Heer und Hitler. Armee und nationalsozialistisches Regime 1933–1940, Stuttgart 1969, ist zwar keine Biographie, trägt aber wesentliches zu Becks Biographie bei und enthält außerdem wichtige Dokumente aus seiner Dienstzeit. Klaus-Jürgen Müllers Interpretation der Absichten Becks als Machtkampf mit der Wehrmachtführung um Präponderanz des Generalstabes des Heeres nach innen und Aggression nach außen wird allerdings durch die Quellen nicht gestützt. Siehe hierzu Peter Hoffmann, Generaloberst Ludwig Becks militärpolitisches Denken, in: *Historische Zeitschrift* 234 (1982), S. 101–121, und Peter Hoffmann, Ludwig Beck: Loyalty and Resistance, in: *Central European History* XIV (1981), S. 332–350.

Alfred Delp SJ – Anwalt der sozialen Gerechtigkeit

von ROMAN BLEISTEIN

Der Weg Alfred Delps in den Widerstand vollzog sich in kleinen Schritten. Am Ende wurde er vom Volksgerichtshof in Berlin des Hoch- und Landesverrats angeklagt, am 11. Januar 1945 vom Präsidenten Roland Freisler zum Tod verurteilt und am 2. Februar 1945 in Berlin-Plötzensee – zusammen mit Carl Goerdeler und Johannes Popitz – gehängt.

Alfred Delp entstammte der kinderreichen Familie eines Angestellten der Ortskrankenkasse und wuchs im kleinen Ort Lampertheim in der Nähe von Mannheim auf. Die häuslichen Verhältnisse waren eher beengt, zumal der Vater, durch Kriegs- und Nachkriegszeit bedingt, lange abwesend war. Diese Herkunft ließ Delp hinter sich, als er nach dem Abitur im April 1926 in den Jesuitenorden eintrat. Dort absolvierte er die üblichen philosophischen und theologischen Studien eines Jesuiten. Er wurde am 24. Juni 1937 von Kardinal Faulhaber in München zum Priester geweiht. Da ihm als einem Jesuiten das Studium an der Universität München verweigert wurde, arbeitete er seit 1939 als Redakteur an der Jesuitenzeitschrift *Stimmen der Zeit* in München mit. Seine Fachgebiete waren soziale Probleme und soziologische Fragestellungen, die er nach einer ersten publizistischen Auseinandersetzung mit Martin Heidegger immer unter einem existentiellen Gesichtspunkt anging. Seine Themen waren: Volk, Heimat, Krieg, Christ und Gegenwart. Mit der nötigen

Achtsamkeit lehrte er die kritische Unterscheidung auf überaus subtile Weise.

Die Grundüberzeugungen Delps waren im Laufe seines jungen Lebens gewachsen. Seine Herkunft hatte ihm große Sensibilität für die sozialen Nöte anderer, zumal der Arbeiter, mitgegeben. Als er während seiner Gymnasialzeit 1921 in den katholischen Jugendbund »Neudeutschland« eintrat, übernahm er dort neben dessen Christusfrömmigkeit auch die Idee eines Deutschland, das nicht nur eine herrliche Heimat bot, sondern das ebenso immer noch in der abendländischen und christlichen Geschichte verwurzelt war. Die fortlebende soziale Einstellung Delps wurde während seiner philosophischen Studien am Ignatiuskolleg in Valkenburg durch die christliche Soziallehre geprägt, wie sie im Solidarismus von P. Heinrich Pesch SJ theoretisch durchdrungen wurden und wie sie in der katholischen Soziallehre - es sei an die beiden Sozialenzykliken *Rerum novarum* 1891 (Leo XIII.) und *Quadragesimo anno* 1931 (Pius XI.) erinnert - vorlagen. Auf diesen Grundtexten fußten ab 1939 die richtungsweisenden Ansprachen Pius XII., nicht zuletzt die für die Auseinandersetzung mit dem Nationalsozialismus bestimmende Enzyklika *Mit brennender Sorge* (Pius XI., 1937).

Aus diesen Anregungen übernahm Delp vor allem seine Grundvorstellungen von einer sozialen Gesellschaft, die sich an der »sozialen Gerechtigkeit« (*iustitia socialis*) auszurichten hatte. Deshalb galten ihm vor allem die Sozialpflichtigkeit des Eigentums, die Mitbestimmung im Betrieb, das Eigentum in Arbeiterhand als vorrangige Ziele einer Sozialreform. Delp hatte seine Grundüberzeugungen 1944 in seinem leider verlorengegangenen Manuskript *Die dritte Idee. Zwischen Kapitalismus und Kommunismus* niedergelegt. Wie sich bei einer Rekonstruktion des Textes ergab, gipfelte dieser Entwurf in einem personalen Sozialismus, der sich den Freiheitsrechten der einzelnen ebenso verpflichtet fühlte wie den Ansprüchen des ganzen Volkes in einer sozial geordneten Gesellschaft.

Diese sozialen Einstellungen, vor allem seine Begeisterung für

Deutschland, für Volk und Vaterland, ließen Delp als jungen Mann gewiß Sympathien für den »nationalen Aufbruch« des Jahres 1933 empfinden, ohne daß er sich irgendeiner Formation der Nationalsozialisten angeschlossen hätte. Als der nationalsozialistische Staat sich nach 1933 rücksichtslos etablierte und sein wahres Gesicht erkennen ließ, kam es zu einer fortschreitenden kritischen Auseinandersetzung Delps mit dem System des Nationalsozialismus. In präziser Wahrnehmung der menschlichen Lebenssituation durch die Auseinandersetzung mit Martin Heideggers Werk *Sein und Zeit* (1927) geschult, kämpfte er gegen die »Deutsche Glaubensbewegung«, jene neogermanische Frömmigkeit, die das Christentum als »undeutsche Judenreligion« diffamierte und dem Nationalsozialismus religiös-ideologische Grundlagen liefern sollte. Als ab 1935 der Jesuitenorden von der Gestapo mit besonderer Schärfe observiert wurde und die ersten Jesuiten in München (P. Rupert Mayer SJ 1937) und in Köln (P. Josef Spieker SJ 1936) wegen Verletzung des sogenannten Kanzelparagraphen und wegen Verbrechen gegen das Heimtückegesetz zu Gefängnisstrafen oder KZ verurteilt wurden, schwanden die letzten Illusionen über den Nationalsozialismus. Am 18. April 1941 wurde die Redaktion der Jesuitenzeitschrift *Stimmen der Zeit* in München innerhalb von zwei Stunden aus ihrem Haus vertrieben; das Haus wurde enteignet.

P. Delp übernahm daraufhin die Stelle eines Kirchenrektors an der St. Georgskirche in München-Bogenhausen. Mitschriften seiner aufrüttelnden und regimekritischen Predigten kursierten unter den Münchner Katholiken. Er hielt regelmäßig Vorträge, die sich vor allem mit dem Problem der Geschichtlichkeit und der Zeitsituation des Menschen befaßten und ihn in viele Städte Deutschlands führten. Er wurde, wie eine Jüdin sagte, die es wissen mußte, zu »einer Adresse«, als ab 1941 die Juden in Deutschland verfolgt und vertrieben wurden.

Im Frühjahr 1942 führte ihn der Provinzial der Oberdeutschen Provinz der Jesuiten, P. Augustin Rösch SJ, in den Kreisauer Kreis ein. In diesem Kreis arbeiteten sehr unterschiedliche Persönlichkeiten zusammen: Wirtschaftsführer und Gewerkschafter, Sozialdemokraten und Adelige, engagierte Christen, Geistliche beider Konfessionen und Politiker. Sie dachten darüber nach und planten, wie Deutschland nach dem Ende des Dritten Reiches gestaltet werden könnte. Helmuth James von Moltke, der Initiator dieses Gesprächskreises, hatte sich einen Mann gewünscht, der den Kreisauer Kreis in sozialen Fragen beraten könne. Seitdem arbeitete Delp im Kreisauer Kreis engagiert mit. Er wurde mit den Planungen für die soziale Gestaltung einer nach dem Ende des Dritten Reiches neuzuordnenden Gesellschaft betraut. Bei der zweiten (Frühjahr 1943) und dritten (Herbst 1943) Tagung in Kreisau leistete er wichtige Beiträge zu dieser Thematik. Auch auf anderen Treffen mit konspirativen Kreisen (vor allem mit dem sogenannten Sperr-Kreis) in München oder Berlin nahm er tatkräftig und mutig teil. Mit der Herausforderung des Widerstands setzte Delp sich auseinander, als im Sommer 1942 im Kreisauer Kreis die Frage auftauchte, was die Kirchen dazu beitragen könnten. Ausgangspunkt war damals ein Text mit folgenden Fragen: »Die erste Frage an die Kirchen will feststellen, ob die Kirchen die Notlage des Menschen sehen, ob sie bereit sind, für den Menschen einzutreten, und ob sie wissen, daß sie dadurch, daß ihre Diener ihre persönliche Gefährdung nicht scheuen, die Möglichkeit haben, die geistige Führung des deutschen Volks und des Abendlandes wiederzuerringen, die Aufklärung in das christliche Weltbild einzubeziehen und vielleicht einen großen Schritt zur Überwindung der Kirchenspaltung zu tun. Die zweite Frage an die Kirchen will feststellen, für welche Grundrechte des Menschen die Kirchen einzutreten bereit sind ... Die dritte Frage an die Kirchen sollte versuchen, sich über die Möglichkeiten klarzuwerden, die Bemühungen der beiden Kirchen und der außerkirchlichen Gruppen aufeinander abzustimmen.«[1]

In den uns überlieferten Ergebnissen dieser Gespräche, die zwischen Helmuth James Graf von Moltke und Peter Graf Yorck von Wartenburg auf der einen Seite, P. Augustin Rösch SJ, P. Alfred Delp und P. Lothar König SJ auf der anderen Seite geführt wurden, sind folgende Markierungspunkte wichtig: Die Politik ist nicht der eigentliche Auftrag der Kirche. Ihr Sinn ist, Gottes Ruhm zu verkünden und der Dienst am geordneten Leben der Menschen. Aber beim Einsatz für eine menschliche Lebensordnung hat sie auch die vorstaatlichen Rechte, die sogenannten »Herrenrechte«, zu verteidigen. Damit sind solche Rechte gemeint, die heute als Menschenrechte anerkannt werden. Damals nannte man sie auch *ius nativum* - dieser Begriff fand Verwendung, um theologische Differenzen zwischen Katholiken und Protestanten in der Frage des Naturrechts zu überbrücken. Da die Kirche den Auftrag hat, diese vorstaatlichen Rechte zu schützen, wird sie erstens alles tun, um diese - was immer sie als politische Reaktion treffen mag - zu schützen und durchzusetzen -, also auch dann, wenn ihr ausgesprochen seelsorglich verstandenes Engagement von den jeweiligen Machthabern politisch interpretiert und mit politischen Repressalien beantwortet wird. Die Kirche wird zweitens helfen, alle Gruppen zusammenzuführen und zu einigen, die diesem Ziel der Sicherung der vorstaatlichen Rechte dienen. Diese Grundsätze wurden - und das gibt ihnen ihren besonderen Wert - in einer Zeit formuliert, in der durch Unrecht und Willkür die Freiheit und Würde des Menschen täglich mit Füßen getreten wurden. Begriffe wie Volksgerichtshof, Konzentrationslager, »Endlösung«, Judenverfolgung sind bleibende Synonyme für Unrecht und Unfreiheit. Zweck dieser Gespräche und ihres Niederschlags in Schriftstücken war, bei einem Treffen mit den Arbeiterführern im Kreisauer Kreis (Julius Leber, Theo Haubach) eine Diskussionsgrundlage für eine gemeinsam auszuarbeitende Strategie im Widerstand abzugeben. Die Kreisauer sahen nämlich in der Arbeiterschaft und in den beiden Kirchen die tragenden Säulen einer neugeordneten Gesellschaft.

Die Probleme um den »Tyrannenmord«, wie der aus der Geschichte der katholischen Kirche stammende Begriff für ein Attentat auf einen Tyrannen oder Despoten lautete, hatte Delp nicht schriftlich behandelt, so daß man aus ihnen Schlüsse für seine letzte Motivation ziehen könnte. Offensichtlich stand er aber -

nach Aussage seiner Freunde im Widerstand, vor allem Eugen Gerstenmaiers – entschieden hinter einem Attentat auf Adolf Hitler und hielt dieses auch sittlich für gerechtfertigt. Allerdings ist festzuhalten, daß Delp nach dem Todesurteil vom 11. Januar 1945 in einem Gnadengesuch sich vom Sinn und der Rechtmäßigkeit eines Attentats distanzierte, wobei er ideengeschichtlich argumentierte.

Die politischen Zielvorstellungen P. Alfred Delps stimmten im wesentlichen mit denen des Kreisauer Kreises überein. Sie liegen in den »Grundsatzerklärungen« vor, die die Gesprächsergebnisse zwischen unterschiedlichen Gruppierungen in diesem Widerstandskreis formulierten. Für ein Deutschland nach dem Ende der nationalsozialistischen Herrschaft war eine Neuordnung geplant, die auf Selbstverwaltung (sozusagen in Bürgernähe), auf sozialer Ordnung, auf der Trennung von Kirche und Staat, auf einer Wettbewerbsgesellschaft beruhte. Wenn auch manches aus diesen Programmen nur klar wird, wenn man sich die Praxis der Nationalsozialisten als dunkle Hintergrundfolie vergegenwärtigt – sie waren aus Protest und als Gegengesellschaft entworfen, in der Menschen wieder menschlich miteinander leben können sollten. Daß bei den Kreisauern etwa in der Frage des Wahlrechts oder der Zulassung von Parteien Defizite an demokratischer Einstellung zu entdecken sind, läßt sich nur aus dem Scheitern der Weimarer Republik erklären, das die Kreisauer miterlebt und miterlitten hatten. Ein offensichtlich gefährdetes politisches System, das die Entstehung und den Aufstieg einer totalitären Bewegung erst ermöglicht hatte, konnten sie nicht noch ein zweites Mal wünschen.

Aus Delps Beiträgen zu den Gesprächen der Kreisauer lassen sich seine Zielvorstellungen entnehmen:
»Zum Thema Wiederherstellung einer neuen Ordnung heißt es in einem handschriftlichen, stichwortartigen Entwurf Delps:

Schaffung einer echten Sozialordnung.
Neben der weltlichen Sicherheit und geistigen Sicherheit die wirtschaftliche Sicherheit des Menschen.

Echte Privatsphäre - Eigentumsbildung - Sicherheit, nicht dauerndes Risiko durch den Staat.
Iustitia socialis.
Krisenfeste wirtschaftliche Sicherung der Familien.
Stände-Staat als planende Instanz, norma negativa und ausgleichende Richtinstanz.

Diese kurzen Andeutungen wurden nach einer Überarbeitung, bei der P. Rösch Anmerkungen an den Rand schrieb, bereits ausführlich neu formuliert. Es heißt nun:

Wiederherstellung einer echten Sozialordnung.

1. Neben die rechtliche Sicherheit und die geistige Freiheit muß die wirtschaftliche Sicherheit treten.

2. Das verlangt auch im wirtschaftlichen Sektor die Wiederherstellung der echten Privatsphäre. Eine dauerhafte Eigentumsbildung muß für alle Schichten der Bevölkerung ermöglicht werden. Die Politik und die Wirtschaftspolitik der staatlichen Macht darf nicht dauernd den echten Besitz und das sichere Einkommen durch innerpolitische Bedrohung und außenpolitische Gefährdung riskieren. Der Staat soll nicht als wirtschaftende Instanz auftreten; er soll die planende Kraft und die ausgleichende Hilfsinstanz sein.

3. Die grundlegende Lehre Papst Pius' XI. von der iustitia socialis muß zum praktischen Ordnungsprinzip erhoben werden. Jeder Besitz und jedes Einkommen ist in durch die Verfassung näher zu bestimmende soziale Pflichten zu nehmen.

4. Der Familie des arbeitenden Menschen ist eine krisenfeste, wirtschaftliche Sicherung zu garantieren.

5. Die Wirtschaft ist der Gesellschaft zurückzugeben. Die Wirtschaft ist vom Staat zur Bildung einer echten Selbstverwaltung, zum Aufbau sozialgebundener Stände und zur Förderung des bonum commune anzuhalten, anzuleiten und nötigenfalls zu zwingen.«[2]

Delps Interessen legten also Akzente auf eine soziale, menschliche Lebens- und Gesellschaftsordnung.

Alfred Delp war einer der drei Jesuiten, die in München gleichsam eine Zentrale des Widerstands im süddeutschen Raum bildeten. Sie dokumentierten im geheimen nicht nur die Übergriffe der Nationalsozialisten auf Klöster und Ordenseinrichtungen, gaben Berichte über Attacken der Gestapo auf die Kirche und hielten die Antworten und Reaktionen von Bischöfen und kirchlichen Behörden fest. Diese Sammlungstätigkeit diente einer gezielten innerkirchlichen Information, die angesichts der massiven Beschneidung der Pressefreiheit täglich wichtiger wurde; sie sicherte auch eine gemeinsam verabredete Vorgehensweise im Kirchenkampf. Die Münchner Jesuiten hielten ferner Kontakt zu anderen konspirativen Gruppen: zur konservativen Widerstandsgruppe in München, zum Sperr-Kreis, der sich um den ehemaligen Bayerischen Gesandten in Berlin Franz Sperr gesammelt hatte; zu den Männern der Katholischen Arbeiterbewegung in Köln (Kettelerhaus): Nikolaus Groß, Bernhard Letterhaus, Prälat Otto Müller; zu Regimegegnern in Österreich; zu Oberst Claus Schenk von Stauffenberg, den P. Delp am Abend des 6. Juni 1944 in Bamberg zu einem unverhofften Gespräch aufsuchen konnte; zu den katholischen Bischöfen Michael Kardinal von Faulhaber/München, Bischof Konrad von Preysing/Berlin, Erzbischof Konrad Gröber/Freiburg; Bischof Johann B. Dietz/Fulda, die regelmäßig über die Arbeit der Jesuiten im Kreisauer Kreis informiert wurden und zu kirchlich wichtigen Fragen, etwa der Konfessions- oder Simultanschule, befragt werden konnten. Wie Unterlagen vermuten lassen, bestanden auch Kontakte zu hohen Militärs (Generaloberst Franz Halder) und zur evangelischen Kirche (Landesbischof Theophil Wurm/Stuttgart). In diesem konspirativen Geflecht wurde die Strategie von P. Augustin Rösch erarbeitet. Die Beziehungen knüpfte der intellektuell wache P. Alfred Delp. Der Kurier, der Texte übermittelte, Termine vereinbarte und abgerissene Fäden wieder aufnahm, war P. Lothar König. So arbeiteten diese drei wie eine verschworene Gemeinschaft zusammen.

Im Laufe des Jahres 1944 kam es zur verstärkten Zusammenarbeit zwischen dem Kreisauer Kreis und der Widerstandsgruppe um Oberst von Stauffenberg. Dabei ist es in der Forschung noch heute umstritten, ob der Kreis als ganzer oder ob nur einzelne engagierte Kreisauer zum engsten Kreis der »Attentäter des 20. Juli 1944« zu zählen sind. Wichtig ist in diesem Zusammenhang, daß nach der Verhaftung Moltkes durch die Gestapo am 19. Januar 1944, dem neben Graf Yorck wohl wichtigsten Mann im Kreisauer Kreis, die Verbindungen zwischen Berlin und München abrissen. Aus den spontanen Äußerungen Delps am 20. Juli 1944 läßt sich schließen, daß er über die konkreten Planungen des Attentats auf Adolf Hitler nicht informiert war, obgleich es aufgrund der Verhaftung von Kreisauern durch die Gestapo so terminiert wurde. Diese Tatsache verstand er so glaubwürdig während des Prozesses vor dem Volksgerichtshof vorzutragen, daß Roland Freisler diesen Anklagepunkt im Urteil über die Kreisauer fallen ließ.

Delp selbst betonte nach dem 11. Januar 1945 in einem Kassiber aus dem Gefängnis Tegel: »Keine Verbindung zum 20. 7.« Diese Feststellung nützte ihm am Ende wenig. Im Todesurteil vom 11. Januar 1945 wurde ihm zur Last gelegt, daß er »einer der aktivsten Verratsgehilfen Helmuth Graf von Moltkes« gewesen sei. Es wurde ihm bestätigt, daß er »die bekannte Stellungnahme der Enzyklika quadragesimo anno über die iustitia socialis vorgetragen habe und sie als Bekenntnis zur Gemeinschaftsvorbelastung des Besitzes erläutert habe«. Das traf den Kern der Anklage: Delp war im Kreisauer Kreis sozial(politisch) engagiert. Die weiteren Kontakte zu Widerstandskämpfern, die Tatsache, daß in Delps Bogenhausener Pfarrwohnung Besprechungen zwischen den Kreisauern und dem Sperr-Kreis stattgefunden hatten, wurden von Freisler natürlich nicht übergangen, während das Gespräch mit Claus Graf Stauffenberg, das ja eine Beziehung zum 20. Juli hergestellt hätte, eher heruntergespielt wurde. Die Konsequenz lautete: Delp »tritt mit dem Anspruch auf, ein gebildeter Mann zu sein. Er mußte also die Verpflichtung, die darin liegt, besonders spüren und durch Taten beachten. Wenn er trotzdem im Krieg dieses Verrats sich schuldig gemacht hat, so bezeugt das seine vollkommene Ehrlosigkeit und erzwingt zum Schutz des Reiches das Todesurteil gegen ihn.«[3]

In einem der letzten Kassiber aus der Haftanstalt Berlin-Tegel notierte Delp jene Gründe, die seiner Meinung nach zum Todesurteil über ihn geführt hatten:

»1. Mein Verbrechen ist, daß ich an Deutschland glaubte auch über eine mögliche Not- und Nachtstunde hinaus. Daß ich an jene simple und anmaßende Drei-Einigkeit des Stolzes und der Gewalt (gemeint ist die Gleichung NSDAP = Drittes Reich = Deutschland; Anm. d. Verf.) nicht glaubte. Und daß ich dies tat als katholischer Christ und als Jesuit. Das sind die Werte, für die ich hier stehe am äußersten Rande und auf den warten muß, der mich hinunterstößt: Deutschland über das Heute hinaus als immer neu sich gestaltende Wirklichkeit - Christentum und Kirche als die geheime Sehnsucht und die stärkende und heilende Kraft dieses Landes und Volkes - der Orden als die Heimat geprägter Männer, die man haßt, weil man sie nicht versteht und kennt in ihrer freien Gebundenheit oder weil man sie fürchtet als Vorwurf und Frage in der eigenen anmaßenden, pathetischen Unfreiheit.«[4]

Am Ende wurde Delp ein Opfer eines Hasses, der das Christentum und die Kirche in ihrem Mark treffen sollte - und ein Jesuit verkörperte für Roland Freisler gerade beides: Christentum und Kirche. Deshalb hatte Delp als Mitglied dieser »Fundamentalopposition« in diesem Prozeß vor dem Volksgerichtshof von Anfang an keine Chance. Er wurde zum Tod verurteilt und mit 37 Jahren in der Haftanstalt Berlin-Plötzensee gehängt. Sein Ziel, eine soziale Gesellschaft mitaufbauen zu helfen, konnte er nur als eine Vision für die Nachgeborenen hinterlassen.

Anmerkungen

1 Roman Bleistein (Hrsg.), Dossier: Kreisauer Kreis. Dokumente aus dem Widerstand gegen den Nationalsozialismus. Aus dem Nachlaß von Lothar König, Frankfurt/M. 1987, S. 198–200.

2 Alfred Delp, Gesammelte Schriften I–V, hrsg. v. Roman Bleistein, Frankfurt/M. 1982–1988, Bd. IV, S. 382 ff.
3 Urteil des Volksgerichtshofes über »die Kreisauer«, in: Delp (Anm. 2), S. 419–425.
4 Ebenda, S. 112.

Bibliographie

Quellen

Alfred Delp, Gesammelte Schriften I–V, hrsg. v. Roman Bleistein, Frankfurt/M. 1982–1988. Diese Bände dokumentieren authentisch die Herkunft der Ideen Alfred Delps; der Band IV enthält Texte, die während der Haft in Berlin/Tegel verfaßt und als Kassiber hinausgeschmuggelt wurden, ebenso die Zuarbeiten zum Kreisauer Kreis.
Roman Bleistein (Hrsg.), Dossier: Kreisauer Kreis. Dokumente aus dem Widerstand gegen den Nationalsozialismus. Aus dem Nachlaß von Lothar König, Frankfurt/M. 1987. In diesem Band sind jene Grundsatzerklärungen und Entwürfe (vor allem aus München) gesammelt, aus denen das Anliegen des Kreisauer Kreises deutlich werden kann.

Literatur

Roman Bleistein, Alfred Delp. Geschichte eines Zeugen, Frankfurt/M. 1989. Diese Biographie geht nicht nur den zeitgeschichtlichen Dokumenten über Delp nach, sondern versucht auch den Zusammenhang seiner Entscheidungen (gerade für den Widerstand) aus seinen Schriften zu erheben. Ausführlich dokumentiert sind vor allem Delps Tage im Gefängnis, die Verhöre durch die Gestapo, der Prozeß vor dem deutschen Volksgerichtshof; Augustin Rösch, Kampf gegen den Nationalsozialismus, hrsg. v. Roman Bleistein, Frankfurt/M. 1985. August Rösch führte P. Delp in den Kreisauer Kreis ein. Der Band stellt in Dokumenten und Berichten den Ablauf und das Anliegen des Widerstands, aber auch des Kampfes gegen das Terrorsystem des Dritten Reichs dar; Ger van Roon, Neuordnung im Widerstand. Der Kreisauer Kreis innerhalb der deutschen Widerstandsbewegung, München 1976. Das grundlegende Werk über den Kreisauer Kreis. Es arbeitet die Entstehung, die Anliegen und das Ende des größten Widerstandskreises heraus; Der Kreisauer Kreis, Portrait einer Widerstandsgruppe, bearb. von Wilhelm Ernst Winterhager, Mainz 1985. Dieser ausführliche Katalog zur Ausstellung über den Kreisauer Kreis bietet die neuesten Forschungsergebnisse über den Widerstandskreis. Die beigegebenen Bilder erschließen weitere Zugänge; Helmuth James von Moltke, Briefe an Freya 1930–1945, München ²1989. Die zahlreichen Briefe von Moltkes spiegeln in sehr persönlicher Perspektive die Geschichte des Widerstands von der Planung bis zu seiner Auslöschung.

Hans Bernd Gisevius – Ein Oppositioneller auf »Außenposten«

VON SUSANNE STRÄSSER

Gustav-Adolf Timotheus Hans Bernd Gisevius wurde am 14. Juni 1904 als Sohn des Oberverwaltungsgerichtsrates Hans Gisevius und seiner Ehefrau Hedwig in Arnsberg in Westfalen geboren. Aus einer Pastoren- und Beamtenfamilie stammend, war die Sozialisation des im Wilhelminischen Reich Geborenen in Familie und Schullaufbahn zunächst auf die bestehende konstitutionell-monarchische Gesellschafts- und Herrschaftsstruktur bezogen. In das Jahr 1929, in dem Gisevius das Studium der Rechtswissenschaft mit der Promotion abschloß, fiel seine Mitgliedschaft in der Deutschnationalen Volkspartei (DNVP) und dem Wehrverband Stahlhelm.

Als Gerichtsreferendar wurde Gisevius im Mai 1930 wegen propagandistischer Aktivitäten für das Volksbegehren gegen den Young-Plan von Berlin nach Düsseldorf strafversetzt und in Beleidigungsprozessen, unter anderem gegen Reichskanzler Heinrich Brüning, verurteilt. In der DNVP stieg Gisevius schnell auf, so daß er Ende 1931 als jüngstes Mitglied in den Reichsvorstand der Partei gewählt wurde. Die Umwandlung der DNVP unter dem Parteivorsitz Hugenbergs in eine politische Bewegung zeigte sich durch den verstärkten Ausbau der Kampfstaffeln; auch in Düsseldorf hatte sich unter Gisevius im Herbst 1931 eine »Arbeitsgemeinschaft junger Deutschnationaler« formiert. An den parteiinternen Flügelkämpfen war Gisevius, gemeinsam mit dem Historiker Martin Spahn und dem Stahlhelmführer Eduard Stadtler, beteiligt. Er propagierte die Annäherung an den Nationalsozialismus.

Am 11. Juni 1933 meldete der *Völkische Beobachter* unter der Schlagzeile »Zerfall der Deutschnationalen Front«, daß der Reichstagsabgeordnete Spahn und der Leiter des »Deutschnationalen Kampfringes Westen« Dr. Gisevius zu Hitler übergetreten seien. Der dezidierte Gegner der Weimarer Republik kommentierte seinen Austritt aus der DNVP scharfsinnig: »Es ist kein Platz mehr für jene parlamentarische, taktische Betrachtungsweise, als sei die heutige Regierung etwa das Ergebnis einer ›Koalition‹ und als könne das Wechselspiel zwischen Mehrheit und Minderheit weiterhin wie im überwundenen parlamentarischen System fortgesetzt werden. Der Parteienstaat ist tot.«[1]

Im August 1933 trat Gisevius als Assessor in den preußischen Verwaltungsdienst ein und wurde zur politischen Abteilung des Polizeipräsidiums Berlin versetzt. Mit dem ersten Leiter des Geheimen Staatspolizeiamtes Rudolf Diels hatte Gisevius heftig um die Führung des Amtes konkurriert. Gemeinsam mit dem Leiter der Exekutivabteilung des Preußischen Geheimen Staatspolizeiamtes Arthur Nebe hatte Gisevius zunächst erfolgreich gegen Diels intrigiert. Nachdem der ambitionierte Assessor dabei Ende 1933 unterlegen war - am 31. Oktober erließ die Gestapo einen Haftbefehl wegen reaktionärer Umtriebe gegen ihn - und in die Provinz abgeschoben werden sollte, setzte Gisevius, der am 15. November 1933 die NSDAP-Mitgliedschaft beantragt hatte, diesen Kampf um Macht und Einfluß innerhalb des Polizeiapparates des Dritten Reiches aus dem Reichsinnenministerium fort. Dort erlangte er das Vertrauen des Ministers Wilhelm Frick. Offensichtlich verfolgte Gisevius in den Anfangsjahren des Nationalsozialismus das Ziel, selbst Gestapo-Chef zu werden. Die Ernennung Himmlers zum Chef der deutschen Polizei im Reichsministerium des Innern am 17. Juni 1936 bedeutete nicht nur für Diels, sondern auch für Gisevius, der aus dem Preußischen Landeskriminalamt ausscheiden mußte, das Ende aller Ambitionen auf eine weitere Polizeikarriere. Für Gisevius ist dieser Mißerfolg in der Frühphase des Nationalsozialismus allerdings zum Schlüsselerlebnis geworden. Seine aus einem Rivalitätsverhältnis entstandene Gegnerschaft zu den Mächtigen der Gestapo weitete sich schließlich zu einer Bekämpfung des Hitler-Regimes überhaupt aus. Die kurze Dienstzeit beim Geheimen Staatspolizeiamt hatte Gisevius mit der perfide-genialen Demagogie und kriminellen Energie des Regimes vertraut gemacht und zu wachsender (Teil-) Kritik an dessen gewalttätigen Auswüchsen, Gestapo und SS, geführt, die eng mit dem Gefühl enttäuschter beruflicher Ambitionen verbunden war.

Auf einflußlosen Verwaltungsposten bei den Provinzregierungen in Münster und Potsdam ins politische und berufliche Abseits gedrängt, gewann Gisevius durch die Bekanntschaft und spätere Freundschaft mit dem nachmaligen Generalmajor Hans Oster Anschluß an regimekritische Kreise und beteiligte sich ab 1938 mit dem gleichen Elan, an der Vorbereitung von Umsturzplänen, mit dem er sich vorher um seine Polizeikarriere bemüht hatte.

Zwischen 1933 und 1936 war Gisevius nacheinander in der Gestapo, im Preußischen Ministerium des Innern, im Reichsministerium des Innern und im Reichskriminalamt, bis Mitte 1937 beim Regierungspräsidium Münster in der Preisüberwachung tätig. Danach hatte er unbezahlten Urlaub und stand in informeller Verbindung zum Amt Ausland/Abwehr im Oberkommando der Wehrmacht. Als sich dort in der Spitzengruppe der Widerstand um Beck, Goerdeler und Oster allmählich formierte, spezialisierte er sich auf die Beobachtung der Gestapo und nutzte seine engen Kontakte zum Berliner Polizeipräsidenten Wolf Heinrich Graf von Helldorf und zum Chef des Reichskriminalamtes Arthur Nebe.

Wie breit in der Vorkriegszeit die Kluft zwischen den späteren Männern des 20. Juli und den Funktionären der alten Arbeiterparteien war, zeigt der Fall Gisevius exemplarisch. Gisevius, nach eigenen Aussagen zusammen mit Hans Oster einer der frühesten und konsequentesten Widerstandskämpfer gegen Hitler, nahm als zuständiger Referent des Reichs- und Preußischen Ministerium des Innern am 5. Februar 1935 an den interministeriellen Verhandlungen über das weitere Schicksal des am 3. März 1933 festgenommenen und seither inhaftierten KPD-Vorsitzenden Ernst Thälmann teil. Er sprach sich vehement gegen ein ordentliches Gerichtsverfahren für den Kommunistenführer aus. Ohnehin müsse man Thälmann, so Gisevius, auch nach Durchführung eines Strafverfahrens und nach Verbüßung der Haft »in sicherem Gewahrsam behalten. Das Ausland werde dafür, daß das neue Deutschland das Haupt der KPD nicht wieder freilasse, volles Verständnis aufbringen.«[2] Ähnlich dachten manche spätere Verschwörer aus bürgerlich-aristokratischen Kreisen, die wie Gisevius nationalkonservativ eingestellt waren.

Ein Spezifikum des sehr komplexen nationalkonservativen Widerstandes lag darin, daß er sich aus der Anpassung an das nationalsozialistische Regime und aus der Kooperation mit und in ihm entwickelte. Gisevius war durch seine Aktivitäten gegen die Gestapo intern so bekannt geworden, daß er im März 1936 nach Intervention Heydrichs beim Berliner Polizeipräsidenten Graf Helldorf von seiner Stellung als dessen ständiger Vertreter im Polizeibefehlsstab für die Olympiade enthoben wurde, nachdem Heydrich das Argument vorgebracht hatte, »daß Gisevius während seiner Tätigkeit im Reichs- und Preußischen Ministerium des Innern stets der Geheimen Staatspolizei alle erdenklichen Schwierigkeiten bereitet hat, so daß das Verhältnis zwischen ihm und uns höchst unerfreulich war«.[3]

Ein erster Anlaß zu koordinierten Aktivitäten von Oppositionellen, deren Zahl wuchs und deren Beziehungen allmählich enger wurden, war die als Blomberg-Fritsch-Krise bekanntgewordene politische Skandalintrige vom Frühjahr 1938. Die Aktivsten waren damals zweifellos Oster und Gisevius, die unermüdlich Umsturzpläne entwickelten. Neben den gemeinsamen Bemühungen um die Rehabilitierung des Oberkommandierenden des Heeres Generaloberst von Fritsch erwogen Oster und Gisevius, Hitler als Staatsoberhaupt zu übergehen und die Zentrale der Gestapo zu besetzen, die Exponenten der SS zu verhaften und unter Veröffentlichung des bereits gesammelten Belastungsmaterials Hitler vor vollendete Tatsachen zu stellen.

Gisevius' Bemühungen waren ausschlaggebend dafür, daß der Berliner Polizeipräsident von Helldorf lose Verbindungen zum Kreis der Verschwörer knüpfte. Somit erwies sich die Blomberg-Fritsch-Krise als Generalprobe für die Zusammenführung aller Kräfte, die dem Regime feindlich gegenüberstanden und die Schlüsselpositionen wie im Amt Ausland/Abwehr im Oberkommando der Wehrmacht besetzten. Eine deutlichere Widerstandshaltung in militärischen Kreisen formierte sich, als sich die Sudetenkrise zwischen April und September 1938 verschärfte. Zu diesem Zeitpunkt entstanden direkte Kontake zwischen Beck, Goerdeler, Hjalmar Schacht und Gisevius mit Admiral Canaris und dem damaligen Oberstleutnant Oster. Ständige Vermittler zwischen der militärischen und zivilen Gruppe innerhalb der Verschwörung blieben Oster und Gisevius, deren Bemühungen als kontinuierlich angesehen werden können. Wenn Fragen des Polizeieinsatzes im Falle eines Staatsstreiches geklärt werden mußten, verwiesen sowohl Oster als auch Schacht Generalstabschef Halder an Gisevius, der die Einzelplanungen für den Einsatz der Berliner Polizei sowie die Neutralisierung der Polizei- und SS-Einheiten im Reichsgebiet ausarbeitete. Der Kommandierende General Erwin von Witzleben beschäftigte Gisevius in seinem Wehrkreiskommando als zivilen Verbindungsmann zur Oster-Gruppe unter dem Vorwand, er ordne Familienpapiere, und gab ihm den Decknamen »von Velsen«.

Während für General Halder und Admiral Canaris der Staatsstreich das beste Mittel zur Kriegsverhinderung darstellte, war für den Oster-Gisevius-Kreis der Staatsstreich das eigentlich anzustrebende Ziel, das man aus Anlaß eines unmittelbar bevorstehenden Kriegsausbruchs am besten realisieren könne. Gisevius wollte, daß man hinsichtlich der Person Hitlers zunächst taktiere; notfalls könne man den »Führer« als ahnungslos hinstellen, womit man der damaligen Volksstimmung wohl am weitesten entgegengekommen wäre. Halders Eventualplanung wurde überlagert von definitiven Putschabsichten einer radikalen Gruppe innerhalb der Verschwörung, deren treibende Kraft der frühere Stahlhelmführer Friedrich Wilhelm Heinz war.

In bewußtem Gegensatz zu Beck, Canaris und Witzleben wurde von einigen Offizieren des Amtes Ausland/Abwehr im OKW ein Attentatsplan entwickelt; der früheste, der aus nationalkonservativ-militärischen Kreisen bekannt ist. Sowohl Oster wie Heinz sahen in einer monarchischen Restauration die Chance für die Neuordnung Deutschlands. An solchen politischen Zieldiskussionen, die einen starken Hang zu einem romantisch-revolutionären Nationalismus verraten, war Gisevius kaum beteiligt. Er erhob für sich vielmehr die wertneutrale Technik der Konspiration und des Staatsstreiches zum vorrangigen Maßstab des Handelns im Kampf gegen die Diktatur.

Auf Betreiben Osters wurde Gisevius nach Kriegsbeginn mit einem gefälschten Einberufungsbefehl als Sonderführer zum Amt Ausland/Abwehr im OKW eingezogen und im Oktober 1940 in die Schweiz entsandt. Dort sollte er für die Anti-Hitler-Fronde internationale Kontakte knüpfen. Der auch unter den Decknamen »Dr. Bernd«, »Dr. Schicht« oder »Gustav« auftretende Gisevius gehörte sowohl dem Geheimen Meldedienst als auch der Spionageabwehr- und Gegenspionage-Abteilung der Kriegsorganisation Schweiz (KOS) an, so daß seine im Dienste der Opposition stehenden Verbindungen zu Vertretern alliierter Nachrichtendienste, insbesondere zum amerikanischen Office of Strategic Services (OSS) unter Allen Welsh Dulles, in der Schweiz abwehrdienstlich zu legitimieren waren.

Vom Büro F der Deutschen Gesandtschaft in Bern wurden die nachrichtendienstlichen Aktivitäten im neutralen Nachbarstaat gesteuert. Gisevius war dem Deutschen Generalkonsulat in Zürich offiziell als Vizekonsul zugeteilt, ohne jedoch auch nur »einen besonderen Arbeitsraum« zu haben oder gar »eine Funktion als Tarnung im Raum des Generalkonsulats« auszuüben.[4]

Als die Schweizer Militärjustiz 1946 untersuchte, ob sich Gisevius als Abwehragent der Spionage schuldig gemacht hatte, wurde konstatiert: »Während des Krieges trieb Dr. Gisevius längere Zeit in der Schweiz ein Doppelspiel. Offiziell war er für den Nachrichtendienst tätig und wurde dafür vom Büro F in Bern besoldet, andererseits unterhielt er insgeheim enge Beziehungen zum Büro des amerikanischen Nachrichtendienstes in Bern, bis dieses eines Tages durch die Leute des Büros F entdeckt wurde.«[5] In seiner Funktion als Oppositioneller auf ›Außenposten‹ des Kreises Beck-Canaris-Oster übte Gisevius Gegenspionage gegen SD-Agenten und nahm als Angehöriger des Dahlemer Freundeskreises um Martin Niemöller auch Fühlung zu kirchlichen Institutionen wie dem Ökumenischen Rat in Genf auf. In der SD-Berichterstattung über die Hintergründe des 20. Juli 1944 heißt es zu den Auslandsbeziehungen der Verschwörer: »Der aktivste Mann in der Schweiz war der Regierungsrat Gisevius (flüchtig) ein Vertrauter von Canaris, der ihn vielfach zu persönlichen Besprechungen kommen ließ und oft auch unter vier Augen mit ihm verhandelte. Hansen bezeichnet Gisevius als den Mann, der zweifellos der geistige Exponent des Dreigestirns Beck-Canaris-Olbricht in der Schweiz gewesen sei. Er war befreundet mit Beck, Canaris, Oster, Helldorf und anderen Persönlichkeiten des Verschwörerkreises. Gisevius trug, wie von Trott offen zugab, offensichtlich schon seit Jahren auf zwei Schultern. ›Gisevius war zwar für die deutsche Abwehr tätig, hielt aber gleichzeitig oppositionelle Reden und Verbindungen für deutsche Oppositionskreise zu Engländern und Amerikanern.‹«[6]

In den ersten Kriegsjahren stand Gisevius dem britischen Nachrichtendienst als Konfident zur Verfügung, der dann jedoch mißtrauisch von ihm abrückte: »Gisevius wurde vom MI6 mit der Begründung als Kontaktmann abgelehnt, er sei wahrscheinlich ein Doppelagent; die Begründung erwies sich auf Dauer als nicht korrekt.«[7]

Gisevius konnte Hans Oster, den Leiter der Zentralabteilung des Amtes Ausland/Abwehr und operativen Chefplaner der Verschwörung gegen Hitler, für seinen Plan gewinnen, in der Schweiz aus Abwehr-Geldern einen Devisenfonds anzulegen, der einer nach dem Sturz Hitlers eingesetzten provisorischen deutschen Regierung sofort zur Verfügung stehen würde und sich auch schon bei der Vorbereitung des Umsturzes als nützlich erweisen konnte.

Im Herbst 1942 wurde vom Amt Ausland/Abwehr auf Initiative Dr. Hans von Dohnanyis und mit Unterstützung von Oster und Amtschef Canaris einigen von der Deportation bedrohten Berliner Juden die rettende Ausreise in die neutrale Schweiz ermöglicht. Die Gefährdeten gab man gegenüber der Gestapo als V-Leute der Abwehr aus, und Gisevius hob von dem Geheimfonds Gelder ab, um die von den schweizerischen Behörden verlangten Kautionen zu hinterlegen.

Nach der Verhaftung von Dohnanyi am 5. April 1943 ist in den Verhören der Gestapo, aber auch während der Untersuchung des Oberkriegsgerichtsrats Roeder sowohl nach den Hintergründen der Rettungsaktion »Unternehmen Sieben« wie nach dem Zweck dieser Devisentransaktionen geforscht worden. Dabei sagten die verhafteten Abwehroffiziere Wilhelm Schmidhuber und Heinz Ickrath aus, sie hätten im September 1942 den Auftrag gehabt, »Gisevius in der Schweiz mitzuteilen, daß beabsichtigt sei, ihn abzubauen. Gisevius habe ihnen darauf gesagt, daß er Canaris warne, diese Absicht auszuführen, da er (Gisevius) zuviel von Canaris und Herrn von Dohnanyi wisse.« Gisevius habe gedroht, »Canaris solle sich vorsehen, er habe den Russen die Offensive von Woronesch bekanntgegeben«.[8]

Anlaß der beabsichtigten Abberufung von Gisevius und Hintergrund des schwerwiegenden Vorwurfs des Landesverrates, der den Fall Dohnanyi zwar nur am Rande betraf, aber das Amt Ausland/Abwehr insgesamt belasten mußte, kann nur Gisevius' anfängliche Weigerung gewesen sein, an der Rückführung der bei dem Privatbankier Eduard von der Heydt hinterlegten Devisenreserve nach Berlin mitzuwirken und damit seine einflußreiche Position als »Schatzmeister« der Verschwörung gegen Hitler aufzugeben.

Nur die Verfügungsgewalt über den Putschfonds schien Gisevius, der sich durch seine Versetzung in die Schweiz aus dem Zentrum des Widerstandes abgedrängt und in seinem verschwörerischen Ehrgeiz verletzt fühlte, eine seiner konspirativen Kompetenz angemessene Rolle bei den Umsturzvorbereitungen zu garantieren. Fregattenkapitän Hans Meisner, der mit dem offiziellen Titel eines Generalkonsuls vom Büro F der Deutschen Gesandtschaft Bern die Spionageaktivitäten in der Schweiz leitete, hatte Gisevius wegen dessen zahlreicher, in auffälligem Kontrast zu seiner abwehrdienstlichen Passivität stehender Gesprächskontakte im Auftrag der Opposition beobachtet und ihn in der Abwehrzentrale der Zusammenarbeit mit dem Kriegsgegner, namentlich mit dem OSS-Residenten Allen Welsh Dulles, beschuldigt. Seit Ende 1942 hatte Gisevius, von Beck, Canaris und Oster autorisiert, seine entscheidende Funktion als Verbindungsmann zwischen der Berliner Abwehrzentrale und dem Chef des amerikanischen Nachrichtendienstes für Zentraleuropa erlangt. Von Bern aus sandte Dulles seine als »Breakers Cables« bezeichneten Geheimdienstberichte, in denen Gisevius als OSS-Konfident unter der Nummer »512« geführt wurde, nach Washington, wo sie eine besondere Bedeutung für die amerikanische Einschätzung des deutschen Widerstandes erlangten.

Gisevius versagte sich auch nicht dem, was damals allgemein – auch in der Sicht der meisten Männer des Widerstandes – als Landesverrat galt. So hielt er militärische Spionage zugunsten des Kriegsgegners für einen legitimen Widerstandsakt und praktizierte sie auch. In seinem Rechenschaftsbericht an Präsident Truman vom 22. Juni 1945 hielt OSS-Direktor Donovan Gisevius' Dienste für den amerikanischen Nachrichtendienst und die Sache der Anti-Hitler-Koalition fest: »Durch diese Quelle erhielten wir früh Informationen über die Entwicklung der V-1- und V-2-Raketen. Zusammen mit anderen Quellen führte dies zur Identifizierung von Peenemünde als deutschem Testgelände zur Erprobung neuer Waffen.«[9]

Die Berichte der Abwehrangehörigen um Gisevius, die OSS-

Bern auch nach der Übernahme des Amtes Ausland/Abwehr durch das Reichssicherheitshauptamt und Walter Schellenberg ab Februar 1944 ungemindert zugingen, lieferten exakte Daten über die Entwicklung der deutschen Fernraketen, das Anwachsen und auch die Umsturzpläne des Widerstandes und die internen Machtkämpfe im Dritten Reich.

Das von Gisevius gelieferte Nachrichtenmaterial verdeutlichte, daß der überwiegende Teil der deutschen Opposition, vor allem aber die in der aktiven Widerstandsbewegung zusammengeschlossenen Kräfte, eine Verständigung mit den Angloamerikanern wünschte. Seit der Kontaktaufnahme mit Dulles 1942/43 hatte Gisevius den OSS-Residenten zu überzeugen versucht, daß die West-Alliierten nicht nur den Krieg gegen die Achsenmächte, sondern gegen die bolschewistische Weltrevolution gewinnen müßten. Gisevius propagierte eine »Westlösung«, also einen Separatfrieden der Angloamerikaner mit Deutschland nach erfolgtem Staatsstreich.

Das erste detaillierte Angebot dieser Art ging Dulles in der zweiten Maiwoche 1944 im Auftrag von Beck und Goerdeler über Gisevius zu: Eine nach erfolgtem Umsturz gebildete Regierung würde einseitig gegenüber den Westmächten kapitulieren. Zusätzlich bot man militärische Kooperationsmaßnahmen zur Beendigung des Krieges an der Westfront an. Die Mischung oppositionell-konservativen und traditionell-machtpolitischen Denkens, wie sie in den »Breakers Cables« erscheint, war nur schwer als ein von der Parteilinie divergierender Standpunkt zu bewerten.

Die Doppelfunktion der Unterhändler des Widerstandes, die im Dienste des Regimes gegen das Regime agierten, machte auch Gisevius, durch seine allzu offenkundigen Beziehungen zum Gestapa und RSHA via Arthur Nebe belastete, unglaubwürdig. Dulles' durch Gisevius inspirierte Berichte, in denen er Washington zur Anerkennung einer deutschen Übergangsregierung (»a respectable government«) zu bewegen suchte und die von OSS-Direktor Donovan Präsident Roosevelt vorgelegt wurden, blieben unbeachtet.[10] Die Haltung der Westmächte blieb intransigent, denn hinter der deutschen Forderung nach einem Separatfrieden vermuteten sie mit Recht Versuche, die anglosowjetische Kriegsallianz zu spalten. Gisevius kehrte am 11. Juli 1944 aus der Schweiz nach Berlin zurück, nachdem er über das bevorstehende Attentat in Kenntnis gesetzt worden war.

Nach Aussprache mit Beck und Goerdeler erreichte er für sich die Position eines »Reichsministers beim Staatschef und Reichskommissar zur Wiederherstellung der öffentlichen Ordnung«, die ihm nach erfolgtem Umsturz eingeräumt werden sollte.[11]

Gisevius war am 20. Juli 1944 im Bendlerblock, dem Zentrum der Verschwörung gegen Hitler, präsent. Als einziger versuchte er, die Verbindung zwischen Kriegsministerium und Polizeipräsidium herzustellen. Es gelang ihm, sich länger als sechs Monate dem Zugriff der Verfolger zu entziehen, bis ihm im Januar 1945 mit Hilfe des Office of Strategic Services die Flucht aus Berlin, wo er noch aus dem Untergrund Kontakt zum OSS aufgenommen und verzweifelt erneut eine »Westlösung« vorgeschlagen hatte, in die Schweiz gelang. Seinen Auftritt als Zeuge vor dem internationalen Militärtribunal in Nürnberg im April 1946 hatte Gisevius wirkungsvoll vorbereitet; zuvor war in Zürich der erste Band seines Buches *Bis zum bittern Ende* erschienen, das die Ereignisse vom Reichstagsbrand bis zur Blomberg-Fritsch-Krise schildert. Gisevius präsentierte sich in diesem Buch als intimer Kenner der nationalsozialistischen Führungsriege. Als Zeuge der Verteidigung für Hjalmar Schacht und Wilhelm Frick vorgeladen, wurden seine Aussagen über den deutschen Widerstand zur sensationellen Enthüllung für die internationale Öffentlichkeit. Für Göring und Keitel wurde Gisevius zum Hauptzeugen der Anklage.

Gisevius' polemische Art, Verdienste anderer Widerständler herabzusetzen, insbesondere seine ungerechte Beurteilung Stauffenbergs, dem er einen Separatfrieden mit der Sowjetunion nach erfolgreichem Staatsstreich unterstellte, haben ihn dann auch von den meisten Mitgliedern des Widerstandes getrennt. Da über seine ausgedehnte konspirative Tätigkeit kaum Material überliefert ist, wurde er nach dem Krieg Opfer seiner eigenen Camouflage und sah sich als einer der wenigen Überlebenden des 20. Juli 1944 der Kritik im In- und Ausland gegenüber. Nach Aufenthalten in den USA und in der Schweiz starb Gisevius am 23. Februar 1974 in Müllheim/Baden.

Anmerkungen

1 Anthon Ritthaler, Eine Etappe auf Hitlers Weg zur ungeteilten Macht. Hugenbergs Rücktritt als Reichsminister, in: *Vierteljahrshefte für Zeitgeschichte* 8 (1960), S. 198.

2 Niederschrift der kommissarischen Besprechung über die Pressebehandlung des Thälmann-Prozesses am 5. 2. 1935, Berlin Document Center, Personalakten Gisevius, Sonderakte 12, Thälmann-Prozeß.

3 Leiter der Geheimen Staatspolizei an den Herren Polizeipräsidenten Graf Helldorf, Berlin 17. 2. 1936, Institut für Zeitgeschichte, ED82, Gisevius.

4 Bericht des Deutschen Generalkonsulats Zürich an die Deutsche Gesandtschaft Bern betr. »Geheimhaltung von Vorgängen innerhalb der Behörde«, 26. 8. 1942, PA/AA, Gesandtschaft Bern, Geheimakten, Bd. 13 (Az: Pers Si7).

5 Klaus Urner, Der Schweizer Hitler-Attentäter. Drei Studien zum Widerstand in seinen Grenzbereichen: Systemgebundener Widerstand, Einzeltäter und ihr Umfeld, Maurice Bavaud und Marcel Gerbohay, Frauenfeld u. a. 1980, S. 27.

6 Hans-Adolf Jacobsen (Hrsg.), Spiegelbild einer Verschwörung. Die Opposition gegen Hitler und der Staatsstreich vom 20. Juli 1944 in der SD-Berichterstattung. Geheime Dokumente aus dem ehemaligen Reichssicherheitshauptamt, Stuttgart 1984, S. 503 f.

7 Anthony Cave Brown (Hrsg.), The Secret War Report of the OSS, New York 1976, S. 319.

8 Manfred Roeder, Eidesstattliche Erklärung, 23. 5. 1947, S. 3, HStAH, Nds. 721 Lüneburg, Acc. 69/76 , B. II, Bl. 202.

9 Anthony Cave Brown, The Last Hero. Wild Bill Donovan. The biography and political experience of Major General William J. Donovan, founder of the OSS and ›father‹ of the CIA, from his personal and secret papers and the diaries of Ruth Donovan, New York 1982, S. 290.

10 OSS, Official Dispatch, 15. Juli 1944, NA, RG 226, Entry 134, »Radio and Cables from Bern«.

11 »Die Vorgeschichte und die Geschichte des 20. Juli«, NA, RG 226, Entry 99, Box 14, Folder 58a, S. 31.

Bibliographie

Quellen

Wie für den Widerstand allgemein, ist auch die Quellenproblematik im Fall Gisevius evident. Von den edierten Quellen müssen insbesondere die Prozeßakten des Nürnberger Kriegsverbrecherprozesses, in denen Gisevius' Aussagen als Zeuge der Anklage dokumentiert sind, herangezogen werden. (Der Prozeß gegen die Hauptkriegsverbrecher vor dem internationalen Militärgerichtshof, Nürnberg 14. November 1945–1. Oktober 1946, 42 Bde., Nürnberg 1947–1949.) Der im Züricher Archiv für Zeitgeschichte hinterlegte Nachlaß von Gisevius enthält umfangreiche Korrespondenzen mit Angehörigen des Widerstandes nach 1945, die Gisevius' Drang zur Selbststilisierung und -rechtfertigung deutlich machen.

Die im Politischen Archiv des Bonner Auswärtigen Amtes zugänglichen Akten der Deutschen Gesandtschaft Bern dokumentieren den Einbau von Gisevius als Vizekonsul im Züricher Generalkonsulat sowie seine Desertion im Rahmen des 20. Juli 1944 (PA/AA, Gesandtschaft Bern, Geheimakten Bd. 12, 13; Inland II geheim, Bd. 71). Die außenpolitische Bedeutung von Gisevius als Hauptverbindungsperson zwischen den Verschwörern und dem US-Nachrichtendienst kann anhand der Akten des Office of Strategic Services, die in den National Archives in Washington/D.C. lagern, analysiert werden; hervorzuheben ist der von OSS-Resident Dulles verfaßte Bericht über die Vorgeschichte und Geschichte des 20. Juli, »entstanden auf Grund von Mitteilungen, die mir Herr Dr. H.

B. Gisevius in der Woche vom 4. 2.–11. 2. 1945 machte« (NA, RG 228, Entry 99, Box 14, Folder 58a, S. 1–38, ETO-Germany-Breakers-July20-Hitler-Attack).

Literatur

Hans Bernd Gisevius, Bis zum bittern Ende. Bd. 1: Vom Reichstagsbrand bis zur Fritsch-Krise, Bd. 2: Vom Münchner Abkommen bis zum 20. Juli 1944, Zürich 1946. Bei dieser Geschichtsquelle, die von einem ausgeprägten Geltungstrieb des Autors und Protagonisten und von persönlichen Ressentiments getragen ist, handelt es sich um ein ohne Zugang zu dokumentarischen Materialien erstelltes Werk, das Gisevius noch vor Kriegsbeginn begonnen hat.
Als Allen Welsh Dulles durch sein Buch *Germany's Underground* (New York 1947) einen wesentlichen Beitrag zur Anerkennung des Widerstandes im Ausland leistete, fand die Widerstandstätigkeit von Gisevius erstmals Erwähnung. Das Verhältnis von Gisevius zu Dulles und die politische Bedeutung seiner Berichte über den Widerstand, die der OSS-Resident nach Washington funkte, wurden von Ingeborg Fleischhauer, Die Chance des Sonderfriedens. Deutsch-sowjetische Geheimgespräche 1941–1945, Berlin 1986, und von Walter Lacqueur, Der Mann, der das Schweigen brach. Wie die Welt vom Holocaust erfuhr, Frankfurt/M. 1988, auf guter Quellenbasis angesprochen.
Als ergiebig für den Problemkreis Nachrichtendienst-Widerstand erweisen sich angloamerikanische Darstellungen wie Joseph Persico, Piercing the Reich. The Penetration of Nazi Germany by OSS Agents during the World War II, London 1979. Der von Anthony Cave Brown edierte *Secret War Report of the OSS*, New York 1976, führt Gisevius mit der OSS-Code-Nummer »512« als einen der wichtigsten Konfidenten des US-Nachrichtendienstes auf. Klaus Urner, Der Schweizer Hitler-Attentäter. Drei Studien zum Widerstand in seinen Grenzbereichen: Systemgebundener Widerstand, Einzeltäter und ihr Umfeld, Maurice Bavaud und Marcel Gerbohay, Frauenfeld u. a. 1980. Am Beispiel der Strafuntersuchung der Schweizer Militärjustiz von 1946 gegen den Bankier Eduard von der Heydt und Hans Bernd Gisevius wegen deren Aktivitäten im Dienste der Abwehr werden die Zwangsmechanismen deutlich, denen der nationalkonservative Widerstand unterworfen war.

Winfried Meyer, Unternehmen Sieben. Eine Rettungsaktion für vom Holocaust Bedrohte aus dem Amt Ausland/Abwehr im Oberkommando der Wehrmacht, Frankfurt/M. 1993. Anhand des exemplarischen Falles der Ausnutzung geheimdienstlicher Kompetenzen zur Hilfe für verfolgte Juden, an dessen finanztechnischen Vorkehrungen sich Gisevius in der Schweiz beteiligte, werden die Chancen wie Risiken einer Funktionalisierung des in wechselnden Konstellationen ausgetragenen Konkurrenzkampfes verschiedener Institutionen des Dritten Reiches für Zwecke des Widerstandes gegen den Nationalsozialismus erstmals erhellt.

Carl Friedrich Goerdeler – Der Motor des konservativ-bürgerlichen Widerstandes

VON HANS-ULRICH THAMER

Carl Goerdelers Bild in der Geschichte war und ist umstritten. Mitstreitern im Widerstand galt er mitunter als »Reaktionär«. In der DDR hatte man diese Einschätzung zu einem immerwährenden Verdammungsurteil ausgeweitet, auch wenn man die führende Rolle des einstigen Leipziger Oberburgermeisters bei der Verschwörung des 20. Juli 1944 nicht völlig leugnen konnte. In der Bundesrepublik hatte Gerhard Ritter mit seinem großen Werk über *Carl Goerdeler und die deutsche Widerstandsbewegung*, zuerst 1954 erschienen, nicht nur die »Existenz eines anderen Deutschland« eindringlich nachgewiesen, sondern Goerdelers politisches Handeln als Ausdruck eines unbeirrbaren Festhaltens an moralisch-politischen und religiösen Grundüberzeugungen gedeutet und diesen zur zentralen Figur des deutschen Widerstandes erklärt. Auch wenn sich Ritters Buch bei allem inneren Beteiligtsein um historische Gerechtigkeit und um ein differenziertes, teilweise bis heute gültiges Urteil über Denken und Handeln seines Freundes Goerdeler bemühte, so überwog – vor allem in der Wirkungsgeschichte des Standardwerkes – eine Interpretation, die von einer deutlichen Scheidung zwischen Gut und Böse bestimmt war und die vielfältigen Verstrickungen der Widerstandsgruppen in die ambivalenten Denk- und Herrschaftsstrukturen des NS-Regimes in den Hintergrund drängte.

Mit dem Paradigmenwechsel der sechziger Jahre traten die ungleichzeitigen, scheinbar nur rückwärtsgewandten und mit dem Nationalsozialismus teilweise affinen Elemente in den Politik- und Gesellschaftsvorstellungen des nationalkonservativen Widerstandes mitunter überscharf hervor. Goerdelers Verfassungs- und Verwaltungspläne wurden, ohne sein Beharren auf dem Rechtsstaat zu leugnen, in die Tradition autoritärer Staatlichkeit und in einen deutlichen Gegensatz zur parlamentarischen Verfassungsordnung auch des Grundgesetzes gestellt; seine außenpolitischen Vorstellungen ungeachtet seiner Europapläne nationalen Großmachtkonzeptionen zugeordnet; in seiner Haltung zur nationalsozialistischen Judenpolitik neben mutigen Rettungsversuchen und einer entschiedenen Ablehnung der »Endlösung« auch auf die Existenz antisemitischer Grundüberzeugungen hingewiesen. Zugleich wurden mit der Betonung des prozeßhaften Charakters der Widerstandsbewegungen, die sich meist von einer systemimmanenten, zwischen Kooperation und Dissens schwankenden Position zu einer systemüberwindenden Opposition entfalteten, die methodischen Grundlagen für eine Entmythologisierung und vor allem Historisierung des Widerstandes gelegt.

Ein abgewogenes Urteil über Carl Goerdelers Weg in den Widerstand sowie über sein Denken und Handeln im Widerstand steht teilweise noch aus. Es ist möglich geworden, seit neue Quellen zugänglich sind und seit die Einsicht gewachsen ist, daß nur ein kluges Differenzieren zwischen historischem Verstehen und (Ver-)Urteilen den Anfechtungen und Haltungen von politischen Personen und Gruppen im Zeitalter der totalitären Ideologien und Systeme gerecht werden kann.

Carl Goerdeler war nach Ulrich von Hassell der älteste unter den Politikern des deutschen Widerstands gegen Hitler. Das brachte ihn gelegentlich in einen Gegensatz zur jüngeren Generation im Widerstand. Seine Jugend- und Bildungsjahre verbrachte er im Kaiserreich, und sie sollten ihn ebenso prägen wie seine Karriere als Verwaltungsbeamter und Kommunalpolitiker. Herkunft und Selbstverständnis machten ihn zum Repräsentanten jener bürgerlich-zivilen und militärischen Widerstandsgruppen, die in der historischen Forschung als nationalkonservativer Widerstand der Honoratioren bezeichnet werden. Auch wenn mit diesem »Annäherungsbegriff« (K.-J. Müller) die Unterschiede in den Einstellungen und Haltungen dieser ausgeprägten Individuen aus Militär, Diplomatie und hoher Verwaltung nicht verwischt werden sollen, so kennzeichnet die genannten Gruppen neben ihren Gemeinsamkeiten in sozialer Herkunft, Erfahrung und Kommunikation die Art und Weise, wie sie den Weg in den Widerstand fanden. Er setzte weder sofort nach der nationalsozialistischen Machtübernahme ein, noch verlief er in der Regel geradlinig. Je konsequenter er beschritten wurde, um so mehr entfernten sich die Männer des konservativen Widerstandes von dem Denken und Verhalten der übrigen Gesellschaft und vor allem dem der Mehrheit ihrer sozialen Schicht. Das erforderte um so mehr Mut und Selbstbewußtsein und verlangte nach alternativen Orientierungspunkten, die vom Nationalsozialismus noch nicht aufgesogen oder korrumpiert waren.

Was Carl Goerdeler vor vielen anderen Repräsentanten des national-konservativen Widerstandes auszeichnete, war einmal die Tatsache, daß er früher als andere den Weg in den Widerstand wählte. Zum anderen war er in besonderer Weise ein »Bourgeois ohne Klasse, ohne Vertrauen in die eigene Schicht« (H. Mommsen). Das machte ihn im steinigen Prozeß der Ausformung seines Widerstandes offen für Gruppen und Konzepte, die nicht in das Bild eines »Reaktionärs« paßten. Diese Fähigkeit zum Pragmatismus und zum Lernen, die schon den Kommunalpolitiker Goerdeler auszeichnete, ließ ihn, unterstützt von seinem optimistischen Glauben an die Kraft der Vernunft und der Sachzwänge und zugleich getrieben von seiner politischen Energie, zum Motor des bürgerlich-konservativen Widerstandes und zu einer seiner Führungsfiguren werden.

Jugend und Elternhaus bestimmten in besonderer Weise Goerdelers Mentalität und geistige Entwicklung. Seine Jugenderinnerungen, die er auf der Flucht vor seinen Verfolgern zwischen dem

18. Juli und 12. August 1944 geschrieben hat, bezeugen noch einmal, wie sehr ihn die Erfahrung der preußisch-deutschen Monarchie und der Geist altpreußisch-konservativen Beamtentums geprägt haben. Geboren am 31. Juli 1884 in der westpreußischen Kleinstadt Schneidemühl, verbrachte er seine Schuljahre bis zum Abitur 1901 in Marienwerder, wo der Vater Amtsrichter und Syndikus der »Westpreußischen Landschaft« war. Die Eltern führten einen sparsamen, aber geselligen Haushalt, wo neben der musischen vor allem die historisch-politische Bildung im Vordergrund stand. Der Vater, der seit 1899 zudem freikonservativer Landtagsabgeordneter war, führte den Sohn wie selbstverständlich in das politische Denken ein. Als seine besonderen Interessengebiete nannte Carl Goerdeler 1935 auf Befragung »Volkswirtschaft und Politik«.[1]

Nach dem Studium der Rechtswissenschaft in Tübingen und Königsberg von 1901 bis 1905, dem Militärdienst und der Referendarzeit sowie einer Promotion mit einer Arbeit über den strafrechtlichen Schuldbegriff strebte der Assessor eine Laufbahn im Verwaltungsbereich oder in der Wirtschaft an. Nach einer kurzen Banklehrzeit sammelte er seine ersten kommunalpolitischen Erfahrungen seit 1912 als Beigeordneter der Stadt Solingen. Der Weg im preußischen Beamtenmilieu schien vorgezeichnet, bis der Erste Weltkrieg diesen unterbrach. Entscheidender noch als die unmittelbaren Kriegseindrücke als Stabsoffizier an der Ostfront waren zwei Nachkriegserfahrungen: Goerdeler leitete 1918 als Hauptmann der Reserve die Finanzverwaltung im vom Deutschen Reich nach dem Frieden von Brest-Litowsk besetzten Weißrußland und engagierte sich im folgenden Jahr im Kampf gegen die vom Versailler Vertrag verfügten Abtretungen seiner westpreußischen Heimat an Polen in extrem nationalistischen Kreisen, die militärische Aktionen und die Proklamation eines unabhängigen Oststaates nicht ausschlossen. Goerdeler zeigte dabei nach dem Urteil Ritters viel Unerschrockenheit und Patriotismus, aber wenig politisch-militärisches Augenmaß.

Schließlich entschied er sich doch für den Verwaltungsdienst in der ungeliebten parlamentarisch-demokratischen Weimarer Republik. 1920 wurde er Zweiter Bürgermeister in Königsberg. Parteipolitisch schloß er sich der DNVP an und stieg bald in deren Parteivorstand auf. Die Sozialdemokraten lehnten den konservativen, vehementen Nationalisten ab und verließen bei seiner Amtseinführung demonstrativ den Rathaussaal. Zehn Jahre später, bei seinem Abschied, waren sie anwesend. Goerdeler hatte sich durch seine kommunalpolitische Arbeit vor Ort und mehr noch durch seine Mitwirkung im deutschen und preußischen Städtetag bei der Planung einer Verwaltungsreform über die lokalen Grenzen hinweg einen Namen gemacht. Zwei Leitmotive durchzogen seit dieser Zeit bis hin zu den Programmentwürfen des Widerstands die Verfassungs- und Verwaltungskonzepte Goerdelers: die Stärkung der Selbstverwaltung nach kommunalem Muster auf allen Ebenen und die gleichzeitige Entpolitisierung der Exekutive, die von Parlament und dem Einfluß der Parteien abgekoppelt werden sollte. An der Spitze sollte der Reichspräsident mit quasi-diktatorischen Vollmachten ausgestattet werden. Das spiegelt sicherlich die Erfahrungen bzw. Wunschträume nicht weniger Oberbürgermeister der zwanziger Jahre wider, die von einer unabhängigen, über den Parteien stehenden und nur dem Gemeinwohl verpflichteten Beamtenregierung träumten. Auf die staatliche Ebene übertragen bedeutete dies nichts anderes als den Abbau des Parlamentarismus auf Reichs- und Länderebene und eine Konfrontation mit dem Gedanken demokratischer Partizipation und Integration; umgekehrt ein Votum für eine Präsidialregierung und einen autoritären Beamtenstaat. Goerdeler begrüßte und unterstützte darum die Einrichtung von Präsidialkabinetten, auch wenn nur die von Brüning geführten seinen persönlichen Wünschen entsprachen.

Bestärkt wurden solche Vorstellungen von einer starken und unabhängigen Exekutive wie von der gestalterischen Kraft eines dem Leistungs- und Dienstgedanken verpflichteten Individuums durch die politischen Erfahrungen in Leipzig, wo die Kommunalpolitik jahrelang durch eine besonders heftige parteipolitische Polarisierung paralysiert war. Die 1930 erfolgte Wahl zum Oberbürgermeister der Messestadt, die zu den größten und wirtschaftsstärksten deutschen Kommunen gehörte, stellte Goerdeler vor eine Vielzahl von finanziellen, wirtschaftlichen und politischen Problemen beziehungsweise Konfrontationen, die er, gestützt auf die bürgerlich konservativen Kräfte der Stadt, mit Augenmaß bei seinen Sparmaßnahmen, mit einem großen sozial- und wohnungspolitischen Engagement, mit einer straff geführten Verwaltung wie mit Kooperationsbereitschaft und Offenheit auch gegenüber politisch Andersdenkenden insgesamt meisterte. Auch in Leipzig, einer ihrer traditionellen Hochburgen, begegnete ihm die politische Linke zunächst mit Skepsis beziehungsweise Ablehnung, die im Falle der SPD einer partiellen Zusammenarbeit wich.

Das Leipziger Oberbürgermeisteramt war für Goerdeler in mancher Hinsicht maßgeschneidert; es verschaffte ihm überdies nationale Anerkennung und Einfluß auf die Reichspolitik. Dies bewiesen seine Wahl in den Vorstand des Deutschen Städtetages, vor allem aber seine Berufung zum Reichspreiskommissar durch die Regierung Brüning im Dezember 1931. Empfohlen hatte er sich dafür durch seine rigorose Sparpolitik in Leipzig, aber auch durch seine prinzipielle Unterstützung von Brünings Deflationspolitik, von der er freilich in einigen Punkten deutlich abwich. Kern einer Denkschrift, die er im April 1932 Hindenburg unmittelbar vorlegte, war der Gedanke, das gesamte Sozialversicherungswesen weitgehend aus der Hand des Staates zu nehmen und es der gewerkschaftlichen Selbstverwaltung oder der Aufsicht durch die Sparkassen zu übertragen. War damit ein Ansatz für die spätere Option zugunsten einer starken Einheitsgewerkschaft gelegt, so war der zweite Reformgedanke, die Verminderung der Arbeitslosigkeit durch eine Erhöhung der Arbeitsleistung beziehungsweise eine dadurch zu erzielende Preisreduktion und Nachfragesteigerung weniger populär. Um so mehr entsprach dem autoritären Zeitgeist der in derselben Denkschrift geäußerte Vorschlag, den »Fluch des Parlamentarismus«, der die »Parteiinteressen über das Staatswohl« stelle, durch die »Mobilisierung aller Volkskräfte« und die Errichtung einer »Diktatur über Jahre hinaus« zu überwinden.[2]

Hatte die Unterstützung der Regierung Brüning Goerdeler Schwierigkeiten und schließlich den Bruch mit der DNVP eingebracht, so schlug Brüning wiederum im Mai 1932 seinen eigenmächtigen Preiskommissar als seinen Nachfolger vor. Doch gab Hindenburg Papen den Vorzug, und das Angebot, als Minister in die Regierung Papen einzutreten, lehnte Goerdeler ab. Ganz offensichtlich zweifelte er an Papens Mobilisierungs- und Integrationsfähigkeit. Über eine Massenwirksamkeit verfügte aber nur die NSDAP, und nach allem, was wir über die Haltung Goerdelers zur NSDAP vor 1933 wissen, scheint er die in bürgerlich-konservativen Kreisen verbreitete Illusion geteilt zu haben, die revolutionäre Dynamik der NSDAP durch eine Einbindung in das Regierungslager zähmen und für die konservativ-autoritäre Stabilisierung des Staates nutzen zu können. An den politischen Aktivitäten und Intrigen, die schließlich zu Hitlers Kanzlerschaft führten, war Goerdeler nicht beteiligt.

Carl Goerdeler gehört zu den wenigen Oberbürgermeistern, die nach der nationalsozialistischen Machtergreifung im Amt bleiben konnten. Dies war möglich, weil sich seine konservativ-etatistischen Politikvorstellungen zunächst noch in scheinbarer Übereinstimmung mit den gemäßigten Tendenzen innerhalb des Regimes befanden beziehungsweise weil er sich noch stark genug fühlen konnte, um wilde Aktionen und Übergriffe von Parteigliederungen abzuwehren oder umzulenken. Hinzu kam, daß er nach eigenem Bekunden zunächst »mit der NSDAP vertrauensvoll zusammengearbeitet«[3] hat. So entwickelte sich ein Verhältnis der Kooperation, in dem anfangs die Gemeinsamkeiten größer zu sein schienen als die Differenzen und diese überdeckten. Man traf sich, wie anderswo auch, in der gemeinsamen Ablehnung der parlamentarischen Demokratie und des Versailler Vertrages, und daß sich hinter mancher scheinbar kongruenten politischen Formel unterschiedliche Vorstellungen verbargen, wurde erst schrittweise deutlich. »Daß Herr Dr. Goerdeler kein Nationalsozialist ist und auch nie einer werden wird«, so resümierte sein nationalsozialistischer, innerstädtischer Gegenspieler und Stellvertreter, Bürgermeister Haake, Ende 1936, »war uns Parteigenossen im Leipziger Rathaus im Laufe unserer Zusammenarbeit mit ihm zur vollkommenen Gewißheit geworden.«[4]

Die Zusammenarbeit war von dem Bemühen des Oberbürgermeisters begleitet, einerseits die eigene Handlungsfreiheit zu wahren, andererseits durch eine Stärkung »der guten Kräfte in der Partei . . . den Lauf der Ereignisse zum besten unseres Volkes (zu) beeinflussen«.[5] Daß sich dies als Illusion erweisen sollte und auch Goerdeler die Dynamik und den totalitären Anspruch des Nationalsozialismus unterschätzte, sollte sich seit 1935/36 immer deutlicher abzeichnen. Schon vorher war es zu Kontroversen mit der Staatspartei gekommen, die diese offenbar sorgfältig registrierte. So habe Goerdeler »die Maßnahme des Führers in der Röhm-Angelegenheit auf das schärfste verurteilt« und sich »sehr mißbilligend« darüber ausgesprochen, »daß die Maßnahmen ohne Inanspruchnahme der Gerichte erfolgt seien«. Empört zeigte sich der Parteigenosse Haake darüber, daß Goerdeler es damals ablehnte, »das Parteiabzeichen zu tragen, wenn er es jetzt bekäme«. Auch außenpolitische Bedenken sowohl gegen die Einführung der allgemeinen Wehrpflicht wie gegen den Einmarsch in die entmilitarisierte Zone habe Goerdeler vorgetragen und die wirtschaftspolitischen Maßnahmen der Reichsregierung kritisiert. Auch in der Judenpolitik sei es wiederholt zu Meinungsverschiedenheiten gekommen. Goerdeler habe »jedesmal Schwierigkeiten gemacht, wenn es sich um Abänderung von Juden-Straßennamen handelte. Hierbei scheint es, als ob er besonders durch seine Frau beeinflußt wurde, deren judenfreundliche Einstellung Stadtgespräch war.«[6]

Damit zeichneten sich die Trennlinien zwischen Goerdeler und dem Nationalsozialismus relativ früh ab, die mit der Machtmonopolisierung und Radikalisierung zum Gegensatz werden sollten. Sie verliefen auf der Schnittlinie von etatistisch-autoritären Verfassungs- und Verwaltungskonzeptionen mit nationalsozialistisch-totalitären Vorstellungen und Maßnahmen, von einer ökonomischen Rekonstruktionspolitik, die letztlich wirtschaftsliberalen Überzeugungen verpflichtet blieb, mit einer dirigistischen Autarkiepolitik, die umgekehrt dem Primat der Kriegsvorbereitung und Eroberungspolitik untergeordnet war. Sind diese Trennlinien in der praktischen Politik schon schwer genug zu bestimmen und erst mit der Radikalisierung der nationalsozialistischen Innen- und Außenpolitik immer deutlicher geworden, so gilt dies in besonderer Weise für die komplexe Haltung Goerdelers zur nationalsozialistischen Judenpolitik. Auch hier oszillieren die Einstellungen und Haltungen zwischen der grundsätzlichen Anerkennung der Existenz einer »Judenfrage«, entsprechenden Minderheiten- und Assimilationsprogrammen auch noch in den späteren Denkschriften des Widerstandes und der bürokratischen Durchführung der nationalsozialistischen Ausgrenzungsmaßnahmen gegen Juden von 1933 bis 1935 einerseits und andererseits einem mutigen persönlichen Eintreten für jüdische Verfolgte und gegen antijüdische Boykottaktionen bis hin zur Weigerung, dem Abriß des Mendelssohn-Denkmals im Herbst 1936 zuzustimmen, und schließlich zur scharfen Kritik an den Novemberpogromen von 1938 sowie den Verfolgungs- und Vernichtungsaktionen während des Krieges.

Auch für die Rassen- und Judenpolitik gilt, daß Goerdeler sich, wie viele andere auch, geleitet von traditionellen antisemitischen Vorurteilen bereit fand, eine staatliche Segregationspolitik hinzunehmen beziehungsweise durchzuführen, solange diese in gesetzlichen Bahnen verliefen. Goerdeler trat darüber hinaus mit Entschiedenheit, was ihn von der Mehrheit der Zeitgenossen unterscheidet, gegen alle »Ausartungen« der Rassenpolitik auf und setzte sich im Sommer 1934 für eine »Konsolidierung der deutschen Rassenpolitik« ein. Eine gesetzliche Regelung der Judenfrage werde im Ausland »als Selbstschutz kaum beanstandet werden«, wenn in diesem Rahmen »sich nunmehr alles unter eiserner Disziplin und unter Vermeidung von Ausartungen und Kleinlichkeiten vollzieht«.[7] Das stellte den Versuch dar, ein Sonderrecht zu verwirklichen und damit einen Rest von Rechtsstaatlichkeit gegen alle wilden Formen der Boykott- und Pogrompolitik zu behaupten. Damit wird aber auch das Dilemma deutlich, in das die Bereitschaft zur begrenzten Kooperation führen konnte.

Denn alle Versuche der Verrechtlichung und Mäßigung konnten, ohne daß dies für die konservativen Akteure zunächst vorhersehbar war, ihrerseits den Weg von der Entrechtung und Ausgrenzung zur Ausmerzung öffnen, indem sie der nationalsozialistischen Judenpolitik den Anschein der »Normalität« und Legalität verschafften.

Zu der Hoffnung, daß die Dämme gegen eine solche Radikalisierung standhalten könnten, verleitete Goerdeler nicht nur sein optimistischer Glaube an die Kraft der Vernunft, sondern für seinen Bereich auch seine Stellung bei der Reichsregierung und offenbar auch bei Hitler, den er auch später meinte durch Argumente von einer offensichtlich falschen Politik abhalten zu können. Daß sein Einfluß und Handlungsspielraum anfänglich noch groß waren, bestätigten auch die Leipziger Nationalsozialisten, die Goerdelers kritische Äußerungen hinnahmen und auch ihre Bedenken gegen seine Wiederberufung 1936 zurückstellten, weil »Herr Dr. Goerdeler von seiten der Reichsregierung und des Führers wiederholt zur Mitarbeit herangezogen worden ist« und »trotz dieser politischen Unzulänglichkeiten das Vertrauen unseres Führers besaß«.[8]

Goerdelers Einfluß gründete sich auf seine Mitwirkung bei der Erarbeitung der Deutschen Gemeindeordnung von 1935 und auf seine erneute Berufung als Reichspreiskommissar im November 1934. Daß er trotz seiner offenen Kritik an der Parteiherrschaft im »Dritten Reich« und trotz seiner Ablehnung aller planwirtschaftlichen Maßnahmen in einer Denkschrift an Hitler im August 1934 in das Kommissariat berufen wurde, hat Goerdelers Glauben an seine Überzeugungskraft vermutlich bestärkt. Zudem war in dieser Zeit und noch später der Gedanke verbreitet, man müsse Hitler vor den Extremisten in der NSDAP warnen und ihn von diesen isolieren.

Tatsächlich waren Goerdelers Einwirkungsmöglichkeiten auf die Wirtschaftspolitik gering, und Hitlers Versprechungen, seinen Preiskommissar in den zu erwartenden Kompetenzkonflikten mit Ministerien und Parteidienststellen zu unterstützen, blieben leere

Worte. Aus diesen Erfahrungen verdichtete sich die Überzeugung, daß eine grundsätzliche Umkehr in der Wirtschafts- und Finanzpolitik nötig sei. Goerdeler war mutig genug, dies in öffentlichen Reden zu fordern und in einer erneuten Denkschrift an Hitler im Herbst 1935 gegen wirtschaftliche Autarkiebestrebungen Stellung zu beziehen.

Zu größeren Erwartungen schien seine Mitarbeit an der Deutschen Gemeindeordnung zu berechtigen. Die nationalsozialistische Machtübernahme nährte in ihm die Hoffnung, lang gehegte Pläne zur Vereinfachung der Verwaltung sowie zur Stärkung der Selbstverwaltung und zur Ausweitung der Befugnisse des Oberbürgermeisters nun realisieren zu können, zumal nationalsozialistische Kommunalpolitiker vergleichbare Vorstellungen vertraten. Um das Ziel einer Reduktion staatlicher Einflüsse zu erreichen, war er bereit, auch den Preis einer Verstärkung des Einflusses der NSDAP zu zahlen, nicht aber, die bisherige Staatsaufsicht durch eine reine Parteiaufsicht zu ersetzen, wie es die Maximalforderungen der NSDAP anstrebten. Goerdeler zeigte sich nach außen mit dem schließlichen Ergebnis zufrieden, tatsächlich mußte er aber bald in der Praxis der Leipziger Kommunalpolitik erfahren, daß trotz seiner eigenen starken Position die der Beauftragten der NSDAP immer weiter wuchs.

Daß der eigene Handlungsspielraum immer enger geworden war, mußte der Oberbürgermeister schließlich bei den Auseinandersetzungen um das Mendelssohn-Denkmal im Sommer und Herbst 1936 feststellen. Vermutlich war die Kampagne, die die Kreisleitung der NSDAP im Mai 1936 für die Beseitigung des 1892 vor dem Gewandhaus errichteten Denkmals des »Vollblutjuden Mendelssohn-Bartholdie (!)«[9] eröffnete, bewußt als Kraftprobe mit dem Oberbürgermeister angelegt. Goerdelers Hinhaltetaktik und auch sein Versuch, sich Unterstützung ausgerechnet aus dem Propagandaministerium zu suchen, halfen nicht. Eine Finnland-Reise des Oberbürgermeisters nutzten seine politischen Gegner, um am 9. November mit dem Abriß des Denkmals zu beginnen. Sein Amtsverständnis verlangte es von Goerdeler, auf den offensichtlichen Ungehorsam seines Stellvertreters, der nicht nur die gesamte NSDAP hinter sich wußte, sondern auch »die nationalsozialistische Doktrin«[10], seinerseits die Konsequenz des Rücktritts zu ziehen, den er am 2. Dezember 1936 erklärte.

Es waren mehrere Ursachen, die zu diesem Schritt führten und sich bündelten. Neben der Einsicht in den zunehmenden Verlust der eigenen politischen Handlungsfreiheit angesichts einer wachsenden Parteiherrschaft war es die Sorge um die katastrophalen Folgen einer verfehlten Finanz- und Wirtschaftspolitik. Zugleich markierte der Leipziger Denkmalsturz, den Goerdeler als eine »Kulturschandtat«[11] brandmarkte, auch die Grenzlinie zwischen einer auf traditionellen antijüdischen Ressentiments und auf Sonder- und Ausnahmerechten gegründeten Judenpolitik einerseits und einer genuin nationalsozialistischen, in ihrem Radikalisierungspotential schrankenlosen Ausgrenzungs- und Ausmerzungspolitik andererseits. Für Goerdeler bedeutete dieser rasche, konsequente Entschluß »das vollkommene Ende öffentlicher Tätigkeit«[12], zugleich aber auch eine Befreiung von allen taktischen Rücksichtnahmen und eine Zäsur im Verhältnis zum Nationalsozialismus. Seine Versuche, von einer Position innerhalb des Regimes eine »alternative Politik« (Krüger-Charlé) durchzusetzen, waren ganz offensichtlich gescheitert. Zwar hoffte er auch noch in der Folgezeit, auf die Politik des Regimes Einfluß nehmen zu können. Doch die Vergeblichkeit dieses Bemühens und die Einsicht in die veränderten Machtverhältnisse trieben ihn schließlich zum aktiven Widerstand. Vor allem machte sein öffentliches Nein ihn mit einem Schlag überall bekannt.

Mit dem Rücktritt begann die Ausbildung einer entschlossenen und grundsätzlichen Opposition. Nachdem ihm durch die Intervention Hitlers die Übernahme einer Leitungsfunktion im Krupp-Konzern verwehrt wurde, ermöglichte der Stuttgarter Industrielle Robert Bosch, mit dessen Kreis Goerdeler bereits 1936 in Berührung gekommen war, ihm verschiedene Auslandsreisen, damit er dort auf die drohenden Gefahren der Hitlerschen Politik hinweisen und umgekehrt Informationen vor allem für die deutsche Generalität über die wirtschaftlichen, militärischen und politischen Verhältnisse beziehungsweise Einstellungen erwerben könnte. Dabei vertiefte sich die innere Distanz zum NS-Regime und erweiterte sich um eine außenpolitische Komponente. In den Zeugnissen des Jahres 1937 richtete sich seine nunmehr entschiedene Ablehnung des Nationalsozialismus gegen dessen innere Politik und gegen die politisch-moralischen Folgen des Totalitätsanspruches der ›Partei‹ für Staat und Individuum. Der Nationalsozialismus habe die Chance zu einer inneren, sozialen und moralischen Regeneration und zur Sicherung der »außenpolitischen Lebensrechte« vertan. Statt dessen »befindet sich Deutschland in einem Zustand der Rechtlosigkeit, der moralischen Zersetzung, der wirtschaftlichen Phantasie und der finanziellen Leichtfertigkeit«.[13] Angesichts der Usurpation der Macht durch die nationalsozialistische Diktatur ist es »unsere Aufgabe, zu verhindern, daß dieser Mißbrauch zum Schaden des deutschen Volkes führt«.[14] Zu dieser Zeit, im Sommer 1937, wünschte Goerdeler bereits einen Umsturz, ohne konkrete Pläne dafür zu entwickeln. An ausländische Hilfe bei der Vorbereitung eines Staatsstreichs war noch nicht gedacht. Die Auslandskontakte sollten allenfalls einer deutschen Regierung nach dem Umsturz zu einer günstigen Aufnahme bei den Westmächten verhelfen.

Seit der offenen Aggressionspolitik im Jahre 1938 richtete sich Goerdelers Besorgnis nun auf die Möglichkeit, daß Hitler einen Krieg entfesseln könnte, der Deutschland in die Katastrophe führen würde. Seine England-Kontakte im Sommer 1938 trugen »eindeutig konspirativen Charakter« (Krausnick), auch wenn die Verbindung mit den Umsturzplänen der militärischen Opposition zu diesem Zeitpunkt allenfalls sehr locker waren. Goerdeler und den anderen Emissären der konservativen Opposition ging es nun darum, den außenpolitischen Erfolgen und damit einer wichtigen Grundlage von Hitlers Macht durch eine entschlossene Haltung der Westmächte ein Ende zu setzen, um damit das NS-Regime entscheidend zu schwächen.

Es ist viel darüber gestritten worden, warum die britischen

Staatsmänner den Ratschlägen und Forderungen der deutschen Opposition kein Gehör schenkten. Sicherlich wäre es überzogen, die außenpolitischen Vorstellungen der »Honoratioren«, die ihre Großmachtträume immer nur innerhalb eines europäischen Staatensystems verwirklichen wollten, mit den maßlosen Lebensraum- und Vernichtungsplänen Hitlers zu identifizieren und daraus die ablehnende Haltung Londons erklären zu wollen. Es war vielmehr ein Problem der Wahrnehmung und der eigenen britischen Interessenabwägung. Noch sah die Londoner Regierung ganz im Sinne ihres Appeasement-Konzepts ihr vorrangiges Ziel in der Erhaltung des Friedens in Zusammenarbeit mit Hitler und hatte darum wenig Interesse, Frondeure bei ihrem Umsturzversuch zu unterstützen, deren außenpolitisches Programm noch über das Hitlers hinauszugehen schien. Auch Goerdeler ist es vermutlich mit seinen Denkschriften nicht gelungen, London von dem zerstörerischen Charakter der nationalsozialistischen Herrschaft zu überzeugen und gleichzeitig die außenpolitischen Vorstellungen der Opposition in einer Weise zu übermitteln, daß die fundamentalen Gegensätze zwischen dem NS-Regime und seinen Gegnern, zwischen »Gemäßigten« und »Extremisten«, zwischen traditionellen deutschen Großmachtvorstellungen und nationalsozialistischen Lebensraumideologien erkennbar und eine starke alternative Position greifbar wurden. Denn noch verbarg Hitler seine radikalen Eroberungspläne hinter der Forderung nach einer Revision der Bestimmungen des Versailler Vertrags, und das klang moderater als die Vorstellungen der Emissäre der nationalkonservativen Opposition, die von der Ostgrenze von 1914, vom Anschluß Österreichs und des Sudetenlandes, von Kolonien und einem Großmachtstatus für Deutschland, ferner von einer Allianz mit dem Westen gegen Sowjetrußland sprachen.

Diese Trennschärfe in der Beurteilung der nationalsozialistischen Politik und ihres Personals fehlte der deutschen Opposition mitunter noch selbst. So hatte Goerdeler seine Reiseberichte zunächst an Hitler, der sie nicht annahm, und vor allem an Göring geschickt; dies nicht nur aus Gründen des eigenen Schutzes, sondern auch in der Absicht, auf den »gemäßigten« Göring einwirken zu können. Dahinter stand die Hoffnung, dadurch den Krieg vermeiden und gleichwohl den Zielen einer außenpolitischen Revisions- und Großmachtpolitik näher zu kommen. Auch nach der Niederwerfung Polens hoffte Goerdeler, mit einem Übergangskabinett unter Göring zu einer Friedenslösung kommen zu können. Das waren sicherlich Fehleinschätzungen, wie es so viele im und um das »Dritte Reich« gab. Es war im Falle Goerdelers vermutlich der verzweifelt-trotzige Optimismus eines Mannes, der auch in einer als immer auswegloser empfundenen Lage nicht aufgeben wollte und sich auf kalkulierbare Risiken einzulassen meinte, in Wirklichkeit jedoch Illusionen nachjagte. Erst die Erfahrungen des Krieges und die engere Abstimmung mit Gleichgesinnten sollten über die Einsicht in das Zerstörungspotential des Regimes hinaus Wege zu dessen möglicher, aber zugleich immer schwieriger werdenden Überwindung aufzeigen.

Bei der Formierung des Widerstandes vor dem Münchener Abkommen hatte Goerdeler noch keine konstitutive Rolle gespielt, sondern mehr im Hintergrund gewirkt und mit seinen Anregungen und Unterlagen Einfluß auf die Denkschriften Becks von 1938 genommen. Zwischen dem Polen- und Frankreichfeldzug in der zweiten Formationsphase hatte er noch eine Randposition eingenommen und sich darauf konzentriert, die militärische Führung zum Handeln zu ermuntern beziehungsweise in Fortsetzung seiner früheren Reiseopposition Kontakt mit dem Ausland aufzunehmen, um wieder vor der Politik Hitlers zu warnen. In dieser Zeit verfestigte sich die Dreiergruppe Beck-Goerdeler-von Hassell zu ersten gemeinsamen Zukunftsplanungen, die mehr den Charakter der Selbstverständigung hatten.

Goerdeler war bei allen Aktivitäten und auch in den Phasen der Ratlosigkeit die treibende, aufmunternde Kraft. Immer wieder setzte er sich für die personelle und auch politische Erweiterung der Widerstandsgruppe ein, die schließlich mehr einer »Art Koalitionsregierung« (van Roon) als einer homogenen Arbeitsgemeinschaft glich. Der entscheidende Übergang zu einer aktiven

Bekämpfung des Regimes mit einer Gruppe von Gleichgesinnten und Goerdeler als ihrem Zentrum vollzog sich zwischen 1940 und 1941. Ohne sich von den äußeren Erfolgen Hitlers abhalten zu lassen, zeichneten sich in Gesprächen und Denkschriften Zukunftspläne ab mit dem Ziel, das Unrechtsregime durch eine Rechts- und Friedensordnung zu ersetzen. Ende 1941 wurden die Verbindungen unter den Regimegegnern noch enger. Zu der Dreiergruppe stießen Johannes Popitz, aber auch die Gewerkschaftsgruppe um Jakob Kaiser und Wilhelm Leuschner, Max Habermann und Josef Wirmer. Auf einer Frontreise Goerdelers im Sommer 1942 verdichteten sich die Kontakte zu einigen Offizieren wie von Tresckow und Olbricht; mit ihnen besprach Goerdeler im November 1942 konkrete Staatsstreichsvorbereitungen.

Nur über den Weg dahin bestanden unterschiedliche Vorstellungen. Goerdeler hatte sich spätestens zu dieser Zeit dafür entschieden, durch einen Staatsstreich und die Verhaftung Hitlers mit einer anschließenden öffentlichen Aufklärung über das ganze Ausmaß des Unrechtsregimes eine Neuordnung einzuleiten. Den Tyrannenmord, das heißt ein Attentat auf Hitler lehnte er, im Unterschied zu seinen Mitstreitern, aus moralischen Motiven und im Glauben an Aufklärung und Vernunft nach wie vor ab. Gleichwohl ermutigte er später Stauffenberg zu einer solchen Tat, die allein Erfolg versprach und die Chance bot, die Faszination des Führer-Mythos, an der alle Aufklärung und Rationalität abzuprallen schien, auszuschalten.

Die Goerdeler-Gruppe strebte, wie andere Widerstandsgruppen auch, nicht nur eine Liquidierung des »Dritten Reiches« an, sondern eine grundsätzliche Neuordnung von Verfassung und Verwaltung, Gesellschafts- und Wirtschaftsordnung. Über diese Pläne wurde in der historischen Forschung viel geschrieben und gestritten. Darum sollen hier nur die Grundzüge der Debatten und Pläne nachgezeichnet werden. Nicht vergessen darf man bei ihrer Bewertung, daß sie immer vor dem Hintergrund sich rasch verändernder militärisch-politischer Konstellationen entstanden sind und nur Momentaufnahmen aus einem ständigen Denk- und

Planungsprozeß darstellen. Das gilt auch und vor allem für Goerdeler, der bereit war, aus neuen Begegnungen und Konstellationen programmatische Konsequenzen zu ziehen. Auch das trug zur Meinungsvielfalt innerhalb des Widerstands-Kreises bei.

Goerdelers außenpolitische Vorstellungen kreisten um den deutschen Nationalstaat als einer europäischen Großmacht. Diese galt es zunächst durch die Revision des Versailler Vertrages wiederherzustellen, aber ohne Krieg. Das unterschied die Honoratioren von Hitler, dessen außenpolitische Methoden sie scharf verurteilten. Denn auch bei allen zeitweiligen Hegemonialträumen haben Beck und Goerdeler die Existenz europäischer Staaten und das Recht auf Selbstverwaltung nie angezweifelt. Hitlers militärische Erfolge ließen auch Beck, Goerdeler und von Hassell nicht unbeeinflußt. Nun dachten auch sie an eine europäische Führungsrolle für die Großmacht Deutschland; an wirtschaftliche Ergänzungsräume in Südosteuropa, an die Sicherung der Macht durch Hegemonie, die England anerkennen müsse. Seit der Wende 1941/42 änderten sich die Hegemonialvorstellungen zugunsten einer bescheideneren Konzeption einer europäischen Föderation gleichberechtigter und selbständiger Nationalstaaten. Bis zuletzt klammerte sich Goerdeler an eine Verständigung mit England, um außenpolitische Zusicherungen für den Umsturz zu erhalten. Eine solche Verständigung verlangten die Militärs für ihre Mitwirkung beim Staatsstreich; auch Goerdeler scheute den Sprung ins Dunkle aus Sorge um die Fortexistenz des deutschen Nationalstaates. Doch hatten sich seit 1943 die weltpolitischen Realitäten tiefgreifend verändert, und ausländische Kompromißbereitschaft setzte mehr denn je den erfolgten Umsturz voraus, wenn er nach der Verkündung der Casablanca-Formel überhaupt noch eine Chance auf Rettung des deutschen Nationalstaates bieten konnte. So blieb am Ende in der vorbereiteten Regierungserklärung der Verschwörer nur die moralische Botschaft einer Umkehr zu einer Außenpolitik, die nicht auf dem Unglück und der Unterdrückung anderer Völker aufbauen sollte.

Die Wiederherstellung und institutionelle Sicherung von Recht und öffentlicher Moral waren die Kernpunkte der Staats- und Gesellschaftsvorstellungen Goerdelers, die über die Zeitgebundenheit seiner Verfassungs- und Verwaltungspläne hinaus Bestand haben sollten und sich in die demokratische Nachkriegsordnung der Bundesrepublik fortsetzen. Nicht unbeträchtlich sind hingegen die Differenzen zwischen den parlamentarisch-demokratischen Prinzipien des Grundgesetzes und den autoritären Staatsvorstellungen Goerdelers. Sie waren von einem tiefen Mißtrauen gegenüber dem parlamentarischen Modell und der Furcht vor einer Massendemokratie geprägt. Das entsprach der politischen Sozialisation und Erfahrung der Mehrheit der Opposition, von denen keiner zurück zur Verfassungsordnung der Weimarer Republik wollte. Goerdelers Verfassungsvorstellungen, die stark vom verwaltungsstaatlichen Denken bestimmt waren, knüpften vielmehr an die politischen Konzepte und Erfahrungen der autoritären Präsidialregierungen unter Brüning und von Papen an. Sie richteten ihr Augenmerk auf die Einrichtung einer starken, handlungsfähigen Exekutive, was die Konstruktion einer präsidialen, autoritären Staatsform nahelegte. Im Unterschied zu den Vorstellungen von Hassell und Popitz schloß dieses Modell demokratische Kontrollinstanzen nicht aus. Sie sollten durch ein konkurrierendes Zweikammersystem, das aus einem Mehrheitswahlrecht und teilweise indirekt gewählten Mitgliedern hervorgehen sollte, gewährleistet werden. Dabei waren die parlamentarischen Kompetenzen auf ein bloßes Kontrollrecht von Reichstag und Reichsständekammer beschränkt. Durch ein »kompliziertes System indirekter Wahlen und Wahlrechtsmodifikationen und von hohen Qualifikationsanforderungen an politische Repräsentanten« (H. Mommsen) sollte der Zugang zu politischen Ämtern und Repräsentationsorganen beschränkt und vor Demagogen geschützt bleiben.

Im Unterschied zu seinen hochkonservativen Freunden wußte Goerdeler um die Notwendigkeit politischer Integration und demokratischer Legitimation, deren Fehlen er für eine entscheidende Strukturschwäche des Bismarckreiches hielt. Darum legte er großen Wert auf die Intensivierung der Selbstverwaltung und die Integration der Arbeiterschaft; auch den Gedanken, mittels eines Referendums die Zustimmung der Bevölkerung zu sichern, hatte er zeitweilig verfochten, um dann davon Abstand zu nehmen. Durch das Bündnis mit Gewerkschaftsführern kamen neue Elemente in das Verfassungskonzept, die weit über die von anderen Hochkonservativen vertretenen autoritären und rückwärtsgewandten Modelle hinauswiesen. Die Gewerkschaften sollten öffentlich-rechtliche Aufgaben, vor allem im Bereich der sozialen Sicherungssysteme, übernehmen. Das setzte den Weg zu einer Einheitsgewerkschaft voraus, wie er auch innerhalb der illegalen Gewerkschaften diskutiert wurde, und brachte in die Verfassungsordnung ein starkes Element der Bewegung. Ob damit ein Mehrparteiensystem überflüssig oder umgekehrt gerade befördert würde, blieb eine offene Frage. Einig waren sich die Verfassungspläne des Widerstandes in einer tiefen Abneigung gegen ein Parteiensystem, das nach den Erfahrungen von Weimar mit Zersplitterung und Desintegration gleichgesetzt wurde und überdies den Antiparteieneffekt der deutschen politischen Kultur spiegelte.

In Goerdelers politischer Vorstellungswelt verbanden sich konservative Elemente der preußischen Tradition und des Bismarckreiches mit klassischen liberalen Zügen und moderneren Ansätzen einer demokratischen Integrationspolitik. Damit ergaben sich Differenzen zu hochkonservativen Weggefährten wie zu den Kreisauern, die freilich nicht überbewertet werden sollten. Sie verdeutlichen, daß es sich um politische Koalitionen von Männern und Gruppen wie zwischen den Generationen handelte, deren Zusammenarbeit in den zwanziger Jahren nicht vorhersehbar war und insofern ein neues Element in der deutschen politischen Kultur darstellt.

Seit Dezember 1943 hielt Goerdeler engen Kontakt zu Claus Schenk Graf von Stauffenberg. Der Generalstabsoffizier erkannte zunächst Goerdelers politische Führungsrolle im Widerstand an, doch die Spannungen wuchsen, und die Gegensätze innerhalb der Bewegung ließen sich, nicht zuletzt durch eine unglückliche Taktik und Ungeduld Goerdelers, immer weniger überbrücken. Gestützt auf den engeren Kontakt zu Julius Leber, schaltete sich Stauffenberg nun auch stärker in die politischen Planungen ein. Goerdeler fühlte sich zunehmend übergangen und sah die Kompetenzverteilung zwischen politischem und militärischem Bereich gefährdet. In der Schlußphase vor dem 20. Juli 1944 rückte Stauffenberg in das Zentrum des Widerstandes und bestimmte zusammen mit Leber mehr und mehr die politische Programmatik. Überdies belastete die Abneigung Goerdelers gegenüber einer Attentatslösung die Koalition und brachte ihn in einen ungelösten Bewußtseinszwiespalt, war er doch bereit, nach einem geglückten Attentat, das er für sich selbst nach wie vor ablehnte, die politische Führung zu übernehmen.

Die Ereignisse des 20. Juli erlebte Goerdeler aus der Ferne, denn seit dem 17. Juli lag gegen ihn ein Haftbefehl vor, der ihn zum Untertauchen zwang. Nach dem gescheiterten Putsch konnte sich der steckbrieflich Gesuchte auf einer dramatischen Flucht für einige Wochen bei Bekannten verstecken, bis er am 12. August 1944 in Westpreußen entdeckt und verhaftet wurde. Vier Wochen später wurde er vom Volksgerichtshof zum Tode verurteilt, das Urteil wurde aber erst am 2. Februar 1945 vollstreckt. Dazwischen lagen fast fünf Monate unendlicher Qualen in den Kellern des Reichssicherheitshauptamtes in der Berliner Prinz-Albrecht-Straße. Sie wurden zeitweise unterbrochen von der Hoffnung, doch überleben und am Wiederaufbau mitwirken zu können. Denn auf Verlangen höherer SS-Offiziere gab er Informationen und beantwortete einen Fragenkatalog über Probleme des Wiederaufbaus. Nach Tagen und Wochen solcher Hoffnungen kamen Phasen der Verzweiflung und Verlassenheit, bis er »im Gedanken stellvertretender Reinigung und Sühne« (Kosthorst) einen letzten Sinn seines Schicksals sah. Zwei Tage vor seinem Tod schrieb er über die Verschwörung: »In Wahrheit handelt es sich um einen großen, verzweifelten Versuch, das Vaterland und die Welt aus dem entsetzlichen Unglück zu retten, in das menschliche Schuld sie versetzt hat.«[15]

Anmerkungen

1 Stadtarchiv Leipzig (Sta L), Kap. 10 G, Nr. 685, Beiheft 3: Personalakte Dr. C. Goerdeler.

2 Denkschrift für den Reichspräsidenten zur Wirtschafts- und Finanzpolitik vom April 1932, Bundesarchiv Koblenz Nachlaß Goerdeler Bd. 11; zit. nach Michael Krüger-Charlé, Carl Goerdelers Versuche der Durchsetzung einer alternativen Politik 1933 bis 1937, in: Jürgen Schmädecke/Peter Steinbach (Hrsg.), Der Widerstand gegen den Nationalsozialismus. Die deutsche Gesellschaft und der Widerstand gegen Hitler, München u. a. 1985, S. 385.

3 So Goerdeler in der Einleitung seiner von Ritter als »Memoiren« bezeichneten Aufzeichnungen aus dem Jahre 1944 (BA NLG, Bd. 26), zit. nach Krüger-Charlé (Anm. 2), S. 386.

4 Sta L, Kap. 10 G, Nr. 685, Personalakte Dr. Goerdeler, Schreiben von Bürgermeister Haake an den Beauftragten der NSDAP, Ministerialrat Pg. Kunz, Dresden, 7. 12. 1936.

5 Niederschrift Goerdelers für englische Freunde vom 9. 7. 1937, Nachlaß Goerdeler, Privatbesitz Dr. Marianne Meyer-Krahmer, zit. nach Krüger-Charlé (Anm. 2), S. 387.

6 Sta L, Kap. 109, Nr. 685, Haake an Kunz (Anm. 4).

7 BA Koblenz NLG, Bd. 12, S. 14 ff., Denkschrift Goerdelers vom August 1934; zit. nach Krüger-Charlé (Anm. 2), S. 394.

8 Sta L, Kap. 109, Nr. 685, Haake an Kunz (Anm. 4).

9 Sta L, Kap. 26 A, Nr. 39, Bl. 43: Schreiben der Kreisleitung der NSDAP Leipzig an den Oberbürgermeister der Stadt Leipzig. 8. 5. 1936.

10 Sta L, Kap. 10 G, Nr. 685, Bl. 260 Personalakte Goerdeler: Schreiben von Bürgermeister Haake an OBM Dr. Goerdeler, 16. 11. 1936.

11 Zit. nach Marianne Meyer-Krahmer, Carl Goerdeler und sein Weg in den Widerstand. Eine Reise in die Welt meines Vaters, Freiburg i. Br. 1989, S. 93.

12 Zit. nach Gerhard Ritter, Carl Goerdeler und die deutsche Widerstandsbewegung, München 1964, S. 90.

13 Carl Goerdeler, Politisches Testament, hrsg. v. Friedrich Krause, New York 1945, S. 18.

14 Goerdeler (Anm. 5).

15 Zit. nach Meyer-Krahmer (Anm. 11), S. 186.

Bibliographie

Quellen

Die großen Denkschriften und die wichtigsten Briefe und Aufrufe Goerdelers sind publiziert bei Gerhard Ritter, Carl Goerdeler und die deutsche Widerstandsbewegung, Stuttgart 1954, sowie in Wilhelm Ritter von Schramm (Hrsg.), Beck und Goerdeler. Gemeinschaftsdokumente für den Frieden 1941–1944, München 1965; Quellen zur Reiseopposition bei A. P. Young, Die »X«-Dokumente. Die geheimen Kontakte Carl Goerdelers mit der britischen Regierung 1938/39, hrsg. von Sidney Aster. Betreuung der deutschen Ausgabe und Nachwort von Helmut Krausnick, München u. a. 1989; für die Formierungsphase des Widerstandes Friedrich Krause (Hrsg.), Goerdelers politisches Testament, New York 1945; andere Denkschriften und Briefe für die Formierungsphase des Widerstandes wie die sogenannten Memoiren im Nachlaß Goerdeler im BA Koblenz sowie in Privatbesitz; zur Leipziger Zeit jetzt zugänglich die Akten im Stadtarchiv Leipzig.
Eine kritische Edition ausgewählter Schriften Carl Goerdelers wird seit längerem von Michael Krüger-Charlé vorbereitet.

Literatur

Nach wie vor zentral für Leben und Werk Goerdelers ist die klassische Darstellung von Gerhard Ritter, Carl Goerdeler und die deutsche Widerstandsbewegung, Stuttgart 1954; ferner das Porträt von Erich Kosthorst, Carl Friedrich Goerdeler, in: Rudolf Lill/Heinrich Oberreuter (Hrsg.), 20. Juli – Porträts des Widerstandes, Düsseldorf u. a. 1984, S. 111–133; mit neuen Dokumenten und persönlichen Erinnerungen Marianne Meyer-Krahmer, Carl Goerdeler und sein Weg in den Widerstand. Eine Reise in die Welt meines Vaters, Freiburg i. Br. 1989; zu den Staats- und Gesellschaftsplänen kritische Ansätze vor allem bei Hans Mommsen, Verfassungs- und Verwaltungsreformpläne der Widerstandsgruppen des 20. Juli 1944, in: Jürgen Schmädecke/Peter Steinbach (Hrsg.), Der Widerstand gegen den Nationalsozialismus. Die deutsche Gesellschaft und der Widerstand gegen Hitler, München u. a. 1985, S. 570–597; zur Formierungsphase Michael Krüger-Charlé, Carl Goerdelers Versuch der Durchsetzung einer alternativen Politik 1933–1937, ebenda, S. 383–404; zur Tätigkeit als

Leipziger Oberbürgermeister und sein Verhältnis zur NSDAP zwischen 1933 und 1936 als erste Skizze und Revision bisheriger Behauptungen der DDR-Geschichtswissenschaft Werner Bramke, Carl Goerdelers Weg in den Widerstand, in: *Mitteilungen des Vereins zur Förderung einer Rosa-Luxemburg-Stiftung* 3, Leipzig 1991, S. 17–30; zur Außenpolitik ferner Bernd-Jürgen Wendt, Konservative Honoratioren - Eine Alternative zu Hitler? Englandkontakte des deutschen Widerstands im Jahre 1938, in: Dirk Stegemann u. a. (Hrsg.), Deutscher Konservativismus im 19. und 20. Jahrhundert. Festschrift für Fritz Fischer, Bonn 1983, S. 347-368. Darstellungen und Deutungen zu Leben und Werk Carl Goerdelers finden sich im übrigen in allen Gesamt- und Überblicksdarstellungen zum Widerstand.

Ulrich von Hassell – Der Vermittler

VON GREGOR SCHÖLLGEN

Ulrich von Hassell, am 12. November 1881 als Sohn eines preußischen Offiziers in Anklam geboren und seit 1911 mit einer Tochter des Großadmirals Alfred von Tirpitz verheiratet, war Diplomat aus Leidenschaft. Nach dem Rechtsstudium, Sprachstudien im Ausland und seiner Ausbildung als Gerichtsreferendar, unter anderem im deutschen Schutzgebiet Tsingtau, war er im Jahr 1909 als Assessor in das Auswärtige Amt eingetreten. Zwei Jahre später befand er sich auf seinem ersten Auslandsposten als Vizekonsul in Genua. Am Ersten Weltkrieg nahm er als Leutnant der Reserve teil, bis er in der Marneschlacht am 8. September 1914 schwer verwundet wurde. 1916 schied Hassell daher vorübergehend aus dem Auswärtigen Dienst aus und ging zunächst als Regierungsrat nach Stettin und dann als Direktor des Verbandes der preußischen Landkreise nach Berlin. 1918 schloß er sich der DNVP an und gründete wenig später, im Januar 1919, die »Staatspolitische Arbeitsgemeinschaft« der Partei.

Hassell hat diese Jahre in der preußischen Verwaltung unter anderem genutzt, um sich in zahlreichen Zeitungsartikeln öffentlich zu Wort zu melden. Das gilt insbesondere für die Umbruchphase deutscher Geschichte in den Jahren 1918/19. Diese Arbeiten des »jungen Konservativen«, wie Hassell sich und seine politischen Freunde in einem berühmten Artikel vom November 1918 bezeichnete, sind für das Verständnis der Persönlichkeit und ihrer politischen Vorstellungen unentbehrlich. Denn bei allen Wandlungen und Entwicklungen insbesondere in den dreißiger Jahren hat Hassell in der Zeit des Widerstandes doch ganz stark an seine frühen Konzeptionen angeknüpft.

Hassells Tätigkeit in der inneren Verwaltung war nur von kurzer Dauer. Im Jahr 1944 erinnerte er sich, daß er »angesichts der Verständnislosigkeit der Parteibürokratie auf diesem Wege keine großen Aussichten mehr« gesehen und den Auswärtigen Dienst doch als seine »eigentliche Linie« empfunden habe.[1] Diese Einsichten bestimmten ihn, der Aufforderung des damaligen Außenministers Hermann Müller nachzukommen und 1919 als Botschaftsrat an die deutsche Botschaft in Rom zu gehen. Es folgten Tätigkeiten als Generalkonsul in Barcelona, als Gesandter in Kopenhagen und Belgrad und schließlich, von 1932 bis 1938, als deutscher Botschafter in Rom. Und eben hier geriet er in zunehmende Distanz zu den Machthabern in Berlin. Der Grund lag vor allem in der Richtung, welche die deutsche Außenpolitik unter Hitler einschlug, und in den Methoden, derer sie sich dabei bediente.

Die erste Skepsis gegenüber der nationalsozialistischen Außenpolitik stellte sich bei Hassell anläßlich des Einmarsches deutscher Truppen in die durch den Versailler Vertrag entmilitarisierte Zone des Rheinlandes am 7. März 1936 ein. Hitler vollzog diesen Schritt ja gleichsam im Windschatten der italienischen Abessinienpolitik. Bei der diplomatischen Vorbereitung fiel dem deutschen Botschafter in Rom daher eine wichtige Rolle zu. Daß sich mit Hassell über »den Schritt selbst [. . .] durchaus reden ließ«, wie er in einer privaten Aufzeichnung vom 15. März vermerkte, kann auch den rückschauenden Beobachter kaum überraschen. Auf Dauer waren die einschlägigen Bestimmungen des Versailler Vertrages für den Botschafter ebensowenig akzeptabel wie für die Mehrzahl seiner Landsleute. Diese Auffassung blieb für die Vorstellungen des konservativen Widerstandes »vom anderen Deutschland« maßgeblich. Hier lag das Dilemma: So überzeugt die meisten Oppositionellen nach 1938 von einem Sturz des Regimes und einer Beseitigung seines »Führers« waren, so wenig wollten beziehungsweise konnten sie auf alle außenpolitischen Erfolge verzichten, die dieser bis dahin, und zwar mit ihrer Unterstützung, verbucht hatte. Irritiert zeigte sich der Diplomat im März 1936 hingegen von dem »unwiderstehlichen Drang« Hitlers, »aus der Passivität herauszutreten«, und von dem »zu hohen Risiko für das zu erreichende Ergebnis«. Die »schlimmste Wirkung« aber sah der Verehrer der Bismarckschen Staatskunst in dem »Schlag gegen Hitlers Glaubwürdigkeit«.[2] Diese Glaubwürdigkeit der deutschen Politik wurde für Hassell endgültig mit dem zwischen Deutschland und Japan abgeschlossenen sogenannten Antikominternpakt vom November 1936 in Frage gestellt, dem Italien ein Jahr später beitrat. Verhängnisvoll aber war in seinen Augen der Umstand, daß sich dieser Pakt nicht nur gegen die Sowjetunion, sondern eben auch gegen die Westmächte und insbesondere gegen Großbritannien richtete: »Hier handelt es sich um eine Neuorientierung der deutschen Außenpolitik, die [. . .] sich bewußt gegen England stellt und einen Weltkonflikt geradezu ins Auge faßt.«[3]

Eine solche »Neuorientierung« aber konnte der Botschafter nicht mitverantworten. Im Gefolge der Blomberg-Fritsch-Krise und der Ersetzung Neuraths durch Ribbentrop wurde daher auch er am 17. Februar 1938 in den Wartestand versetzt. Sehr bald kam er jetzt in Kontakt zu Männern wie Carl Goerdeler und Ludwig Beck, Verbindungen, die ihm durch Stellungen zunächst im Vorstand des »Mitteleuropäischen Wirtschaftstages«, später dann, seit dem März 1943, im »Institut für Wirtschaftsforschung« erleichtert wurden.

Über Hassells politische Konzeptionen sowie seine Aktivitäten in den Jahren 1938 bis 1944 sind wir ungewöhnlich gut unterrichtet. Zum einen hat der Diplomat - ähnlich wie schon während seiner Zeit in der inneren Verwaltung - zahlreiche Aufsätze und Bücher zu politischen und historischen Themen verfaßt. Diese zeigen Hassell nicht nur als hochgebildeten Mann, sondern sie ermöglichen auch einen Einblick in sein Verständnis der »Europäischen Lebensfragen im Lichte der Gegenwart«, wie er eines seiner Bücher betitelte. Zum anderen aber besitzen wir in seinen Tagebüchern eines der wichtigsten Dokumente des deutschen Widerstandes überhaupt. Diese bezeugen auf eindrucksvolle Weise, daß Abscheu und Empörung über die sich mehrenden Unrechtstaten des Regimes und namentlich über die »tierische Barbarei« zunächst der Verfolgung der Juden, dann ihrer Vernichtung wichtige, wenn auch nicht die einzigen Gründe Hassells waren, um sich am Aufbau einer deutschen Opposition und den Vorbereitungen für einen Staatsstreich zu beteiligen. »Hat je«, so fragte er am Ende des Jahres 1942, »hat je ein Volk sich stumpfer gefügt?«[4]

Hassells erste Sorge galt der Vermeidung eines Krieges, dann, seit dem September 1939, seiner möglichst raschen Beendigung. Spätestens seit Hitlers »Griff nach Prag« vom 15. März 1939 glaubte er freilich nicht mehr, wie er sieben Tage später in seinem Tagebuch festhielt, »daß diese Sache anders als unheilvoll ausgehen kann«: »Es ist der erste Fall offenbarer Hybris, des Überschreitens aller Grenzen, zugleich jeden Anstands.«[5] Seine Möglichkeiten, im Sinne der Kriegsverhütung beziehungsweise -beendigung zu wirken, waren nach seinem Ausscheiden aus dem politischen Amt natürlich sehr begrenzt. Gleichwohl hat er mehrfach den Versuch unternommen.

Noch am 31. August 1939 versuchte er auf Bitten des Staatssekretärs im Auswärtigen Amt, Ernst Freiherr von Weizsäcker, in Gesprächen mit dem ihm »befreundeten« britischen Botschafter in Berlin, Sir Nevile Henderson, einerseits, mit Göring andererseits, »den Weltkrieg zu vermeiden«. Vergleichbare, auf eine Beendigung des Krieges abzielende Aktivitäten sind auch für die folgenden Jahre überliefert. So bemühte er sich beispielsweise im Februar/März 1940 über den Geschäftsträger an der amerikanischen Botschaft in Berlin, Alexander Kirk, oder im Verlauf des Jahres 1941 mehrfach über den amerikanischen Geschäftsmann Frederico Stallforth um entsprechende Kontakte zu den USA. Überdies traf er sich im August 1941 in der Nähe von München und noch einmal im Januar 1942 in Genf mit Carl Jacob Burkhardt in der Absicht, über den Vertreter des Roten Kreuzes Verbindung mit England zu knüpfen. Es darf heute als sicher gelten, daß bei keiner dieser gefahrvollen Unternehmungen jemals eine realistische Chance für erfolgreiche Verhandlungen bestanden hat, denn Hassell hatte es in allen Fällen mit Unterhändlern zu tun, die sich selbst als Vermittler präsentiert und angeboten hatten, die aber eben nicht als solche autorisiert waren, jedenfalls nicht von den Stellen und Personen, mit denen der Diplomat gerade ins Gespräch kommen wollte. Das gilt wohl auch für seine bekannteste Mission, die ihn im Februar 1940 in die Schweiz führte.

Am 22./23. Februar traf Hassell in Arosa mit dem Amateurdiplomaten Lonsdale Bryans zusammen. Dabei verfolgte er das in seinen Tagebüchern so formulierte Ziel, vom britischen Außenminister Halifax eine Erklärung zu erhalten, »daß eine etwaige Regimeänderung in Deutschland von der anderen [Seite] in keiner Weise *aus*genutzt, sondern im Gegenteil *be*nutzt werden würde, um zu einem dauerhaften Frieden zu kommen«.[6] Eine solche »Sicherheit«, so Hassell im August 1941, brauchten die oppositionellen Politiker nicht für sich, denn ihnen war »die *absolute* Notwendigkeit des Systemwechsels klar, sondern für die Generäle«.[7]

Bekanntlich ist Hassells Versuch einer Friedensvermittlung vom Februar 1940 - ebenso wie andere mehr - nicht zuletzt am Unvermögen oder Unwillen (in diesem Falle der englischen Regierung) gescheitert, sich auf entsprechende Vorschläge des deutschen Widerstandes einzulassen. Die Gründe für diese britische Haltung können hier nicht weiterverfolgt werden. Immerhin hat Hassell seinem britischen Gesprächspartner in Arosa ein sogenanntes »statement« übergeben, das für das Verständnis seiner Vorstellungen vom »anderen Deutschland« sowie von einem künftigen Europa sehr aufschlußreich ist.

Neben dem obersten Ziel seiner Bemühungen, den »Krieg so schnell wie möglich zu beenden«, hat das »statement« drei Schwerpunkte, und zwar die Verhinderung einer »Bolschewisierung« Europas, die Erhaltung Deutschlands als Großmacht und schließlich den inneren Neuaufbau des anderen Deutschland. Einen raschen Friedensschluß hielt Hassell vor allem deshalb für notwendig, weil die Gefahr, daß Europa »vollkommen zerstört und vor allem bolschewisiert« werde, ständig wachse.[8] Diese Furcht durchzog sein politisches Denken wie ein roter Faden. Immer wieder betonte der Diplomat den »uneuropäischen« und expansiven Charakter des Bolschewismus, der eines Tages »unentrinnbar« auch Großbritannien, ja selbst die Vereinigten Staaten ergreifen werde. Ähnlich wie viele andere führende Köpfe der Opposition war auch Hassell fest davon überzeugt, daß die Furcht vor der »bolschewistischen Gefahr« eine gemeinsame Basis für die Verständigung zwischen der Widerstandsbewegung und den Westmächten bilden könne.

Am 23. Januar 1943 verkündeten Roosevelt und Churchill in Casablanca ihre Forderung nach »bedingungsloser Kapitulation«, die in der Konsequenz jedwede vorherige Verständigung auch mit den Verschwörern ausschloß. Damit mußten die Hoffnungen des Widerstandes aufgegeben werden, daß sich der Antibolschewismus als gemeinsame Grundlage verwenden lasse. Nunmehr mochte Hassell, unter anderem als taktisches Druckmittel, namentlich gegenüber England, auch Kontakte zu Stalin nicht mehr ausschließen. Entsprechende Überlegungen stellte er vor dem Hintergrund einer möglichen erneuten Verständigung Hitlers mit Stalin an: Das »daraus entstehende Unheil«, so notierte er am 15. August 1943, sei »unvorstellbar ... Es gibt eigentlich nur noch diesen einen Kunstgriff: *entweder* Rußland *oder* den Angloamerikanern begreiflich zu machen, daß ein erhalten bleibendes Deutschland in ihrem Interesse liegt. Ich ziehe bei diesem Mühlespiel das westliche Ziel vor, nehme aber zur Not auch die Verständigung mit Rußland in Kauf.«[9]

Daß »ein gesundes, lebenskräftiges Deutschland ... ein unentbehrlicher Faktor« für Europa sei, hatte Hassell auch schon im Februar 1940 betont, wobei er natürlich gegenüber seinem britischen Verhandlungspartner nicht unerwähnt ließ, daß dies »gerade im Hinblick auf das bolschewistische Rußland« gelte.[10] Wie aber sollte dieses »lebenskräftige« Deutschland aussehen? Die Vorschläge, die Hassell in seinem »statement« unterbreitete, müssen zunächst überraschen. Zwar sollte die Regelung des Versailler Vertrages, welche die westliche Grenze des Deutschen Reiches betraf, nicht wieder aufgerollt werden. An eine Rückforderung insbesondere Elsaß-Lothringens war also nicht gedacht. Dagegen, so Hassell im Februar 1940, müsse »die deutsch-polnische Grenze im wesentlichen mit der deutschen Reichsgrenze im Jahre 1914 übereinstimmen«. Die »Vereinigung Österreichs und des Sudetenlandes mit dem Reich« sollte »außerhalb der Erörterung« stehen.[11]

Weniger überraschend waren die Forderungen, die der als Außenminister des oppositionellen »Schattenkabinetts« vorgesehene Hassell an die englische Adresse richtete, wenn man die britische Haltung zur deutschen Politik vor Ausbruch des Krieges in Rechnung stellt. So hatte ja beispielsweise Halifax, damals noch in seiner Funktion als Lord President im Kabinett Chamberlain, am 19. November 1937 Hitler erklärt, man sei in England nicht der Ansicht, daß der Status quo in Europa »unter allen Umständen aufrechterhalten werden müsse«. In diesem Zusammenhang hatte er ausdrücklich Danzig, Österreich und die Tschechoslowakei erwähnt und überdies die Bereitschaft seiner Regierung zu erkennen gegeben, »die Kolonialfrage mit Deutschland zu besprechen«. Mehr noch, England hatte dann den »Anschluß« Österreichs und des Sudetenlandes an das Reich hingenommen, obgleich zumindest der erste Schritt nicht in jenem »Wege friedlicher Evolution« erfolgt war, den Halifax von Hitler gefordert hatte.[12] Auch in der Kolonialfrage war seitens der englischen Regierung Entgegenkommen signalisiert worden: Im März 1938 hatte man Hitler den Plan einer gemeinsamen Verwaltung afrikanischer Kolonialgebiete durch eine Gruppe europäischer Staaten einschließlich des Deutschen Reiches vorgeschlagen.

Aber natürlich hatte sich die Situation mit dem Kriegsausbruch gewandelt: Für britische Politiker standen derartige Regelungen, wie sie nunmehr zwar von der Opposition, aber eben von *deutscher* Seite als »Bedingungen« für einen Friedensschluß vorgetragen wurden, im Verlauf des Krieges und insbesondere nach dem deutschen Angriff auf Belgien, die Niederlande, Luxemburg und Frankreich im Mai 1940 nicht mehr ernsthaft zur Diskussion. Überdies ist nicht zu übersehen, daß auch die Angehörigen des Widerstandes die Erfolge Hitlers beziehungsweise der Wehrmacht aufmerksam registrierten, ja daß ihre Konzeptionen und Pläne hinsichtlich Deutschlands Rolle in Europa nach Hitler davon nicht unberührt blieben. Für den Diplomaten stand fest, daß auch dem »anderen Deutschland« die Rolle einer Ordnungsmacht auf dem Kontinent zufallen müsse. Dabei blieb der Nationalstaat Bismarckscher Prägung der eigentliche Bezugspunkt seines Denkens.

Hassell hatte keine Zweifel: Deutschland mußte als Großmacht, ja, als Weltmacht erhalten bleiben, ganz gleich wie der Krieg ausgehen würde. Darin lag für ihn die conditio sine qua non des Überlebens. Als historisch denkender Mensch kannte er die Gefahren, die sich für das Deutsche Reich aus seiner geostrategischen Lage in der Mitte des europäischen Kontinents ergeben konnten. Als in der Tradition des Bismarck-Reiches stehender Deutscher war er davon überzeugt, daß eine Großmacht, die das Deutsche Reich seit 1871 und eben auch noch nach 1918/1919 nun einmal war, auch Großmacht-, ja Weltmachtpolitik betreiben müsse. Das erforderte schon Deutschlands Prestige als »ebenbürtiger« Partner im Kreise der europäischen Mächte. Dafür sprachen aber beispielsweise auch, wie Hassells Pläne für ein »einheitliches großdeutsches Wirtschaftsgebiet« zeigen, ökonomische Gründe. Deutschland mußte eine Großmacht bleiben, aber es sollte gewissermaßen eine »andere« Großmacht werden. Deren neue Qualität konnte sich zunächst und vor allem in ihrem *inneren* Neuaufbau zeigen. Wie aber sollte dieser aussehen?

Auch auf diese Frage hat Hassell im Februar 1940 eine Antwort gegeben. Diese Antwort läßt sehr deutlich das unterhalb aller »praktisch-politischen« Erwägungen angesiedelte Grundmotiv seines Handelns offenbar werden: Der Wiederaufbau Europas sollte sich an »gewissen Leitgedanken« orientieren, die für alle Staaten, mithin auch für Deutschland, verbindlich sein mußten.

Dazu zählten – neben dem »Prinzip der Nationalität«, allgemeiner »Rüstungsverminderung« und »Wiederaufbau der internationalen Zusammenarbeit in wirtschaftlicher Hinsicht« – vor allem die folgenden Prinzipien: »a) Die Grundsätze der christlichen Sittlichkeit. b) Gerechtigkeit und Gesetz als Grundlage des öffentlichen Lebens. c) Soziale Wohlfahrt. d) Effektive Kontrolle der Staatsgewalt durch das Volk in einer der betreffenden Nation angemessenen Weise. e) Freiheit des Gewissens, der Gedanken und der Geistesarbeit.«[13]

Diese Vorstellungen waren für die Vertreter des konservativen Widerstandes um Goerdeler, Beck und Hassell mehr oder weniger verbindlich. Sie haben ihren Niederschlag auch in einigen Gesetzentwürfen gefunden, so zum Beispiel im *Gesetz über die Wiederherstellung geordneter Verhältnisse im Staats- und Rechtsleben*, das um die Jahreswende 1939/40 vom preußischen Finanzminister Johannes Popitz verfaßt wurde und auf Beratungen unter anderem mit Beck und Hassell zurückgeht. Auch hier werden die »Regeln des Anstandes und der guten Sitten« zum »obersten Gesetz des Handelns« erhoben und »Christentum und christliches Leben als unersetzbare Grundlagen deutschen Lebens« betrachtet.

Die Frage, wie sich die Verschwörer den inneren Aufbau eines künftigen Staates im einzelnen vorstellten, ist deshalb nur sehr schwer zu beantworten, weil solche Entwürfe vor allem auf die nach einer Beseitigung Hitlers zu treffenden Sofort-Maßnahmen abzielten. Mißt man diese Pläne und die Intentionen ihrer Verfasser daher an den demokratischen Errungenschaften der Nachkriegszeit, so wird man ihnen nicht gerecht. Der rückschauende Betrachter ist bekanntlich immer klüger als der unter Zugzwang stehende Zeitgenosse, zumal wenn dieser in konspirativer und lebensgefährlicher Untergrundarbeit auf die Beseitigung einer Diktatur hinarbeitet. Daß den konservativen Oppositionellen, auch Hassell, kein demokratisch verfaßter Staat vorschwebte, ist nicht zu verkennen. Nach ihrer Meinung hatte das Versagen der ersten deutschen Demokratie und der rasche Auf- und Ausbau einer menschenverachtenden Diktatur gerade deren Unfähigkeit, ja Gefährlichkeit offenbart. Für Hassell und andere schienen diese Entwicklungen ihre eingangs erwähnten Befürchtungen aus den Jahren 1918/19 zu bestätigen.

Bereits bei ihrer ersten denkwürdigen Begegnung, die Mitte August 1939 in München stattgefunden hatte, waren Hassell und Goerdeler sich einig gewesen, »daß es hohe Zeit wird, den hinabrollenden Wagen zu bremsen«. Daß es noch fünf Jahre dauern sollte, bis der Versuch tatsächlich unternommen wurde, hatte sich zu diesem Zeitpunkt wohl keiner der beiden Gesprächspartner vorstellen können. Aber auch Hassell überschätzte zunächst die Haltung der Militärs und unterschätzte die Wirkung der Erfolge Hitlers auf diese wie auf die Bevölkerung insgesamt. Die skizzierten, uns heute weitgespannt erscheinenden territorialen Vorschläge, welche die Konservativen an die Adresse der Alliierten richteten, erwuchsen ja nicht zuletzt aus der Erkenntnis, daß man der Bevölkerung wie den Militärs die Beseitigung eines erfolgreichen Hitler überhaupt nur dann verständlich machen könne, wenn nach einem Friedensschluß bestimmte territoriale Minimalforderungen, wie eben die Sicherung des bis 1938 Erreichten, garantiert wurden.

Der Verlauf und das Scheitern des Staatsstreiches, an dessen unmittelbarer Vorbereitung Hassell nicht beteiligt war, sind bekannt. In ihrem Gefolge wurde der langjährige Botschafter am 28. Juli 1944 verhaftet, dann zunächst in das Konzentrationslager Ravensbrück in Mecklenburg und am 18. August nach Berlin gebracht. Dort fand am 7./8. September vor dem »Volksgerichtshof« die Verhandlung gegen Hassell und andere Verschwörer statt. Das Todesurteil gegen Ulrich von Hassell wurde noch am gleichen Tag in Berlin-Plötzensee vollstreckt. An diesem 8. September jährte sich zum dreißigsten Mal jener Tag, an dem er in der Marne-Schlacht schwer verwundet worden war.

Die Frage nach den Motiven Ulrich von Hassells hat sicherlich weder von der Erfolglosigkeit seiner zahlreichen Versuche einer Friedensvermittlung noch von der Tatsache des letztendlichen

Scheiterns des Staatsstreiches auszugehen. Denn Mißerfolg, so hat Hans Rothfels einmal mit Blick auf die deutsche Opposition gegen Hitler insgesamt formuliert, kann »an und für sich niemals ... ein endgültiger Maßstab der Beurteilung sein«.[14]

Auch wird man den Diplomaten nicht ausschließlich anhand seiner Vorstellungen »vom anderen Deutschland« beurteilen können, jedenfalls dann nicht, wenn man den nach 1945 erreichten Stand der parlamentarischen Demokratie zugrunde legt. Ihm wie den meisten Mitgliedern der oppositionellen Gruppe, der er angehörte, schwebte sowohl innen- wie außenpolitisch ein in der Tradition des Bismarck-Reiches stehender starker, ja in mancher Hinsicht autoritärer Staat vor. Das ist nur verständlich, wenn man die Erfahrungen in Rechnung stellt, die in diese Konzeptionen Eingang gefunden haben. Es waren dies innenpolitisch das Erlebnis der »Revolution« und vor allem die Erfahrungen mit der Weimarer Republik, deren Zustand und schließliches Scheitern den Aufstieg Hitlers nicht unwesentlich gefördert hatten.

Vergleichbares gilt für die außenpolitischen Vorstellungen von einem starken Nationalstaat, die Hassell mit den meisten Angehörigen der alten Führungsschichten Preußen-Deutschlands teilte. Diese unterstützten anfänglich die traditionell anmutende Außenpolitik des in hohem Maße auf sie angewiesenen und insofern von ihnen abhängigen Diktators, weil er Deutschland zu alter Größe zurückzuführen schien. Daß sie damit in der Konsequenz auch seinen wesentlich weiter gehenden »Lebensraum«-Plänen im Osten Vorschub leisteten, gehört wohl zu den tragischsten Kapiteln ihrer Geschichte.

Daß sie dies taten, daß in unserem Falle Ulrich von Hassell das »Dritte Reich« als Botschafter nach außen vertrat und damit zweifellos zu dessen Stabilisierung im internationalen Bereich sowie zur wachsenden Reputation seines »Führers« mit beitrug, hatte drei Gründe: Zum einen schien sich Hitler eben zunächst ganz in den vertrauten Bahnen der Weimarer Revisionspolitik zu bewegen, die Hassell 15 Jahre lang mit Überzeugung in Rom, Barcelona, Kopenhagen und Belgrad vertreten hatte. Zwar waren ihm die Methoden der »neuen« Außenpolitik zunehmend suspekt, doch schien der unbestreitbare, rasche Erfolg die zunächst eingesetzten Mittel zu rechtfertigen. Entziehen konnte sich dieser Wirkung jedenfalls kaum ein zeitgenössischer Beobachter.

Zum zweiten, und damit aufs engste verknüpft, war Hassells Einstellung auch Ausdruck jener allgemeinen Unterschätzung Hitlers im In- und Ausland, ohne die dessen Aufstieg und anfänglicher Erfolg unverständlich bleiben müssen. Schließlich aber war Hassell, wie Margret Boveri einmal festgestellt hat, ein Karrierediplomat mit dem »Ehrgeiz und dem Geltungsdrang eines Mannes, der seine eigenen hohen Fähigkeiten genau kannte«.[15] Schon deshalb wäre für ihn ein früher Rückzug von seinem Posten kaum denkbar gewesen.

Gleichwohl entschloß sich Hassell dann als einer der wenigen zu der gefährlichen und für einen Konservativen seiner Herkunft und Überzeugung ganz ungewöhnlichen Haltung konspirativer Opposition. Und es sind dieser Entschluß selbst sowie die ihm zugrundeliegenden Motive, die zählen.

Anmerkungen

1 Zit. nach Ulrich von Hassell, Vom anderen Deutschland. Aus den nachgelassenen Tagebüchern 1938–1944, Zürich/Freiburg i. Brsg. 1946, S. 10.
2 Mitgeteilt bei Esmonde Robertson, Zur Wiederbesetzung des Rheinlandes 1936, in: *Vierteljahrshefte für Zeitgeschichte* 10 (1962), S. 178 ff.
3 Von Hassell (Anm. 1), S. 13.
4 Die Hassell-Tagebücher 1938–1944. Nach der Handschrift revidierte und erweiterte Ausgabe, hrsg. v. Friedrich Freiherr Hiller von Gaertringen, Berlin 1988, S. 342.
5 Ebenda, S. 85.
6 Ebenda, S. 169.
7 Ebenda, S. 263.
8 Ebenda, S. 172 bzw. S. 504.

9 Ebenda, S. 382.
10 Ebenda, S. 172 bzw. S. 504.
11 Ebenda.
12 Akten zur deutschen auswärtigen Politik, Serie D, XIII Bde., Göttingen 1950–1970, hier Bd. I, Nr. 31.
13 Von Hassell (Anm. 4), S. 172 bzw. S. 504.
14 Hans Rothfels, Die deutsche Opposition gegen Hitler. Eine Würdigung, Frankfurt/M. 1969, S. 100.
15 Margret Boveri, Der Verrat im 20. Jahrhundert, Gesamtausgabe, Reinbek 1976, S. 166 f.

Bibliographie

Quellen

Die Quellenlage zu Ulrich von Hassell ist ungewöhnlich günstig. Da er bis zum Februar 1938 mit wenigen Unterbrechungen im diplomatischen Dienst tätig war, findet sich seine diesbezügliche Korrespondenz etc. in den Akten des Auswärtigen Amtes, die wiederum zum Teil in den *Akten zur deutschen Auswärtigen Politik* veröffentlicht sind. Für die folgenden Jahre bis zur Hinrichtung Ulrich von Hassells stehen dessen Tagebücher zur Verfügung, die seit 1988 auch in einer von Friedrich Freiherr Hiller von Gaertringen besorgten kommentierten Ausgabe vorliegen (vgl. Anm. 4). Schließlich hat sich Ulrich von Hassell in einigen Phasen seines Lebens, insbesondere auch wieder seit 1938, intensiv publizistisch betätigt und unter anderem mehrere Bücher zu historisch-politischen Themen verfaßt.

Literatur

Gregor Schöllgen, Ulrich von Hassell 1881–1944. Ein Konservativer in der Opposition, München 1990. Das Buch basiert auf der Auswertung ungedruckter und gedruckter Quellen sowie der einschlägigen Literatur und ist die erste und einzige Biographie Ulrich von Hassells. Für den weiteren Zusammenhang ist auf die einschlägigen Standardwerke der Widerstandsforschung zu verweisen, insbesondere auf: Hans Rothfels, Die deutsche Opposition gegen Hitler. Eine Würdigung (erweiterte Ausgabe 1969),

Frankfurt/M. 1986; Gerhard Ritter, Carl Goerdeler und die deutsche Widerstandsbewegung, München 1964; Peter Hoffmann, Widerstand - Staatsstreich - Attentat. Der Kampf der Opposition gegen Hitler, München/Zürich [4]1985; Klemens von Klemperer, German Resistance Against Hitler. The Search for Allies Abroad, 1938-1945, Oxford 1992. Eine wichtige Phase im Leben Ulrich von Hassells beschreibt und dokumentiert Esmonde Robertson, Zur Wiederbesetzung des Rheinlandes 1936, in: *Vierteljahrshefte für Zeitgeschichte* 10 (1962), S. 178 ff. Nach wie vor lesenswert, wenn auch in einigen sachlichen Informationen veraltet, ist die Studie von Hermann Graml, Die außenpolitischen Vorstellungen des deutschen Widerstandes, in: Walter Schmitthenner/Hans Buchheim (Hrsg.), Der deutsche Widerstand gegen Hitler. Vier historisch-kritische Studien, Köln/Berlin 1966, S. 15 ff.

Caesar von Hofacker – Stauffenbergs Mann in Paris

VON ULRICH HEINEMANN

Die Aktion lief »wie am Schnürchen ab. Man holte die SD-Leute zusammen. Keiner machte auch nur den Versuch des Widerstandes . . . Der ganze Kommandostab des Sicherheitsdienstes in Frankreich war so in wenigen Minuten verhaftet.«[1] Es war der Abend des 20. Juli 1944. Ort der Handlung: Paris. Die Verhaftungen hatte General Carl-Heinrich von Stülpnagel, der Militärbefehlshaber in Frankreich, angeordnet. Spiritus rector des Ganzen war jedoch ein Obrist, der Oberstleutnant Caesar von Hofacker, der Verbindungsoffizier zwischen dem Generalstab und dem Verwaltungsstab des Militärbefehlshabers und zugleich Stülpnagels »rechte Hand«.

Für die Gestapo war Hofacker der »Kopf, der am 20. Juli 1944 in Frankreich abgelaufenen Putschmaßnahmen«.[2] Er war – wie wir heute wissen – Stauffenbergs Mann in Paris. Gleichwohl gehörte der Oberstleutnant nicht zu den Oppositionellen der ersten Stunde. Wie sein enger Freund und Mitverschwörer Fritz Dietlof Graf von der Schulenburg zählte auch er – wie Ulrich von Hassell schrieb – mehr zu den »Saulussen« im deutschen Widerstand. Diese hatten das Dritte Reich zunächst als Geburt eines »neuen Deutschland« und Aufbruch in eine neue Zeit begrüßt und waren später ernüchtert und erbittert zu geschworenen Feinden Hitlers geworden.

Caesar von Hofacker wurde am 11. März 1896 als Sohn des

Württembergischen Generals Eberhard von Hofacker in Ludwigsburg geboren. Seine Mutter Albertine war eine geborene Gräfin Uexküll-Gyllenband. Nach dem Abitur und kurzen Studienaufenthalten in Frankreich und England meldete sich der 18jährige Hofacker bei Kriegsausbruch freiwillig zum Heer. Zunächst als Kavallerist, zeitweise als Ordonnanzoffizier und später als Flieger, diente er - hochdekoriert - an fast allen Fronten.

Nach der deutschen Kapitulation im Dezember 1918 geriet Hofacker in französische Kriegsgefangenschaft, aus der er im März 1920 entlassen wurde. Sein juristisches und staatswissenschaftliches Studium, das er zunächst in Tübingen und später in Göttingen wieder aufnahm, schloß Hofacker zügig im Jahre 1923 mit dem ersten juristischen Staatsexamen und ein Jahr später mit einer Dissertation über ein beamtenrechtliches Thema ab. In Anbetracht der schwierigen wirtschaftlichen Situation, der sich in dieser Zeit gerade auch Akademiker gegenübersahen, war er froh, nach dem Assessorexamen bei der Handelskammer Reutlingen Unterschlupf zu finden. 1925 wechselte er zum Verein Deutscher Seidenwebereien nach Krefeld, und im Jahre 1927 ging er zur Verwaltungsstelle Berlin der Vereinigten Stahlwerke. Dort blieb er bis zum Kriegsausbruch - zunächst als Handlungsbevollmächtigter und seit 1936 als Prokurist eines der größten deutschen Unternehmen.

Gleichwohl hing Hofacker nicht mit dem Herzen an der Wirtschaft. Sein Interesse galt der Politik, vor allem der Außenpolitik. Zeitlebens zog es ihn in den Diplomatischen Dienst. Wiederholt bemühte er sich, in das Auswärtige Amt zu kommen, aber seine intensiven Bemühungen blieben erfolglos. So verwundert es nicht, daß er unmittelbar nach seiner Rückkehr aus der Kriegsgefangenschaft politisch aktiv wurde. Er gehörte zu den Gründern des Deutschen Hochschulrings, dem Dachverband für die meisten nationalistischen und völkischen Studentenorganisationen in Deutschland. Außerdem beteiligte er sich während seiner Studentenjahre aktiv am Aufbau der Göttinger SA.

In seinen ersten überlieferten Äußerungen zeigte sich Hofacker ganz und gar als Vertreter jenes völkisch-neokonservativen Denkens, das in der Zwischenkriegszeit in Deutschland, aber auch in vielen europäischen Ländern, weit verbreitet war und dessen verhängnisvollste Variante der Nationalsozialismus werden sollte. Dazu gehörte auch ein manifester Antisemitismus. In einer Rede, die Hofacker Ende April 1921 an der Universität Graz in Anwesenheit des Rektors hielt, sprach er von dem »entsetzliche(n) Hereinbrechen der jüdischen Flut in Ihr kerndeutsches Land« und von den Juden als dem »gefährlichsten Feind unseres Volkstums«.[3]

Die Weimarer Demokratie war für Hofacker eine »feindliche Herrschaft, . . . die einen lebendigen Wert unseres Volkstums nach dem anderen vernichtet«. Mit der »Schmach und Schande« des Versailler Vertrages wollte er sich erst recht nicht abfinden. Die Militanz der Sprache, derer sich der junge Studentenführer in jenen Jahren befleißigte, läßt den Grad seiner Wirklichkeitsverdrängung nur zu deutlich erkennen. »Es ist Krieg, Kameraden«, rief er seinen württembergischen Kommilitonen im Frühjahr 1922 zu, »nichts als Krieg, Ausnahme- und Belagerungszustand. Für uns kann es, darf es keinen Frieden geben.«[4] Im Unterschied zu zahlreichen ehemaligen Frontoffizieren, die sich im zivilen Leben nicht mehr zurechtfanden, vermochte sich Hofacker rasch beruflich zu etablieren. Vermutlich lag es daran, daß sich die völkische Sturm-und-Drang-Rhethorik der frühen Jahre mit der Zeit verflüchtigte. Es kam ihm jetzt – wie er Ende 1930 schrieb – darauf an, »nicht nur immer in Ideologien und gefühlsmäßigen Allgemeinheiten zu machen, sondern Tatsächlichkeiten herauszufinden, die unsere innere instinktive Einstellung erhärten und Wege zu ihrer Verwirklichung weisen«.[5]

Vor allem in Hofackers außenpolitischem Denken vollzog sich während der zwanziger Jahre ein auffälliger Wandel. Der emotionsgeladene Revanchismus des Studentenführers war recht bald dem sachorientierten, einen Ausgleich nationaler Interessen mindestens beachtenden Revisionismus des Industriellen gewichen. Beleg dafür ist ein ungewöhnlicher Brief, den Hofacker im Juni 1929 an einen Pariser Professor schrieb. Darin plädierte er für einen Nationalismus der »weisen Mäßigung«, der »im Zukunftsinteresse der eigenen Nation auf alle diejenigen nationalen Einzelpositionen (verzichte), die für die eigene Nation nicht, wohl aber für die andere lebensnotwendig (seien)«. Hofacker zeigte sich hier gar nicht weit von den Positionen eines Gustav Stresemann entfernt. Für den Fall eines »loyalen gegenseitigen Nachgebens«, etwa für den »Verzicht Frankreichs auf die einseitige Entwaffnung Deutschlands oder den polnischen Korridor«, könne er sich einen »etwaige(n) freiwillige(n) Verzicht des Deutschen Volkes auf sein historisches und ethnographisches Recht auf den überwiegenden Teil Elsaß-Lothringens (oder) auf seine früheren Kolonien« sehr wohl vorstellen.[6]

Innenpolitisch blieb Hofacker freilich ein erbitterter Gegner der »vom Westen importierten, für uns Deutsche geradezu selbstmörderischen formaldemokratischen Verfassung«. Aber auch mit den Parteien der politischen Rechten mochte er sich nicht anfreunden. Er setzte statt dessen auf das »bündische Prinzip«, das er als *das* »deutsche Lebensgesetz« bezeichnete, »dem allein die großen geschichtlichen Leistungen unserer Nation wie zum Beispiel das mittelalterliche Reich, der Ritterorden, der preußische Staat eines Freiherrn vom Stein, die preußisch-deutsche Armee« zu verdanken seien.[7]

Im Jahr 1930 trat Hofacker dem Stahlhelm bei, und etwa seit dieser Zeit engagierte er sich auch in der Bündischen Reichsschaft, einem der vielen rechtsorientierten Gesprächszirkel, die in der Krise Weimars wie Pilze aus dem Boden schossen und in denen sich nach einem Wort Ernst von Salomons die junge Rechte aus guter Familie ein Stelldichein gab. In der Bündischen Reichsschaft, für die er auch seinen Freund Fritz Dietlof Graf von der Schulenburg gewann, war Hofacker so etwas wie der wirtschafts- und sozialpolitische Experte. Hier hielt er viele Referate, leitete zahlreiche Diskussionen und sprach sich darin für die wirtschaftliche Autarkie des Reiches, für die Einführung der Arbeitsdienstpflicht und für einen »Sozialismus« im Sinne Oswald Spenglers aus.

Der Machtergreifung Hitlers sieht Hofacker mit großen Hoffnungen entgegen. Der »Stahlhelmer« bemüht sich sehr um die Mitgliedschaft in der NSDAP, die ihn nach einigem Zögern im Jahr 1937 aufnimmt. In die nationalsozialistische Zukunft Deutschlands setzt er große Hoffnungen. An Fritz Dietlof Graf von der Schulenburg schreibt er im April 1935: »Wir, das Volk Weimars und Potsdams, wir, die tiefsten Reformatoren der Weltgeschichte und gleichzeitig besten Organisatoren, wir, das Land mit den fortgeschrittensten sozialen Einrichtungen und der Tradition des so ganz und gar unkapitalistischen preußischen Staatsgedankens, wir müssen doch aus dem Dritten Reich etwas anderes, universelleres, umstürzenderes, weltbewegenderes, moderneres machen können als der Faschismus aus Italien oder der tatarische Bolschewismus aus Rußland.« In diesem Sinne erhofft sich Hofacker von den neuen Machthabern ein »Fanal«, damit der Welt gezeigt werde, »daß das Dritte Reich nicht nur nationalistisch, sondern auch sozialistisch ist«. Zumindest erwartet er die »Verstaatlichung der Rüstungsgewinne und Industrien, (die) rücksichtslose Liquidierung des Großgrundbesitzes (und die) restlose Anwendung des Leistungsprinzips in der militärischen Beförderung«.[8] Hofakker war von Anfang an ein Sympathisant der Hitler-Bewegung; er war aber nicht ihr fanatischer Parteigänger, und er hatte einen wachen Blick schon auf die frühen Auswüchse des Systems. Sehr angetan zeigte er sich von den außenpolitischen Erfolgen Hitlers, doch schon Anfang 1935 monierte er, daß sich »jener geistige Sozialismus preußischen Stils, jener Sozialismus der Haltung, der Schlichtheit, der Härte, wie er sich in der Person des Führers so würdevoll (darstellt) in den Persönlichkeiten der Unterführer leider so wenig (verkörpert)«.[9] Diese Kritik fand ständig neue Nahrung. Seit etwa 1938 gehörte Hofacker zu einem kleinen Kreis von Freunden und Vertrauten, der sich regelmäßig traf und freimütig über die Fehler und Schwächen des Regimes redete. Die meisten Mitglieder dieses später von der Gestapo »Grafen-Gruppe« genannten Kreises – wie etwa Peter Graf Yorck von Wartenburg, Nikolaus Graf Uexküll, Berthold von Stauffenberg, Adam von

Trott zu Solz, Fritz Dietlof Graf von der Schulenburg und Ulrich-Wilhelm Graf von Schwerin – werden mit Hofacker später den Weg in den Widerstand gehen. Allerdings spielte Hofacker in der Opposition gegen Hitler, die sich in den wildbewegten Tagen der Fritsch-Affäre im Frühjahr 1938 zum erstenmal regte, keine Rolle. Wir finden ihn auch nicht in dem Widerstand, der sich während der Münchner Konferenz und später aus Anlaß der Überfälle auf die Tschechoslowakei und Polen formierte.

Wie viele Deutsche war auch Hofacker wenig begeistert, als der Krieg ausbrach. Noch unmittelbar vor dem deutschen Angriff auf den polnischen Nachbarn setzte er auf ein »neues München«. »Als politisch denkender Mensch«, bekannte er seiner Frau im Dezember 1939, müsse er »den eigentlich letzten Sinn dieses Krieges verneinen«.[10] Gleichwohl hielt er den Hitler-Stalin-Pakt, der die Voraussetzung für die deutsch-sowjetische Aggression gegen Polen schuf, für eine »geniale Tat, die Deutschland zu neuem Vertrauen« in Hitler verpflichte. Er hoffte freilich, die militärischen Auseinandersetzungen würden »möglichst bald zu Ende gehen«.[11]

Bei Kriegsausbruch wird der weltkriegserfahrene Frontkämpfer reaktiviert, zunächst als Flieger-Verbindungsoffizier im sogenannten Polen-Feldzug, später – während des drôle de guerre – im Westen. Nach der Niederlage Frankreichs wird er im Juni 1940 in das besetzte Paris zum dortigen Militärbefehlshaber versetzt. Beim Militärverwaltungschef, der im Hotel Majestic residiert, übernimmt er die Leitung des Referats »Eisenschaffende Industrie und Gießereien«. In Paris arbeitet Hofacker in enger Abstimmung mit seinem zivilen Arbeitgeber, den Vereinigten Stahlwerken, und dem Stahlwerksverband. Die Zusammenarbeit erweist sich weiterhin als gedeihlich, so daß sich der Stahlwerksverband Anfang 1941 entschließt, »seitens der Gesamtindustrie eine besondere finanzielle Vergütung für (Hofackers) bisherige Tätigkeit auszusetzen«.[12] Gleichwohl ist Hofacker kein Lobbyist im engeren Sinne. Stets bewahrt er sich ein hohes Maß an Eigenständigkeit im Urteil und im Handeln, und ein Karrierist ist er schon gar nicht.

»Jeder Aufstieg auf rein wirtschaftlichem Gebiet«, bekennt er im August 1942 gegenüber seiner Frau, lasse ihn »innerlich eiskalt, (bringe) keine Ehrgeizfeder zur Spannung«.[13] Wegen »geringe(r) wirtschaftlicher Passion« schlägt er das Angebot des Saar-Industriellen Hermann Röchling aus, nach Berlin zu gehen und eine ebenso hohe wie einträgliche Position in der deutschen Eisenindustrie zu bekleiden. Von den Unternehmern, die er kennt, hat Hofacker keine hohe Meinung. Er hält sie zwar für »hervorragende Geschäftsleute«, aber auch für »politische Stümper«, die »ihre Fahne nach dem Wind hängen«.[14]

Noch viel weniger sagte ihm die deutsche Politik gegenüber Frankreich zu, in die er anfangs so große Hoffnungen gesetzt hatte. Anders als bei vielen seiner Landsleute hatten die Blitzsiege im Westen seinen territorialen Appetit nicht zügellos werden lassen. Im allgemeinen Siegestaumel des Sommers 1940 plädierte er dafür, es dem geschlagenen französischen Gegner zu ermöglichen, »in den äußeren Attributen seiner scheinbaren Unabhängigkeit und Unversehrtheit einen Trost für die verlorene Führerrolle zu finden und sich so innerlich unserer tatsächlichen Führung Europas anzupassen«.

Doch auch Hofacker war von Deutschlands künftiger Hegemonie in Europa überzeugt. Ihm kam es nicht in den Sinn, die Grenzen anders als nach deutschem Ermessen zu verschieben. »Ich würde«, schrieb er im Juni 1940, »wenn es auf mich ankäme, Holland und Belgisch-Flandern einverleiben, den Franzosen Nordfrankreich völlig belassen und ihnen im Austausch gegen Elsaß-Lothringen (in dem die französische Minderheit durch Sonderstatus besonders großzügig zu behandeln wäre) die Wallonie geben, eine Währungs- und Wirtschaftsunion zwischen Frankreich und Deutschland proklamieren und in einem feierlichen symbolischen Akt auf den gemeinsamen Totenfeldern von Verdun eine ewige deutsch-französische Allianz gründen. Ganz Frankreich würde uns zujubeln. Der Kontinent wäre geeint. Und die Möglichkeit eines großen wahren Friedens mit England wäre hierdurch in keiner Weise präjudiziert«.[15]

In den folgenden Jahren bemühte sich Hofacker immer wieder vergeblich, seinen vorgesetzten Stellen die Vorzüge einer »bündnisähnlichen Politik« gegenüber Frankreich schmackhaft zu machen. Weil diese Anstrengungen wenig fruchteten, entwickelte er sich zu einem scharfen Kritiker der deutschen Besatzungspolitik, der mit seiner Meinung auch im dienstlichen Verkehr nicht hinter dem Berg hielt. In Denkschriften nannte er die deutsche Politik »zwiespältig-doppelzüngig« und »in keiner funktionellen Beziehung zu den Erfordernissen der Kriegführung stehend«.[16] In den Briefen an seine Frau wurde er noch deutlicher. Aus dieser Quelle wissen wir auch, daß Hofacker französische Geiseln vor dem Erschießen rettete und sich vehement gegen Geiselnahmen wandte. In einem dieser Briefe klang – übrigens das einzige Mal in den schriftlichen Zeugnissen – Abscheu gegen die nationalsozialistische Judenverfolgung an: »Wenn es so weiter geht«, schrieb er im Dezember 1941 an seine Frau, »werden wir hier bald ähnliche Verhältnisse wie in Prag haben. Morgen werden wieder 100 Geiseln erschossen und 1500 Juden nach dem Osten deportiert. Darunter Ritter der Ehrenlegion. Es ist zum Verzweifeln. Zum ersten Mal in meinem Leben muß ich mich zwingen, nicht Stimmungen tiefster Depression nachzugeben.«[17]

Nach Hofackers Ansicht wirkte sich die wachsende Entfremdung zwischen Siegern und Besiegten zunehmend auch militärisch verhängnisvoll für die Deutschen aus. Man fühle sich »wie auf einem Pulverfaß«, schrieb er Ende August 1943, und er fuhr fort: »Die in den Jahren 40 und 41 versäumten französischen Gelegenheiten beginnen bitterste Wahrheit zu werden und werden sich furchtbar rächen, soweit sie es nicht schon getan haben.«[18]

Nicht nur in der allgemeinen Besatzungspolitik, sondern auch auf seinem ureigenen beruflichen Tätigkeitsfeld sah sich Hofacker zunehmend auf verlorenem Posten. Seit der neue Rüstungsminister Albert Speer in Frankreich das Heft in die Hand genommen hatte, war der Bedeutungsverlust des Militärbefehlshabers mit Händen zu greifen. Allerdings hatte man auch in dessen Ämtern nie daran gedacht, die französischen Bedürfnisse annähernd gleichrangig zu berücksichtigen. Gerade die Abteilung Wirtschaft des Hotels Majestic, der Hofacker als leitender Mitarbeiter angehörte, war eines der wichtigsten Organe der wirtschaftlichen Ausbeutung Frankreichs gewesen, und insofern trug auch der spätere Widerstandskämpfer Caesar von Hofacker seinen Teil dazu bei, den Zustand im Verhältnis zwischen Besiegten und Siegern zu schaffen, den er in seinen Memoranden so bitter beklagte.

Es sollte jetzt aber noch schlimmer kommen. Je krisenhafter die deutsche Kriegslage wurde und je unbeschränkter Albert Speer und vor allem Fritz Sauckel in die französische Wirtschaft und den Arbeitsmarkt eingriffen, desto brutaler wurde Frankreich ausgebeutet. Hofacker hatte ursprünglich den Zentralisierungsbemühungen Speers in Frankreich positiv gegenübergestanden, zumal der Rüstungsminister die Arbeit des Oberstleutnants in Paris offenbar schätzte und ihn am 19. August 1942 zum Leiter der neuen zentralen Lenkungsinstanz für die eisenschaffende Industrie in Frankreich, der »Außenstelle zentrale Planung« ernannte. Damit wurde freilich der Konflikt unausweichlich. Angehöriger des Hotel Majestic sowie Interessenvertreter der privaten »Monopolindustrie« (G. Mollin) und gleichzeitig Repräsentant der NS-Befehlswirtschaft, das konnte nicht gut gehen, um so weniger, als Hofackers neues Tätigkeitsfeld – wie er bald merkte – auf das »eifersüchtige Mißtrauen« verschiedener militärischer und ziviler Stellen stieß, denen Kompetenzen entzogen worden waren.

Hofacker blieb skeptisch, und er sollte recht behalten. »Das Kesseltreiben gekränkter Größter« gegen ihn, das er von Anfang an erwartet hatte, setzte tatsächlich ein, und ein knappes Jahr nach Übernahme der neuen Aufgabe resignierte er schon. Ihn dränge es jetzt »von Paris weg«, bemerkte er gegenüber Schulenburg. Ende Juli 1943 bat er seinen unmittelbaren Vorgesetzten, den Chef der Militärverwaltung, Dr. Elmar Michel, ihn von seiner Referatsleitung zu entbinden. Das Schreiben, mit dem er seinen Rücktritt begründete, war ungewöhnlich ausführlich. Hofacker stellte darin den Sinn der neuen Zentralisierungsmaßnahmen insgesamt in Frage. Er sah die Planwirtschaft ins Uferlose wachsen, überdies sei eine »ungenügende Bedarfsdeckung für die deutsche Rüstungsproduktion« vorherzusehen. Die »direkte Steuerung« der französischen und belgischen Eisenproduktion und Kohleförderung durch »Berliner Zentralbehörden«, so Hofacker, werde darüber hinaus die Autorität des Militärbefehlshabers bei den einheimischen Stellen weiter schwächen. Mit seinem Schreiben brachte Hofacker nicht nur die eigene Ansicht zum Ausdruck. Ernst Poensgen, dem langjährigen Vorstandsvorsitzenden der Vereinigten Stahlwerke, versicherte er wenig später, »daß ich mich wenigstens bemüht habe, in den Beziehungen der deutschen und französischen Eisenindustrie die von Ihnen geschaffene Tradition trotz aller kriegs- und zeitbedingten Schwierigkeiten hochzuhalten und weiterzupflegen«. Seine Bestallung als Leiter der »Außenstelle zentrale Planung« reichte Hofacker am 13. Oktober 1943 an das Reichswirtschaftsministerium zurück. Fortan wirkte er als »Stabsoffizier z.b.V.« bei Stülpnagel.

Zum Militärbefehlshaber selbst hatte sich etwa seit Frühjahr 1942 - begründet vermutlich durch die offenherzigen Memoranden Hofackers - ein immer vertrauensvolleres Verhältnis entwikkelt. Was die deutsche Frankreichpolitik anbetraf, dachte Stülpnagel ähnlich wie Hofacker; auch war er irritiert über den auffälligen Bedeutungsverlust seiner Dienststelle. Stülpnagel setzte Hofacker jetzt als Verbindungsoffizier zwischen dem General- und dem Verwaltungsstab ein. Das war ein sehr sensibles Feld, denn schon im Aufbau der Militärverwaltung hatte es heftige Auseinandersetzungen zwischen dem Leiter der Abteilung Verwaltung und einigen Offizieren gegeben. Der Konflikt schwelte über die Jahre weiter, und auch als Hofacker seinen Dienst antrat, war, wie Hans Umbreit schreibt, »die Arbeit der Offiziere und Beamten noch nicht in befriedigender Weise koordiniert«.[19] Der neue Aufgabenbereich war mithin keineswegs eine »Alibifunktion«, wie es in der Widerstandsliteratur heißt. Aber er ließ Hofacker genügend Raum, sich um das zu kümmern, was er seit der Jahreswende 1942/43 mit letzter Konsequenz betrieb: den entschiedenen Kampf gegen Hitler und das NS-Regime.

Diese Entscheidung zum Widerstand war offenbar Ende 1942 angesichts der heraufziehenden Katastrophe von Stalingrad gefallen. Noch im Spätsommer dieses Schicksalsjahres hatte Hofacker geglaubt, die Kraft guter Argumente könne die Dinge zum Besseren wenden. »Wenn mein neues Amt«, schrieb er an seine Frau, »mir nur einmal die Gelegenheit zusprechen sollte, mit dem Minister Speer, der zur Zeit der wirtschaftlich mächtigste Mann in Deutschland und persona gratissima beim Führer ist, eine Stunde unter vier Augen über politische Dinge zu sprechen, so wäre mir das wichtiger, als alles andere, was mit meinem neuen Amt zusammenhängt. Was hilft alle wirtschaftliche Kärrner-Arbeit, wenn die politische Konstruktion falsch ist.«[20] Im Winter 1943 war die Illusion verflogen, mit Worten noch etwas ausrichten zu können. Hofacker wollte sich nicht länger »zum Handlanger einer falschen Politik erniedrigen, . . . nur um noch Schlimmeres zu verhüten«.

Jetzt halfen nur noch Taten. Darin war er sich mit Fritz Dietlof Graf von der Schulenburg einig. Dieser hielt sich von Anfang Juni bis zum 30. Juli 1943 mit dem Sonderstab des Generals von Unruh zu Organisationsuntersuchungen in Paris auf. Er hatte Nachrichten aus dem sich formierenden Widerstand in Deutschland mitgebracht. Schulenburgs Paris-Aufenthalt regte die Zeitzeugen zu mancherlei Spekulationen an. Freunde und Bekannte Hofackers aus diesen Tagen wollen mit den beiden Widerstandskämpfern gemeinsam eine »geheime oppositionelle Zelle« im Stab Stülpnagels gebildet haben. Wie überall ist es auch hier »schwierig . . ., die tatsächlichen Konspirateure von jenen durch die Historie ernannten zu unterscheiden« (Ch. Müller). Tatsächlich aber dürfte während Schulenburgs Pariser Sommer kaum ein schlagkräftiger Verschwörerkreis entstanden sein. So weit war die Opposition zu diesem Zeitpunkt selbst in Berlin noch nicht, und dagegen spricht auch die Tatsache, daß der Kontakt zwischen Schulenburg und Hofacker in der Folgezeit abbrach und daß sich die Freunde erst knapp ein Jahr später, im April 1944, in Belgien wiedertrafen.

Gewiß werden sich Schulenburg und Hofacker ihre gegenseitige Entschlossenheit zum Kampf gegen das Hitler-Regime versichert haben, und möglicherweise haben sie auch relativ offen mit Stülpnagel gesprochen. Nach allem, was wir wissen, stand der Militärbefehlshaber im Sommer 1943 bereits in losem Kontakt zu Olbricht. Allerdings widersetzte er sich zu diesem Zeitpunkt allem, was auch nur entfernt nach aktivem Widerstand aussah. Trotz seiner aus den Pariser Erfahrungen erwachsenen Ablehnung Hitlers empfahl er, zunächst einmal abzuwarten. Gleichwohl benannte er gegenüber Olbricht Hofacker als seinen ständigen Vertrauensmann, und im Auftrag des Militärbefehlshabers suchte dieser in der Folgezeit den Chef des Allgemeinen Heeresamtes mehrfach auf. Im Heeresamt traf er auch mit seinem Vetter Claus von Stauffenberg zusammen.

Letzterer war im Sommer 1943 endgültig für den Kampf gegen Hitler gewonnen worden und entwickelte sich rasch zu einem der führenden Köpfe des Widerstands, der die Verschwörer mit seinem Charisma und seinem Temperament mitriß. Aber gerade mit Stauffenberg scheint Hofacker anfänglich aneinandergeraten zu sein. Keinesfalls mochte er Stauffenbergs konspirativen Grundsatz akzeptieren, wonach »im Interesse des Gelingens des Plans« nur jeder so viel davon wissen sollte, wie zur Erfüllung der Aufgabe notwendig sei. Hofacker wollte indessen von Anfang an »aktiver Mittäter« sein und in alle Einzelheiten der Verschwörung eingeweiht werden.

Aber die Meinungsverschiedenheiten zwischen den Vettern waren rasch geschlichtet, und nur zu bald ergab sich – wie Hofakker später vor der Gestapo bekannte – »das Gefühl einer gemeinsamen politischen Verschworenheit«. Stauffenberg betrachtete Hofacker als seinen Gewährsmann in Paris, obwohl sich dessen eigentlich konspirative Tätigkeit seit Dezember 1943, als er sich zu einem fünfwöchigen Urlaub in Berlin aufhielt, weit stärker auf die deutsche als auf die französische Hauptstadt erstreckte. Durch Stauffenberg kam Hofacker mit den wichtigsten Männern des 20. Juli zusammen. Carl Goerdeler lernte er im Januar 1944 kennen. Mit ihm debattierte er über »Systemwechsel und Führerbeseitigung«, in der Hauptsache aber über die Zukunft Elsaß-Lothringens. Goerdeler sprach sich für »eine Art Autonomie« der ehemaligen Reichslande aus, während Hofacker den Standpunkt vertrat, daß eine dauerhafte Friedenslösung mit Frankreich ohne Rückgabe Elsaß-Lothringens nicht möglich sei. Eine Einigung konnte nicht erzielt werden, aber Hofackers außenpolitischer Realismus führte Stauffenberg ein weiteres Mal klar vor Augen, welchen außenpolitischen Illusionen der als Reichskanzler vorgesehene Goerdeler noch immer anhing.

Noch mehrfach hielt sich Hofacker im Frühjahr 1944 in Berlin auf - zunächst über Ostern, dann Anfang Juni und unmittelbar vor dem Attentat vom 10. bis 17. Juli 1944; jedesmal traf er mit dem engsten Verschwörerkreis zusammen - ein geschätzter und einflußreicher Ratgeber, wenn es um Frankreich und die Lage der Westfront ging.

Über seine konspirative Tätigkeit in Paris gibt es dagegen nur wenig gesicherte Angaben. Zweifelhaft erscheint es, ob er - wie Zeitzeugen berichten - durch einen Vertrauensmann verschiedene, bis ins einzelne gehende Ermittlungen über die vom SD und der SS in Frankreich begangenen Verbrechen durchführen ließ. Fraglich sind auch seine angeblichen Treffen mit Otto Niebergall, dem Leiter der illegalen KPD-Organisation im besetzten Frankreich und Präsidenten des Komitees »Freies Deutschland« im Januar und Mai 1944. Hofacker soll bei dieser Gelegenheit sein Einverständnis mit den Ideen des Nationalkomitees und seine Bereitschaft zum Beitritt erklärt haben. Beides erscheint nicht besonders glaubhaft, und man darf daran zweifeln, daß diese Treffen - die von Hofackers Fahrer vermittelt worden sein sollen - überhaupt stattgefunden haben.

Sicher ist hingegen, daß Hofacker von den Berliner Verschwörern als Verbindungsmann zur französischen Regierung in Vichy vorgesehen war. Anstelle der deutschen Botschaft in Paris sollte er nach dem gelungenen Attentat alles in die Wege leiten, »um mit Pétain zu einer grundsätzlichen Verständigung zu gelangen und auch eine Vermittlung gegenüber den Engländern und Amerikanern zu erreichen«.[21] Daß es in Frankreich für eine Vermittlung schon bald zu spät sein würde, darüber hatte Hofacker seine Berliner Freunde im Frühsommer 1944 nicht im unklaren gelassen. Im Westen sei, so beschrieb er Anfang Juni die Lage, infolge der alliierten Luftüberlegenheit, »eine operative Kriegsführung nicht mehr möglich und der Durchbruch (der Alliierten) nach Paris in weniger als sechs Wochen nicht zu vermeiden«. In dieser Lage sei »weder ein Siegfriede noch ein Kompromißfriede« möglich. Ziel müsse es vielmehr sein, »eine rechtzeitige Kapitulation« zu erreichen, um »Deutschland eine einigermaßen erträgliche Stellung in Mitteleuropa zu erhalten«.[22]

Hofacker nannte als seine unmittelbaren Gewährsleute den Oberbefehlshaber West, Generalfeldmarschall von Kluge, und den Oberbefehlshaber der Heeresgruppe B, Generalfeldmarschall Rommel. Mit diesem war er kurz vor seinem letzten Berlin-Aufenthalt, am 9. Juli 1944, zusammengetroffen. Nach seinem Gespräch mit dem Feldmarschall hatte er die sehr wahrscheinlich irrige Ansicht gewonnen, Rommel stehe der Widerstandsbewegung gegen Hitler positiv gegenüber. Seinen Freunden in Berlin machte er aber auch unmißverständlich klar, daß sie weder von Kluge noch von Rommel aktive Hilfe erwarten dürften, solange das Attentat nicht stattgefunden habe und Hitler beseitigt worden sei. Hofacker hielt deshalb auch alle Überlegungen für müßig, die sich – ohne das ›Problem Hitler‹ geklärt zu haben – auf eine einseitige Öffnung der Front im Westen und auf ein Zusammengehen mit den Westmächten gegen die Sowjetunion (Westlösung) richteten. Als ähnlich nutzlose Gedankenspielereien betrachtete er auch die sogenannte Ostlösung, das heißt das Zusammengehen mit der Sowjetunion, das zeitweise ebenfalls diskutiert wurde. Zuallererst, daran ließ Hofacker keinen Zweifel, müsse das Attentat erfolgreich durchgeführt werden, dann könne man weitersehen.

Es entsprach der Bedeutung Hofackers, daß ihn Stauffenberg als ersten informierte, als er am 20. Juli 1944 gegen 16 Uhr nachmittags in Paris anrief. Mit der Nachricht, Hitler sei tot, ging Hofacker zu Stülpnagel. Dieser veranlaßte umgehend die oben beschriebene Verhaftungsaktion gegen SD, SS und die deutschen Polizeioffiziere. Gegen 18 Uhr verdichteten sich jedoch die Meldungen, daß das Attentat gescheitert sei. Stülpnagel und Hofacker wurden zu Kluge ins Schloß Laroche-Gayon zitiert. Sie beschworen den Oberbefehlshaber, den Putsch trotz des mißglückten Attentats zu unterstützen, was Kluge - offensichtlich bedauernd - ablehnte. Stülpnagel hob daraufhin die vorgenommenen Verhaftungen in der Nacht wieder auf. Am nächsten Tag, der in Paris noch ruhig blieb, wurde der Militärbefehlshaber nach Berlin zitiert. Er reiste mit dem Auto und unternahm unterwegs während einer Rast auf den Schlachtfeldern von Verdun, wo er im Ersten Weltkrieg gekämpft hatte, einen Selbstmordversuch, den er schwerverletzt überlebte. Hofacker tauchte zunächst unter, wurde aber am 25. Juli 1944 in der Wohnung des befreundeten Saar-Industriellen Hermann Röchling verhaftet und zur Gestapo nach Berlin überführt. In den dort vorgenommenen Verhören wurde er offenbar schwer gefoltert. Am 29. August 1944 stand er gemeinsam mit dem erblindeten Stülpnagel vor dem Volksgerichtshof. Fest und selbstgewiß wie nur wenige der Attentäter trat er gegenüber Freisler auf. »Jetzt rede ich, Herr Präsident«, schleuderte er dem Kronjuristen Hitlers entgegen, als dieser ihn zum wiederholten Male rüde unterbrach, »jetzt geht es um mein Leben, in einem Jahr geht es um Ihr Leben«. Tatsächlich kam Freisler bei einem alliierten Bombenangriff im Februar 1945 ums Leben.

Erwartungsgemäß wurde Hofacker zum Tode verurteilt, das Urteil jedoch nicht sofort vollstreckt. Offenbar erhoffte die Gestapo von Hofacker noch weitere Auskünfte, etwa zum Verhalten Rommels gegenüber den Attentätern. Den Generalfeldmarschall hatte Hofacker im Verhör schwer belastet. Vermutlich aufgrund seiner Aussagen wurde Rommel am 14. Oktober 1944 von Hitler zum Selbstmord gezwungen. Caesar von Hofacker selbst wurde am 20. Dezember 1944 hingerichtet. Mit ihm starb, wie es in den Kaltenbrunner-Berichten heißt, »eine der wesentlichen Figuren« des Widerstandes gegen das nationalsozialistische Regime.

Bis zuletzt blieb Hofacker ausgesprochen national eingestellt. Deutschland bedeutete ihm viel, wenn nicht alles. In seinem letzten Brief, den er vor dem Attentat an seine Familie schrieb, heißt es dazu: »Heute wäre jedes unnütze Verstreichenlassen auch nur weniger Stunden eine Sünde wider den Heiligen Geist und ein Verstoß nicht zuletzt gegen meine Pflicht als Mann einer deutschen Frau und als Vater deutscher Kinder.«[23] Die alte Frage allerdings, was denn des Deutschen nationale Pflicht sei, beantwortete Hofacker am Ende des Zweiten Weltkrieges anders, als er sie am Ende des Ersten Weltkriegs beantwortet hatte. Künftig gelte es, der »Unnatur des Kriegszustandes zu wehren«. In dieser Hinsicht war Hofacker den Weg, den er bereits Ende der zwanziger Jahre eingeschlagen hatte, konsequent zu Ende gegangen. Für seine Person hatte er der »militärischen Staatsräson der Expansion« (L. Dehio) abgeschworen. Hofacker hatte diese hartnäckige politische Krankheit Preußen-Deutschlands überwunden. Statt dessen setzte er, wie er in einem Brief an seine Frau in den letzten Tagen vor dem Attentat schrieb, auf »das elementare Bedürfnis nach Frieden und Ruhe, das als Geist die kommende Zeit bestimmen« und »die imperialistischste Eroberungsgier überwiegen« werde.

Allerdings konnte Hofacker die tiefe Sorge um die nationale Existenz nicht aus der Welt schaffen, die er im Juni 1944 in die bange Frage kleidete, »wieviel vom Deutschen Volk und vom Deutschen Reich die kommenden Stürme überstehen wird, bevor jenes rettende Ufer einer neuen Zeit erreicht sein (kann)«. Hofakker war sich im Juni 1944 freilich auch sicher, daß »die Entscheidung hierüber nicht mehr lange auf sich warten lassen (werde). Wir müssen in sie – komme, was kommen mag – nicht kleinmütig, sondern mit starkem Herzen hineingehen.«[24]

Caesar von Hofacker hat – wie wir wissen – diesen Mut des Herzens bis zum bitteren Ende bewiesen, und er hat aus dieser bis dahin tiefsten Krise Deutschlands die einzige vernünftige Lehre gezogen. Als deutscher Nationalist hatte er sein politisch aktives Leben begonnen, als deutscher Patriot ist er gestorben.

Anmerkungen

1 Wilhelm Ritter von Schramm, Aufstand der Generale. Der 20. Juli 1944 in Paris, München 1978, S. 110–114.
2 Spiegelbild einer Verschwörung. Die Kaltenbrunner-Berichte an Bormann und Hitler über das Attentat vom 20. Juli 1944. Geheime Dokumente aus dem ehemaligen Reichssicherheitshauptamt, hrsg. v. Archiv Peter für historische und zeitgeschichtliche Dokumentation, Stuttgart 1961, S. 92.
3 Vgl. dazu den unveröffentlichten Aufsatz Albrecht von Hofackers über seinen Vater Caesar von Hofacker (1981), S. 25.
4 Ebenda, S. 26.
5 Hofacker an Paul Albrecht, 11. 12. 1930, Privatbesitz Bärbel und Joseph Borchmeyer, Recklinghausen.
6 Hofacker an Professor Koessler (Paris), 15. 6. 1929, Nachlaß Caesar von Hofacker, Privatbesitz Albrecht von Hofacker, München.
7 Vgl. dazu Peter Hoffmann, Claus Schenk Graf von Stauffenberg und seine Brüder, Stuttgart 1992, S. 468.
8 Hofacker an Fritz Dietlof Graf von der Schulenburg, undatiert (April 1935), Nachlaß Caesar von Hofacker (Anm. 6).
9 Ebenda.
10 Hofacker an seine Frau, 30. 12. 1939, ebenda.
11 Hofacker an seine Frau, 2. 10. 1939, ebenda.
12 Hofacker an seine Frau, 11. 2. 1941, ebenda.
13 Hofacker an seine Frau, 21. 8. 1942, ebenda.
14 Hofacker an seine Frau, 25. 7. 1940, ebenda.
15 Hofacker an seine Frau, 15. 7. 1940, ebenda.
16 Denkschrift Hofackers vom 6. 1. 1943, ebenda.
17 Hofacker an seine Frau, 14. 12. 1941, ebenda.
18 Kaltenbrunner-Berichte (Anm. 2), S. 169.
19 Vgl. Hans Umbreit, Der Militärbefehlshaber in Frankreich 1940 bis 1944, Boppard am Rhein 1968, S. 24.
20 Hofacker an seine Frau, 21. 8. 1942 (Anm. 13).
21 Kaltenbrunner-Berichte (Anm. 2), S. 136.
22 Ebenda.

23 Zit. nach Manfred Schmid, Caesar von Hofacker. Der 20. Juli in Paris, in: Michael Bosch/Wolfgang Niess (Hrsg.), Der Widerstand im deutschen Südwesten 1933–1945, Stuttgart 1984, S. 213.
24 Albrecht von Hofacker (Anm. 3), S. 52.

Bibliographie

Quellen

Eine Reihe von dokumentarischen Quellen zum Leben und Wirken Hofackers befindet sich im Privatbesitz seines Sohnes, Albrecht von Hofacker, München. Dieser Nachlaß ist im wesentlichen unausgewertet und besteht aus einer Reihe von Aufsätzen, Briefen und anderen Selbstzeugnissen. Albrecht von Hofacker hat auch bislang unveröffentlichte Reflexionen über seinen Vater verfaßt, denen der vorstehende Aufsatz sehr viel verdankt.

Literatur

Einen knappen Abriß des Lebensweges Caesar von Hofackers mit einer eher traditionellen Bewertung seiner Widerstandstätigkeit gibt Manfred Schmid, Caesar von Hofacker. Der 20. Juli 1944 in Paris, in: Michael Bosch/Wolfgang Niess (Hrsg.), Der Widerstand im deutschen Südwesten 1933–1945, Stuttgart 1984, S. 207–215. Eine dichte, in vielen Punkten aber übertreibende und daher unzuverlässige Darstellung von Hofackers Wirken in Paris stammt von Wilhelm Ritter von Schramm, Aufstand der Generale. Der 20. Juli 1944 in Paris, München 1978. Hofacker gehörte zu den sogenannten »Jungen« im 20. Juli. Den Versuch, über sie eine »Gruppenbiographie« zu schreiben, unternimmt Detlef Graf von Schwerin, »Dann sind's die besten Köpfe, die man henkt«. Die junge Generation im Widerstand, München 1991. Einen vortrefflichen Einblick in Verwaltung und Politik des Militärbefehlshabers in Frankreich, bei dem Hofacker während des Krieges tätig war, gibt Hans Umbreit, Der Militärbefehlshaber in Frankreich 1940 bis 1944, Boppard am Rhein 1968.

Jakob Kaiser – Gewerkschafter und Patriot im Widerstand

VON TILMAN MAYER

Jakob Kaiser entstammte dem alten Reichsland Franken. Er wurde am 8. Februar 1888 in Hammelburg im heutigen Unterfranken als zweitältestes von zehn Kindern geboren. Sein Vater war Buchbinder, und auch er selbst erlernte dieses Handwerk. In seiner Gesellenzeit besuchte er die im ehemaligen österreichischen Schlesien gelegene Buchbinderfachschule in Schwiebus, südwestlich von Frankfurt/Oder. In Feldkirch/Vorarlberg arbeitete er danach für einige Monate in einer Kunstbuchbinderei, anschließend war er in Nürnberg in einer Großbuchbinderei tätig.

Der Handwerker Jakob Kaiser ist vor allem durch ein zeittypisches religiöses Milieu geprägt worden. Um die Jahrhundertwende spielte in der katholischen Jugend und zumal für die Handwerksgesellen der Gesellenverein Adolf Kolpings eine große Rolle. Schon der Vater Kaisers gehörte ihm in Hammelburg an, auch noch als er bereits Stadtkämmerer geworden war. Während seiner Wanderjahre fand Kaiser Geborgenheit und Rückhalt im Gesellenverein, und er hat sich nachweislich bis 1934 seine Kolping-Mitgliedschaft bestätigen lassen. Auch als Gewerkschafter sah er sich dem Gedanken von Kolpings »sozialer Seelsorge« verpflichtet.

Außer durch den Kolpingverein wurde Kaisers christliche Grundorientierung im Volksverein für das katholische Deutschland entscheidend gefördert. Von Mönchengladbach aus wurde die christliche »Arbeiterschaft geistig und sozial mündig« gemacht und aufgewertet, was in der patriarchalischen Zeit vor dem Ersten Weltkrieg durchaus von den »tragenden Schichten« nicht immer gefördert wurde. Über den Volksverein knüpfte Kaiser Kontakte, die gerade auch in der Zeit des Widerstandes gegen Hitler wichtig wurden. In Mönchengladbach begegnete er Heinrich Brauns, dem späteren Weimarer Reichsarbeitsminister, Dr. Otto Müller (Köln), der Kaiser im Widerstand aktiv unterstützte, und Adam Stegerwald, in der Weimarer Republik Sozialminister, zuvor Vorsitzender des Gesamtverbandes der christlichen Gewerkschaften. Stegerwald holte Kaiser nach dem Ersten Weltkrieg zu den christlichen Gewerkschaften. Kaiser wollte aber nicht bei einem bloß sozialen Engagement des Volksvereins stehenbleiben. Er trat deshalb schon 1912 den christlichen Gewerkschaften bei, deren politisches Mandat er vertrat. Diese Gewerkschaft wandte sich gegen die religiöse Intoleranz der sozialistischen Gewerkschaften und gegen das klassenkämpferische Denken. Sie setzte sich für die Erneuerung der deutschen Volksgemeinschaft ein.

In der Gewerkschaft stieg Kaiser schnell auf. Mitte der zwanziger Jahre wechselte er von Köln in die Zentrale nach Berlin. Als christlicher Gewerkschafter war er auch Mitglied der Zentrums-Partei geworden. Vor allem eine Rede Adam Stegerwalds, die dieser 1920 in Essen hielt, war für Kaiser, der an ihr mitgearbeitet hatte, von größter Bedeutung. Stegerwald empfahl damals, das Zentrum zu einer überkonfessionellen Volkspartei umzubauen. Das Modell der überkonfessionellen christlichen Gewerkschaften stand dabei Pate. Aber die Idee war nicht durchsetzbar. Die sozialen und religiösen Milieus ließen sich nicht einfach durch intellektuelle Argumentation aufbrechen.

Für Kaiser, der in den zwanziger Jahren gegen Separatisten im Westen und Osten Deutschlands gekämpft hatte, indem er sein rednerisches Talent vor Abstimmungen zugunsten der Erhaltung des Reichsganzen einsetzte, war die Frage der nationalen Einheit nach dem Ersten Weltkrieg ein zentrales Anliegen. Zugleich setzte er sich für soziale Belange der Arbeiter ein, um, wie er später formulierte, die Arbeiterschaft aus den Kellerräumen der Gesellschaft heraufzuholen. Die nationale und die soziale Frage hat er als Einheit angesehen. Deshalb lehnte er auch lange vor Hitlers Machtantritt die antinationale Tendenz in der sozialistischen Arbeiterbewegung und in der SPD strikt ab. Damals konnte die Volksgemeinschaft gegen die klassenkämpferische Spaltung des Volkes noch ohne den negativen Beigeschmack propagiert werden, den dieser Begriff später durch die Nationalsozialisten bekam. Titel von Reden Kaisers aus den zwanziger Jahren signalisieren deutlich sein politisches Wollen: *Der Weg zur nationalen Gemeinschaft* (31. Januar 1926); *Der nationale und soziale Kampfesweg der christlichen Arbeiterschaft* (Essen, 19. Juni 1932); *Der volkspolitische und nationale Wille der christlichen Gewerkschaften* (September 1932).

Obgleich Kaiser also gleichermaßen eine betont nationale wie soziale Grundhaltung vertrat, geriet er nie in Versuchung, sich einer radikaleren Parteivariante dieses Denkens anzuschließen. Seine christliche Weltanschauung kombinierte den christlichen mit dem nationalen und sozialen Gedanken. Die christlichen Gewerkschaften nannten sich damals auch noch »christlich-national«, ein Gedanke, der wegen der Wirkung des Nationalsozialismus nach 1945 nicht wieder auflebte.

Kaiser war gewissermaßen ein geborener Gegner des Nationalsozialismus. Dessen Fanatismus und Militanz waren ihm ebenso fremd wie dessen Rassismus und Areligiosität. Wenn Kaiser von den »Ständen« sprach, schien er gar hinter die Modernität des Nationalsozialismus zurückzufallen. Doch die Wortwahl täuscht. Er sprach auch noch in den fünfziger Jahren von den Ständen und meinte damit das, was andere vielleicht besser »Schichten« oder »soziale Milieus« nennen. Kaiser strebte im Grunde eine klassenlose Gesellschaft an, die aber weder mit der nationalsozialistischen Version der »Volksgemeinschaft« noch mit kommunistischen Vorstellungen vergleichbar ist. Die Volksgemeinschaft der christlichen Gewerkschaften integrierte unterschiedliche soziale

Lebens- und Arbeitsgemeinschaften zu einem Ganzen. Daraus eine Affinität zum Nationalsozialismus ableiten zu wollen, wäre irreführend. So gehört Kaiser in der Gewerkschaftsbewegung zu den Protagonisten der Einheitsgewerkschaft. Noch Anfang 1933 wollte er zusammen mit Wilhelm Leuschner und Max Habermann eine »deutsche Gewerkschaft« schaffen, die die alten Gegensätze endlich hätte überwinden können. SPD und Zentrum handelten insofern zusammen, als Leuschner Sozialdemokrat und Kaiser Zentrumsmitglied war. Deshalb kam Kaiser nie auf den Gedanken, politische Gemeinsamkeit mit den nationalsozialistischen Betriebszellen zu suchen. Desgleichen spielten Kommunisten nicht die geringste positive Rolle in seinen politischen Überzeugungen. Allerdings ventilierte er wie Adenauer damals den Gedanken, die Nationalsozialisten als stärkste Partei anzuerkennen, falls die SPD dieses Notbündnis zu tolerieren bereit gewesen wäre. Der Gedanke erledigte sich durch die historische Entwicklung.

Gerade weil der im März 1933 in den Reichstag gewählte Zentrums-Politiker und christliche Gewerkschafter Kaiser eine betont nationale und soziale Politik verfocht, stellte der Nationalsozialismus für ihn eine besondere Herausforderung dar. Kaiser hatte innerhalb der Zentrumsfraktion des Reichstages gegen das sogenannte Ermächtigungsgesetz vom 23. März 1933 votiert, ließ sich dann aber, um seiner Partei entgegenzukommen, umstimmen. Diese Zustimmung zu Hitlers »Gesetz zur Behebung der Not von Volk und Staat« hat er dann sein Leben lang bereut. Kaiser gehörte von Anfang an zu den Gegnern des Regimes. Als schließlich für ihn persönlich der Ernstfall eintrat, die christlichen Gewerkschaften im Mai 1933 verboten wurden und er dazu sein Plazet geben sollte, verweigerte er die Unterschrift. Er übernahm nach der Auflösung der christlichen Gewerkschaften die Aufgaben, gegenüber der deutschen Arbeitsfront beziehungsweise gegenüber der Reichsfeststellungsbehörde, die dem Reichsministerium des Innern zugeordnet war, für die soziale Versorgung seiner ehemaligen Gewerkschaftskollegen einzutreten und sie zu regeln.

Mit der Zerschlagung der Freien Gewerkschaften durch Robert Ley am 2. Mai 1933 war der Versuch der Richtungsgewerkschaften, sich gegenüber der Bedrohung durch Hitler zu einer Einheit zusammenzuschließen, gescheitert. Trotzdem blieb für Jakob Kaiser die Schaffung einer zusammengefaßten Arbeiterbewegung das feste Ziel, das zu verfolgen er sich in einer Begegnung mit Wilhelm Leuschner im Mai 1933 im Café Kranzler am Berliner Kurfürstendamm durch Handschlag verpflichtete. Beide waren sich dabei selbstverständlich im klaren, daß dieses Ziel nur im Zeichen eines aktiven Widerstandes gegen den Nationalsozialismus erreicht werden konnte. Dieser Handschlag gibt Gelegenheit, die Art von Kaisers Widerstandsweg reflektierend zu erörtern.

In der jüngsten Widerstandsforschung wurde gelegentlich auf den Unterschied zwischen dem militärischen und dem zivilen Flügel hingewiesen. Der »Goerdeler-Kaiser-Leuschner-Kreis« (H. Mommsen) legte die ganze Energie zur Konspiration in Kontaktgespräche, wiederaufgenommene Beziehungen, Zusammenkünfte unter Deckadressen und so weiter. Es käme deshalb einer Fehleinschätzung gleich, diese kommunikative gegen die pragmatische Form der Verschwörung auszuspielen. Gespräche, Kontakte einerseits und Handeln andererseits haben jeweils ihre spezifische Geltung und Wirkung. Genauso wie es ungerechtfertigt wäre, das Scheitern der militärischen Aktivitäten den Akteuren der Wehrmacht vorzuhalten, würde es eine oberflächliche Betrachtung der Vorgeschichte des 20. Juli darstellen, die Kontaktstrategie des zivilen Flügels zu unterschätzen. Jakob Kaiser jedenfalls hat von Anfang an diese Strategie verfochten, und Karl Friedrich Goerdelers Verdienst im Widerstand ist es, durch seine unermüdliche Bereitschaft zu Gesprächen auch über noch bestehende Parteilinien hinweg bewiesen zu haben, daß mittels dieser Kontaktstrategie eine so weit verzweigte Verschwörung aufgebaut werden konnte. Letztlich gingen aus den Gesprächskreisen die »Kabinettslisten« hervor, was die Bedeutung derartiger Zusammenkünfte unterstreicht. Die Gesprächsstrategie trug auch dazu bei, die Gestapo über den Umfang und das Ausmaß mündlicher

Vereinbarungen der Verschwörung zu täuschen. Der hohe Blutzoll, den die zahlreichen Verbindungskreise entrichteten, belegt zusätzlich, daß deren Handeln vom Regime als gefährlich und nach dem 20. Juli gar als »hochverräterisch« ausgelegt wurde. Die Gesprächsstrategie gehörten mithin zu den effektivsten Taten des Widerstandes gegen Hitler. Kaiser ist ein Exponent dieser Konzeption, und seine legale berufliche Tätigkeit bot ihm die beste Grundlage, das Altreich, wie man damals sagte, und Österreich mit einem Kontaktnetz zu überziehen, obgleich er eigentlich »nur« seine früheren Gewerkschaftskollegen aufsuchte. Dabei kam es zwar aufgrund einer Indiskretion 1938 zu seiner Verhaftung, die einen Gefängnisaufenthalt von einem halben Jahr zur Folge hatte, aber die eigentliche Widerstandstätigkeit wurde nicht aufgedeckt, auch nicht die von Wilhelm Leuschner.

Der Gewerkschaftsflügel des deutschen Widerstandes hegte indessen nicht die Illusion, das Regime durch einen Generalstreik lähmen zu können. Kaisers Meinung war folgende: »Sollten wir auf den Markt gehen und Reden halten? Sollten wir die Arbeiter auffordern, auf die Straße zu gehen? Von Schacht wurde mir einmal berichtet, er habe den Ausspruch getan: Der Umsturz würde nicht eher kommen, ehe nicht das Blut von ein paar Tausend Arbeitern geflossen sei. Ich weiß nicht, ob er diesen Ausspruch getan hat. Wehrmachts- und Rechtskreise haben des öfteren versucht, uns für einen revolutionären Aufstand der Arbeiterschaft zu gewinnen. Wir haben es abgelehnt. Mit bloßen Händen läßt sich gegen ein schwer bewaffnetes, mit ausgeklügeltem Terror arbeitendes System keine Revolution machen.«[1] Hinzu kam die Frage, wann der Diktator im Volk die Unterstützung verlieren würde. Diese Frage hatte schon Machiavelli erörtert. In seinem berühmten Verschwörungskapitel in den *Discorsi* heißt es: »Von allen Gefahren aber, die nach der Ausführung (der Tat - T.M.) eintreten können, ist die gewisseste und am meisten zu fürchtende die, wenn das Volk den ermordeten Fürsten liebte; denn hiergegen haben die Verschworenen kein Mittel, weil sie sich gegen das Volk niemals sichern können.«[2]

Die Verschwörer waren sich einig, daß die Militärs endlich zum Handeln gebracht werden mußten. Aber es war auch darauf zu achten, daß nicht erneut die böse Legende aufkam, man sei im Felde unbesiegt gewesen, als die Arbeiterschaft an der Heimatfront den Soldaten in den Rücken gefallen sei. Es fiel Kaiser in den dreißiger Jahren nicht leicht, führende Militärs zu finden, die bereit waren, Hitler zu bekämpfen. Vor dem Kriegsausbruch 1939 und noch während der Zeit der erfolgreichen Kriegsführung war die Erkenntnis der Lage auch bei solchen Wehrmachtsangehörigen noch nicht anzutreffen, die später am 20. Juli mitwirkten. Vor diesem Hintergrund gewinnt die Zusammenarbeit der Gewerkschaften mit Generaloberst Kurt Freiherr von Hammerstein-Equord und mit Generaloberst Ludwig Beck an Bedeutung. An dieser Stelle sei die erste Begegnung von Kaiser, Leuschner und Habermann mit Ludwig Beck geschildert: »Mit Beck ergab sich eine lange Unterredung, in der er Gründe, Tendenzen und den konkreten gewerkschaftlichen und politischen Hintergrund der Arbeit der drei Männer erfuhr. Man sprach offen von der moralischen Verderbtheit des Hitler-Systems wie über den sozialen Anachronismus, den die Arbeitsfront für eine längst mündige Arbeiterschaft bedeutete. Beck machte aus seinem Bekenntnis zum Widerstand nicht den geringsten Hehl. Mag ihm vielleicht auch die ganze Bedeutung der Entmündigung der Arbeiterschaft nicht aufgegangen sein, so erkannte er doch aus dieser Begegnung mit ihren ehemaligen Führern die Stärken der Basis für das Gelingen einer Aktion. Über die Möglichkeit einer solchen Aktion in absehbarer Zeit urteilte er sehr zurückhaltend.«[3]

Im Herbst 1943 gelang es, einen engen Kontakt zu Oberstleutnant Claus Schenk Graf von Stauffenberg herzustellen. Stauffenberg ist häufig in der Wohnung Kaisers in Berlin gewesen. Im Unterschied etwa zum Kreisauer Kreis war man sich auf seiten des Gewerkschaftsflügels im Zweiten Weltkrieg einig, daß nur eine gewaltsame Beseitigung des Tyrannen das Regime verändern oder beenden konnte. Die zu Beginn des Krieges zuweilen erörterte Frage, ob man einen erfolgreichen Feldherrn mit Aussicht auf

Zustimmung beseitigen durfte, wurde diskutiert, mußte aber nicht entschieden werden, weil Hitler nicht mehr erfolgreich war, als es endlich zur Tat kam. Der Gesichtspunkt des Verrats konnte insofern bei den Zivilisten nicht greifen, als sie nicht auf Hitler vereidigt waren und vor allem die Legitimität des NS-Staates von Anfang an in Zweifel zogen. Gegenüber einem Unrechtsregime gab es keinen Verrat, sondern nur die Pflicht, es zu beseitigen. Eine, wie Kaiser später oft sagte, »verblendete« Bevölkerung mußte über das wahre Gesicht des Dritten Reiches – jenseits der Blendfassaden der Propaganda – aufgeklärt werden. Das war vor Stalingrad nur sehr schwer möglich. Hinzu kam die mangelnde Unterstützung des deutschen zivilen Widerstandes durch das Ausland. Dies wurde zwar als sehr schmerzhaft empfunden, aber man »war der Auffassung, man solle nach allem, was sich das Hitler-System an verbrecherischem Vorgehen bis zu dieser Zeit schon geleistet hatte, zunächst und vor allem für die Selbstreinigung des Volkes durch die Beseitigung Hitlers sorgen«.[4]

Die Basis des Widerstandes sollte auch über Kontakte nach Österreich erweitert werden. Kaiser hielt enge Verbindung zu seinen meist großdeutsch denkenden früheren Gewerkschaftskollegen. Aber im Jahr 1943 wendete sich das Blatt, als den Österreichern von seiten der Sowjetunion die Rückkehr zur eigenen Staatlichkeit versprochen wurde. Für Kaiser hatte sich einmal mehr die klare Erkenntnis durchgesetzt, daß jeder Erfolg unter dem Regime des Nationalsozialismus (zum Beispiel an der Saar oder durch den Anschluß Österreichs) ein Unglück für Deutschland war.

Ziel des Kontaktierens war eindeutig die Sammlung gewerkschaftlich orientierter, aber auch unabhängig denkender Persönlichkeiten, die Hitler durchschaut hatten. Diese Aktionen waren gefährlich, denn man konnte denunziert werden. Sie waren oft vergeblich, weil man sich in den Personen und ihren Einstellungen getäuscht hatte. Viele, die man ansprach, scheuten die Verantwortung, oder sie hatten resigniert, oder sie wollten keine aktive Rolle im Widerstand spielen, so auch der ehemalige Kölner Oberbürgermeister Konrad Adenauer. Dagegen waren der Zentrums-politiker Karl Arnold ebenso wie der ehemalige Oberbürgermeister von Düsseldorf, Robert Lehr, zur Mitarbeit bereit. Auch der konservative ehemalige Oberbürgermeister von Leipzig, Carl Goerdeler, war ab 1936 mit Kaiser zusammengekommen. Der Sozialist Leuschner und der Deutschnationale Goerdeler arbeiteten unbeschadet unterschiedlicher Ziele zusammen: ein Charakteristikum für den Geist des Widerstandes; das heißt, man verschrieb sich ganz dem Ziel, das Regime zu beseitigen, ohne besonders parteibezogene Standpunkte zu betonen. Auch Julius Leber gehörte zu den Kontaktpersonen, die wöchentlich in der Wohnung Jakob Kaisers in Berlin, Wittelsbacherstraße, zusammenkamen.

Über die erwähnte Einheitsgewerkschaft hinaus, die nach dem Ende des Regimes gebildet werden sollte, war sich der »Führerkreis der vereinigten Gewerkschaften« auch einig, das marxistische Klassenkampfdenken nicht wieder aufleben lassen zu wollen. Verstaatlichungen waren indes vorgesehen. Das Verfassungsmodell enthielt berufsständische Elemente. Insgesamt sollte im sozialen Bereich die Integration der Arbeiterschaft in den Staat gelingen, zum Beispiel durch größere Mitbestimmungsrechte und Gewinnbeteiligungen. Diese Gedanken stießen bei Konservativen (etwa bei Johannes Popitz) auf Ablehnung. Auch Sozialisten im Kreisauer Kreis betrachteten die unterstellte Überparteilichkeit der Gewerkschaften mit Skepsis. Bei der Frage nach der Rolle von Parteien läßt sich kein einheitliches Bild finden. Manchmal sah es so aus, als sei die SPD als Klassenpartei nicht mehr akzeptabel, dann aber wurde wiederum an die Übernahme des britischen Modells einer Labour-Party gedacht. Davon sprach jedenfalls Jakob Kaiser. Sie wäre kaum mit Goerdelers antizentralistischen Selbstverwaltungsstrukturen vereinbar gewesen oder mit Habermanns Parteidenken auf berufsständischer Grundlage.

Den Kaltenbrunner-Berichten vom Juli und August 1944 und entsprechenden Protokollen zufolge, wie sie Gerhard Ritter schon früh angefertigt hatte, war der Kreis um Kaiser, Leuschner und Habermann prominent an der Regierungsbildung beteiligt. Leuschner war als Reichspräsident im Gespräch, Goerdeler als Reichskanzler. Leuschner wurde nach anderen Plänen als Vizekanzler vorgeschlagen. Der Rechtsanwalt Josef Wirmer, ein enger Berater und Mitstreiter der Gewerkschaften in Berlin, sollte das Justizministerium übernehmen, Andreas Hermes wurde für das Landwirtschaftsministerium vorgesehen. Der Konservative Paul Lejeune-Jung war in der Wittelsbacherstraße wegen der Übernahme des Wirtschaftsministeriums erfolgreich angesprochen worden. Der zivile Teil des Widerstandes hätte also sehr wichtige Teile der Regierung repräsentiert. Jakob Kaiser und Max Habermann sollten sich zunächst um die Auflösung der Deutschen Arbeits-Front (DAF) und die neu zu bildende Einheitsgewerkschaft auf parteiübergreifender Basis kümmern. Ein staatliches Amt war für Kaiser zwar nicht vorgesehen, aber auf seine gewerkschaftlichen Führungsaufgaben wollte er sich nicht beschränken. Andererseits war im Sommer 1944 die Frage der Bildung von Parteien nicht abschließend geklärt. Inwieweit der politische Zusammenhalt der erwähnten Personengruppe um Goerdeler, Leuschner, Kaiser, Habermann, Wirmer, Hermes und andere im Falle eines erfolgreichen Umsturzes auch die Nach-Hitler-Zeit überdauert hätte, steht dahin. Kaiser hing sicherlich einer Illusion an, weil er hoffte, die gemeinsame Erfahrung in den Konzentrationslagern und Gefängnissen des Dritten Reiches hätte Gemeinsamkeiten zwischen Sozialdemokraten und ehemaligen Zentrumsanhängern ausgeprägt. Doch diese Gemeinsamkeiten wogen nach 1945 bei weitem weniger als diejenigen zwischen SPD und KPD. Auch wurde im Unterschied zum Kreisauer Kreis im Goerdeler-Leuschner-Kaiser-Kreis nicht vorausgesehen, daß die Sowjetunion und mit ihr deutsche Kommunisten Mitsprache nach dem Sieg über Deutschland geltend machen würden.

Der geschilderte Kreis der zivilen Kombattanten war im zeitlichen Vorfeld des 20. Juli 1944 zwar nicht über die aktuell-militärische Durchführung des Attentats unterrichtet, wofür man Verständnis aufbrachte. Mit Skepsis hatte man aber beobachtet, wie stark Graf Stauffenberg operativ und zugleich strategisch während des Putsches in Anspruch genommen werden sollte. Leider hat die Gruppe nach dem Attentat nicht genügend Vorsicht walten lassen, um den Häschern des Regimes zu entgehen. Kaiser gelang es fast als einzigem, der Volksgerichtshof-Justiz zu entkommen, weil er seit August 1944 bis zum Einmarsch der Sowjets nach Berlin im Mai 1945 in einem Kellerversteck in Babelsberg bei Berlin untertauchen konnte. Seine Familie verfiel der Sippenhaft.

Nach dem Krieg bemühte sich Kaiser in Dutzenden von Beiträgen, vor allem in der Berliner *Neuen Zeit*, das Erbe seiner ermordeten Kameraden in die gänzlich veränderte Nachkriegslandschaft Deutschlands einzubringen. Mit seiner berühmten, in Berlin propagierten Formel von »Deutschland zwischen Ost und West«, mit der er um die Einheit des total besiegten Landes rang, erinnerte er auch an eine Aussage des Kreisauers Adam von Trott zu Solz, der bereits in den dreißiger Jahren eben davon gesprochen hatte. Dieses Erbe des Widerstands ließ sich nach 1945 nicht bewahren.

Anmerkungen

1 Nach Elfriede Nebgen, Jakob Kaiser. Der Widerstandskämpfer. Stuttgart u. a. 1967, S. 55 f.

2 Niccolò Machiavelli, Gesammelte Schriften, 5 Bde., hier Bd. 1, München 1925, S. 342 f.

3 Nebgen, (Anm. 1) S. 125

4 Ebenda, S. 133.

Bibliographie

Quellen

Kaisers Nachlaß ist im Bundesarchiv Koblenz (dort insbesondere die Signaturen 44, 73, 125, 132, 135, 273, 313, 344, 345, 416) einzusehen. Akten des Reichssicherheitshauptamtes liegen im Geheimen Staatsarchiv/Preußischer Kulturbesitz, Berlin; betreffend ADGB, Vorstands-Akten (Archiv der sozialen Demokratie, Friedrich-Ebert-Stiftung, Bonn); Vortragsmaterial der Christlichen Gewerkschaften (Nachlaß Johannes Albers, Königs-

winter); Verhaftung Kaisers 1938 (Hauptstaatsarchiv Düsseldorf u. a.); Akte Habermann (Institut für Zeitgeschichte, München).
Beiträge von Jakob Kaiser und Elfriede Nebgen aus Tageszeitungen, erschienen im Zeitraum 1945–1948, haben den Charakter von Quellen. Dies gilt in erster Linie für die Berliner Tageszeitung *Neue Zeit*.
Von der Quellenedition her aufschlußreich ist der frühe Beitrag von Günther Weisenborn, Der lautlose Aufstand. Berichte über die Widerstandsbewegung des deutschen Volkes 1933–1945, Frankfurt/M. 1974.

Literatur

Aus dem biographischen Bereich der Beschäftigung mit Kaiser soll der Hinweis auf drei Publikationen gegeben werden: Einmal auf die Studie von Erich Kosthorst, Jakob Kaiser. Der Arbeiterführer, Berlin 1967; Tilman Mayer (Hrsg.), Jakob Kaiser, Gewerkschafter und Patriot, Köln 1988, und ders., Ein christlicher Gewerkschafter im Widerstand. Jakob Kaiser und der 20. Juli 1944; in: *Zeitschrift für Geschichtswissenschaft* 41 (1993), S. 593-604.
Eine sehr empfehlenswerte Beurteilung des Gewerkschaftsflügels liefert Hans Mommsen in den Beiträgen zum Widerstand 1933–1945: Der 20. Juli und die deutsche Arbeiterbewegung, Heft 28, Berlin ²1989. Zur politischen Seite der Kaiserschen Unternehmungen im Widerstand sei verwiesen auf den Beitrag von Hugo Stehkämper, Protest, Opposition und Widerstand im Umkreis der (untergegangenen) Zentrumspartei, in: Jürgen Schmädeke/Peter Steinbach (Hrsg.), Der Widerstand gegen den Nationalsozialismus. Die deutsche Gesellschaft und der Widerstand gegen Hitler, München ²1986, S. 888–916. Zum politisch-gewerkschaftlichen Selbstverständnis Kaisers vgl. das umfangreiche Œuvre von Michael Schneider, Die christlichen Gewerkschaften 1894–1933, Bonn 1982.

Julius Leber – Soldat und Sozialdemokrat

VON KEN REYNOLDS

Kurz vor seiner Hinrichtung am 5. Januar 1945 ließ Dr. Julius Leber seiner Familie und seinen Freunden folgende Mitteilung zukommen: »Für eine so gute und gerechte Sache ist der Einsatz des eigenen Lebens der angemessene Preis. Wir haben getan, was in unserer Macht gestanden hat. Es ist nicht unser Verschulden, daß alles so und nicht anders ausgegangen ist.«[1] Lebers Ansichten über den Preis der Zugehörigkeit zum Widerstand gegen den Nationalsozialismus sind bezeichnend für seine gesamte Karriere.

Julius Leber wurde am 16. November 1891 in Biesheim im Ober-Elsaß geboren. Seine Eltern, Jean und Katharina Leber, waren Arbeiter. Nach Beendigung der Dorfschule verhalf ihm der katholische Pfarrer zum Besuch der Realschule im rechtsrheinischen Breisach. 1908 mußte Leber seine Schulbildung vorläufig abbrechen, weil seine Eltern es sich nicht leisten konnten, ihn auf die Universität zu schicken. Zwei Jahre lang arbeitete er daraufhin als kaufmännischer Lehrling in einer Tapetenfabrik. Doch mit einem Stipendium für die Freiburger Oberrealschule konnte er schließlich seinen Bildungsweg fortsetzen. Nach dem Abitur nahm er an der Universität Freiburg das Studium der Volkswirtschaft und Geschichte auf, das er später in Straßburg fortsetzte. Im darauffolgenden Jahr, 1913, wurde er Mitglied der Sozialdemokratischen Partei und somit einer der »vaterlandslosen Gesellen« –

zum Teil auch deshalb, weil sich die SPD für die Unabhängigkeit des Elsaß einsetzte.

Wie bei vielen Europäern trat auch in Lebers Entwicklung eine entscheidende Wende ein, als er sich im August 1914 als Freiwilliger meldete. Der Krieg übte einen bestimmenden Einfluß auf seinen weiteren Lebensweg aus, sowohl in praktischer Hinsicht wie in seinen Anschauungen. In Lebers militärischer Laufbahn sind seine Beförderung zum Leutnant im März 1915 sowie zahlreiche Auszeichnungen hervorzuheben, darunter die Verleihung des Eisernen Kreuzes I. Klasse. Auch in anderer Weise wirkten sich die Kriegsjahre für ihn aus. 1933 schrieb er aus dem Gefängnis: »Der 1. August 1914 war für meine Generation der große Fluch, von dem sie sich offensichtlich nicht mehr erholen soll.«[2]

Nach Kriegsende 1918 blieb Leber zunächst in der Armee, und zwar bei den Grenzschutzeinheiten an der Ostgrenze des Reiches. Im März 1920 war er mit seiner Einheit in Hinterpommern stationiert, als mit dem Kapp-Putsch der Versuch unternommen wurde, die republikanische Reichsregierung in Berlin zu stürzen. Während der Krise schlug er sich auf die Seite des örtlichen Landrats und stellte sich damit in Opposition zu seinen Vorgesetzten. Bald nach Scheitern des Umsturzversuchs verließ er die Armee.

Leber kehrte an die Universität zurück und beschloß sein Studium 1920 in Freiburg mit einer Dissertation in Politischer Wissenschaft über das Thema »Die ökonomische Funktion des Geldes«. Lebers politische Karriere nahm im März 1921 in Lübeck ihren Anfang, als er Chefredakteur des sozialdemokratischen Lokalblattes *Lübecker Volksbote* wurde. Im Herbst desselben Jahres wurde er in die Lübecker Bürgerschaft gewählt und entwickelte sich rasch zum bedeutendsten sozialdemokratischen Politiker der Region. Mit der Wahl zum Reichstagsabgeordneten für den Wahlkreis Mecklenburg-Lübeck betrat er im Dezember 1924 auch die nationale politische Bühne. Er behielt den Sitz im Reichstag bis 1933.

Als republikanischer Politiker wollte Leber einen modernen demokratischen deutschen Staat aufbauen helfen. Dabei konzentrierte sich seine politische Arbeit hauptsächlich auf die beiden Gebiete, die er für wesentlich erachtete: Wirtschaft und Militär. Im Haushaltsausschuß des Reichstags befaßte er sich vor allem mit Problemen der Arbeiter und mit dem Wohnungsmangel, mit währungspolitischen Fragen, mit der sich vergrößernden wirtschaftlichen Kluft zwischen Arm und Reich und in den dreißiger Jahren auch mit der Arbeitslosigkeit. Als Sprecher der SPD in Rüstungsfragen legte er im Wehrausschuß eine realistische, aufgeschlossene und einsichtige Haltung an den Tag. Leber setzte sich für eine entpolitisierte, dem republikanischen Ideal verpflichtete Wehrmacht ein, eine Haltung, mit der er in der SPD nicht unbedingt auf Gegenliebe stieß. Dies zeigte sich am deutlichsten 1929 während der Reichstagsdebatte über den geplanten Bau eines Panzerkreuzers. Während die SPD-Führung die neuen Pläne aus fiskalischen Gründen ablehnte, wurden sie von Leber mit Begeisterung aufgenommen.

Ein weiterer Grundzug der Leberschen Politik war sein Anti-Nationalismus. 1928 klagte er: »Europa krankt am Frieden von Versailles, krankt an einem Zustand, der nicht mehr in diese Welt paßt: am Nationalismus.«[3] Wie viele Sozialisten war Leber ein glühender Anhänger des europäischen Gedankens und setzte sich dafür ein, daß Deutschland engere wirtschaftliche und politische Bande zu Westeuropa knüpft. Locarno war für ihn die beste Art der Diplomatie; im Jahr 1925 sagte er voraus: »Europa wird in den nächsten Jahrzehnten um seine wirtschaftliche Existenz kämpfen müssen. Nur als Einheit hat es Aussicht, sich zu behaupten.«[4]

Ende der zwanziger Jahre war Leber wegen der Spannungen besorgt, denen die Republik durch die extreme Linke und extreme Rechte ausgesetzt war, gab jedoch die Hoffnung auf den Fortbestand der Weimarer Republik nicht auf: »Der heutige Staat . . . ist der Staat des deutschen Volkes, er ist die Republik, die unter fortwährender demokratischer Kontrolle steht.«[5] Allerdings war Leber auch Realist genug, um die schwerwiegenden Probleme zu erkennen, mit denen die Weimarer Republik aufgrund der bedenklichen Instabilität ihrer Regierungen kämpfte: »Der Deutsche geht an jede Sache, auch an die praktischste, über einen theoretischen Umweg heran. Deshalb ist es in Deutschland auch so schwer, verschiedene Parteien oder Richtungen auf einer gemeinsamen Plattform zu vereinigen.«[6]

Lebers Opposition gegen extremistische politische Parteien zeigte sich am deutlichsten in seiner Auseinandersetzung mit dem Nationalsozialismus. In Lübeck war Leber bei seinen Feinden gefürchtet, bei den Arbeitern dagegen sehr beliebt. Auf Wahlveranstaltungen und Kundgebungen, in der Bürgerschaft und im Reichstag machte er in aller Schärfe gegen Hitler Front. Wie sich Willy Brandt erinnerte, stand er bei Zusammenstößen mit den Nationalsozialisten stets in vorderster Linie. Lebers Aktivitäten blieben nicht unbemerkt, denn Anfang 1932 drohte der Lübecker NS-Führer: »Zwei Stunden nach unserem Sieg hängt Dr. Leber auf dem Marktplatz.«[7] Doch jemand von so festen Überzeugungen wie Leber war nicht so leicht einzuschüchtern. Am 16. Januar 1933 rief er den Lübecker Arbeitern zu: »Wenn es gilt, um die Freiheit zu kämpfen, fragt man nicht, was morgen kommt.«[8]

Als Hitler am 30. Januar 1933 Reichskanzler wurde, gab Leber keineswegs klein bei: »Wir fürchten die Herren nicht, wir sind entschlossen, den Kampf aufzunehmen.«[9] Lebers Stellung als sozialdemokratischer Politiker und seine unverhohlene Gegnerschaft zu den neuen Führern kosteten ihn die Freiheit. Am 30. Januar war er in Lübeck in eine Schlägerei verwickelt, in der ein Nationalsozialist getötet und er selbst schwer verletzt wurde. Verhaftet und am 19. Februar wieder auf freien Fuß gesetzt, konnte er aufgrund seiner schweren Verletzungen den 15000 Arbeitern, die am gleichen Tag aufmarschiert waren, um ihn zu ehren, nur ein einziges Wort zurufen: »Freiheit!«

Doch die wahren Prüfungen standen ihm noch bevor. Bei den Reichstagswahlen vom 5. März wiedergewählt, wurde er verhaftet, als er am 23. März seinen Sitz im Reichstag einnehmen wollte. Während seiner Haftzeit im SA-Gefängnis in Dreibergen verfaßte Leber die wichtigste politische Schrift seiner Karriere. Diese Arbeit mit dem Titel »Gedanken zum Verbot der deutschen Sozialdemokratie Juni 1933« war eine rückschauende Betrachtung, in der er der Frage nachging, weshalb die Sozialdemokratie in Deutschland versagt hatte. Er kam zu dem Schluß, daß das marxistische Gedankengut der Partei überholt sei, daß man sich mit zu vielen Kompromissen begnüge, daß in der Parteibürokratie das Mittelmaß regiere und die Parteiführung überaltert sei. Nach Lebers Vorstellung sollte der sozialistische Staat der Zukunft über einen starken und mächtigen Kern verfügen, der unverantwortliche und leichtfertige Doktrinen beschränkte (und somit links- und rechtsextreme Parteien verbot), dies jedoch in einer Weise, die jedem Bürger ein Höchstmaß an individueller Freiheit gestattete.

Im Mai 1933 wurde Leber als geistiger Urheber der Lübecker Schlägerei im Januar zu zwanzig Monaten Haft verurteilt. Seiner Frau Annedore schrieb er: »Ich weiß, daß es jetzt für mich nur eine große Aufgabe gibt: Den Glauben an mich selbst nicht zu verlieren.«[10] Im September trat er die Haft in der Strafanstalt Lauerhof an. Danach wurde Leber jedoch nicht entlassen, sondern in das Konzentrationslager Esterwegen verbracht, wo er während der nächsten zwei Jahre, bis zu seiner Entlassung im Mai 1937, unter Mißhandlungen aller Art zu leiden hatte.

Dennoch konnte Leber auch noch nach den Erfahrungen seiner Gefangenschaft schreiben: »Das hohe Ziel bleibe durch die nervenpeitschenden Spannungen und Entladungen, durch die politischen Wirrnisse hindurch bestehen: Dem arbeitenden Menschen eine bessere Zukunft zu bauen auf den festen Fundamenten von Gerechtigkeit und Freiheit.«[11] Er zog nach Berlin, wo ihm sein Freund und Parteigenosse Gustav Dahrendorf half, sich eine Existenz als Kohlenhändler aufzubauen, die Leber als Tarnung für politische Tätigkeit und Widerstand benutzte. Dabei versuchte er, im Untergrund den Kontakt zu anderen Sozialdemokraten wiederherzustellen, denn die Bewegung wurde vom Regime verfolgt, und viele Sozialdemokraten wurden bereits in Gefängnissen und Konzentrationslagern festgehalten.

Die ersten Gespräche mit der Opposition fanden 1938/39 statt, als Leber sich mit Ernst von Harnack, Otto John, Wilhelm Leuschner und anderen über die Wiedererweckung der sozialistischen Bewegung unterhielt. Man kam überein, der beste Weg zur Niederwerfung des Regimes bestehe im Aufbau einer »Einheitsfront«, zu der sich sämtliche Widerstandsgruppen zusammenschließen sollten.

Leber war Pragmatiker. Er hatte es sich zum Ziel gesetzt, Hitler zu stürzen, und sah kaum Veranlassung, sich innerhalb der Opposition mit denen einzulassen, die sich vorrangig mit der Ausarbeitung von politischen Programmen und dem Aufsetzen von Statuten befaßten. Zwischen 1937 und 1944 rangierten seine Ansichten zur Verfassungsreform, zu Wirtschaftsfragen und Sozialverträgen hinter seinen praktischen Bemühungen zum Sturz des Regimes. Doch wenn er auch nicht dazu neigte, umfassende Programme wie die Beck-Goerdeler-Gruppe oder der Kreisauer Kreis zu formulieren, so hatte er doch auch seine eigenen Ideen zu bestimmten Themen, mit denen sich die Widerstandsbewegung auseinanderzusetzen versuchte.

Für ihn als Sozialisten lagen die Interessen vor allem auf sozialpolitischem Gebiet. Er glaubte nicht, wie manche Genossen in der SPD, an die Herrschaft der Masse, sondern erachtete Autorität und eine starke Führung als wesentlich für ein starkes Deutschland. Deshalb forderte er, die Opposition müsse sich vor allem um die Wahl einer soliden Führungsgruppe kümmern, denn nach seiner Auffassung hatte Hitler seinen Aufstieg hauptsächlich dem Fehlen einer zufriedenstellenden Führung in der Weimarer Zeit zu verdanken, was sich aus dem in die Verfassung eingebauten Verhältniswahlsystem ergeben habe. Gleichzeitig forderte er aber auch, daß es der Arbeiterklasse in einem neuen Regierungssystem gestattet werden müsse, sich politisch zu entwickeln. Leber wollte eine Demokratie mit einer starken Regierung schaffen, mit Freiheit von engen Parteidogmen und der Bereitschaft, mit konstruktiven Bewegungen und Einzelpersonen jeglicher gesellschaftlichen Gruppe oder sozialen Klasse zusammenzuarbeiten.

Lebers außenpolitische Gedanken hingegen waren den sozialistischen Traditionen weit enger verbunden. Er hing einem antinationalistischen, proeuropäischen Ideal an und sah Europa als eine Gemeinschaft von Staaten, die ihre Probleme gemeinsam lösen müßten. Er hoffte zwar, Deutschland werde nach dem Sturz des Hitlerregimes in den Grenzen von 1937 weiterbestehen; doch sehr optimistisch war er nicht. Wie Helmuth James von Moltke und Adam von Trott zu Solz war auch Leber 1944 zu dem Schluß gelangt, den Deutschen werde auch unter einer neuen Regierung das Schicksal der bedingungslosen Kapitulation und großer Territorialverluste nicht erspart bleiben.

Im Jahr 1944 offenbarte Leber in seinen politischen Äußerungen ein Gefühl nationaler Verantwortung für das Geschehene, den Wunsch nach starker politischer Führung und Autorität sowie das Bewußtsein, daß die Aktionen der Widerstandsbewegung in eine ungewisse Zukunft führten. Gleichzeitig hielt er es für erforderlich, daß die Opposition ein »positives Ziel« entwerfe, wenngleich er, wie er zugab, »dieses Ziel selbst noch nicht formuliert habe«.[12]

Lebers Stellung innerhalb der Widerstandsbewegung ist schwer zu beschreiben. Als gestandener Politiker, als Überlebender nationalsozialistischer Verfolgung und einer der bedeutendsten Arbeiterführer war Leber innerhalb der Opposition von allen respektiert und geschätzt. Seine Einflußmöglichkeiten auf das Vorgehen der Verschwörer änderten sich von Zeit zu Zeit, zumal während seiner aktivsten Periode 1943/44.

Im Herbst 1943 wurde er Dr. Carl Goerdeler vorgestellt. Zwar stimmten beide in einigen politischen Fragen überein, insbesondere was die Beschränkung der Parteien in einem neuen System betraf, doch war Leber nicht mit Goerdelers Vorstellung von einer christlichen Prägung des Staatswesens einverstanden - dies jedoch nicht, weil er unreligiös war, sondern weil er sich dagegen wehrte, eine säkulare Regierung mit einem religiösen Etikett zu versehen. Gegen Ende des Jahres 1943 kam Leber zu dem Schluß, daß Goerdelers Programm »nicht konstruktiv genug« sei.[13]

Während Lebers Illusionen im Hinblick auf Goerdeler schwanden, versuchte ihn Helmuth James von Moltke in den Kreisauer

Kreis einzuführen - einmal weil Moltke selbst sozialistischen Idealen zuneigte, zum anderen weil der führende Kreisauer Sozialist Carlo Mierendorff bei einem Luftangriff im Dezember 1943 umgekommen war. Nach diesem Verlust wurde Leber zum wichtigsten Bindeglied zwischen Kreisau und der Arbeiterschaft. Als erfahrener Arbeiterführer war Leber von unschätzbarem Wert für eine Gruppe, die es sich zum Ziel gesetzt hatte, Kapitalismus und Sozialismus miteinander in Einklang zu bringen.

Anfang 1944 trat Leber als von den Kreisauern sogenannter »Ersatz-Onkel« an die Stelle von Mierendorff und Leuschner (dem sogenannten »Onkel«), der bei der Gruppe um Goerdeler blieb. Leber hatte nicht an der Erarbeitung des Kreisauer Programms mitgewirkt und blieb den meisten Treffen der Gruppe fern, doch wuchs seine Bedeutung innerhalb des Kreises im Laufe der nächsten Monate beträchtlich. Dies hatte nicht so sehr mit seinen Beziehungen und seiner Arbeit innerhalb des Kreises zu tun - Moltke mußte sogar eingestehen, daß es sich mit ihm schwieriger arbeiten ließ als mit Mierendorff -, sondern vor allem mit seinen sich immer enger gestaltenden Beziehungen zu den militärischen Verschwörern um Claus Schenk Graf von Stauffenberg. Diese Offiziere hielt Leber eher für fähig, einen Staatsstreich durchzuführen, als die Männer von Kreisau.

Im Dezember 1943 wurde Leber Graf Stauffenberg durch Fritz Dietlof Graf von der Schulenburg vorgestellt. Rasch lernten Stauffenberg und Leber sich gegenseitig schätzen und vertrauensvoll zusammenzuarbeiten, und zwar vor allem aufgrund der herausragenden militärischen Laufbahn, die Leber selbst vorzuweisen hatte, und seiner praktischen Ansichten zu militärischen Angelegenheiten, seiner Erfahrung als gereifter Politiker, sowie der von beiden geteilten Ablehnung einer Neuauflage der früheren politischen Zustände sowie Lebers Überzeugung, daß Stauffenberg als einzige Hoffnung auf einen militärischen Coup übriggeblieben war - ein wichtiger Punkt für Leber, denn er war der lamentierenden Untätigkeit des größten Teils der Opposition überdrüssig geworden. Leber erklärte den Mitgliedern des

Kreisauer Kreises, daß ihm zum Kampf gegen Hitler jedes Mittel recht sei, bis hin zum Mord. Während Leber in Moltke den Philosophen und Denker sah, sah Moltke in ihm einen praktischen Politiker und Pragmatiker.

Die Gespräche, die Leber mit Stauffenberg im Winter 1943/44 führte, trugen dazu bei, dem Offizier die politischen Aspekte der Widerstandsbewegung näherzubringen. Diese »Politisierung« Stauffenbergs verärgerte Goerdeler, denn nach seiner Auffassung hatte sich das Militär nicht um politische Belange zu kümmern. Die Kluft zwischen Leber und Goerdeler vertiefte sich im Mai und Juni 1944, nachdem die beiden Verschwörer über die Zukunft Deutschlands heftig aneinandergeraten waren. Auch präsentierte Leber Pläne für eine neue Volksfront demokratischer, sozialistischer und kommunistischer Kräfte - eine Idee, die zum großen Teil auf seinen eigenen politischen Vorstellungen sowie auf Mierendorffs Aufruf vom 14. Juni 1943 beruhte, mit dem dieser die »Sozialistische Aktion« unter ausdrücklicher Einbeziehung der Kommunisten forderte.

Obwohl Leber in den ersten Monaten des Jahres 1944 in der Goerdeler-Gruppe immer weniger auf Sympathie und Zustimmung stieß, blieb er ein entscheidendes Bindeglied zwischen Sozialdemokraten, Kreisauer Kreis und Stauffenbergs Offiziersgruppe.

Im Juni 1944 trafen die Kreisauer mehrmals zusammen, um darüber zu diskutieren, ob es klug sei, mit den Kommunisten Kontakt aufzunehmen. Alle Meinungen - von der totalen Ablehnung bis zur uneingeschränkten Zustimmung - wurden vertreten; am Ende einigte man sich auf ein vorsichtiges Gespräch mit den Kommunisten. Man wollte feststellen, ob es überhaupt die Möglichkeit einer Zusammenarbeit mit der einen oder anderen kommunistischen Oppositionsgruppe gab, um sich über die Ziele der kommunistischen Widerstandsbewegung klarzuwerden und zu versuchen, sie anstelle des sowjetisch gelenkten »Nationalkomitees ›Freies Deutschland‹« in die »Einheitsfront« einzugliedern. Lebers Gründe, ein Treffen mit den Kommunisten zu befürworten, waren eher pragmatisch. Er hätte mit jedem paktiert, wenn es nur zum Sturz des Regimes beitrug.

Am 22. Juni trafen sich Leber und ein weiterer Genosse, Professor Adolf Reichwein, in Berlin mit den Kommunisten Anton Saefkow und Franz Jakob. Ebenfalls zugegen war - uneingeladen - ein dritter Kommunist namens Hermann Rambow, der sich dann als Informant der Gestapo entpuppte. Bei diesem Treffen, das, wie der Volksgerichtshof später feststellte, »der Vorbereitung des Aufbaues einer gegen das Dritte Reich gerichteten Einheitsfront von Sozialdemokraten und KPD diente«[14], wurden zahlreiche Themen erörtert. Wegen der ausgesprochen versöhnlichen Haltung dieser Männer wurde Leber mißtrauisch, doch Reichwein hörte nicht auf ihn und erklärte sich zu einem weiteren Gespräch bereit. Bei diesem zweiten Treffen am 4. Juli wurden Reichwein und die Kommunisten verhaftet; Leber (der nicht daran teilgenommen hatte) wurde am folgenden Tag in seiner Kohlenhandlung festgenommen.

Obwohl Leber keine aktive Rolle bei der Planung der Umsturzversuche spielte, machte sich sein Verlust schmerzlich bemerkbar, besonders bei Stauffenberg; Tage nach Lebers Verhaftung sagte er zu Trott: »Wir brauchen Leber, ich hole ihn raus und ich hole ihn raus!« und Annedore Leber ließ er die Mitteilung zukommen: »Wir sind uns unserer Pflicht bewußt.«[15] Ausgerechnet zu diesem Zeitpunkt konnte Stauffenberg nur schwer auf Leber verzichten. Zudem fürchtete er, Leber könnte unter Folter Informationen über den Widerstand preisgeben.

Außerdem war Leber eine wichtige Rolle in einer postnationalsozialistischen Regierung zugedacht. Bereits 1943 wurde er zum Innenminister der zukünftigen Regierung designiert - wegen der damit verbundenen Kontrolle über die Polizei eine Schlüsselstellung. Und im Frühjahr 1944 hatte Stauffenberg sogar vorgeschlagen, ihn anstelle Goerdelers zum Kanzler zu ernennen, weil er sozial fortschrittlicher denke als dieser und das Volk politisch besser ansprechen könne. Aber Leber dachte nicht einmal an eine solche Stellung, weil er nicht wiederholen wollte, was er als den großen Fehler von 1918 ansah, als die SPD einen Krieg liquidieren mußte, den sie nicht angefangen hatte.

Die Verhaftung Lebers und Reichweins und die Gefahr, daß sie unter Folter Informationen über Stauffenbergs Verschwörungspläne preisgeben könnten, scheint nach der Meinung vieler Historiker auch bei der Entscheidung eine Rolle gespielt zu haben, den Staatsstreich so schnell wie möglich in Gang zu setzen. Doch auch die Festnahme oder Überwachung weiterer Mitglieder des Widerstands sowie die zeitlich aufeinander abgestimmten Sommeroffensiven der sowjetischen und der westlichen alliierten Streitkräfte ließen die Zeit knapp werden.

Durch den am 20. Juli 1944 unternommenen Attentatsversuch konnte Hitlers Regime nicht gestürzt werden. Mit dem Scheitern war das Schicksal vieler Deutscher, die in die Widerstandsbewegung verwickelt waren, und auch das Schicksal Dr. Julius Lebers besiegelt.

Nach seiner Verhaftung wurde Leber zunächst nach Potsdam und später nach Brandenburg-Görden gebracht, wo ihm durch Folter Beweismittel abgerungen werden sollten. In der Polizeischule Drögen bei Fürstenberg wurde er von der Gestapo schwer mißhandelt. Da er keine Informationen preisgab, wurden seine Frau und Kinder in Sippenhaft genommen. Erst dann sagte Leber der Gestapo überhaupt etwas, und auch das nur, soweit es sich auf seine eigenen Aktivitäten bezog.

Zusammen mit Reichwein, Dahrendorf und Hermann Maaß mußte sich Leber am 20. Oktober 1944 vor dem 1. Senat des Volksgerichtshofs verantworten. Wie die anderen war er des Hochverrats und der Unterstützung des Feindes angeklagt. Wegen der hochverräterischen Aktivitäten Lebers gegen das Volk, den Führer und das Reich, da er versucht habe, eine gemeinsame Front mit den Kommunisten zu bilden, beantragte der Staatsanwalt die Todesstrafe.

Über das Ergebnis des Prozesses gab es wohl niemals Zweifel. Sein eigener Verteidiger, Rechtsanwalt Boden, erklärte in seinem Plädoyer: »Mein Mandant ist sich über die Schwere seines Verbrechens im klaren; ich bitte um ein entsprechendes Urteil.«[16] Während der Verhandlung selbst, die unter Leitung des berüchtigten Dr. Roland Freisler stattfand, wurde Leber, wie so viele andere Angeklagte vor und nach ihm, angebrüllt und beschimpft. Freisler warf ihm vor, der »Lenin der deutschen Arbeiterbewegung« und »die stärkste Erscheinung in der Politik des Widerstandes« zu sein. Es gelang ihm aber nicht, Leber aus der Reserve zu locken. Wie der Journalist Paul Sethe, der dem Prozeß beiwohnte, später berichtete, schien Leber durch seine Ruhe und Gelassenheit aus diesem »Zweikampf der Geister« als »der heimliche Sieger« hervorzugehen.

Noch am selben Tag, dem 20. Oktober 1944, wurden Leber, Reichwein und Maaß für schuldig befunden und zum Tode verurteilt. Gegen Reichwein und Maaß wurde das Urteil sofort vollstreckt, doch Leber, als früherer Mitarbeiter Stauffenbergs, wurde noch am Leben erhalten, weil die Gestapo sich weitere Informationen von ihm erhoffte. Schließlich richtete man ihn am 5. Januar 1945 im Berliner Strafgefängnis Plötzensee hin.

Anmerkungen

1 Zit. nach Annedore Leber, Das Gewissen steht auf. 64 Lebensbilder aus dem deutschen Widerstand 1933–1945, Berlin 1966, S. 227.

2 Ebenda, S. 224.

3 Zit. nach Gustav Dahrendorf (Hrsg.), Ein Mann geht seinen Weg. Schriften, Reden und Briefe von Julius Leber, Berlin/Frankfurt/M. 1952, S. 54.

4 Ebenda, S. 46.

5 Zit. nach Ger van Roon, Neuordnung im Widerstand: Der Kreisauer Kreis innerhalb der deutschen Widerstandsbewegung, München 1967, S. 205.

6 Zit. nach Dahrendorf (Anm. 3), S. 56.

7 Zit. nach Wilhelm Ernst Winterhager, Der Kreisauer Kreis: Porträt einer Widerstandsgruppe, Mainz 1985, S. 52.

8 Leber (Anm. 1), S. 224.
9 Zit. nach Dahrendorf (Anm. 3), S. 90.
10 Ebenda, S. 259.
11 Leber (Anm. 1), S. 226.
12 Zit. nach Dahrendorf (Anm. 3), S. 280.
13 Ebenda, S. 284.
14 Entscheidung gegen Rudolf Schmid, 1 H 281/44, 8 J 170 44g, Institut für Marxismus-Leninismus beim ZK der SED, Zentrales Parteiarchiv, Berlin, S. 2.
15 Zit. nach Dahrendorf (Anm. 3), S. 292.
16 Zit. nach Walter Wagner, Der Volksgerichtshof im nationalsozialistischen Staat, Stuttgart 1974, S. 734.

Bibliographie

Quellen

Als Primärmaterial enthalten die im Zentralen Parteiarchiv der SED in Berlin aufgefundenen Verhandlungsprotokolle des Volksgerichtshofs wertvolle Details zu den Prozessen gegen die Verschwörer. Zu den besten veröffentlichten Materialien zählen Dorothea Beck/Wilfried F. Schoeller (Hrsg.), Schriften, Reden, Briefe von Julius Leber, München 1976; Rudolf Dahrendorf (Hrsg.), Ein Mann geht seinen Weg. Schriften, Reden und Briefe von Julius Leber, Berlin 1952 sowie spezialisierteres Material wie Helmut Gollwitzer (Hrsg.), Du hast mich heimgesucht bei Nacht. Abschiedsbriefe und Aufzeichnungen des Widerstandes 1933–1945, München 1945 und Helmuth James von Moltke, Briefe an Freya 1939–1945, hrsg. v. Beate Ruhm von Oppen, München 1988.

Literatur

Zu den herausragenden biographischen Veröffentlichungen über Leber gehören Dorothea Beck, Julius Leber, Sozialdemokrat zwischen Reform und Widerstand, Berlin 1983 und das entsprechende Kapitel im Buch seiner Frau Annedore Leber, Das Gewissen steht auf. 64 Lebensbilder aus dem deutschen Widerstand 1933–1945, Berlin 1966. Zum deutschen Wi-

derstand als Ganzem siehe Peter Hoffmann, Widerstand, Staatsstreich, Attentat: Der Kampf der Opposition gegen Hitler, München [4]1985 und den Dokumentarfilm von Hava Kohav Beller mit dem Titel *The Restless Conscience: Resistance to Hitler Within Germany 1933-1945* (1991).
Weitere Einzelinformationen über Lebers Leben finden sich bei Peter Grasmann, Sozialdemokraten gegen Hitler 1933-1945, München 1976 (über die sozialdemokratische Widerstandsbewegung); Ger van Roon, Neuordnung im Widerstand: Der Kreisauer Kreis innerhalb der deutschen Widerstandsbewegung, München 1967 (die bisher vollständigste Darstellung des Kreisauer Kreises); Peter Hoffmann, Claus Schenk Graf von Stauffenberg und seine Brüder, Stuttgart 1992 (darin Lebers Beziehungen zu den militärischen Verschwörern, die hinter dem Attentatsversuch vom 20. Juli 1944 standen); Gert Buchheit, Richter in roter Robe: Freisler, Präsident des Volksgerichtshofes, München 1968 und Walter Wagner, Der Volksgerichtshof im nationalsozialistischen Staat, Stuttgart 1974.

Wilhelm Leuschner - Der Gewerkschaftsführer

von KYLE JANTZEN

Wilhelm Leuschner war der führende Gewerkschafter in der deutschen Widerstandsbewegung.

Schon in jungen Jahren bewährte er sich im Allgemeinen Deutschen Gewerkschaftsbund (ADGB), zu dessen stellvertretendem Vorsitzenden er 1932 aufstieg. Gleichzeitig saß er, nachdem er bereits viele Jahre Darmstädter Stadtrat gewesen war, als sozialdemokratischer Abgeordneter im Hessischen Landtag und wurde 1929 hessischer Innenminister. Am 2. Mai 1933 wurde er im Zuge der Besetzung der Gewerkschaftshäuser durch die SA im ADGB-Haus in Berlin verhaftet und mußte die nächsten beiden Jahre überwiegend in Konzentrationslagern verbringen. Zwischen 1935 und 1944 hielt Leuschner seine Gewerkschaftskontakte aufrecht und beteiligte sich an der Verschwörung des Beck-Goerdeler-Kreises und an dessen Planungen für die Zeit nach Hitler. In der Folge des gescheiterten Attentatsversuchs vom 20. Juli 1944 wurde Leuschner verhaftet, vom Volksgerichtshof zum Tode verurteilt und hingerichtet.

Wilhelm Leuschner wurde am 15. Juni 1890 in Bayreuth geboren und verlebte dort auch seine Kindheit. Als Sohn eines Ofensetzers besuchte er zwar nur die Volksschule, bildete sich aber selbst weiter und lernte Englisch und Französisch. Nach einer Lehre als Holzbildhauer arbeitete er eine Zeitlang in Leipzig und Darmstadt und schloß sich rasch der Gewerkschaftsbewegung an.

Er wurde 1909 Bezirkssekretär der Darmstädter Holzbildhauergewerkschaft. Im selben Jahr mußte er nach Bayreuth zurückkehren, um seine todkranke Mutter zu pflegen. Im darauffolgenden Winter schrieb er sich in die Abendschule der Hochschule für bildende Künste ein. Dort entwickelte er sich zum versierten Künstler in der Schwarzweißtechnik und erwarb sich ein lebenslanges Interesse an der Kunstgeschichte.

Im Jahr 1910 kehrte Leuschner nach Darmstadt zurück und nahm eine Stelle in einer Möbelfabrik an. 1911 heiratete er Elisabeth Batz, die Tochter eines einheimischen Modelltischlers. Seine Aufgaben in der Gewerkschaft nahmen zu, und im März 1913 konnte er seinen ersten Tarifvertrag mit den Darmstädter Möbelfabrikanten zum Abschluß bringen. Ein Jahr später trat er in die Sozialdemokratische Partei Deutschlands ein.

Nachdem er von 1916 bis 1918 Kriegsdienst geleistet hatte, wurde er am 12. November 1918 in Nouillonpont, nordöstlich von Verdun, zum Vorsitzenden eines Soldatenrates gewählt. Bald darauf kehrte er jedoch nach Darmstadt und zu seinem Beruf in der Holzbranche zurück. Schnell stieg er in der Gewerkschaft auf. 1919 wurde er Vorsitzender des Darmstädter Gewerkschaftskartells und Landesvorsitzender der Arbeiterjugend Hessens, 1923 Vorsitzender der Darmstädter Sektion des ADGB, und 1926 war er bereits zum ADGB-Bezirkssekretär für Hessen und Hessen-Nassau aufgestiegen. 1932 schließlich wurde er gar stellvertretender Vorsitzender des gesamten ADGB und wirkte als dessen Delegierter bei der Internationalen Arbeitsorganisation (IAO) in Genf.

Parallel zum Aufstieg in der Gewerkschaft entwickelte sich auch seine Rolle auf landespolitischer Ebene. Zwischen 1919 und 1928 war er Stadtverordneter in Darmstadt, ab 1923 Vorsitzender des Finanzausschusses in diesem Gremium. Zwischen 1924 und 1933 war er Abgeordneter im Hessischen Landtag und dessen Vizepräsident, von 1928 bis 1933 Innenminister des »Volksstaats Hessen«. In dieser Eigenschaft schlug er eine durchgreifende Begradigung der komplizierten Landesgrenzen im Rhein-Main-Gebiet vor. Dieser Vorschlag wurde zwar damals verworfen, wies allerdings große

Ähnlichkeit mit den Regelungen auf, die nach dem Krieg zur Schaffung des Bundeslandes Hessen getroffen wurden.

Als hessischer Innenminister nahm Leuschner den Kampf gegen die Nationalsozialisten auf. Ende 1931 beschafften und veröffentlichten er und sein Pressesprecher Carlo Mierendorff die *Boxheimer Dokumente*, das Protokoll eines Treffens von Nationalsozialisten in der Nähe von Worms, an dem unter anderen Werner Best, Jurist und Polizeiführer, teilgenommen hatte. Aus diesen Dokumenten gingen Pläne zu einer gewaltsamen Machtübernahme der Nationalsozialisten in Hessen hervor, in deren Folge Gegner ermordet und radikale Umwälzungen eingeführt werden sollten. All dies sollte mit der Gefahr eines kommunistischen Wahlsieges begründet werden. Zusammen mit der Veröffentlichung des Textes rief Leuschner zu schärferen Maßnahmen gegen die NSDAP auf. Gegen die Nationalsozialisten wurde Klage wegen Hochverrats erhoben, die zwar mangels Beweisen abgewiesen wurde, jedoch Leuschner zum Ziel von Angriffen der NS-Presse machte. Im *Völkischen Beobachter* waren unter anderem Schlagzeilen zu lesen wie: »Neue unerhörte Lügenhetze gegen die NSDAP«, »Freche Fälschungen der Marxistenpresse« und »Provozierte Haussuchung bei der Gauleitung in Darmstadt«.[1]

Leuschners solider Hintergrund als Parlamentspolitiker und die langen Jahre in der sozialistischen Gewerkschaftsbewegung hatten ihn zum entschiedenen Gegner jeder Art von Extremismus gemacht, sowohl von rechts wie von links. Sein Engagement für die Interessen der Arbeiter und eine von Ethos geprägte Führerschaft kam in einer Rede zum Ausdruck, die er kurz vor den Landtagswahlen vom 30. Mai 1932 im Hessischen Landtag hielt und in der er beide Extreme verurteilte:

»Der Wahlkampf wird von den Nationalsozialisten mit den Methoden der Verleumdung, der Beschimpfung und Verdächtigung, aber nicht als geistige Auseinandersetzung geführt werden. Wir verlangen mehr Wahrhaftigkeit, höhere Moral und höhere Intelligenz von unseren Führern und Volksvertretern als die Nationalsozialisten und Kommunisten.

Unser Kampf gilt ebenso den Kommunisten wie den Nationalsozialisten, da ohne ihre Spaltungspolitik der Nationalsozialismus nicht die Rolle in Deutschland spielen könnte. Wir wollen wieder die gesamte Arbeiterschaft in einer einigen Partei zusammenführen. So kämpfen wir gegen Faschismus und gegen Kommunismus für ein arbeitsfähiges Parlament in Hessen, für eine starke Sozialdemokratie!«[2]

Leuschner bekämpfte auch den nationalsozialistischen Einfluß in den Gewerkschaften. Er hoffte, die Internationale Arbeitsorganisation IAO in Genf würde den ADGB vor der Infiltration durch die Nationalsozialisten bewahren, und suchte zu diesem Zweck die Beziehungen zwischen SPD und ADGB zu lockern und den ADGB mit den Christlichen Gewerkschaften und den Berufsverbänden zusammenzuschließen. Er hoffte, daß dieser Schritt die Forderungen der NSDAP nach »Gleichschaltung« befriedigen könnte.

Als Hitler am 30. Januar 1933 zum Reichskanzler ernannt wurde, hielt sich Leuschner in Gewerkschaftsangelegenheiten in Genf auf. Bei seiner Rückkehr fand er im hessischen Innenministerium den neuen nationalsozialistischen Reichsinnenminister Wilhelm Frick vor, der angereist war, um die hessische Polizei zu »studieren«. Frick verlangte die volle Mitarbeit des hessischen Innenministeriums zugunsten der NSDAP bei den Reichstagswahlen am 5. März 1933. Infolge des vorläufigen »Gesetzes zur Gleichschaltung der Länder mit dem Reich« (1. Gleichschaltungsgesetz), wonach die Zusammensetzung sämtlicher Landtage den Ergebnissen der Reichstagswahlen angepaßt werden mußte, sah sich Leuschner zum Rücktritt gezwungen.

Aufgrund seiner konsequenten antinationalsozialistischen Haltung hatte er sich sowohl in seiner Eigenschaft als hessischer Innenminister wie auch durch seine gewerkschaftlichen Aktivitäten zum Feind des Hitler-Regimes gemacht. Am 2. Mai 1933 wurde Leuschner zusammen mit der gesamten Gewerkschaftsführung von Reichsinspekteur Robert Ley und der SA im Berliner ADGB-Haus verhaftet. Während sie gemeinsam im Keller des

Antikriegsmuseums in der Parochialstraße festgehalten wurden, beschloß die ADGB-Führung, daß Leuschner die Nachfolge des fast 66jährigen ADGB-Vorsitzenden Theodor Leipart antreten solle, der unter der rohen Behandlung durch die SA zusammengebrochen war. Leuschner selbst wurde zwei Tage lang auf brutalste Weise mißhandelt, bevor er nach Plötzensee verlegt wurde, in eine Zelle mit Blick auf die Hinrichtungshalle. Fünf Tage später, am 9. Mai, wurde er zu Robert Ley gebracht, dem designierten Führer der Deutschen Arbeitsfront (DAF), deren Gründung Hitler am nächsten Tag bekanntgab. Ley war zum Vertreter der Reichsregierung bei der IAO in Genf ernannt worden, benötigte jedoch die Empfehlung des ADGB-Repräsentanten Leuschner, um bei der bevorstehenden IAO-Konferenz auch als Vertreter der deutschen Arbeiterschaft anerkannt zu werden. Im Austausch für die Freilassung der ADGB-Führer erklärte sich Leuschner bereit, Ley im Juni nach Genf zu begleiten. Dort, nach Akkreditierung der Arbeitsfront - ein Schritt, der viele glauben machte, Leuschner habe sich mit dem neuen Regime eingelassen -, meldete sich dieser während des Verlaufs der offiziellen Sitzungen nicht mehr zu Wort, während er seinen internationalen Kollegen unter vier Augen versicherte, daß sich seine Haltung gegenüber den neuen Herrschern keineswegs geändert habe.

Nachdem Leuschner die Angebote, in der Schweiz um Asyl nachzusuchen, abgelehnt hatte, mußte er die Konsequenzen seines beredten Schweigens in Genf auf sich nehmen: Am 23. Juni 1933 wurde er auf der Rückreise in Freiburg i. Br. aus dem Zug heraus verhaftet. Seine erneute Festnahme stellte seine Ehre bei den Gewerkschaftern wieder her, die wußten, daß er Ley nach Genf begleitet hatte. Am 7. Juli wurde er nach Butzbach verlegt und vier Monate später zusammen mit Carlo Mierendorff ins Konzentrationslager Börgermoor gesteckt, wo beide von den zahlreichen Kommunisten, die dort hauptsächlich inhaftiert waren, wie Aussätzige behandelt wurden. Außer Treppenfegen, Essenholen und anderen Arbeitseinsätzen mußten die Lagerinsassen jeden Morgen, mit Spaten bewaffnet, ins Moor ausrücken, wo man sie militärischem Drill unterzog. Am 30. November 1933 erfolgte eine neuerliche Verlegung, diesmal ins Konzentrationslager Lichtenberg bei Torgau an der Elbe. Die sechstägige Eisenbahnfahrt gestaltete sich für Leuschner und seine Mitgefangenen zur Tortur, denn sie waren die ganze Zeit über in stickigen, dunklen vergitterten Zellen zusammengepfercht. Nach sechs Monaten in Lichtenberg, am 10. Juni 1934, wurde Leuschner freigelassen, weil man bei der jährlichen IAO-Konferenz keine Animositäten gegen die DAF aufkommen lassen wollte.

Nach seiner Entlassung eröffnete Leuschner in Berlin eine Fabrik, in der er Bierzapfhähne herstellte. Dadurch verfügte er über ein unabhängiges Einkommen und konnte zuverlässige Freunde aus der Gewerkschaft um sich sammeln. Aus ihnen formierte er einen Widerstandskreis. Als Geschäftsmann konnte er unauffällig herumreisen oder auch andere entsenden und so in ganz Deutschland - und über Deutschlands Grenzen hinaus - vielfältige Gewerkschaftskontakte wieder anknüpfen und aufrechterhalten. In einem Brief, den er im August 1939 an einen Freund im Ausland schickte, legte Leuschner Zeugnis von seiner standfesten Opposition gegen das Regime ab, räumte jedoch gleichzeitig ein, wie schwierig seine Lage sei: »Aber wir sind gänzlich unfähig, die Katastrophe [des Krieges] zu verhindern. Wir sind Gefangene in einem großen Zuchthaus. Zu rebellieren wäre genau so Selbstmord, als wenn Gefangene sich gegen ihre schwer bewaffneten Aufseher erheben würden.«[3]

Der Erwerb eines Patents zur Aluminiumhärtung durch Legierung mit Chrom im Jahre 1936 wirkte sich vorteilhaft auf Leuschners Geschäft aus und brachte ihm neue Kontakte und Protektion. Aus dem neuen Material hergestellte Komponenten gewannen Bedeutung in der Rüstungsindustrie, und so konnte Leuschner für den Fall politischen Drucks jederzeit mit Unterstützung von seiten des Militärs rechnen. Als er schließlich in Kontakt mit NS-Gegnern in der Wehrmacht kam, bot ihm sein kriegswichtiges Produkt den geeigneten Anknüpfungspunkt für Gespräche.

Da Leuschner überzeugt war, daß die Zersplitterungen in der

Gewerkschaftsbewegung Hitlers Machtübernahme erst ermöglicht hatten, nahm er unmittelbar nach seiner Entlassung den Dialog mit Jakob Kaiser auf, der vor der »Gleichschaltung« Mitglied des Reichsvorstands der christlichen Gewerkschaften gewesen war. 1936 stieß auch Max Habermann, Führer des Deutschnationalen Handelsgehilfenverbands, zu Leuschner und Kaiser, und sie beschlossen bald darauf eine Vereinigung ihrer Verbände. Leuschner sollte dem neuen Gewerkschaftsbund vorstehen, Kaiser und Habermann seine Stellvertreter werden. Sie beschränkten sich jedoch nicht nur auf Planungen für die Zukunft; so überreichten sie zum Beispiel General Werner von Fritsch, dem Oberbefehlshaber des Heeres, ein Memorandum, in dem sie die erniedrigende und brutale Behandlung besonders hervorhoben, der die Arbeiter und die Juden ausgesetzt seien. Leuschner erweiterte seinen Kreis der Regimegegner, indem er 1935 den sogenannten Verband Berliner Auslandsjournalisten ins Leben rief, dem Oppositionspolitiker aller Parteien beitreten konnten. Zu dieser Zeit war Leuschner den Behörden bereits so gut bekannt, daß er häufig Rechenschaft über seine Aktivitäten ablegen mußte.

Leuschners frühe Widerstandstätigkeit beschränkte sich auf Gewerkschaftskontakte sowie auf Gespräche, in denen er auf die Einigung der Arbeiterbewegung hinarbeitete. Er war zwar für den Fall, daß es zum Sturz des Hitlerregimes käme, sehr zuversichtlich, die Arbeiter müßten aufgrund ihrer Zahl und ihres wirtschaftlichen Beitrags in der Lage sein, Einfluß auf die gesellschaftliche Entwicklung zu nehmen. Dennoch hatte er bereits damals die Notwendigkeit eines Zusammenarbeitens mit der Wehrmacht erkannt. Sein Gesichtskreis erweiterte sich im Spätjahr 1937 im Verlauf von Gesprächen mit Gustav Noske und Karl Severing, die ihn davon überzeugten, daß das Regime in naher Zukunft nicht zusammenbrechen werde, wenn die Wehrmacht nicht eine führende Rolle bei seiner Ablösung übernähme. So beschloß Leuschner im Gefolge der Fritsch-Affäre von 1938, aktiv mit der Wehrmacht zusammenzuarbeiten.

Im September 1938 nahmen Leuschner und sein Stellvertreter

Hermann Maaß, Vertrauensmann der – im Untergrund tätigen – Arbeiter- und Gewerkschaftsjugend, Gespräche mit Major Friedrich Wilhelm Heinz auf, der mit General von Witzleben und anderen Pläne zu Hitlers Verhaftung schmiedete. Wie viele sozialdemokratische Führer hatte er die Lehren von 1918 nicht vergessen, mißtraute dem Militär und schreckte davor zurück, bei irgendwelchen revolutionären Aktivitäten die Initiative zu ergreifen. Den Streik sah Leuschner nicht als Offensivmittel, sondern vielmehr als eine Defensivmaßnahme, um eine etwaige Gegenoffensive der Nationalsozialisten beim Versuch eines Staatsstreichs im Keim zu ersticken. So machten er und Maaß von vornherein klar, daß sie den Putsch zwar mit der Ausrufung des Generalstreiks unterstützen würden, dies jedoch erst, nachdem die Wehrmacht den ersten Schritt zum Sturz des Regimes unternommen hätte.

Im Winter 1938/39 traten Leuschners Widerstandsplanungen in ein konkreteres Stadium. Gemeinsam mit den Sozialdemokraten Gustav Noske, Julius Leber und Ernst von Harnack traf er mit einer Gruppe liberaler politischer Gegner der Nationalsozialisten zusammen, darunter Dr. Richard Künzer, Claus Bonhoeffer und Otto John. Alle waren sich einig, daß die besten Erfolgschancen für den Widerstand in der Bildung einer »Einheitsfront« lägen, in der sich die zivilen und militärischen Gruppen ohne Ansehen der politischen Richtung vereinigten. Das war keine leichte Entscheidung für die Sozialdemokraten; erst nach einigem Zögern stimmte Leuschner zu, und auch dann nicht ohne Einschränkungen: »Ich bin zu jeder gemeinsamen Arbeit bereit, wenn von den Generalen ein konkreter Vorschlag gemacht wird.«[4] Zu diesem Zweck entsandte Leuschner seine Gewährsleute zu den einzelnen gewerkschaftlichen Ortszellen, um sie auf den kommenden Einsatz vorzubereiten. 1939 arrangierten Harnack, Bonhoeffer und John auch eine Begegnung zwischen Generaloberst Ludwig Beck und Leuschner. Als Repräsentant der Gewerkschaften gab Leuschner Beck sein Wort, daß die Arbeiterschaft den Krieg ablehne und für einen Putsch sei. Man hoffte, daß es Beck mit Hilfe dieser Zusicherung gelingen würde, die Generale Franz Halder und Walther von Brauchitsch zur Teilnahme am Putsch zu bewegen, doch beide entgegneten mit dem Vorschlag, die Arbeiter sollten doch, wenn sie tatsächlich gegen das Hitler-Regime seien, mit den Mitteln des Streiks einen Aufstand anzetteln. Dann hätte die Wehrmacht hinreichend Grund, gegen Hitler vorzugehen.

Leuschner tobte, als er mit dieser Auffassung konfrontiert wurde, die das unterschwellige Mißtrauen zwischen Arbeiterschaft und Militär wieder einmal bestätigte. Indem er darauf hinwies, daß die Armee immer nach links feuere, aber niemals nach rechts, entgegnete er: »Wir haben Hitler nicht in den Sattel gehoben und auch diesen Krieg, der über kurz oder lang zu einer Katastrophe führen muß, nicht angefangen. Wir werden uns auch nicht, um Hitler zu beseitigen und den Krieg zu beendigen, in irgendwelche Abenteuer stürzen, bei denen wir noch damit rechnen müssen, daß die Generale auf die Arbeiter schießen lassen, wenn wir sie zum Generalstreik aufrufen.«[5]

Leuschner traf sich auch weiterhin mit Kaiser und Habermann, um die deutschen Gewerkschaften neu zu organisieren. Dabei waren sie so erfolgreich, daß von den 220 gewerkschaftlichen Organisationen, die es 1933 gab, 1940 nur noch 18 und 1944 nur noch 13 Industriegewerkschaften übriggeblieben waren: die Angestellten- und die Baugewerkschaft, die Gewerkschaften der Bergarbeiter, der Buchdrucker und der Eisenbahner, die Gewerkschaften Fremdenverkehr, Holz, Landwirtschaft, Leder und Bekleidung, Metall, Steine und Erden sowie die Textil- und die Transportgewerkschaft. Gleichzeitig hatte Leuschner sein Konzept von dem potentiellen Wesen der Gewerkschaften in einem neuen deutschen Staat weiterentwickelt. Sie sollten die Arbeiterschaft nicht nur in den wirtschaftlichen, sondern auch in den politischen und gesellschaftlichen Aspekten des Lebens vertreten. Deshalb schlug er vor, jeder deutsche Angestellte und Arbeiter sollte mit 18 Jahren in die Gewerkschaft eintreten; die Gewerkschaften müßten autonom sein. Als solche sollten sie auch Träger der Sozialversicherung – der Arbeitslosen-, Renten- und Krankenversicherung – sein. Schlichtung in arbeitsrechtlichen Streitfragen und eine bessere Beteiligung der Arbeitnehmer an den Unternehmensentscheidungen standen an oberster Stelle. »Die Frage des Volkswohlstandes, die Frage nach den wirtschaftlichen Grundlagen unseres Staates geht die Arbeiterschaft an. Wir haben Wirtschaftspolitik zu treiben, die Arbeiterschaft muß wirtschaftspolitisch denken. Wir haben ein Recht auf unseren Anteil am Nationalprodukt, wir haben Anspruch auf Wertung unserer gesellschaftlichen Leistung. Wir übernehmen dabei nicht nur eine Funktion für uns selbst, sondern eine nationale und eine europäische Funktion.«[6] Leuschners ethische Grundlagen für den neuen Staat waren von seinem parlamentarischen Hintergrund und seinen Erfahrungen als Gewerkschafter beeinflußt. Er bestritt, daß die Ansprüche des einfachen Volkes maßlos sein würden: »Wir gehen von der Tatsache Mensch aus, mit dem der unverlierbare und unveräußerliche Anspruch auf den Mitbesitz der Erde verbunden ist. Wir wollen den Staat auf den Grundsatz des Rechts verpflichten, nicht nur auf das geschriebene, sondern auch auf das moralische Recht.«[7]

Was die Verringerung der Kluft zwischen den Klassen betraf, so wollte Leuschner die Bildung noch über Veränderungen bei der Verteilung von Reichtum und Kontrolle der Produktionsmittel gestellt sehen. Allein eine Verbesserung der materiellen Lebensbedingungen der Arbeiter werde noch nicht deren Lebensqualität erhöhen. Nur ein erweitertes Bildungswesen könne ihnen die Teilnahme an wirtschaftlichen Entscheidungen und am kulturellen Leben ermöglichen und sie von dem Stigma der »Unterklasse« befreien. Mangel an Bildung bedeutete weniger Macht, weniger Rechte und weniger Chancen, deshalb forderte Leuschner eine neunjährige allgemeine Schulpflicht für alle jungen Deutschen. Vorrangiges Ziel der deutschen Schule sollte es sein, »die deutsche Jugend in erster Linie zu Menschen zu erziehen«.[8]

Alle diese Maßnahmen sollten der Arbeiterschaft einen größeren Anteil an politischer Macht sichern. Auch hier sollten die

Gewerkschaften eine führende Rolle spielen: »Die Arbeiterbewegung repräsentiert den politischen Stand der Arbeiterschaft als einen dem Bauernstand und dem Bürgerstand gleichgeordneten, gleicher Wurzel entstammenden, gleichen Gesetzen unterworfenen und gleiche Rechte ausübenden Stand der europäischen Gesellschaft.«[9]

Als Leuschner im Sommer 1940 Carl Goerdeler begegnete, wurde er in einen machtvollen Kreis ziviler und militärischer Verschwörer eingeführt. Durch diesen Kontakt erhielt Leuschner Zugang zu Informationen aus den Reihen der höchstrangigen militärischen Gegner des Regimes. Umgekehrt konnte sich Goerdeler durch Leuschner ein Bild von der Fähigkeit und Bereitwilligkeit der illegalen Gewerkschaften machen, einen Staatsstreich mitzutragen. Der erste Bericht war jedoch nicht sehr vielversprechend: »Die große Masse der Arbeiterschaft sei, bei guten Löhnen und gewissen Errungenschaften der Arbeitsfront, mit dem jetzigen Zustand nicht unzufrieden, und die Zahl der Träger alter Gewerkschaftsideen schmelze immer mehr zusammen.«[10] Dennoch war Leuschner im Spätjahr 1941 dabei, als der Goerdeler-Kreis zusammenkam, um über Deutschlands Zukunft zu debattieren. Die Diskussionen stützten sich auf Goerdelers Pläne für eine neue Verfassung, die eine strikte Freiheitsgarantie umfaßte und sehr genaue Vorstellungen zu Fragen der Erziehung, Zentralisierung und politischer Verantwortung enthielt. Leuschners Teilnahme an diesen Gesprächen verlieh den Sozialdemokraten eine viel gewichtigere Rolle bei der Planung, als es sonst der Fall gewesen wäre, zumal der andere führende Sozialdemokrat, Julius Leber, theoretischen Planungen für einen zukünftigen Staat eher ablehnend gegenüberstand. Leuschners größte Leistung innerhalb des Goerdeler-Kreises bestand darin, daß er dessen Führer, dem eigentlich die Beibehaltung der Deutschen Arbeitsfront nach dem Krieg vorschwebte, überredete, statt dessen sein eigenes Konzept eines vereinigten, politisch aktiven Gewerkschaftsbundes zur Repräsentation der Arbeiterschaft zu akzeptieren. Dieser Gewerkschaftsbund sollte gleichberechtigt neben den anderen

Mitgliedern des von Goerdeler vorgeschlagenen »Reichsständehauses« stehen und die repräsentative Funktion der abgeschafften politischen Parteien übernehmen. Außerdem erklärte sich Goerdeler mit der Verstaatlichung der Grund- und Schlüsselindustrien einverstanden, und beide einigten sich auf eine maßvolle Landreform sowie darauf, daß die Gewerkschaften möglicherweise Industriekonzerne besitzen könnten, solange sie sich auf der gleichen Grundlage wie andere Unternehmen den Bedingungen des Wettbewerbs unterwarfen. Auch war die Rede von einer möglichen Restaurierung der Monarchie und der Beibehaltung des Anschlusses Österreichs, für die Leuschner sich aussprach.

Im Dezember 1941 lernte Leuschner in Berlin Helmuth James Graf von Moltke kennen, den Führer des Kreisauer Kreises christlicher Intellektueller, der sich ebenfalls mit der Gestaltung eines neuen Deutschland beschäftigte. Moltke suchte den Kontakt mit den Sozialdemokraten, und durch Vermittlung von Carlo Mierendorff, Leuschners früherem Pressesprecher, kamen im Mai 1942 Gespräche zwischen beiden zustande. Leuschner teilte zwar Moltkes Sorgen wegen der Zustände in den Fabriken, doch über die Zukunft der Gewerkschaften gingen ihre Meinungen weit auseinander. Der Kreisauer Kreis sah in der Dezentralisierung und lokalen Autonomie die politische Grundlage eines neuen Deutschland, was Initiative und Verantwortungsgefühl des einzelnen stärken würde. Er war ausgesprochen mißtrauisch gegenüber mächtigen, zentralistischen Organisationen, doch genau dies erachtete Leuschner für seinen Gewerkschaftsbund als notwendig, um die Interessen der Arbeiter zu schützen. Leuschners branchenorientiertem Modell stellten die Kreisauer betriebliche Gewerkschaften gegenüber, in denen auch die Geschäftsleitung vertreten sein sollte. Die beiden Männer sprachen lange genug miteinander, um zu einer Einigung zu kommen, wonach Leuschners Gewerkschaftsbund als eine notwendige, aber vorübergehende Maßnahme zur Sicherung der Rechte der Arbeiter verstanden wurde; zu gegebener Zeit sollten dessen Aufgaben an staatliche Behörden und autonome industrielle Körperschaften übergehen. Auf der Grundlage dieser ambivalenten Einigung delegierte Leuschner Hermann Maaß zu seinem Vertreter beim Kreisauer Kreis.

Die Beziehungen zwischen Leuschner und den Kreisauern waren jedoch niemals besonders gut. Der Kreisauer Kreis vertrat weiterhin sein Konzept der dezentralisierten betrieblichen Gewerkschaften, und Maaß war als Sprecher für die Einheitsbewegung wenig effizient. Als der Jesuitenpater Alfred Delp, ebenfalls Mitglied des Kreisauer Kreises, im Herbst 1942 die katholischen Gewerkschaftsführer zu überzeugen versuchte, sich nur mit Moltkes Kreis einzulassen, den er im Gegensatz zu dem »reaktionären« Goerdeler-Kreis als »aufgeschlossen« bezeichnete, verärgerte dies Leuschner zwar, führte aber nicht zum offenen Bruch mit Kreisau. Doch Leuschners Verbundenheit mit Goerdeler, der seine Ansichten zur Rolle der Gewerkschaften in einem neuen Deutschland teilte, und seine aktive Teilnahme an dessen Verschwörung entfremdeten Leuschner dem Kreis Moltkes. Dies zeigte sich insbesondere nach dem Treffen vom 8. Januar 1943, als die grundlegenden Differenzen zwischen den Kreisauern und Goerdeler offen zum Ausbruch kamen. Verschärfend wirkte sich auch aus, daß es Leuschner im Gegensatz zu den Kreisauern immer abgelehnt hatte, mit den Kommunisten zusammenzuarbeiten, die er in seiner Funktion als Innenminister von Hessen als Staatsfeinde bekämpft hatte und von denen er vermutete, daß sie von der Gestapo unterwandert waren. Darüber hinaus sollte der Gewerkschaftsbund nach Leuschners Vorstellungen als politisches Organ zur Vertretung der Arbeiterinteressen dienen, während der Kreisauer Kreis politische Volksparteien ohne jedwede Klassen- oder Religionsgebundenheit befürwortete. Und schließlich bemühte sich Mierendorff, andere Sozialdemokraten auf Moltkes Seite zu bringen und sie zur Übernahme der Vision der Kreisauer zu bewegen. Im August 1943 dachte Moltke sogar daran, völlig mit Leuschner zu brechen und Julius Leber zum Sprachrohr der Sozialdemokraten zu machen, »der als Charakter und hinsichtlich seiner Entscheidungsfähigkeit dem Onkel [Leuschner] weit überlegen ist«.[11]

Dennoch blieb Leuschner eine Schlüsselfigur des deutschen Widerstandes insgesamt. Bereits 1942 forderte Dietrich Bonhoeffer ein Memorandum zu den Zielen der Arbeiterführer nach dem Sturz Hitlers an. Leuschner, Kaiser und Habermann weigerten sich zwar, ihre Pläne schriftlich niederzulegen, dennoch gelang es Bonhoeffer, sich auf sie zu berufen, und in der Tat tauchte Leuschners Name in dem Bericht auf, den der englische Bischof George Bell von Chichester an die britische Regierung sandte, nachdem er in Schweden Kontakt mit dem deutschen Widerstand aufgenommen hatte, und in dem er Leuschner als ein prominentes Mitglied der deutschen Gesellschaft bezeichnete. Auch wurde in diesem Schriftstück behauptet, Leuschner, Beck und Goerdeler seien von Feldmarschall Erwin Rommel und anderen zu Führern einer Übergangsregierung ernannt worden, um Hitler strafrechtlich zu verfolgen, falls der für Mai 1944 geplante Putsch gelingen sollte. Alles in allem war Leuschner immerhin der einzige, der jemals von der Widerstandsbewegung als Kandidat für das Amt des Vizekanzlers in einer Nach-Hitler-Regierung benannt wurde. Oberst Claus Schenk Graf von Stauffenberg zog Leuschner sogar Goerdeler als Kanzler vor und hoffte, daß er dieses Amt bald besetzen könne. Sogar als möglicher Nachfolger Becks als Staatsoberhaupt wurde er in Erwägung gezogen.

Als der bestimmende Einfluß bei den Putschplänen auf Stauffenberg überging, wandte sich Leuschner von Goerdeler ab und dem jungen Offizier zu. Er war von den Generalen enttäuscht; ihre anhaltende Passivität brachte sie bei führenden NS-Gegnern in Mißkredit. Auch teilte Leuschner nicht Goerdelers Meinung, ein Regierungswechsel werde die Besetzung Deutschlands durch die Alliierten abwenden. Stauffenberg schien die beste Gewähr zur Ausschaltung Hitlers zu geben, wodurch die Voraussetzungen für eine neue Regierung und für die Durchführung all der Planungen geschaffen wurden, die im Laufe der Kriegsjahre stattgefunden hatten. Zwar vertrat Stauffenberg eine konservative Weltanschauung, doch war er auch daran interessiert, die Arbeiterschaft auf seine Seite zu ziehen, um den Kommunismus abzuwehren, und sah deshalb Leuschner und Leber für Schlüsselstellungen in einer zukünftigen Regierung vor.

Leuschner war jedoch nicht über die zeitliche Planung des Stauffenbergschen Attentatsversuchs informiert. Er versuchte nach dem 20. Juli 1944 in Berlin unterzutauchen, doch seine Frau und Familie wurden in Sippenhaft genommen. Er wurde schließlich von einem Nachbarn denunziert und am 16. August festgenommen, worauf seine Familie wieder auf freien Fuß gesetzt wurde. Am 7./8. September wurde Leuschner zusammen mit Goerdeler, Dr. Joseph Wirmer, Ulrich von Hassell und Dr. Paul Lejeune-Jung - dem Kanzler, Justiz-, Außen- und Wirtschaftsminister in dem von der Widerstandsbewegung designierten Kabinett - vom Volksgerichtshof unter Vorsitz von Gerichtspräsident Roland Freisler der Prozeß gemacht. Aufgrund der »Verordnung zum Schutz von Volk und Staat« vom 28. Februar 1933 und des Reichsstrafgesetzbuches wurde Leuschner wegen Begünstigung des Feindes, Hochverrats, Defätismus und Untergrabung des Kampfgeistes der Wehrmacht verurteilt und am 29. September 1944 in Plötzensee hingerichtet. Die letzte Botschaft an seine Gefährten bündelte seinen jahrelangen Einsatz für einen einzigen deutschen Gewerkschaftsbund: »Einigkeit!«[12]

Anmerkungen

1 Zit. nach Joachim G. Leithäuser, Wilhelm Leuschner: Ein Leben für die Republik, Köln 1962, S. 76.

2 Zit. nach Annedore Leber, Das Gewissen steht auf. 64 Lebensbilder aus dem deutschen Widerstand 1933–1945, Berlin 1966, S. 97.

3 Ebenda, S. 98; vgl. auch Leithäuser (Anm. 1), S. 184.

4 Zit. nach ebenda, S. 182.

5 Ebenda, S. 195.

6 Ebenda, S. 209.

7 Ebenda, S. 211.

8 Leber (Anm. 2), S. 98.

9 Zit. nach Leithäuser (Anm. 1), S. 208.
10 Gerhard Ritter, Carl Goerdeler und die deutsche Widerstandsbewegung, Stuttgart 1954, S. 286 f.
11 Helmuth James von Moltke, Briefe an Freya 1939–1945, hrsg. v. Beate Ruhm von Oppen, München 1988, S. 520.
12 Leber (Anm. 2), S. 98.

Bibliographie

Quellen

Angesichts des konspirativen Charakters der Widerstandsbewegung finden sich einige der aufschlußreichsten Quellen in Polizei- und Gerichtsakten. Aus der Anklageschrift, den Beweismitteln und dem Urteil des Volksgerichtshofs gehen Einzelheiten über Leuschners Widerstandstätigkeit sowie die vieler anderer führender Mitglieder des Widerstands hervor. Diese Akten befinden sich im Zentralen Parteiarchiv der SED in Berlin. Hans-Adolf Jacobsen hat unter dem Titel *Spiegelbild einer Verschwörung* (Stuttgart 1984) zwei Bände von Berichten des SD - des »Sicherheitsdienstes des Reichsführers SS« - herausgegeben, in denen sich zahlreiche Einzelheiten über Kontakte und Gespräche innerhalb des Widerstands finden, wie sie in den Verhören nach dem 20. Juli 1944 aufgezeichnet wurden. Ebenfalls nützlich - für Leuschners wenige Kontakte mit dem Kreisauer Kreis - ist Helmuth James von Moltke, Briefe an Freya 1939–1945, hrsg. v. Beate Ruhm von Oppen, München 1988.

Literatur

Die einzige Leuschner-Biographie schrieb Joachim G. Leithäuser, Wilhelm Leuschner: Ein Leben für die Republik, Köln 1962. Leithäuser beschränkt sich auf die Zeit nach dem Ersten Weltkrieg und legt den Schwerpunkt auf seine Widerstandstätigkeit. Sie enthält umfangreiche Zitate, aber keine Quellenangaben. Wichtig für Leuschners Verbindung zu Goerdeler ist Gerhard Ritter, Carl Goerdeler und die deutsche Widerstandsbewegung, Stuttgart 1954. Eine angemessene Würdigung erfährt Leuschner in der biographischen Sammlung von Annedore Leber, Das Gewissen steht auf. 64 Lebensbilder aus dem deutschen Widerstand

1933–1945, München 1976. Weitere wichtige Einzelinformationen enthalten Peter Grasmann, Sozialdemokraten gegen Hitler 1933–1945, München 1976; Peter Hoffmann, Widerstand, Staatsstreich, Attentat: Der Kampf der Opposition gegen Hitler, München 1985; Eberhard Zeller, Geist der Freiheit - Der Zwanzigste Juli, München 1963 und Ger van Roon, Neuordnung im Widerstand: Der Kreisauer Kreis innerhalb der deutschen Widerstandsbewegung, München 1967.

Helmuth James Graf von Moltke – Anführer der Jüngeren

von BEATE RUHM VON OPPEN

Gehörte Helmuth James Graf von Moltke zu den »Männern des 20. Juli«? Bevor Roland Freisler ihn zum Tode verurteilte, hatte der Volksgerichtshofpräsident gesagt: »Der Moltke-Kreis war bis zu einem gewissen Grade der Geist des ›Grafen-Kreises‹, und der wieder hat die politische Vorbereitung für den 20. Juli gemacht, denn der Motor des 20. Juli war ja keineswegs Herr Goerdeler, der wahre Motor steckte in diesen jungen Männern.«[1]

Aber Moltke, am 20. Juli 1944 bereits sechs Monate in Haft, war stets gegen das Attentat gewesen. Sein Freund Eugen Gerstenmaier berichtete später über das letzte Gespräch, welches er mit Moltke einige Tage nach dessen Todesurteil führte. »Von meiner Seite aus«, so schrieb er, »war es ein Versuch, die verbliebenen Unebenheiten und Meinungsverschiedenheiten zwischen uns zu beseitigen. Sie gab es nur im Blick auf die Notwendigkeit und sittliche Zulässigkeit des Attentats und Staatsstreiches. Ich bat Helmuth Moltke, seine Ablehnung jetzt aufzugeben . . . Das Gespräch ging hin und her. Helmuth Moltke sprach ohne jenen moralischen Rigorismus, der ihm bei ähnlichen Gesprächen in den Jahren zuvor eigen war.« »Wir sollten gemeinsam dankbar sein«, argumentierte Gerstenmaier, »daß es geschah. Er sagte nicht ja. Er sagte nicht nein. Wir nahmen brüderlich Abschied.«[2]

Und in einem Abschiedsbrief an seine kleinen Söhne hatte

Moltke am 20. Oktober 1944, als er nach fast zehnmonatiger Haft seinen Haftbefehl bekam und Prozeß und Todesurteil voraussah, geschrieben: »Ich habe mein ganzes Leben lang, schon in der Schule, gegen einen Geist der Enge und der Gewalt, der Überheblichkeit, der Intoleranz und des Absoluten, erbarmungslos Konsequenten angekämpft, der in den Deutschen steckt und der seinen Ausdruck im nationalsozialistischen Staat gefunden hat. Ich habe mich auch dafür eingesetzt, daß dieser Geist mit seinen schlimmen Folgeerscheinungen wie Nationalismus im Exzeß, Rassenverfolgung, Glaubenslosigkeit, Materialismus überwunden werden. Insoweit und von ihrem Standpunkt aus haben die Nationalsozialisten recht, daß sie mich umbringen.«[3] Dann fügte er hinzu: »Ich habe aber nie Gewaltakte wie den 20. 7. 1944 gewollt oder gefördert, sondern ihre Vorbereitung im Gegenteil bekämpft, weil ich aus vielerlei Gründen solche Maßnahmen mißbilligte und vor allem glaubte, daß damit das geistige Grundübel nicht beseitigt würde.«[4]

Sprach »moralischer Rigorismus« oder Realismus aus diesen Zeilen? Die entsetzlichen Opfer, die Hitlers Krieg forderte, waren Moltke klarer, und schon länger klar als den meisten Verschwörern. Bis Ende 1941 hatte auch er noch auf einen Umsturz gehofft. Als sich die Generale nicht dazu entschließen konnten, gab er diese Hoffnung auf. Auch befürchtete er zunehmend das Aufkommen einer neuen Dolchstoßlegende. Im Unterschied zu den meisten Verschwörern hatte er die Weimarer Republik bejaht und verteidigt und wußte, welche verheerenden politischen Folgen die Legende vom »im Felde unbesiegten« Heere und der Revolution der »Novemberverbrecher« von 1918 hatte.

Ohne die Mitwirkung von Generalen und eine breite Sympathie seitens der Bevölkerung konnte mitten im Krieg kein Umsturz gelingen. Aber, wie Moltke im März 1943 an seinen britischen Freund Lionel Curtis schrieb: »Die Opposition hat viele Fehler begangen. Der Hauptirrtum war, sich auf eine Aktion der Generale zu verlassen. Diese Hoffnung war von vornherein aussichtslos, aber die meisten Leute konnten davon nicht rechtzeitig überzeugt werden . . . Der wichtigste soziologische Grund ist, daß wir eine Revolution brauchen, nicht einen Staatsstreich; und solch eine Revolution wird den Generalen niemals denselben Spielraum und dieselbe Stellung geben, wie sie ihnen von den Nazis eingeräumt worden ist und noch heute eingeräumt wird.«[5]

Nicht nur von den Generalen war er enttäuscht. Hitlers Kriegserklärung an die Vereinigten Staaten vom 11. Dezember 1941 hielt er für die vorletzte verpaßte Gelegenheit; er sprach von einem »Versagen des Apparats in der Frage der Kriegserklärung«. »Die Sache bot m. E. eine ganz einzigartige Gelegenheit, unter Änderung der Besatzung zu einem Kompromiß mit den Angelsachsen zu kommen.«[6] Als jedoch die Militärs weder nach Hitlers Kriegserklärung an die USA noch nach seiner Übernahme des Oberbefehls über das Heer und nach seinem strikten Verbot jeglicher Rückzugsbewegung an der Ostfront opponierten, schrieb Moltke am 6. Januar 1942: »Sie sind eben keine Feldherren, sondern Techniker, Militärtechniker, und das Ganze ist ein gigantisches Verbrechen.«[7]

Die Hinnahme der Kriegsverbrechen gegen Serben, Franzosen, Polen und Russen, besonders aber die kriminelle Behandlung der sowjetischen Kriegsgefangenen und die Deportation und Ermordung von Juden hatte er in den Herbstmonaten mit äußerster Anstrengung, wenn auch mit wenig Erfolg, bekämpft. Ende August berichtete er von Transporten von Gefangenen oder Juden, bei denen nur 20 Prozent der davon Betroffenen lebend am Zielort angelangten: »Was wird passieren, wenn das ganze Volk sich klar ist, daß dieser Krieg verloren ist, und zwar ganz anders verloren als der vorige? Dazu mit einer Blutschuld, die zu unseren Lebzeiten nicht gesühnt und nie vergessen werden kann . . .?«[8] Am 12. September 1941 erwähnte er Schießexperimente an Juden, am 21. Oktober Massenhinrichtungen in Serbien und Griechenland sowie den Beginn der Judendeportationen aus Berlin. »Und das alles ist noch ein Kinderspiel gegen das, was in Polen und Rußland geschieht. Darf ich denn das erfahren und trotzdem in meiner geheizten Wohnung am Tisch sitzen und Tee trinken? Mache ich mich dadurch nicht mitschuldig? Was sage ich, wenn man mich fragt: Und was hast Du während dieser Zeit getan?«[9]

Ja, was tat er? Er kämpfte für eine bessere Behandlung der sowjetischen Kriegsgefangenen, und er versuchte, Obstruktion gegen die Enteignung und Deportation der deutschen Juden zu leisten. Er besprach Widerstandsmöglichkeiten mit dem katholischen Bischof von Berlin und nahm an den Vorbereitungen für den »Krisenpunkt«, das heißt für den Versuch eines Umsturzes oder »Besatzungswechsels« teil. Es war auch eine Zeit heftiger Diskussionen mit Verwandten über das Problem des Patriotismus. Der 20. Juli war eine Tat von Patrioten. Von den führenden Männern der Verschwörung unterschied sich der Urgroßneffe des »großen« Moltke allerdings dadurch, daß er nicht nur kein Nationalist, sondern nicht einmal ein Patriot im üblichen Sinn des Wortes war. Er liebte seine Heimat und ihre Menschen. Aber die Menschlichkeit stand ihm höher als das Deutschtum. In dem Bericht über seinen Volksgerichtshofprozeß drückte er es so aus: »Dadurch, daß festgestellt ist, daß ich großgrundbesitzfeindlich war, keine Standesinteressen, überhaupt keine eigenen Interessen, ja nicht einmal die meines Landes vertrat, sondern menschheitliche, dadurch hat Freisler uns einen ganz großen Dienst getan.«[10] Und einen Tag später hob er folgenden Ausspruch Freislers als den entscheidenden Satz der ganzen Gerichtsverhandlung hervor: »Herr Graf, eines haben das Christentum und wir Nationalsozialisten gemeinsam, und nur dies eine: wir verlangen den ganzen Menschen.«[11] Moltke war diese klare, ja stolze Feststellung des Totalitarismus, der Unvereinbarkeit von Christentum und Nationalsozialismus, aus dem Munde seines Richters sehr wichtig. In demselben Abschiedsbrief fuhr er später fort: »Und dann wird Dein Wirt ausersehen, als Protestant vor allem wegen seiner Freundschaft mit Katholiken attackiert zu werden, und dadurch steht er vor Freisler nicht als Protestant, nicht als Großgrundbesitzer, nicht als Adliger, nicht als Preuße, nicht als Deutscher . . ., sondern als Christ und als gar nichts anderes. ›Das Feigenblatt ist ab‹, sagt Herr Freisler. Ja, jede andere Kategorie ist abgestrichen. ›Ein Mann, der von seinen Standesgenossen natürlich abgelehnt werden muß‹, sagt Schulze.«[12]

Viele andere, spätere Kritiker hegten und hegen gerade wegen seiner Standesgenossenschaft Vorbehalte gegen Moltke. Aber sind sie auch begründet? In einer hitzigen Diskussion mit Hans Adolf von Moltke, dem deutschen Vorkriegsbotschafter in Warschau, warf dieser ihm im November 1941 Pessimismus, Defätismus und - direkt oder indirekt - auch mangelnden Patriotismus vor. »Er war völlig gebrochen; aber denkst Du, jetzt fühlt er die Verpflichtung, etwas zu tun, um den Unrat zu beseitigen, der mit seiner Hilfe angesammelt worden ist? Weit gefehlt! Als ich auch nur sagte, man müsse eben sehr vieles abschreiben, sagte er mit sichtlicher Entrüstung: nie kann man das abschreiben ... Und wenn ich dann etwa daran erinnerte, daß ich ihm genau das, was er jetzt sieht, in den ersten Kriegsmonaten und vor Kriegsausbruch gesagt habe und daß er mir erwiderte: ›Dann sorge mal für eine optimistischere Auffassung in Deinen Kreisen‹, so wird er meine damalige Diagnose immer noch für etwas halten, was kein patriotischer Mann denken, geschweige denn aussprechen darf ...«[13]

Helmuth James von Moltke kam am 11. März 1907 als erster Sohn des Grafen Helmuth von Moltke und seiner aus Südafrika stammenden jungen Ehefrau Dorothy, geborene Rose Innes, in Kreisau zur Welt. Ihr Vater war ein hochangesehener Justizminister und Oberster Richter, bekannt für seine liberalen Ansichten und für seinen Gerechtigkeitssinn, der sich für den Ausgleich mit den Buren und die Rechte der Eingeborenen einsetzte. Dorothys Mutter war ebenfalls fortschrittlich, Frauenrechtlerin und Friedensfreundin. Ihr Mann war Anhänger und später ein führender Repräsentant, Heiler und Lehrer der Christian Science. Auch sie schloß sich dieser Sekte an. Gleichwohl wurden die Kinder nach Familientradition lutherisch getauft und konfirmiert. Dorothy nahm nicht nur an kulturellen Ereignissen, sondern auch an politischen, sozialen und wirtschaftlichen Problemen regen Anteil. Ihr eigener Standpunkt war ebenfalls am ehesten als liberal zu bezeichnen, allerdings war sie immer auch Argumenten der Ge-

genseite zugänglich. Diese Aufgeschlossenheit war sicherlich ein wirksames Vorbild für den ältesten Sohn, aber auch für dessen vier jüngere Geschwister.

Helmuth James bekam zunächst Hausunterricht, kam dann in die Schule in Schweidnitz und danach, damit er nicht zu sehr »verbauere«, ins Internat nach Schondorf, dessen Kollektivgeist er haßte. Bis zum Abitur besuchte er dann das Realgymnasium in Potsdam und lebte bei Verwandten. Zwei Preußenprinzen waren seine Mitschüler. Schon damals berichtete seine Mutter ihren Eltern, daß er natürlich nicht deutschnational gesonnen sei; er bewundere vielmehr Stresemann. Nebenher arbeitete der Gymnasiast für amerikanische Journalisten. Mit Dorothy Thompson, Edgar Mowrer und Wallace Deuel schloß er enge Freundschaft. Er studierte zunächst in Breslau, dann in Berlin, Wien und wieder in Berlin Jurisprudenz, Geschichte, Sozialgeschichte und Geschichte des Sozialismus. Außerdem hörte er Vorlesungen über Politik und Zeitungswesen. Im Alter von 20 Jahren bewarb er sich um Arbeit beim Völkerbund, blieb aber dann doch bei der Juristerei.

Nach dem verlorenen Ersten Weltkrieg war die Lage schlecht, auch in Kreisau. Die Familie zog 1928 aus dem Schloß ins nahegelegene und billiger zu bewirtschaftende Berghaus. Zur Zeit der Weltwirtschaftskrise kam Kreisau in arge Bedrängnis. Der Vater übergab die Führung der Kreisauer Geschäfte weitgehend dem 22jährigen Sohn, der sich der Rettung des Gutsbetriebs mit großer Energie und Umsicht widmete. Doch erst im Zweiten Weltkrieg wurde Kreisau schuldenfrei. Die Sanierung erforderte ungeheure Anstrengungen.

Vor dem Herbst 1929 waren wichtige Dinge im Leben des jungen Moltke geschehen. In Schlesien nahm er starken Anteil an der wirtschaftlichen Misere, vor allem des Waldenburger Kohlengebietes. In den Osterferien 1927 arbeitete er im dortigen Landratsamt bei dem sozialdemokratischen Landrat Ohle. Auch im Ausland warb er für das Elendsgebiet. Mit seinem Vetter Carl Dietrich von Trotha und dessen Freund Horst von Einsiedel plante er eine Hilfsaktion. Unterstützung fanden sie bei ihren Breslauer Professoren Eugen Rosenstock(-Huessy), Gerhart Schulze-Gaevernitz und Hans Peters. Die »Löwenberger Arbeitsgemeinschaft« traf im Volksschulheim Boberhaus Vorbereitungen für ein freiwilliges Arbeitslager für junge Bauern, Arbeiter und Studenten, das soziale, politische und konfessionelle Gegensätze überbrücken sollte. Moltke selbst nahm zwar nur an dem Lager im März 1928 teil, blieb aber mit vielen Beteiligten in Kontakt und zog später Teilnehmer und Sympathisanten der »L.A.G.« zu den Diskussionen des Kreisauer Kreises heran.

Während seiner Berliner Semester stellte ihn der Kommilitone Hans Deichmann Frau Dr. Eugenie Schwarzwald aus Wien vor, der Gründerin der »Schloßküche« und zahlreicher anderer philanthropischer und pädagogischer Einrichtungen. Sie fand Gefallen an dem jungen Mann und forderte ihn auf, ein Semester in Wien zu studieren. Dort wurde er in den »Kreis« beziehungsweise in den Salon der Schwarzwalds eingeführt. Zu diesem Kreis gehörten Künstler, Wissenschaftler, Schriftsteller und auch junge Leute, die in den Sommerferien das Schwarzwaldsche Haus am Grundlsee bevölkerten. Dort traf Moltke im Sommer 1929 die damals 18jährige Freya Deichmann, die Tochter des Kölner Bankiers Carl Theodor Deichmann. Die Hochzeit fand im Oktober 1931 statt, als die Deichmann-Bank vor der Liquidation stand. Freya setzte daraufhin ihr in Köln begonnenes Jurastudium in Berlin fort und promovierte dort 1935 bei Martin Wolff. Helmuth promovierte nie und lehnte auch eine spätere Aufforderung zur Habilitation ab.

Im Jahre 1933 kamen noch politische Komplikationen zu den wirtschaftlichen hinzu. Im Winter 1933/34 mußte Moltke, weil dies unter dem neuen Regime zum juristischen Assessorenexamen gehörte, ein Referendarlager in Jüterbog mit »weltanschaulicher Schulung« und militärischer Ertüchtigung absolvieren. Die Vorfreude auf eine für das Frühjahr 1934 geplante Halbjahresreise zu den Großeltern nach Südafrika ließ dies wie auch die als drückend empfundene Gesamtlage jedoch in einem erträglicheren Licht erscheinen. Allerdings sah er sich bereits damals nach Bundesgenossen gegen das neue Regime um. So schrieb er unterwegs, frei von Furcht vor deutscher Zensur, an eine Freundin im Ausland über diejenigen Menschen, »die in Deutschland nicht verfolgt werden und um die die Partei noch werben« müsse. Als Mitglieder dieser »bevorzugten Kaste« sah er »die hohe katholische Geistlichkeit in Süd- und Westdeutschland, die evangelischen Geistlichen des Pfarrernotbundes, die Großgrundbesitzer, einzelne katholische Professoren jeder Fakultät, einzelne Privatbankiers und große Industrielle, diese letzten aber nur sehr vereinzelt, und schließlich einige unabhängige Leute, die einen ererbten oder erworbenen Namen haben«.[14] Die Militärs erwähnte er in diesem Zusammenhang ebensowenig wie die Führer- und Mitgliedschaft der geschlagenen Weimarer Parteien und Gewerkschaften.

Über die prägende Wirkung, die der intensiv erlebte Zeitraum zwischen der Agonie der Weimarer Republik und der sich allmählich festigenden nationalsozialistischen Herrschaft auf Moltke ausübte, schrieb sein Freund, der Gewerkschafter Franz Josef Furtwängler, im nachhinein: »Als ich später nach Ungarn auswanderte, schmuggelte er mir gelegentlich ›Lageberichte‹ zu, in denen er das Abdorren der Menschenwerte als die schlimmste Folge des totalitären Regimes darstellte. Aus dem lebensfrohen Jüngling war ein ernster Mann geworden. Die treibende Kraft in seinem Wesen war ein tiefreligiöses Gefühl für seine Mitmenschen. Dabei war er der schärfste Juristenintellekt, der mir je begegnet ist.«[15]

Beruflich sah sich Moltke nach Verbindungen im Ausland um, aber weder der Völkerbund in Genf noch der Internationale Gerichtshof in Den Haag boten sinnvolle Möglichkeiten. So beschloß er, die Zulassung als Anwalt auch in Großbritannien zu erwerben. Seine dortigen juristischen Studien absolvierte er, ebenso wie die obligatorischen gemeinsamen Mahlzeiten, im Inner Temple, seiner Rechtsgilde, als Pendler zwischen Berlin und London. Im Sommer 1939 bestand er seine Examina und fand sogar eine interessierte Kanzlei in London. Zudem hatte er Freunde dort, insbesondere Lionel Curtis, Mitbegründer des (Royal) Institute of International Affairs. Oft war er dessen Gast im All Souls College in Oxford, wo er interessante und wichtige Leute traf. Dabei war er stets bemüht, die Anhänger der Appeasement-Politik von ihrem Irrtum zu überzeugen: Das nationalsozialistische Regime war nicht durch Konzessionen zu beschwichtigen.

Bei Kriegsausbruch hielt er sich in Berlin auf. Er wurde daraufhin Kriegsverwaltungsrat in der Abteilung (später Amtsgruppe) Ausland/Abwehr und Völkerrechtsexperte des Oberkommandos der Wehrmacht. Sein Berliner Anwaltsbüro behielt er jedoch auch weiterhin. Unter dieser Adresse konnte er zahlreichen Verfolgten helfen und den Kontakt zu seinen Kreisauer Freunden aufrechterhalten. Im OKW setzte er sich leidenschaftlich, energisch, umsichtig und einfallsreich für die Einhaltung des Kriegs- und Völkerrechts ein und genoß dabei die Unterstützung des Chefs der Abwehr, Admiral Canaris. Als Fürsprecher für Kriegsgefangene und Geiseln konnte er einige Erfolge verzeichnen. Darüber hinaus hatte er natürlich auch noch Bundesgenossen in der Abwehr, beispielsweise Hans Oster und Hans von Dohnanyi. Seine Dienstreisen ins deutschbesetzte Ausland führten ihn nicht nur zu Generalen wie Falkenhausen (Belgien und Nordfrankreich) oder Carl-Heinrich von Stülpnagel (Frankreich). Er verhandelte vielmehr auch recht erfolgreich mit SS-Gewaltigen wie Wilhelm Harster in Holland und Werner Best in Dänemark über die Freilassung von Geiseln. In Dänemark trug er sogar zur Verhinderung der Deportation der dort ansässigen Juden bei. Ferner nutzte er seine Reise, um mit deutschen und ausländischen Gesinnungsgenossen Fühlung zu nehmen beziehungsweise neue Kontakte zu potentiellen Verbündeten zu knüpfen. Er versuchte nach Kräften, einer weiteren Eskalation des Krieges entgegenzuwirken und deutsche Terrormaßnahmen zu unterbinden. Auch warb er bei geeigneten Leuten für die Bestrebungen seines Widerstandskreises, des später sogenannten »Kreisauer Kreises«.

In Kreisau hatten 1942 und 1943 drei »große« Wochenendtreffen stattgefunden, in deren Verlauf ein künftiger Staatsaufbau, das Verhältnis zwischen Staat und Kirche, das Erziehungswesen, der Wirtschaftsaufbau, Fragen der Außenpolitik und der Bestrafung der nationalsozialistischen Verbrechen diskutiert wurden. Nachdem man die Planungen bewältigt und schriftlich fixiert hatte, wurden zum Schluß »Landesverweser« gesucht, vertrauenswürdige Männer, die in der Zeit des alliierten Einmarsches in Deutschland im Sinne der Kreisauer wirken sollten. Bis zur Verhaftung Moltkes am 19. Januar 1944 waren für keinen der »Kreisauer« Ämter in dem nach Hitlers Sturz neu aufzubauenden Staat vorgesehen.

Dieser »Kreisauer Kreis«, bei dem sich zwei, drei oder mehrere Personen zumeist in Berlin trafen, ging auf Gespräche zurück, die Moltke und Peter Graf Yorck von Wartenburg im Sommer 1940 führten, als das nationalsozialistische Regime den Höhepunkt seiner inneren Macht erreichte. Für Moltke war der deutsche Überfall auf die neutralen Länder und die spektakuläre Niederlage Frankreichs der »Triumph des Bösen«. Yorck sah hierin europäische Möglichkeiten, einen Hoffnungsschimmer in einer Zeit, als die innerdeutsche Opposition auf ihren Tiefpunkt sank. Gemeinsam begannen sie, Gesprächspartner verschiedener Berufe und politischer Ansichten zu suchen, um ein besseres Deutschland, einen Rechtsstaat ohne die Mängel und Schwächen der Weimarer Republik zu planen. Föderalistisch sollte er sein und einem föderalistischen Europa angehören. Kleine Gemeinschaften, Selbstverwaltung und Betriebsgewerkschaften sollten den Menschen wieder eine aktive Beteiligung an der Politik ermöglichen und der Vermassung entgegenwirken. Schlüsselindustrien sollten sozialisiert werden. Das Christentum und die Freiheit des einzelnen sollten wieder zu ihrem Recht kommen. Auch die zum Kreise gehörenden Sozialisten waren von der positiven politischen Relevanz des Christentums überzeugt; vielleicht hatte gerade die Erfahrung des antichristlichen und antihumanen nationalsozialistischen Regimes diese Überzeugung gefestigt. Moltke setzte sich dafür ein, auch Katholiken zu den Gesprächen hinzuzuziehen, denn er sah sehr wohl, wie virtuos Hitler die deutsche Glaubensspaltung politisch ausnutzte. Zudem war ihm nicht entgangen, daß die katholische Kirche weniger nationalistisch, weniger »rechts« war als die protestantische. So stieß nicht nur Harald

Poelchau, der (sozialistische) evangelische Gefängnispfarrer zum Kreis, sondern auch Augustin Rösch, der Provinzial der Oberdeutschen Provinz der Gesellschaft Jesu, der wiederum die Jesuiten Alfred Delp und Lothar König nach sich zog. Später kam noch der evangelische Konsistorialrat Eugen Gerstenmaier hinzu, mit dessen Hilfe es gelang, den württembergischen Landesbischof Theophil Wurm mit Konrad Graf von Preysing, dem katholischen Bischof von Berlin und aktivsten Gegner des Nationalsozialismus in der katholischen Hierarchie, zusammenzubringen. Moltke stand mit Preysing bereits seit dem Sommer 1941 in regelmäßigem Kontakt. Auch andere katholische Bischöfe suchte er auf, um sie im Sinne des Widerstandes zu beeinflussen. Volksgerichtshofpräsident Roland Freisler kommentierte dies später mit wütender Feindseligkeit und mutmaßte bissig, Moltke habe sich wohl dort seine Befehle geholt. In seinem 1943 in Schweden verfaßten langen Briefbericht an Lionel Curtis, der dieses Schreiben übrigens nie erhielt, beschrieb Moltke den tatsächlichen Sachverhalt so: Zwei Dinge habe die innerdeutsche Opposition erreicht, die von Dauer sein werden. Man habe die Kirchen mobilisiert und den Weg für ein dezentralisiertes Deutschland bereitet. Und immerhin sei es zuweilen gelungen, Sand ins Getriebe des Regimes zu streuen und einzelne Menschen zu retten.

Daß die Kreisauer ihr Leben riskierten, wußten sie. Moltke, Yorck, die Sozialisten Adolf Reichwein, Theodor Haubach und Julius Leber, die Angehörigen des Auswärtigen Amtes Adam von Trott zu Solz und Hans Bernd von Haeften, der Jesuit Alfred Delp – sie alle wurden Opfer der Prozesse nach dem 20. Juli 1944. Theodor Steltzer wurde ebenfalls zum Tode verurteilt, konnte aber durch die Intervention skandinavischer Freunde gerettet werden. Gerstenmaier, für den die Todesstrafe beantragt war, kam mit sieben Jahren Zuchthaus davon. Carlo Mierendorff kam bei einem Bombenangriff ums Leben, Einsiedel in einem Lager der russischen Zone nach dem Kriege. Trotha starb 1952 auf einer Amerikareise. Harald Poelchau konnte seinen Freunden im Gefängnis Tegel beistehen. Moltke hatte sich von ihm bereits 1941 die letzte

Nacht vor der Hinrichtung beschreiben lassen. Auch zahlreiche andere Gesprächspartner mußten nach dem 20. Juli sterben, so beispielsweise Ulrich-Wilhelm Graf von Schwerin-Schwanenfeld und Fritz Dietlof Graf von der Schulenburg. Dieser war es auch gewesen, der gemeinsam mit Gerstenmaier eine Begegnung der Kreisauer mit der Goerdeler-Gruppe vermittelt hatte. Sie fand am 8. Januar 1943 statt, verlief unerfreulich und führte zu nichts. Zu vieles trennte die »Exzellenzen« von den »Jungen«. Moltke hielt Goerdeler für einen Reaktionär - sogar Hassell hatte in diesem Zusammenhang einmal die gleiche Vokabel benutzt - und bezeichnete dessen Vorstellungen für eine staatliche Neuordnung abschätzig als »Kerenskij-Lösung«.

Den letzten Versuch, eine radikale außenpolitische Lösung in die Wege zu leiten, unternahm Moltke während einer Dienstreise in die Türkei im Dezember 1943. Er hatte vergeblich gehofft, dort Alexander Kirk, den ihm wohlbekannten ehemaligen amerikanischen Geschäftsträger in Berlin, der jetzt in Kairo stationiert war, anzutreffen, um mit ihm in vollem Vertrauen die Möglichkeit einer deutschen Öffnung nach Westen zu besprechen. Eine nach Moltkes Abreise von zwei exildeutschen Kontaktmännern für den amerikanischen Geheimdienst abgefaßte Denkschrift berief sich auf eingehende Gespräche mit dem Repräsentanten »einer einflußreichen innerdeutschen Oppositionsgruppe« und schlug trotz verbaler Anerkennung der im Januar 1943 proklamierten Forderung nach bedingungsloser Kapitulation die Öffnung der deutschen Westfront bei einem alliierten Angriff vor, der, im Gegensatz zum Feldzug in Italien, durchschlagend genug sei, um mit deutscher Hilfe zu einer schnellen Besetzung Deutschlands durch die Westmächte zu führen. Dies würde von der dadurch freigesetzten »wahren Stimme« Deutschlands als eine Art westliches Tauroggen begrüßt werden und einer neuen Dolchstoßlegende vorbeugen. Das Schicksal dieses Vorschlags zeigt, wie recht Moltke hatte, als er Curtis vor den diplomatischen und geheimen Diensten warnte.[16]

Kurz nach seiner Rückkehr nach Deutschland wurde er verhaftet und zunächst im Reichssicherheitshauptamt in der Prinz-Albrecht-Straße, danach - immer noch nicht unter Anklage - im Zellenbau in Ravensbrück gefangengehalten, bevor er ab September 1944 ins Gefängnis Tegel verlegt wurde. Kreisauer Freunde hatten sich der Stauffenberg-Goerdeler-Verschwörung angeschlossen. In den Verhören nach dem gescheiterten Attentat stellte sich zur Überraschung der Sicherheitsbehörden heraus, daß Moltke ein für das Regime viel gefährlicherer Mann war als jener Kriegsverwaltungsrat in der mißliebigen Abwehr, für den man ihn bis dahin gehalten hatte, und daß sich seine »Verbrechen« keineswegs nur darauf beschränkten, einen Bekannten vor dessen Gestapo-Überwachung gewarnt zu haben. In der Begründung des am 11. Januar 1945 ergangenen Todesurteils heißt es: »Alles, was Graf Moltke damit getan hat, ist Hochverrat, Hochverrat mitten im Kriege. Ihn kann nicht entlasten, daß er sich nur Gedanken gemacht hat und nicht an die Ausführung von Plänen gegangen sei. Denn er hat sich nicht nur Gedanken gemacht, sondern einen Kreis gesammelt, in ihm Pläne in Diskussionen zur Entwicklung gebracht und sich schließlich um [!] Männer zur Durchführung umgesehen.«[17] Der weitaus größte Teil seiner Aktivitäten blieb dem Volksgerichtshof jedoch verborgen. Helmuth James Graf von Moltke wurde am 23. Januar 1945 hingerichtet.

Anmerkungen

1 Beate Ruhm von Oppen (Hrsg.), Helmuth James von Moltke: Briefe an Freya 1939–1945, München 1991, S. 613.
2 Eugen Gerstenmaier, Streit und Friede hat seine Zeit. Ein Lebensbericht, Berlin 1981, S. 222.
3 Freya von Moltke/Michael Balfour/Julian Frisby, Helmuth James von Moltke 1907–1945. Anwalt der Zukunft, Stuttgart 1975, S. 315.
4 Helmuth James von Moltke, Bericht aus Deutschland im Jahre 1943 / Letzte Briefe aus dem Gefängnis Tegel 1945, Berlin 1971, S. 17 f.

5 Ebenda, S. 37. Vgl. auch das englischsprachige Original in Beate Ruhm von Oppen (Hrsg.), Helmuth James von Moltke: Letters to Freya 1939–1945, New York 1990, S. 287.
6 Zit. nach Oppen (Anm. 1), S. 334.
7 Ebenda, S. 340.
8 Ebenda, S. 278.
9 Ebenda, S. 307 f.
10 Ebenda, S. 603/617.
11 Ebenda, S. 609/623.
12 Ebenda, S. 610/624.
13 Ebenda, S. 317.
14 Ebenda, S. 25 f.
15 Franz Josef Furtwängler, Männer, die ich sah und kannte, Hamburg 1951, S. 127 f.
16 Jürgen Heideking/Christof Mauch (Hrsg.), Das Herman-Dossier. Helmuth James Graf von Moltke, die deutsche Emigration in Istanbul und der amerikanische Geheimdienst Office of Strategic Services (OSS), in: *Vierteljahrshefte für Zeitgeschichte* 40 (1992), S. 567–623.
17 Roman Bleistein (Hrsg.), Alfred Delp. Gesammelte Schriften, Bd. 4: Aus dem Gefängnis, Frankfurt/M. 1984, S. 416.

Bibliographie

Quellen

Die wohl reichste und klarste Quelle für Moltkes Person und Wirken ist der Briefwechsel; siehe Beate Ruhm von Oppen (Hrsg.), Helmuth James von Moltke: Briefe an Freya 1939–1945, München 1988 und (erweitert) 1991. Für die Dokumentation von Moltkes völkerrechtlicher Tätigkeit, aber auch für seine Jugend, seine jungen Mannesjahre und sein soziales Engagement siehe Ger van Roon (Hrsg.), Helmuth James Graf von Moltke. Völkerrecht im Dienste der Menschen, Berlin 1984. Amtliches Material befindet sich im Bundesarchiv-Militärarchiv in Freiburg i. Brsg., besonders in den Gladisch-Akten. Weitere Dokumente zum »Kreisauer Kreis« sind veröffentlicht in Roman Bleistein (Hrsg.), Dossier: Kreisauer Kreis. Dokumente aus dem Widerstand gegen den Nationalsozialismus. Aus dem Nachlaß von Lothar König S. J., Frankfurt/M. 1987 und in

Wilhelm Ernst Winterhager (Hrsg.), Der Kreisauer Kreis. Porträt einer Widerstandsgruppe. Begleitband zu einer Ausstellung der Stiftung Preußischer Kulturbesitz, Berlin 1985. Den Curtis Papers in der Bodleyan Library, Oxford, ist einiges über die Person von Lionel Curtis und Moltkes englische Vorkriegskontakte zu entnehmen. Moltkes letzter Annäherungsversuch an die Westalliierten ist dokumentiert in Jürgen Heideking/ Christof Mauch (Hrsg.), Das Herman-Dossier. Helmuth James Graf von Moltke, die deutsche Emigration in Istanbul und der amerikanische Geheimdienst Office of Strategic Services (OSS), in: *Vierteljahrshefte für Zeitgeschichte* 40 (1992), S. 567–623. Unter den Memoiren ist besonders auf Eugen Gerstenmaier, Streit und Friede hat seine Zeit. Ein Lebensbild, Berlin 1981, hinzuweisen, der von Finker fälschlich des Verrats an seinen Freunden bezichtigt wurde.

Literatur

Die Biographie Moltkes ist von Freya von Moltke/Michael Balfour/Julian Frisby, Helmuth James von Moltke 1907–1945. Anwalt der Zukunft, Stuttgart 1975, wiederveröffentlicht Berlin 1984, vorgelegt worden. Das grundlegende Werk über den Kreisauer Kreis ist Ger van Roon, Neuordnung im Widerstand. Der Kreisauer Kreis innerhalb der deutschen Widerstandsbewegung, München 1967. Zu erwähnen ist auch noch Kurt Finker, Graf Moltke und der Kreisauer Kreis, Berlin (Ost) 1978.

Friedrich Olbricht – Der Generalstabschef der Verschwörung

VON HELENA P. SCHRADER

Frühjahr 1942: Deutsche U-Boote operieren direkt vor der amerikanischen Küste, und Winston Churchill zweifelt zum erstenmal ernsthaft am Sieg der Alliierten. In Deutschland jagt eine Siegesmeldung die andere, als die Wehrmacht immer tiefer in die Sowjetunion vordringt. Das Heerespersonalamt entscheidet, daß das Aussterben bestimmter deutscher Familien verhindert werden soll, und gestattet die Schonung »letzter Söhne«. Axel Freiherr von dem Bussche, dessen einziger Bruder im Winter 1941 gefallen war, wird von der Front in die Heimat versetzt. Als er dagegen protestiert, macht ihm sein Freund »Fritzi« Graf von der Schulenburg klar, daß in seinem Fall nicht die Verfügung des Heerespersonalamtes hinter der Versetzung steht, sondern eine Anti-Hitler-Verschwörung, die einen »zuverlässigen« Offizier in die Position des Adjutanten des Infanterie-Ersatzregiments in Potsdam bugsieren will. Der Grund: Diesem Regiment sei im Rahmen eines Putsches eine wichtige Rolle zugedacht. Schulenburg weist Bussche weiter an, allen Anordnungen eines Generals namens Olbricht Folge zu leisten. Dieser General der Infanterie und Stellvertretende Befehlshaber des Ersatzheeres habe die Pläne für den Staatsstreich ausgearbeitet und gelte als einer der wichtigsten Köpfe der Verschwörung.

Bussche erlebt Friedrich Olbricht schon kurze Zeit später persönlich. Völlig überraschend läßt sich der Stellvertretende Befehlshaber des Ersatzheeres zu einem Besuch beim Infanterie-Ersatzregiment 23 anmelden. Bussche, durch die Hinweise Schulenburgs hellhörig geworden, vermutet keinen rein inspektorischen Besuch - zu Recht. Bussches Zimmer betritt ein mittelgroßer, leicht untersetzter Mann, der »lebhaft und ganz humorvoll über alle möglichen unwichtigen Dinge« redet.[1] Nach einiger Zeit schlägt General Olbricht einen Spaziergang mit Bussche allein vor. Auf offenem Feld, wo kein Mithörer und kein Abhörgerät versteckt sein kann, beginnt Olbricht über »Walküre« zu sprechen. »Walküre« ist ein durchorganisierter Plan des Ersatzheeres, um eventuelle Unruhen seitens der Millionen von Zwangsarbeitern oder eine Landung alliierter Fallschirmjäger im Reichsgebiet niederzukämpfen. Olbricht läßt Bussche wissen, daß in einem solchen Fall das Regierungsviertel zu »verteidigen« sei und daß die hierfür eingesetzten Truppen besonders »zuverlässig« sein müßten. Durch die Vermittlung des Grafen Schulenburg wissen beide Offiziere, daß sie vom Staatsstreich sprechen.

Obwohl Bussche später betonte, daß Olbricht in diesem Gespräch nichts gesagt habe, was man vor Gericht gegen ihn hätte verwenden können, gewinnt er doch den Eindruck, daß dieser bei all seinem Charme und Humor »finster entschlossen« ist, das Hitlerregime bei der ersten sich bietenden Gelegenheit zu beseitigen. Während ehemalige Anti-Hitler-Verschwörer wie Generaloberst Franz Halder ihre oppositionellen Aktivitäten längst eingestellt und zukünftige Widerständler wie Graf Stauffenberg sich noch nicht zur Teilnahme an der Verschwörung durchgerungen haben, geht Olbricht konsequent seinen Weg. Wie kam dieser hochrangige und dekorierte Offizier dazu, in Zeiten größter Siege gegen seine Regierung und seinen »Obersten Kriegsherrn« zu konspirieren?

Olbricht wuchs als einziger Sohn des Oberrealschuldirektors Professor Dr. Richard Olbricht in Sachsen auf. Der Vater genoß vor allem wegen seines Engagements für die benachteiligten Schichten der kaiserlich/königlichen Gesellschaft hohes Ansehen und war allgemein beliebt. Er widmete sich der Ausbildung der sogenannten »einfachen Leute« und setzte sich auch außerhalb der Schule für die Weiterbildung und finanzielle Unterstützung der Kinder aus ärmeren Familien ein.

Sein Sohn Friedrich Olbricht wählte die Offizierslaufbahn und trat 1907 als Fahnenjunker in das sächsische Infanterie-Regiment 106 ein. Bei Kriegsausbruch 1914 war er Leutnant und Regimentsadjutant. Seine für den Herbst 1914 vorgesehene Kommandierung zur Kriegsakademie mußte unter den gegebenen Umständen entfallen. Schon im Verlauf der Marneschlacht wurde er für seine »besonders schneidigen Ritte durch heftiges Feuer zur Brigade und zum Generalkommando«[2] mit dem Königlich Sächsischen Militär-St.-Heinrichs-Orden ausgezeichnet. In der Schlacht um die Lorettohöhe erlitt Olbrichts Regiment innerhalb von nur drei Tagen verheerende Verluste. Im Herbst 1915 an der Ostfront und später bei Verdun war Olbricht ständig im Einsatz, im Jahre 1915 erhielt er das Eiserne Kreuz I. Klasse. Und über Verdun hinterließ er einen Bericht, in dem wenig von Heldentaten, aber viel vom Leid die Rede ist, der aber gleichwohl einen Hauch von Humor durchscheinen läßt.

Im April 1916 wurde Olbricht zum Hauptmann befördert und im Juli des gleichen Jahres zum Brigadeadjutanten ernannt. Anfang 1917 erfolgte der drei Jahre zuvor ausgesetzte Wechsel in den Generalstab. Im Stab des XIX. Armeekorps erlebte Olbricht die letzten Verzweiflungskämpfe des Ersten Wektkriegs. Den Rückzug in die Heimat Ende 1918 machte er als Angehöriger des Stabes des Armee-Oberkommandos 3 mit.

Hierauf begann Olbrichts ungewöhnlicher Weg, der im Widerstand endete: Er akzeptierte die Niederlage und nahm das Ende der Monarchien als tragisch, aber unvermeidlich hin. Die »Dolchstoßlegende« war für ihn kein Thema, und er trauerte dem Kaiserreich nicht nach. Er wandte sich vielmehr der Zukunft zu. Am 28. Dezember 1918 heiratete er Eva Koeppel und zog mit ihr noch am Abend des gleichen Tages aus dem gerade polnisch gewordenen Posen nach Leipzig. Leipzig war damals die Hochburg der

USPD. Im November 1918 war die dort stationierte 19. Brigade durch aufständische Soldaten gezwungen worden, die Kommandantur und die Depots dem Arbeiter- und Soldatenrat zu übergeben. Die Offiziere hatte man gezwungen, sich der Befehlsgewalt des Rates zu unterstellen. Es war ein aus acht Kompanien bestehender »Sicherheitsdienst« eingerichtet worden, der nicht dem Generalkommando, sondern dem Soldatenrat unterstand. Olbricht war nun der Auftrag erteilt worden, die Demobilmachung der Leipziger Regimenter abzuwickeln. Unter den herrschenden revolutionären Umständen war er jedoch vorrangig damit beschäftigt, zwischen den miteinander verfeindeten Volksteilen der Stadt zu schlichten. Es war auch sein Verdienst, daß es nicht zu blutigen Ausschreitungen kam, als die Reichsregierung auf Ersuchen der Sächsischen Landesregierung Teile des Freikorps Maercker nach Leipzig schickte, um dort Ruhe und Ordnung wiederherzustellen. Daß Olbricht die politische Einsicht und das Geschick besaß, auch mit der extremen Linken zu verhandeln, und das zu einer Zeit, als sich Offiziere wie der nachmalige Generaloberst Heinz Guderian in den Baltischen Freikorps betätigten, belegt sein politisches Talent. Olbricht hatte sich für die Demokratie entschieden und blieb ihr bis zum Ende seines Lebens treu.

Kurze Zeit nach dem Kapp-Putsch wurde er als »Verbindungsoffizier« zwischen der Reichswehr und dem sozialdemokratischen Oberpräsidenten Hörsing nach Magdeburg versetzt. Während des Putsches hatte sich der dortige Standortkommandeur zusammen mit einem Großteil des Offizierskorps der Garnison zu Kapp bekannt. Hörsing führte daher nach Mißlingen des Unternehmens eine aktive Kampagne gegen Rechtsradikale und gegen das Militär. Olbricht kam nun mit ausdrücklicher Zustimmung des Oberpräsidenten nach Magdeburg, um die Spannungen zwischen Reichswehr und politischer Verwaltung abzubauen und auf eine gedeihliche Zusammenarbeit hinzuwirken. Er bewährte sich auch hier.

Nach fünf Jahren Truppendienst wurde Olbricht 1926 in die Abteilung T-3 (»Fremde Heere« – Nachrichtendienst) des Truppenamtes nach Berlin versetzt. Bereits 1928 stieg er zum stellvertretenden Abteilungsleiter auf. 1930 unternahm er eine sechswöchige Dienstreise in die Sowjetunion. Die Reise fand nach der ersten Phase der Zwangskollektivierung statt, und die stärksten Eindrücke, die Olbricht von dort mit nach Hause brachte, waren die Armut und die Menschenverachtung des Systems. Im Gegensatz zu dem späteren Reichskriegsminister Werner von Blomberg konnte bei ihm von einer Begeisterung für den Bolschewismus nicht im geringsten die Rede sein.

Im Truppenamt diente Olbricht unter den Generalen Heye und von Hammerstein, die beide bemüht waren, die latenten Spannungen zwischen Reichswehr und Reichsregierung abzubauen. Olbrichts Dienst in Berlin fiel in die kurze Blütezeit der Weimarer Republik. Stresemanns »Verständigungspolitik« schien Früchte zu tragen. Olbricht schätzte den »Geist von Locarno« und begrüßte die positiven Auswirkungen auf seine eigene dienstliche Zusammenarbeit mit ausländischen Militärs. Aber er erkannte auch die zahlreichen Schwächen der Republik. Die zunehmende Instabilität im Lande bereitete ihm große Sorgen. Nicht zuletzt der Umstand, daß die Nationalsozialisten immer mehr Zulauf bekamen, beunruhigte ihn. Olbricht hatte Hitler zum erstenmal im Jahre 1925 bei einer Rede im Zirkus Sarrasani erlebt. Seit diesem Tage »haßte« und verachtete er ihn als »Hetzredner«. Als Hitler Reichskanzler wurde, war Olbricht aufrichtig entsetzt und hegte im Unterschied zu vielen anderen Militärs keinerlei Hoffnung, daß der Nationalsozialismus doch etwas Positives mit sich bringen könnte.

Die Tatsache, daß Olbricht der Weimarer Republik aus Überzeugung gedient hatte und sich nie vom »nationalen« Element des Nationalsozialismus blenden ließ, zeigt, wie deutlich er sich von der Mehrzahl seiner Kameraden unterschied. Die meisten Offiziere hatten Weimar innerlich abgelehnt und sich entweder nach einer Restauration der Monarchie oder nach einem neuen nationalistischen und autoritären Staat gesehnt. Für viele – vor allem die jüngeren – schien der Nationalsozialismus die ersehnte »nationale Erneuerung« mit sich zu bringen. Und viele ältere, wie auch die politischen und wirtschaftlichen Eliten überhaupt, glaubten, die ihnen genehmen Teile aus Hitlers Programmatik fördern und die unangenehmen zurückdrängen zu können. Sie hegten die Absicht, Hitler für ihre Zwecke zu manipulieren. Auch die alsbald einsetzenden Verstöße gegen die nach wie vor geltende Verfassung erregten bei den meisten Offizieren, die die Republik im Herzen ohnehin nie als »legitim« empfunden hatten, kein Mißtrauen gegenüber dem Nationalsozialismus.

Olbricht dagegen erkannte jeden Verstoß gegen die Weimarer Verfassung als Verbrechen. Als Hitler am 30. Juni 1934 die SA-Führung und weitere mißliebige Personen kurzerhand durch die SS erschießen ließ, war Olbricht zutiefst empört, aber keineswegs überrascht. Als er von der Verhaftung einer Reihe von Regimegegnern, darunter auch des sächsischen Prinzen Ernst Heinrich erfuhr, fürchtete er um ihr Leben und rief in seiner Eigenschaft als Chef des Stabes der 4. Division sofort bei den zuständigen SS-Stellen in Dresden an. Er behauptete, daß es sich in diesen Fällen um ihm bekannte Männer und um ein Mißverständnis handeln müsse. Da die SS zu dieser Zeit noch bemüht war, Auseinandersetzungen mit der Reichswehr zu vermeiden, muß dieser Anruf die betreffenden SS-Führer verunsichert haben. Jedenfalls wurden mehrere Personen aus dem Kreis der Verhafteten nach kurzer KZ-Haft wieder entlassen und kamen so mit dem Leben davon.

Noch am gleichen Tage schickten Olbricht und sein Divisionskommandeur General Wilhelm List einen scharfen Protest nach Berlin. Die Reichswehrführung hatte sich mit den Mordaktionen bereits im voraus abgefunden. Sie betrachtete die SA als eine gefährliche Rivalin und war sogar bereit, die Ermordung zweier Generale hinzunehmen, um sie als Machtfaktor ausgeschaltet zu wissen. In manchen Wehrkreisen stellte die Reichswehr der SS zu diesem Zweck sogar Lastkraftwagen, Gewehre und Munition zur Verfügung. Und Reichswehrminister von Blomberg pries Hitler im nachhinein sogar mit den Worten:

»Der Führer hat mit soldatischer Entschlossenheit und vorbildlichem Mut die Verräter und Meuterer selbst angegriffen und niedergeschmettert.«[3]

Dieser vermeintliche Sieg der Reichswehrführung war jedoch ein Pyrrhussieg. Dreieinhalb Jahre später kam die Reichswehrführung selbst an die Reihe. Reichswehrminister Generalfeldmarschall Werner von Blomberg wurde infolge seiner im Offizierskorps der gesamten Wehrmacht als skandalös empfundenen zweiten Ehe von Hitler entlassen. Der Oberbefehlshaber des Heeres Generaloberst Werner von Fritsch wurde fälschlich homosexueller Verfehlungen bezichtigt und ebenfalls abgelöst. Einige Offiziere begriffen das Ausmaß des Polizei- und Machtmißbrauchs, das hinter der Entlassung des allseits verehrten Fritsch steckte. Sie maßen diesem Ereignis so viel Bedeutung bei, daß sie glaubten, Göring und Himmler, wenn nicht gar Hitler selbst darüber zu Fall bringen zu können. Ihnen schwebte zunächst eine gemeinsame Rücktrittsdrohung aller zwölf Kommandierenden Generale vor. Doch nicht alle aus diesem Kreis waren zu einem derartigen Schritt bereit.

Carl Goerdeler, der ehemalige Oberbürgermeister von Leipzig, war noch weiter gegangen. Er forderte die Reichswehr sogar zu einem Staatsstreich auf. Am 29. Januar 1938 trug er sein Ansinnen dem ihm persönlich bekannten Kommandierenden General des Dresdener Wehrkreiskommandos Wilhelm List und dessen Stabschef Olbricht vor. Olbricht, der auch für seinen General sprach, erteilte Goerdeler eine abschlägige Antwort. Die Begründung war einleuchtend: Olbricht lehnte weder den Staatsstreich als solchen noch die Anwendung von Gewalt gegen das Regime ab. Er beanstandete jedoch im vorliegenden Fall die fehlenden politischen Kräfte und die ungenügende Vorbereitung. Innerlich war Olbricht mithin schon zum »Verräter« geworden; es fehlte nur noch die Gelegenheit zu einem erfolgversprechenden Putschversuch.

Diese Gelegenheit bot sich noch im gleichen Jahr. Hitlers Außenpolitik wurde immer militanter und risikoreicher. Innerhalb des Generalstabes des Heeres, wo man die Schwäche der Wehrmacht und die Stärke der wahrscheinlichen Gegner nur allzu gut kannte, kam es daraufhin zu einem Aufbegehren gegen diese Politik. Generaloberst Ludwig Beck, der Chef des Generalstabes, kritisierte Hitlers unverantwortliche Haltung in zunehmender Deutlichkeit und versuchte die Generalität für eine gemeinsame Gegenaktion zu mobilisieren - vergebens. Im August 1938 trat er zurück. Unter Becks Nachfolger, Franz Halder, wurden dann regelrechte Staatsstreichpläne ausgearbeitet. Zur Verhinderung des drohenden Weltkrieges, den Deutschland nach Einschätzung der Führung des Generalstabes nur verlieren konnte, sollte ein Militärputsch ausgelöst werden, sobald Hitlers Befehl zum Einmarsch in die Tschechoslowakei eine Kriegserklärung der Westmächte provoziert hatte. Da die Bevölkerung den Krieg fürchtete, waren die Erfolgsaussichten einer solchen Aktion nicht schlecht. Wenn klar geworden wäre, daß Hitler mutwillig einen Krieg entfesselte, hätte die Wehrmacht wohl mit der Unterstützung der Mehrheit der deutschen Bevölkerung rechnen können.

Da Olbricht zu diesem Zeitpunkt mit seiner Truppe an der tschechischen Grenze stand, konnte er nicht aktiv an diesen Staatsstreichvorbereitungen mitarbeiten. Gleichwohl war er in die Pläne der Verschwörer eingeweiht und galt in ihrem Sinne als »zuverlässig«. Auch hatte er diesmal keine Einwände gegen die Putschabsichten erhoben. Die Westmächte ließen sich allerdings nicht auf das Spiel ein. Auch sie fürchteten den Krieg und opferten die Tschechoslowakei, um den Frieden zu retten. Hitler hatte einen unblutigen Sieg errungen, der seine Popularität im Lande ebenso maßlos steigerte wie sein Selbstvertrauen. Der Generalstab des Heeres wurde ob der von ihm vorgetragenen Bedenken im nachhinein allgemein belächelt, und der einzige Staatsstreichversuch, der wohl einige Erfolgsaussichten gehabt hätte, mußte abgeblasen werden.

Nun folgten die Jahre der größten Siege Hitlers: die »Rest-Tschechei«, Polen, Norwegen, Dänemark, Holland, Belgien, Frankreich, Jugoslawien, Griechenland und die Sowjetunion wurden angegriffen und - wenigstens teilweise - erobert. Olbricht zeigte als Kommandeur der 24. Infanteriedivision den gewohnten Elan. Unter seinem persönlichen Einsatz gelang seiner Division am 4. September 1939 die unversehrte Inbesitznahme aller fünf Warthe-Brücken, obgleich diese zur Sprengung vorbereitet worden waren. Fünf Tage später nahm er dann mit einer improvisierten motorisierten Gruppe in einer handstreichartigen Aktion auch die Brücke über die Bzura. Sein tatkräftiger Führungsstil brachte außerordentliche Erfolge mit sich. Daher verwundert es nicht, daß er sich unter den ersten 14 Offizieren befand, denen das neugestiftete Ritterkreuz verliehen wurde.

Außerordentlich war auch die Fürsorge, die Olbricht gegenüber seinen Männern an den Tag legte: Am 22. September 1939 ordnete das vorgesetzte Generalkommando des XI. Armeekorps den Angriff an der Weichsel für Punkt 7 Uhr an. Da die Artillerie zu diesem Zeitpunkt noch nicht in Stellung gegangen und auch noch nicht alle Vorbereitungen abgeschlossen waren, hielt Olbricht diesen Befehl für widersinnig und zögerte den Angriffsbeginn bis 11.15 Uhr hinaus. Er konnte den ihm erteilten Kampfauftrag denn auch fast gänzlich ohne Verluste ausführen. Anhand dieses Beispiels wird das Urteil eines Stabsoffiziers nachvollziehbar: »Das Vertrauen, das die Division bis zum letzten Mann in ihn (Olbricht) setzte, war unbegrenzt. Seine Autorität beruhte auf seiner Persönlichkeit und seiner Leistung. Die Zuneigung und Verehrung, deren er sich erfreute, entsprangen seinem geraden Sinn, seinem warmen Herzen und der einfachen Menschlichkeit, mit der er sich gab.«[4] Als Olbricht kurz vor Beginn des Frankreichfeldzugs nach Berlin versetzt wurde, reagierte seine Division sehr betroffen. Und sein Nachfolger traf allein schon deshalb auf allgemeine, wenn auch ungerechtfertigte Ablehnung, weil er eben den allseits beliebten Olbricht ablöste. Auch er selbst nahm seine Abkommandierung nicht mit sonderlicher Freude entgegen. Aber eines tröstete ihn: Seine neue Stellung bot ihm Gelegenheit, wirksam gegen das NS-Regime zu handeln.

Ab Februar 1940 wurde Olbricht Chef des Allgemeinen Heeresamtes (AHA). Dieses Amt war ungeachtet seines eher bescheidenen Titels faktisch die Nachfolgeorganisation des Kriegsministeriums. Im Kriege oblag ihm die Aufgabe, all das zu beschaffen und organisatorisch zu gewährleisten, was zur Erhaltung der Schlagkraft des Feldheeres erforderlich war - Personal, Ausbildung, Waffen, Munition, Transport, Bekleidung, Sanitätsdienst, Seelsorge und Justiz. Etwa 4000 Offiziere und 150 000 Mann waren Olbricht in seiner Eigenschaft als Chef des AHA unterstellt - allerdings besaß er keinerlei Befehlsgewalt über Kampfeinheiten.

Der Zeitpunkt von Olbrichts Amtsantritt war für Widerstandsaktivitäten denkbar ungünstig. Gleichwohl zählte der General bereits jetzt zu dem Kreis von Regimegegnern, der unabhängig von der jeweiligen Kriegslage auf einen Sturz Hitlers hinarbeitete. Generaloberst Beck, General von Stülpnagel, General Thomas und Oberst Oster waren dabei seine wichtigsten Verbündeten. Olbricht nutzte die Möglichkeiten seiner Dienststelle, um Hilfe für gefährdete Personen und Opfer des Unrechtsregimes zu leisten. Er hat Männer buchstäblich aus den Händen der Gestapo zur Wehrmacht einziehen lassen. In Zusammenarbeit mit Heeresrichter Karl Sack hat er Soldaten und Offiziere, die wegen politischer Delikte angezeigt worden waren, vor der Verhaftung gewarnt oder doch wenigstens juristische Hilfestellungen geleistet. Olbrichts größtes Verdienst ist in diesem Zusammenhang wohl die Abmilderung eines Befehls über den Einsatz und die Behandlung sowjetischer Kriegsgefangener.

Als Olbricht sein Amt antrat, waren seitens der Opposition Versuche im Gange, den Westfeldzug durch eine über den Vatikan gerichtete Initiative zu verhindern. Erst als diese Bemühungen infolge der spektakulären deutschen Erfolge im Westen definitiv zunichte gemacht worden waren, gewann Olbricht innerhalb der Verschwörung an Gewicht. Beck wollte die Zeit bis zu den von ihm mit Sicherheit erwarteten militärischen Rückschlägen dazu nutzen, einen Staatsstreich generalstabsmäßig vorzubereiten. In Zusammenarbeit mit Oberst Oster, dessen Befehlsgewalt sich über einige Sondereinheiten der Abwehr erstreckte und dem daher auch die Organisation eines eventuellen Attentats zufiel, entwickelte Olbricht Pläne, die man gegebenenfalls für die Zwecke eines Staatsstreiches nutzen könnte. Ab Spätherbst 1941 diente der von Hitler genehmigte »Walküre«-Plan als Tarnung für entsprechende militärische Maßnahmen.

Anfangs sahen alle Umsturzpläne die aktive Teilnahme eines oder mehrerer Oberbefehlshaber des Feldheeres vor. Olbricht, Goerdeler und vor allem Tresckow bemühten sich daher, einen der Feldmarschälle - Bock, Kluge oder Manstein - für ihren Putsch zu gewinnen. Gleichzeitig wurden die Aktivitäten der politischen Kräfte in der Opposition intensiviert. Man stellte eine »Schattenregierung« auf und diskutierte die Grundsätze einer Nach-Hitler-Regierung. Olbricht selbst war für den Posten des Wehrmachtministers vorgesehen, auch wenn er persönlich keinen besonderen Wert auf eine derartige Stellung legte.

Ende 1942 war noch immer keiner der angesprochenen Oberbefehlshaber bereit, sich und die ihm unterstehenden Armeen dem Widerstand zur Verfügung zu stellen. Olbricht, ungeduldig geworden, drängte nun darauf, den Staatsstreich nicht nur von seiner Dienststelle aus vorbereiten zu lassen, sondern auch das Ersatzheer mit einzubeziehen. Dies bedeutete allerdings, daß Olbricht seinen eigenen Vorgesetzten, Generaloberst Friedrich Fromm, für den Staatsstreich gewinnen mußte, da nur bei ihm die Befehlsgewalt über die dem Ersatzheer unterstehenden Verbände lag. Gleichzeitig ging die Verantwortung für die praktische Durchführung des Attentats von Oster auf Tresckow über. Osters Aktivitäten hatten inzwischen zuviel »Interesse« seitens Himmlers und der Gestapo geweckt, als daß man die Attentatsvorbereitungen weiterhin in seinem Amt vorantreiben konnte. Im Frühjahr 1943 folgten zwei Attentatsversuche, die Tresckow organisierte: Man schmuggelte eine Bombe in Hitlers Flugzeug und leitete ein weiteres Bombenattentat für den Heldengedenktag in die Wege - all diese Versuche schlugen jedoch fehl.

Die Verschwörung gegen Hitler geriet daraufhin in eine Krise. Generaloberst Beck, ihr unangefochtenes Oberhaupt, mußte sich einer Reihe von Magenkrebs-Operationen unterziehen. Oster fiel endgültig aus: Durch die Verhaftung einiger seiner engsten Mitarbeiter war die Gefahr der Aufdeckung des Komplotts erheblich größer geworden. Auch beanspruchte die Entwicklung an den Kriegsfronten Olbricht und Tresckow so stark, daß sie kaum noch in der Lage waren, Energie und Zeit für Widerstandsaktivitäten aufzubringen. Ferner hatte Olbricht im Gegensatz zu Tresckow zusätzlich darunter zu leiden, daß er keine im Sinne des Widerstands »zuverlässigen« Chef des Stabes hatte. Sein Stabschef General Reinhardt glaubte, der Krieg sei »nur mit Hitler« zu gewinnen. Sobald Osters Widerstandsaktivitäten durch die zunehmende Aufmerksamkeit der Gestapo stark eingeschränkt wurden, begann Olbricht daher, nach einem »geeigneten« Chef seines Stabes Ausschau zu halten. Seine Wahl fiel auf Claus Schenk Graf von Stauffenberg. Allerdings mußte dieser - laufbahnbedingt - zunächst noch zum Truppen-Generalstab abkommandiert werden. Und Anfang April 1943 wurde er in Afrika schwer verwundet.

Erst im August 1943 war Stauffenberg wieder so weit genesen, daß er sich bei seinem neuen Vorgesetzten vorstellen konnte. Inzwischen war der junge Graf endgültig zu der gleichen Einsicht gelangt, die Olbricht bereits fünf Jahre zuvor gewonnen hatte, und daher bereit, an einem Staatsstreichversuch teilzunehmen. Die Lage an den Fronten und wohl auch das Bewußtsein seiner eigenen Versäumnisse veranlaßten Stauffenberg, nun endlich um so entschlossener und tatkräftiger gegen das Hitler-Regime vorzugehen. Er erklärte sich daher auch sofort einverstanden, als Olbricht ihm zu seiner Überraschung eröffnete, daß seine künftige Tätigkeit im AHA nicht auf die offiziellen Aufgaben beschränkt sei, sondern auch die Vorbereitung und die Durchführung eines Staatsstreichs umfassen sollte. Endlich hatte Olbricht einen zuverlässigen Mitarbeiter, der Oster ersetzen konnte.

Im Juli 1943 hatte sich Beck weitgehend von seiner Krankheit erholt. Und Generalfeldmarschall von Kluge signalisierte nun doch noch seine Bereitschaft, an einem Putsch mitzuwirken.

Olbricht, der tätigen Hilfe seines Chefs des Stabes nun sicher, entschied, notfalls auch gegen seinen eigenen Vorgesetzten, Fromm, zu handeln; er versprach, Fromm im Falle von dessen Widerstreben festnehmen zu lassen. Der Widerstand gewann auf einmal neue Hoffnung und Tatkraft.

Als Stauffenberg am 1. Oktober 1943 seinen Dienst als Chef des Stabes bei Olbricht antrat, kam mit ihm zweifellos eine neue dynamische Kraft in die Verschwörung. Konsequent trieb er die Vorbereitung des Staatsstreichs voran. Gleichwohl ist auch in diesem Zusammenhang Stauffenberg Olbrichts Gehilfe gewesen, und nicht umgekehrt. Aktiv und dynamisch, wie Stauffenberg auch gewesen sein mag, nahm er doch seine Befehle vom »Oberbefehlshaber« (Beck) und vom »Chef des Stabes« der Verschwörung (Olbricht) entgegen. In bester Tradition des deutschen Generalstabs wurde dabei allerdings ein bloßer Kadavergehorsam weder verlangt noch erwartet. Stauffenberg *sollte* vielmehr mitdenken, mitreden und mitentscheiden. Man strebte gemeinsam die gleichen Ziele an.

Neun Monate lang arbeiteten Olbricht und Stauffenberg reibungslos zusammen. Allen, die damals mit ihnen zu tun hatten, sind sie als ein Gespann im Gedächtnis geblieben, das trotz der Kriegslage und der wiederholten Rückschläge für den Widerstand Heiterkeit, Humor und Hoffnung ausstrahlte. »Wenn die beiden zusammen sind«, so erfuhr Frau Olbricht von einer Sekretärin im AHA, »hört man sie so oft lachen, nur lachen.«[5]

Das Lachen konnte jedoch nicht darüber hinwegtäuschen, daß die militärische Lage Deutschlands stetig hoffnungsloser, die Verbrechen des NS-Regimes zunehmend schrecklicher und die Zahl der Toten immer ungeheuerlicher wurden. Nachdem eine Reihe von Attentatsplänen daran gescheitert waren, daß die zum Tyrannenmord bereiten Personen keinen Zugang zu Hitler hatten, faßte Stauffenberg den verzweifelten Entschluß, selbst die Rolle des Attentäters zu übernehmen.

Stauffenberg hatte am 1. Juli 1944 im Einverständnis mit Olbricht eine andere Stellung übernommen, war Chef des Stabes bei

Olbrichts Vorgesetztem, dem Befehlshaber des Ersatzheeres Generaloberst Fromm geworden. Der Hintergedanke bei diesem Wechsel liegt auf der Hand: Nur Fromm war befugt, falls Hitler verhindert war, die »Walküre«-Befehle legal auszugeben. Zwar hatte sich Olbricht gegenüber den anderen Verschwörern verpflichtet, diese Befehle notfalls auszugeben, ohne dienstlich dazu befugt zu sein, doch wären die Erfolgschancen des Putsches dadurch erheblich beeinträchtigt worden. Der Erfolg der erstrebten Umfunktionierung »Walküres« für die Zwecke der Verschwörung hing nämlich entscheidend davon ab, daß die nachgeordneten militärischen Dienststellen (die Wehrkreiskommandos, das Wachbataillon etc.) die bei ihnen eingehenden Befehle blind und unverzüglich ausführten. Dies war jedoch erheblich wahrscheinlicher, wenn diese Befehle ordnungsgemäß vom dazu befugten Befehlshaber oder allenfalls - in dessen Vertretung - von seinem Stabschef unterschrieben waren und nicht von einem General, von dem die nachgeordneten Stellen wußten, daß er dienstlich gar nicht dazu ermächtigt war.

Als Stauffenberg Chef des Stabes bei Fromm wurde, bekam er zudem regelmäßigen Zugang zu Hitler. Der sich ihm dadurch eröffnenden Chance, selbst die Bombe zu legen, konnte er angesichts der verzweifelten Kriegslage nicht widerstehen, obwohl der Vorteil, der sich aus der Sicht der Verschwörer durch seinen Wechsel zu Fromm ergeben hatte, dadurch wieder gefährdet wurde. Mindestens dreimal ging Stauffenberg mit der Absicht ins »Führerhauptquartier«, seinen »Obersten Kriegsherrn« umzubringen. Sein erster Attentatsversuch sollte nur unter der Voraussetzung stattfinden, daß auch Göring und Himmler gleichzeitig anwesend waren. Kurz danach einigten sich die Verschwörer darauf, das Attentat auch dann durchzuführen, wenn diese beiden mutmaßlichen Hitler-Nachfolger nicht mitgetötet werden könnten.

Als Stauffenberg am 15. Juli 1944 ins »Führerhauptquartier« flog, waren die Verschwörer fest davon überzeugt, der Staatsstreichversuch sollte an diesem Tage unternommen werden. Um dessen Erfolgschancen zu erhöhen, entschieden Beck, Olbricht und Stauffenberg, die erste Alarmstufe für »Walküre« bereits zwei Stunden vor dem ersten möglichen Termin für das Attentat anzuordnen. Dadurch sollte ein frühzeitiges Heranrücken der Heereseinheiten ermöglicht werden, mit denen man nach dem Attentat den eventuellen Aktionen regimetreuer SS-Einheiten entgegenwirken wollte. Diese Entscheidung war allerdings äußerst gewagt: Da Generaloberst Fromm diesmal zusammen mit seinem Stabschef in die »Wolfschanze« fliegen sollte, mußte Olbricht die »Walküre«-Befehle ausgeben, ohne dazu, wie jedermann wußte, dienstlich überhaupt befugt zu sein.

Am 15. Juli 1944 ordnete Olbricht gegen 11 Uhr für den Berliner Wehrkreis die »Walküre«-Alarmstufe I an. Damit hatte er sich voll exponiert. Stauffenberg gelang es zudem nicht, die Bombe zu zünden. Gegen 14.30 Uhr mußte er telefonisch die Nachricht durchgeben, daß das Attentat nicht stattgefunden hatte. Olbricht war nun gezwungen, »Walküre« überstürzt abzubrechen, und versuchte, das Ganze notdürftig als »Übung« zu tarnen: Er fuhr auf der Stelle zu den alarmierten Einheiten und hielt überall Reden, in denen er die Bedeutung der (offiziellen) Aufgaben von »Walküre« betonte. Daß *er* die Befehle unbefugterweise herausgegeben hatte, konnte allerdings nicht vertuscht werden. Es kam darüber zu einem heftigen Krach mit Fromm, der seinerseits vom Chef des Oberkommandos der Wehrmacht Generalfeldmarschall Keitel wegen dieser ungenehmigten »Übung« gerügt worden war. Auch hatte die Gestapo Wind von der Sache bekommen. Eine erneute Ausgabe von »Walküre« durfte daher nur nach einem erfolgreichen Attentat durch einen dazu befugten Offizier vorgenommen werden.

Am 20. Juli 1944 unternahm Stauffenberg seinen berühmten Versuch, Hitler umzubringen. Olbricht und die Mitverschwörer warteten in Berlin ungeduldig auf Nachricht aus dem »Führerhauptquartier«. Gegen 15 Uhr kamen die ersten Gerüchte über ein mißlungenes Attentat auf. Erst gegen 16 Uhr übermittelte Stauffenbergs Ordonnanzoffizier telefonisch die Nachricht von

Hitlers Tod. Olbricht begab sich daraufhin sofort zu Fromm in der Hoffnung, ihn zur legalen Auslösung von »Walküre« bewegen zu können. Fromm - durch die Ereignisse am 15. Juli mißtrauisch geworden - verlangte jedoch zunächst eine telefonische Verbindung zu Feldmarschall Keitel im »Führerhauptquartier«. Der OKW-Chef bestätigte das Attentat, bestritt aber wahrheitsgemäß Hitlers Tod. Trotz dieses Rückschlages gab es für Olbricht kein Zurück mehr. Wie er einige Stunden später gegenüber seinem Schwiegersohn bemerkte, konnte er Stauffenberg nicht im Stich lassen.

Inzwischen war Stauffenberg auch nach Berlin zurückgekehrt und glaubte aufrichtig an seinen Erfolg. Sicherlich spielte ein verständliches Maß an Euphorie und Stolz eine Rolle, als er seinen Mitverschwörern in gutem Glauben, aber wahrheitswidrig erklärte, Hitler sei tot. Da Fromm der Darstellung Stauffenbergs keinen Glauben schenkte, ihm vielmehr zuriet, sich sofort zu erschießen, befahl Olbricht die Verhaftung seines Vorgesetzten, Fromm.

In den nächsten sechs Stunden versuchten Olbricht und Stauffenberg verzweifelt, den Staatsstreich voranzutreiben. Anfangs verlief alles planmäßig. Als jedoch Keitel begriff, daß das Attentat nicht die Tat eines Einzelgängers war, sondern daß eine Verschwörung dahinter stand, steuerte er mit Befehlen aus dem »Führerhauptquartier« den Aktivitäten in der Berliner Bendlerstraße entgegen. Die nachgeordneten Dienststellen, mit einander widersprechenden Befehlen konfrontiert, wurden zunehmend unsicher. Als es keinen Zweifel mehr daran geben konnte, daß Hitler überlebt hatte, wurden sogar Offiziere, die stark mit den Verschwörern sympathisiert hatten, entmutigt. Für einen bereits mißlungenen Putsch wollte sich niemand mehr opfern. Den Befehlen aus der Bendlerstraße wurde immer weniger Beachtung geschenkt. Und schließlich brach der Staatsstreich völlig in sich zusammen. Kurz vor Mitternacht gewannen die »hitlertreuen« Offiziere im AHA die Oberhand. Noch in der Nacht zum 21. Juli 1944 starb der General der Infanterie Friedrich Olbricht als erstes Opfer des gescheiterten Staatsstreichversuches unter den Kugeln eines Hinrichtungskommandos.

Mit ihm starb einer der konsequentesten und bedeutendsten – ja sogar einer der unentbehrlichsten – Führer des militärischen Widerstandes gegen den Nationalsozialismus. Daß er bisher in der Literatur zum 20. Juli vergleichsweise wenig Beachtung gefunden hat, ist ironischerweise wohl vor allem sein Verdienst. Im Gegensatz zu seinem Führungsstil als Divisionskommandeur war Olbricht als Verschwörer eher vorsichtig und bedächtig. Denn nur auf diese Weise hat sich ja Olbricht über vier Jahre lang das Vertrauen seiner regimetreuen Vorgesetzten erhalten können. Und nur hierdurch wiederum konnte er dem Widerstand seine militärische Dienststelle für dessen Zwecke zur Verfügung stellen. Das ist ihm nach 1945 fälschlich oft als Zögern, Unentschlossenheit oder als Mangel an Tatkraft ausgelegt worden. Doch ohne Friedrich Olbricht wäre »Walküre« nie zu einem Staatsstreichplan umgestaltet worden, hätte Stauffenberg nie in eine zentrale Position manövriert werden können und hätte, nach der Ausschaltung Osters, wohl kein einigermaßen koordinierter militärischer Putschversuch gegen Hitler stattgefunden.

Anmerkungen

1 Axel Freiherr von dem Bussche, Interview mit der Verfasserin, Berlin 1985.
2 »Der Königlich Sächsische Militär-St. Heinrichs-Orden« 1736–1918, Frankfurt/M. 1964, S. 73.
3 Zit. nach Heinrich Bennecke, Die Reichswehr und der »Röhm-Putsch«, München 1964, S. 73.
4 Ernst Friedrich, General Olbricht (unveröffentliches Manuskript), S. 6.
5 Eva Olbricht, Interview mit dem damaligen DDR-Fernsehen, Berlin 1987.

Bibliographie

Quellen

Die Quellenlage zur Person Olbrichts ist sehr unbefriedigend. Über seine Widerstandsaktivitäten gibt sein dürftiger, im Privatbesitz der Familie befindlicher Nachlaß so gut wie keine Auskunft. Seine militärische Personalakte wurde vom NS-Regime vernichtet. Aufgrund der Verfolgung seiner Angehörigen sind seine persönlichen Briefe nach seinem Tod mit wenigen Ausnahmen verloren gegangen.
Erhalten geblieben sind nur einige Dienstakten, die verschiedenen Dienststellungen Olbrichts in Reichswehr und Wehrmacht betreffend, Berichte des amerikanischen Militärattachés in Berlin aus den Jahren 1926–1941, ein von Olbricht diktiertes persönliches »Tagebuch« aus dem Krieg gegen Polen, ein Aufsatz über Verdun und einige unveröffentlichte Manuskripte. Angesichts dieser Quellensituation kommt den zumeist mündlichen Aussagen von Familienangehörigen, Freunden, Wegbegleitern und Kameraden Olbrichts eine zentrale Bedeutung zu. Besonders interessant ist das in den Anmerkungen zitierte Manuskript von Ernst Friedrich, der in Polen und im AHA als Stabsoffizier unter Olbricht diente. Es befindet sich in Privatbesitz.

Literatur

Olbrichts Rolle im deutschen Widerstand ist bisher unterschätzt worden. Zwar wird Olbricht in der reichen Literatur über den 20. Juli immer wieder, und zwar zumeist in sehr abschätzigem Tenor, erwähnt. Bis auf Friedrich Georgi, Wir haben das Letzte gewagt, Freiburg i. Brsg. 1990, dem Buch seines Schwiegersohnes, die kurze Skizze von Günter Wollstein, Friedrich Olbricht, in: Rudolf Lill/Heinrich Oberreuter (Hrsg.), 20. Juli - Porträts des Widerstands, München 1989, S. 207–222, und die Biographie von Helena P. Page, General Friedrich Olbricht: Ein Mann des 20. Juli, Bonn 1992, gibt es keine systematische Auseinandersetzung mit Olbricht und seiner Rolle im deutschen Widerstand.

Hans Oster – Die »Seele des Widerstandes«

VON ROMEDIO GRAF VON THUN-HOHENSTEIN

Hans Oster wurde am 6. August 1887 in Dresden geboren. Er war das jüngste von fünf Kindern des Pastors der reformierten französischen Gemeinde, Jules August Oster und seiner Frau Marie Pauline, geborene Breymann. Beide Eltern stammten aus dem Elsaß, und die sprachlich-kulturellen Bindungen an Frankreich zählten zu den frühen Eindrücken, die der junge Oster gewann. In der liberalkonservativen Atmosphäre des Elternhauses verlebte der junge Oster bis zum Tode seiner Mutter 1904 eine unbeschwerte Jugend. Feste religiöse Grundüberzeugungen paarten sich bei ihm mit einer spürbaren geistigen Unabhängigkeit. Der Besuch des Gymnasiums zum Heiligen Kreuz in Dresden kam seinen Neigungen entgegen, und es verdient festgehalten zu werden, daß die Mitglieder der Militäropposition gegen Hitler, die Osters Generation entstammten, fast alle auf den Bänken eines deutschen humanistischen Gymnasiums gesessen hatten.

Nach dem Tod seiner Mutter schloß sich der Siebzehnjährige eng an seine Schwester Marie Martini und deren Mann an, der Offizier im Königlich Sächsischen Leibregiment Nr. 100 war und das Rittergut Schnaditz bei Düben an der Mulde besaß. Dort hatte der Pfarrerssohn seine Pferdepassion entdeckt, und der Wunsch, den Offiziersberuf zu ergreifen, stand schon lange vor dem Abitur fest. Der Aufwand in einem Kavallerieregiment wäre allerdings für die Familie zu hoch gewesen; deshalb trat Hans Oster am 18. März 1907 in das im Zuge der Heeresvermehrung neu aufgestellte Feldartillerieregiment Nr. 48 ein.

»Außergewöhnliches Interesse und Verständnis, geeignet zum Waffenoffizier«, lautet eine Beurteilung im November 1909,[1] während der Kommandeur der Königlich Sächsischen Militärreitanstalt in Dresden dem Leutnant Oster nach einem zehnmonatigen Lehrgang 1910/11 ein »frisches, heiteres, sehr ansprechendes Wesen, korrekte Auffassung des Dienstes« und »sehr gute Führung« bescheinigt und die Eignung zum Reitlehrer in der Truppe ausspricht.[2] Technisches Verständnis, Einfühlungsvermögen und Sensibilität gegenüber der Kreatur trafen sich bei Oster in einer glücklichen Symbiose. Die Heirat mit Gertrud Knoop im September 1912 erfolgte in einer noch friedvollen Welt. Wie die meisten seiner Kameraden war Oster vom wilhelminischen Deutschland geprägt, wenn auch Dresden für eine liberalere und kritischere Nuance dieses Deutschlands stand. Eine starke Armee sah Oster als Garanten für Deutschlands Stellung in Europa und in der Welt, die Monarchie betrachtete er als Selbstverständlichkeit. Weitergehende Reflexionen über politische Probleme wurden nicht unternommen, nicht aus Unvermögen, sondern weil man dies schlicht für unnötig hielt. Wenn Oster 30 Jahre später den ihn verhörenden Gestapo-Beamten erklärte: »Wir trugen des Königs Rock, das genügte uns«[3], so entsprach dies durchaus seiner damaligen Einstellung.

Eingebunden in ein persönlich empfundenes Treueverhältnis zum Herrscherhaus, war seine einzige Sorge bei Kriegsausbruch 1914, daß der Krieg ohne ihn zu Ende gehen könnte, weil er durch einen Reitunfall vorübergehend dienstunfähig war. Bei Kriegsbeginn Oberleutnant und Regimentsadjutant, wurden ihm bis 1916 das Eiserne Kreuz II. und I. Klasse sowie das Ritterkreuz des Königlich Sächsischen Militär-St.-Heinrichs-Orden verliehen, die höchste sächsische Kriegsauszeichnung. Die Ysér, Ypern und die Winterschlachten in der Champagne waren die ersten Stationen, die Oster bei seinen Einsätzen im Westen erlebte. Nach der Beförderung zum Hauptmann im Mai 1916 folgte im November die Übernahme einer Batterie. Im Januar 1917 wurde Oster für zwei Monate als Artilleriereferent zum 2. Generalkommando versetzt. Schließlich begann er im März 1917 die verkürzte Kriegsausbildung als Generalstabsoffizier, die ihn in verschiedene Generalstabsstellungen führte. Die ungeheuren Menschenverluste der sinnlosen Materialschlachten, die wachsende Überlegenheit der Gegner, der entscheidende Kriegseintritt der USA, deren kampfstarke und frische Divisionen im Sommer 1918 in wachsender Zahl an die Front kamen, und die Tapferkeit der britischen und französischen Truppen bestimmten die Kriegserfahrungen Osters.

Die entscheidende Zäsur bildete jedoch der 9. November 1918 mit dem Ende des Kaiserreichs und auch des Königreichs Sachsen. Deren Zusammenbruch und die nachfolgende Revolution wirkten auf Oster »wie ein Schlag mit dem Hammer auf den Kopf«[4], der sein bis dahin fest gefügtes Weltbild zerstörte. Der neuen Republik stand er skeptisch gegenüber, auch wenn er den Dienst nicht quittieren wollte. Sein Verbleiben in der Armee war zugleich mit dem inneren Rückzug auf deren Belange verknüpft. Insofern entsprach Osters Haltung durchaus dem Seecktschen Ideal des »unpolitischen« Offiziers, dessen scheinbare Parteilosigkeit allerdings auch eine Parteinahme darstellte.

Bis 1924 diente Oster beim Wehrkreiskommando IV in Dresden. Für die inzwischen fünfköpfige Familie - die Söhne Achim und Harald wurden 1914 und 1919, die Tochter Barbara 1921 geboren - waren dies trotz Inflation harmonische Jahre. Zu Osters Freundes- und Bekanntenkreis in Dresden zählten unter anderem die Hauptleute Georg Thomas und Friedrich Olbricht sowie der Major Erwin von Witzleben, die wie Oster zum Stab der 4. Division gehörten und später Teilnehmer an der Verschwörung werden sollten. Im Oktober 1924 wechselte Oster vom Generalstab in den Truppendienst zum Artillerieregiment 2. Nach drei Jahren als Batteriechef in Güstrow wurde Oster im Juli 1927 zum Regimentsstab nach Schwerin versetzt. Kommandeur des Artillerieregiments 2 war Oberst Werner Freiherr von Fritsch, der 1934 zum

Oberbefehlshaber des Heeres ernannt wurde und Oster offenbar sehr schätzte.

Am 4. Februar 1929 erfolgte Osters Versetzung als Major und Ic zum Stab der 6. Division nach Münster, wo er drei Jahre blieb. Die erste Berührung mit der NSDAP datiert aus dieser Zeit, als Oster von einem Zivilangestellten der 6. Divison Parteiinterna aus der Umgebung des Gauleiters von Westfalen-Nord erfuhr, die ihm wenig behagten und die NSDAP trotz ihrer erklärt nationalen Ziele nicht als wünschenswerte Alternative empfahlen. Aus der Münsteraner Zeit stammt auch Osters Bekanntschaft mit Wilhelm Canaris, damals Chef der Marinestation Nordsee und später Chef der deutschen Abwehr. Die Verbindung mit Canaris sollte bis zum gemeinsamen Tod währen. Chef des Divisionsstabes in Münster waren nacheinander die Obristen Walther von Brauchitsch, Erwin von Witzleben und Franz Halder. Zwischen Oster und Halder, der fast zwei Jahre lang Osters unmittelbarer Vorgesetzter und von 1938 bis 1942 Chef des Generalstabs des Heeres war, bestand ein positives, aber doch ambivalentes Verhältnis, denn der elegante und temperamentvolle Oster wirkte auf den fleißigen, eher pedantischen Halder »einfallsreich« und »oberflächlich«.[5] Als Oster wegen einer Affäre im Dezember 1932 die Reichswehr verlassen mußte, hat Halder das vorläufige Ende von Osters Karriere aufrichtig bedauert, konnte aber in dieser Angelegenheit nichts für ihn tun.

Auf der Suche nach einer neuen Tätigkeit ging Oster Anfang 1933 nach Berlin und erlebte dort die Ernennung Hitlers zum Reichskanzler. Dessen »Machtergreifung« wurde anfangs von Oster keineswegs abgelehnt. Schließlich versprach Hitler nicht nur die Revision von Versailles, sondern auch eine Politik der nationalen Stärke und die Wiederaufrüstung Deutschlands, und diese Ziele entsprachen Osters Vorstellung von der politischen Rolle Deutschlands in Europa. Oster hatte bis dahin in der Reichswehr die einzige Basis der konservativen und nationalen Traditionen Deutschlands gesehen und zählte zu jenen, für die sich in der Reichswehr eine überzeitliche Staatsidee verkörperte. Die Zurückhaltung gegenüber der NSDAP und ihren Unterorganisationen blieb jedoch bestehen, weil ihn Parteien eher abstießen und er von dem »Wort Partei nichts hatte hören wollen«.[6]

Als Osters ehemaliger Abteilungskommandeur sich bemühte, ihn in die SS zu ziehen, lehnte Oster ab. Statt dessen nahm er am 1. Mai 1933 eine Stelle beim sogenannten Forschungsamt an, einer Behörde, die Göring unterstand und hauptsächlich Telefongespräche abhörte. Diese Tätigkeit, von Oster selbst als lästige Übergangslösung bezeichnet, ermöglichte ihm weitere Einblicke in die politische Praxis der NS-Regierung, die seine kritische Haltung bestärkten. Am 1. Oktober 1933 erfolgte Osters Übernahme als Zivilangestellter in die Abwehr-Abteilung des Reichswehrministeriums. Dort erhielt er am 1. Februar 1934 die Stelle eines Referenten mit der Zuständigkeit für den militärischen Geheimhaltungs- und Abwehrschutz bei den Reichs- und Staatsbehörden. Hier ergaben sich Berührungen mit der Tätigkeit der Gestapo, deren Aktivitäten Oster mit großem Mißtrauen betrachtete.

Auf der Suche nach inoffiziellen Nachrichtenkanälen stieß Oster auf Hans Bernd Gisevius, der als Regierungsassessor bei der Geheimen Staatspolizei unter deren erstem Chef Rudolf Diels tätig war und mit dem Oster bald eine enge Freundschaft verband. Von Gisevius erfuhr Oster Dinge, die seine Zweifel in Ablehnung verwandelten, denn offensichtlich wurden hier von einer staatlichen Institution Recht und Gesetz in großem Stil gebrochen. Gisevius schrieb nach dem Kriege, daß Oster anfangs seinen »düsteren Prognosen« über das nationalsozialistische Regierungssystem nur zögernd gefolgt sei, doch »bereits unter der Ära Diels begann er den Kampf seines Lebens, der ihn zu dem entschiedensten Kämpfer gemacht hat, der je in der Wehrmacht für Recht und Anstand sein Leben einsetzte«.[7]

Zunächst richtete sich Osters Abneigung gegen die SS. Sein Entsetzen über die brutalen Morde am 30. Juni 1934 war echt und nicht von taktischen Überlegungen bestimmt, wie es bei vielen Offizieren der Fall war. Obwohl mit den Generalen von Schleicher und von Bredow zwei ihrer Kameraden ermordet worden waren, blieben sie untätig, weil Hitler ihnen die Auseinandersetzung mit der SA ersparte, die das Wehrmonopol der Armee in Frage stellte. Die Duldung der Morde an den beiden Generalen und vielen anderen belastete nach Osters Ansicht die Reichswehr und verringerte ihren politischen Spielraum, zugleich förderte sie den wachsenden Einfluß der SS. Dennoch befand sich auch Oster in einem Zwiespalt, weil er einerseits die Rechtsbrüche und Verbrechen der Staatsorgane und der Partei strikt ablehnte, andererseits aber Hitler die Erfüllung seiner außenpolitischen Ziele zu versprechen schien. Einen Ausweg aus diesem Dilemma bot nur der grundsätzliche Entschluß zum Widerstand, der gegen Hitler und sein System gerichtet war und sich nicht auf einzelne Organe und Erscheinungsformen beschränkte, die manche als unvermeidliche Begleiterscheinungen jeder revolutionären Bewegung betrachteten.

Am 2. Januar 1935 übernahm Kapitän zur See Canaris die deutsche Abwehr, worauf Oster im März zum Major und Ersatz-Offizier reaktiviert und im gleichen Jahre zum Oberstleutnant befördert wurde. Ohne selbst ein aktives Mitglied der späteren Militäropposition zu werden, hat Canaris Oster nach Kräften unterstützt, und mit seinem Wissen wurde Oster innerhalb der Abwehr bald zum Anlaufpunkt derer, die mit dem Nationalsozialismus aus moralischen oder auch politischen Gründen unzufrieden waren. Behutsam begann Oster einen Kreis von Männern um sich zu scharen, die seine kritische Sicht des Nationalsozialismus teilten. Erwähnt seien die ehemaligen Freikorps- und Stahlhelmführer Hauptmann Heinz und Oberstleutnant Schrader, Kapitänleutnant Liedig und Hauptmann Groscurth. Allerdings waren das erst die Anfänge einer Opposition, die hier zunächst im Gespräch untereinander artikuliert wurde.

Im Frühjahr 1938 ergriff Oster erstmals Maßnahmen, die im Falle des Erfolges eine Veränderung des nationalsozialistischen Herrschaftssystems bedeutet hätten. Anlaß war der Vorwurf der Homosexualität gegen den Oberbefehlshaber des Heeres, Generaloberst Freiherr von Fritsch, der mit Hilfe von Material, das die Gestapo gefälscht hatte, und erzwungenen falschen Aussagen eines Kriminellen zum Rücktritt gezwungen wurde. Auf den ersten Blick konnte diese Angelegenheit auf ein Problem zwischen Hitler und Fritsch reduziert werden, und sie wurde auch von der Generalität vielfach so empfunden. Tatsächlich handelte es sich um die Ausschaltung des Heeres als politischer Machtfaktor, denn nach dem Rücktritt Fritschs am 4. Februar 1938 wurden zahlreiche Generale in den Ruhestand versetzt, von denen Hitler und seine Umgebung annahmen oder wußten, daß sie der nationalsozialistischen Politik im Wege sein würden. Oster hielt das Heer für das letzte Bollwerk gegen die dauerhafte Verankerung des nationalsozialistischen Staates, und er forderte jetzt ein bewaffnetes Vorgehen der Truppe gegen die Gestapo. Daß dieser Schritt auch eine Modifikation des Herrschaftssystems bewirkt hätte, war ihm durchaus bewußt. Darüber hinaus war Oster über die Art verbittert, in der sein alter Regimentskommandeur behandelt wurde. Allerdings begriff er, daß Hitler hier einen Schlag gegen das Heer führte, dem nur Fritsch selber begegnen konnte. Dieser glaubte jedoch nicht, daß Hitler hinter der Intrige stehen sollte, und scheute sich, die Kommandierenden Generale nach Berlin zu rufen. Damit waren auch Osters Versuche, eine Generalsfronde zu bilden, hinfällig geworden.

Hitlers Pläne zur Zerschlagung der Tschechoslowakei, die nach dem »Anschluß« Österreichs im März 1938 Gestalt annahmen, ließen Oster zu der Überzeugung kommen, daß Hitler einen Krieg entfesseln wollte, und dieser Krieg konnte nur mit einer deutschen Niederlage enden. Während des Sommers 1938 wurde Oster Zeuge, wie sich der Generalstabschef, Generaloberst Ludwig Beck, allmählich gegen Hitlers Kriegspolitik wandte. Beck trat damals durch Vermittlung Witzlebens, der mit Oster in engem Kontakt stand und als Kommandierender General im Wehrkreis III (Berlin) eine Schlüsselposition innehatte, in Verbindung zu Oster. Offenbar entwickelte sich zwischen Beck und Oster rasch ein enges Vertrauensverhältnis. Als häufiger Gast in Becks Amtsräumen, die er zum Mißvergnügen des Oberquartiermeisters Halder »oft halbe Tage blockierte«,[8] hat Oster dazu beigetragen, daß Beck, dem es anfänglich nur um die Wahrung von Heeresinteressen und die Verhinderung eines Krieges ging, schließlich in Hitler selbst den Urheber einer Politik erkannte, die Deutschland in große Gefahr bringen mußte. Becks Rücktritt beendete jedoch neuerliche Hoffnungen auf ein geschlossenes Vorgehen der Generalität. Diese wollte Beck zu einem kollektiven Schritt gegen Hitlers Politik veranlassen, sie wurde dabei aber vom Oberbefehlshaber des Heeres, Generaloberst von Brauchitsch, im Stich gelassen. Unter diesen Umständen schied auch die Möglichkeit eines begrenzten Vorgehens etwa gegen Gestapo und SS aus. Oster zog daraus die Folgerung, daß nur ein Staatsstreich gegen Hitler selbst Deutschland aus der politischen Sackgasse herausführen konnte.

Im September 1938 gehörte Oster neben dem neuen Generalstabschef Halder und Witzleben zu den Planern eines Staatsstreichs, der mit Hilfe der in Potsdam und Spandau stationierten 23. Infanteriedivision unter ihrem Kommandeur Generalmajor Graf von Brockdorff-Ahlefeldt und weiterer zuverlässiger Truppen bei einem Angriff Hitlers auf die Tschechoslowakei ausgelöst werden sollte. Oster hat damals in einer dreiseitigen Studie den Ablauf des Staatsstreichs skizziert und wohl auch eine Liste von Personen aufgestellt, die exekutiert werden sollten. Der Umsturzversuch vom 20. Juli 1944 ähnelte in der Anlage diesem Plan Osters. An dessen Vorbereitung war eine größere Zahl von Personen beteiligt; deshalb kann man hier erstmalig von »Opposition« sprechen. Allerdings sind verschiedene Zielsetzungen zu erkennen, die zum Teil stark divergierten. Setzten Halder und auch der von Oster eingeweihte Canaris primär auf Kriegsverhinderung, die als letztes verzweifeltes Mittel auch den Staatsstreich einschloß, so betrachteten Witzleben und die Gruppierung um Oster den drohenden Kriegsausbruch als Anlaß für den Staatsstreich und für die Beendigung des nationalsozialistischen Herrschaftssystems. Über den Ablauf des Staatsstreichs entwickelte Oster allerdings eigene Vorstellungen. Im Mittelpunkt stand die Behandlung Hitlers, der durch einen Stoßtrupp unter Führung von Heinz und Liedig in der Reichskanzlei festgenommen und anschließend vor ein Gericht gestellt werden sollte. Oster, darin bestärkt von Heinz, hielt einen lebenden Hitler für ein unkalkulierbares Risiko. Auf Vorschlag von Heinz entschied Oster, daß Hitler bei einem provozierten Zwischenfall erschossen werden sollte. Wie Heinz 1946 schrieb, »war uns klar, daß es erst dann für die Generalität keinen Rückzug mehr gab. Es war uns umgekehrt klar, daß ein Adolf Hitler, selbst ein zum Schein zurückgetretener Adolf Hitler, eine tödliche Gefahr für jede neue Regierung sein müßte«.[9]

Osters Ziel bestand in der Beseitigung der Ursachen für eine Politik, die im Inneren den Boden des Rechtsstaats verlassen hatte und zugleich durch ihre äußere Politik Deutschland gefährdete. Dabei boten Staatsstreich und Attentat die einzige Lösung. Abgesehen von der zentralen Rolle, die Oster bei den Plänen und Vorbereitungen des Staatsstreiches spielte, nahm jedoch der politische und vor allem militärische Einfluß der Beteiligten mit steigender Entschlossenheit ab. Daher wünschte Oster auch eine harte Haltung Großbritanniens gegenüber Hitlers Absichten, um der Generalität die Gefahr eines Mehrfrontenkrieges vor Augen zu führen. Maßgeblich von Oster veranlaßt, reisten im August und September 1938 nacheinander drei Emissäre nach London, die jedoch allesamt keine verbindlichen Zusagen von der britischen Regierung erhielten. Oster unterlag dabei einer Fehleinschätzung der britischen Außenpolitik: Im Foreign Office herrschte die Meinung vor, die traditionellen Eliten Deutschlands seien keineswegs vertrauenswürdig, und dies schloß Konservative, Nationalisten, Liberale und Sozialisten ein. So verglich Chamberlain nach der Mission Ewald von Kleist-Schmenzins in London, auf den Oster Hoffnungen gesetzt hatte, die Oppositionellen mit den Jacobiten zur Zeit Wilhelms von Oranien: »I take it that von Kleist is violently anti-Hitler and is extremely anxious to stir up his friends in Germany to make an attempt at its (sic) overthrow. He reminds me of the Jacobites at the Court of France in King William's time and I think we must discount a good deal.«[10]

Am 28. September hielten Witzleben und Oster den Zeitpunkt des Umsturzes für gekommen, da Hitler seine territorialen Forderungen gegenüber der Tschechoslowakei ständig höher schraubte und die Haltung Großbritanniens sich verhärtete. Der Mobilmachungsbefehl Hitlers sollte gleichzeitig den Staatsstreich auslösen. Aber Mussolinis Vermittlungsversuch und die Konferenz von München am folgenden Tag, die in Deutschland als großer politischer Erfolg Hitlers gefeiert wurde, machten alle Hoffnungen zunichte. Sie zeigten aber auch, wie fragwürdig es war, politische Unterstützung aus dem Ausland zu erwarten.

Nach der Konferenz von München zerfielen angesichts des drohenden Krieges die enger gewordenen Kontakte und Bündnisse der verschiedenen Gruppen und Personen, und erst mit dem Kriegsbeginn kam es im September 1939 zu einer Wiederbelebung. Als Hitler nach dem Sieg über Polen noch im Herbst im Westen angreifen wollte, entstand im Oberkommando des Heeres eine Krise. Man vertrat dort die Ansicht, daß dieser Angriff scheitern müßte. Am 4. November 1939 erhielt der überraschte Oster von Halder den Auftrag, seine Pläne vom Vorjahr zu überarbeiten, denn diesmal sollte die Aktion vom Oberkommando des Heeres aus geführt werden. Wenn Hitler den Angriffsbefehl gab, so sollten Truppen gegen die Reichskanzlei, die Hauptquartiere von Partei und Gestapo und die Nachrichtenzentralen in Marsch gesetzt werden. Treibende Kraft war allerdings nicht Halder, sondern dessen Oberquartiermeister I, Generalleutnant Carl-Heinrich von Stülpnagel, der Oster einen Überblick über die von ihm getroffenen Vorbereitungen gab. Oster gewann daraufhin die Überzeugung, daß im Oberkommando des Heeres endlich gehandelt wurde. Während Stülpnagel den Staatsstreich grundsätzlich befürwortete, war für Halder immer noch die Verhinderung einer drohenden Niederlage vorrangiges Ziel, auch wenn dies den Staatsstreich einschloß. Die Schwäche dieses Planes lag darin, daß er sich von Hitlers Vorgehen abhängig machte, und das war kaum voraussehbar. Schon der nächste Tag bestätigte diese konzeptionelle Schwäche, als Halder nach einer erregten Auseinandersetzung zwischen Hitler und Brauchitsch die Nerven verlor und sämtliche Vorbereitungen wieder rückgängig machte. Unter diesen Umständen lehnte Oster auch das Angebot des Legationsrats Erich Kordt ab, der Hitler durch ein Sprengstoffattentat beseitigen wollte, denn ein Attentat ohne Staatsstreich hätte nicht zur Zerstörung des Systems geführt.

Im Herbst 1939 hielt es Oster überdies für fraglich, ob die Furcht vor einer militärischen Niederlage ausreichte, um die kritischen unter den Generalen von der Notwendigkeit eines Staatsstreichs zu überzeugen. Trotz der schlechten Erfahrungen von 1938 leitete Oster daher im Auftrag Becks im Oktober 1939 durch die Vermittlung des bayerischen Rechtsanwalts Dr. Josef Müller über den Vatikan Verhandlungen mit London ein. Einerseits sollten mögliche Friedensbedingungen für ein nicht-nationalsozialistisches Deutschland erkundet, andererseits verhindert werden, daß ein Staatsstreich in Deutschland von Großbritannien und Frankreich zu einer Offensive im Westen ausgenutzt würde. Offenbar hofften Beck und Oster, das große Ansehen des Vatikans für die eigene Glaubwürdigkeit gegenüber London ins Spiel zu bringen. Durch den persönlichen Einsatz von Papst Pius XII. erhielt man eine zurückhaltend formulierte Antwort des britischen Außenministeriums, aus der sich Verständigungsmöglichkeiten mit einem nicht-nationalsozialistischen Deutschland ableiten ließen. Die Ergebnisse wurden von Oster zusammengefaßt und Halder am 4. April 1940 vorgelegt, der sie an Brauchitsch weiterleitete, worauf dieser ihren Inhalt als Landesverrat bezeichnete und den Überbringer verhaften lassen wollte.

Da gegenüber dem Ausland ein glaubwürdiger Beweis für die Existenz einer Opposition ausgeblieben war, unternahmen Beck und Oster im April 1940 einen ungewöhnlichen Schritt. Müller erklärte seinen Gesprächspartnern im Vatikan die Gründe für das Ausbleiben des Staatsstreichs und warnte zugleich vor dem unmittelbar bevorstehenden Angriff. Oster hielt offensichtlich diese Maßnahmen nicht für ausreichend, denn am 8. Oktober 1939 unterrichtete er den ihm befreundeten holländischen Militärattaché

Oberstleutnant Sas über die deutschen Angriffspläne gegen Frankreich und die Beneluxländer. In den folgenden Monaten übermittelte Oster die von Hitler ständig verschobenen Angriffstermine. Insgesamt hat Oster bis zum 10. Mai 1940 26mal vor einem deutschen Angriff gewarnt. Oster wußte, daß er mit seinen Warnungen auch Belgien erreichte, denn Sas gab seine Kenntnisse stets dem belgischen Militärattaché Georges Goethals weiter.

Es ist unwahrscheinlich, daß Osters Ablehnung des Nationalsozialismus und sein ausgeprägter Haß auf Hitler ausgereicht hätten, ihn zu einer Handlung zu bewegen, mit der er nicht nur gegen das Ethos seines Berufsstandes, sondern auch gegen das patriotische Empfinden fast aller seiner Mitverschwörer verstieß. Politisch-militärische Erwägungen traten hinzu. Ein neuer Waffengang hätte die Staatsstreichvorbereitungen vorerst beendet. Eine Offensive gegen Frankreich hätte die soeben eingeleiteten Gespräche im Vatikan sofort unterbrochen. Diese Überlegungen änderten sich um die Jahreswende. Unter dem Eindruck der Handlungsunfähigkeit der Generalität und der Gleichgültigkeit der Holländer und Belgier gegenüber seinen Warnungen hoffte Oster auf einen militärischen Rückschlag zu Beginn der Offensive als Ausgangsbasis für einen Umsturz. Möglicherweise befürchtete er auch eine Konsolidierung des Nationalsozialismus, denn Hitlers bisherige Erfolge wurden von der Masse des Volkes und den meisten Generalen begrüßt. Eine militärische Niederlage zu Beginn der Offensive mochte dagegen einen Sinneswandel hervorrufen, zumal ein erheblicher Teil der höheren Offiziere noch die Marneschlacht 1914 miterlebt hatte. Aber diese »Rückschlagstheorie« Osters verlangte eine frühzeitige Niederlage. Größere Erfolge mußten jede Verständigungsbereitschaft der Westmächte vereiteln. Auch wenn Oster noch auf eine günstige außenpolitische Lösung hoffte, unterschieden sich seine Ziele grundlegend von jenen, die eine Offensive nur so lange nicht wünschten, wie deren Erfolg ungewiß schien. Oster hingegen wollte den Staatsstreich und das Attentat, allerdings verknüpfte er dies mit politischen Überlegungen, die das Ausland einbezogen. Letztere traten nach dem deutschen Sieg über Frankreich in den Hintergrund; danach bemühte sich Oster bis zu seiner Entlassung am 5. April 1943 vor allem um die effektive Verbindung der Staatsstreich- und Attentatspläne.

Allerdings sollten erst im Jahre 1942 neue Impulse von der Militäropposition ausgehen, die sich jetzt auf Berlin und das Hauptquartier der Heeresgruppe Mitte konzentrierten. Dort hatte der Ia der Heeresgruppe, Oberst Henning von Tresckow, seinen Stab konsequent mit Gegnern Hitlers besetzt, während in Berlin nun Osters Dresdener Bekannter Olbricht als Chef des Allgemeinen Heeresamtes gemeinsam mit Oster die Umsturzvorbereitungen und die Erweiterung der personellen Basis für den Staatsstreich vorantrieb. Angesichts der Katastrophe von Stalingrad drängte Oster, seit dem 1. Dezember 1942 Generalmajor, auf eine Forcierung der Vorbereitungen. Falls Tresckow bei einem Frontbesuch Hitlers das Attentat gelang, sollten Olbricht und Oster die Aktionen in Berlin und im übrigen Reichsgebiet leiten. Zwei Anschläge auf Hitler am 13. und 21. März 1943 schlugen fehl. Alle weiteren Pläne wurden jedoch vereitelt, als Oster am 5. April 1943 wegen Devisenvergehen eines Untergebenen vom Dienst suspendiert wurde.

Innerhalb der Militäropposition hat Oster zweifellos eine herausragende Rolle gespielt. Diese basierte vor allem auf seiner konsequenten Haltung, seinem frühen Widerstand und seiner unbedingten Ablehnung Hitlers und des Nationalsozialismus. Sein vertrautes Verhältnis zu Canaris, Witzleben und Beck räumte ihm eine Sonderstellung unter den Verschwörern ein. Canaris ermöglichte ihm nahezu unbeschränkte Freiheit, innerhalb der Abwehr und unter Ausnutzung seiner Dienststellung konspirativ tätig zu werden, Witzleben war bei den Umsturzplänen 1938 der wichtigste Militärführer und stützte sich maßgeblich auf Oster. Mit Beck schließlich, der sehr bald nach seinem Rücktritt das anerkannte geistige Oberhaupt der verschiedenen Oppositionsgruppen wurde, verband Oster sehr viel; Freundschaft, beiderseitiger Respekt und breite Übereinstimmung der Ansichten hoben

Oster auch hier unter vielen anderen hervor. Über eine Beteiligung Osters an der Formulierung politischer Pläne ist nichts überliefert. Er sah seine Aufgabe primär in der Vorbereitung und Ausführung des Umsturzes. Welche Funktion er nach dem Umsturz eingenommen hätte, muß offen bleiben; bekannt ist nur, daß er als Verbindungsoffizier für den Wehrkreis IV vorgesehen war. Aufgrund dieser Tatsache wurde Oster einen Tag nach dem Attentat des 20. Juli 1944 verhaftet. Eine Verhandlung der Abwehrangelegenheiten vor dem Volksgerichtshof fand jedoch nicht statt, und so blieb sein und Canaris' Schicksal trotz umfangreicher Aktenfunde über die Tätigkeit und Pläne der Militäropposition längere Zeit unklar. Erst als die sogenannten »Canaris«-Tagebücher entdeckt und Hitler vorgelegt wurden, war Osters Ende besiegelt. Offenbar geriet Hitler darüber so in Wut, daß er am 5. April Kaltenbrunner die Weisung gab, Oster, Canaris und deren Mithäftlinge zu liquidieren. Oster wurde am 9. April 1945 im Konzentrationslager Flossenbürg gehängt.

Anmerkungen

1 Urteil über Leutnant Oster vom 24. 11. 1909 über die Teilnahme am Lehrkurs zur Ausbildung im Waffeninstandsetzungsgeschäft vom 8. 11.-20. 11. 1909

2 Zeugnis der Königlich Sächsischen Militärreitanstalt in Dresden für Leutnant Hans Oster d. 4. F.A.R. 48 vom 1. 10. 1910–31. 7. 1911, ausgestellt am 4. 11. 1911.

3 Spiegelbild einer Verschwörung. Die Kaltenbrunner-Berichte an Bormann und Hitler, hrsg. v. Archiv Peter, Stuttgart 1961, S. 302.

4 Ebenda, S. 302.

5 Institut für Zeitgeschichte ZS 240, Generaloberst Franz Halder, Bd. V, Bl. 28.

6 Spiegelbild (Anm. 3), S. 303.

7 Hans Bernd Gisevius, Bis zum bittern Ende, Hamburg 1961, S. 120.

8 Aussage Halders, Institut für Zeitgeschichte, IfZ-ZS 240, Bd. V, Bl. 10a.

9 Friedrich Wilhelm Heinz, Von Wilhelm Canaris zur NKWD. Unveröffentlichtes Typoskript (1946), Bl. 98. Kopie im Besitz des Verfassers.
10 Documents on British Foreign Policy, Series III, Vol. 2 (1949), S. 686/87.

Bibliographie

Quellen

Für die Erforschung von Osters Rolle im Widerstand stellen die vom Institut für Zeitgeschichte (IfZ) gesammelten Befragungen von überlebenden Teilnehmern am Widerstand und Funktionsträgern des Dritten Reiches eine wichtige Basis dar. Darunter fallen folgende Zeugenschriften (ZS): ZS 256, Generaloberst Wilhelm Adam; ZS 603, Christine von Dohnanyi; ZS 322, Hasso von Etzdorf; ZS 240, Generaloberst Franz Halder; ZS 74, General Friedrich Hoßbach; ZS 249, Walter Huppenkothen; ZS 545, Erich Kordt; ZS 658, Generalmajor Erwin von Lahousen; ZS A-26/3, Frau Eva Olbricht; ZS 592, Generalmajor Alexander von Pfuhlstein; ZS 1626, Gijsbertus Jacobus Sas; ZS 135, Hjalmar Schacht; ZS 628, Fabian von Schlabrendorff; ZS 310 u. ZS A-29/3, General Georg Thomas; ZS 627, General Wilhelm Ulex.
Weiterhin befinden sich im IfZ die Erinnerungen des Generalobersten Adam, 3 Bde. ED 109, das Kriegstagebuch der Abwehrabteilung II, F 23 sowie eine Kopie der Personalakte Oster, F 87, deren Original sich im Bundesarchiv/Militärarchiv befindet. Für den Anteil Osters an den Staatsstreichvorbereitungen ergeben sich zahlreiche Anhaltspunkte aus dem Prozeß gegen den ehemaligen SS-Standartenführer Walter Huppenkothen bei dem Schwurgericht des Landgerichts München I wegen Beihilfe zum Mord, Az 1 Js 636/49 und 1 Ks 21/50, sowie aus den sogenannten Kaltenbrunner-Berichten an Bormann und Hitler, die 1989 in einer erweiterten Ausgabe erschienen sind: Hans Adolf Jacobsen, Opposition gegen Hitler und der Staatsstreich vom 20. Juli 1944 (Die Kaltenbrunner-Berichte). 2 Bde., Stuttgart 1989. Die Weitergabe der Angriffstermine durch Oster an Sas sind dokumentiert im Untersuchungsbericht der holländischen Regierung. Staten Generaal, Tweede Kamer, Enquete Commissie Regeringsbeleid 1940–1945. Verslag houdende de Uitkomst van het Onderzoek, Deel 1: Algemene Inleiding (Militair Beleid 1939–1940) Verhoren. Derde Druk, 's-Gravenhage 1949.

Osters Stellung innerhalb der Opposition wird in den Tagebüchern Helmut Groscurths und Ulrich von Hassells deutlich: Helmuth Groscurth, Tagebücher eines Abwehroffiziers 1938–1940. Mit weiteren Dokumenten zur Militäropposition gegen Hitler, hrsg. v. Helmut Krausnick und Harold C. Deutsch, Stuttgart 1970. Die Hassel-Tagebücher 1938–1944. Nach der Handschrift revidierte und erweiterte Ausgabe unter Mitarbeit von Klaus Peter Reiß, hrsg. v. Friedrich Freiherr Hiller von Gaertringen, Berlin 1988. Eine Sonderstellung nehmen die Erinnerungen von Hans Bernd Gisevius ein, weil sie die Rolle Osters minuziös beschreiben: Hans Bernd Gisevius, Bis zum bitteren Ende. 2 Bde., Zürich 1946. Eine einbändige überarbeitete Sonderausgabe erschien in Hamburg 1961.

Literatur

Bis heute existiert nur eine Biographie Osters: Romedio Graf von Thun-Hohenstein, Der Verschwörer. General Oster und die Militäropposition, Berlin 1982 (2. Auflage München 1984). Harold C. Deutsch hat in zwei Studien die Staatsstreichpläne von 1938 bis 1940 eingehend untersucht und darin auch die Rolle Osters ausführlich beschrieben. Harold C. Deutsch, Verschwörung gegen den Krieg. Der Widerstand in den Jahren 1939-1940, München 1969; Ders., Das Komplott oder die Entmachtung der Generale, Zürich 1974.
Die Weitergabe der deutschen Angriffstermine haben J. G. de Beus und Jean Vanwelkenhuyzen untersucht: J. G. de Beus, Tomorrow at Dawn! An untold story of the German officer who revealed Hitler's plans for the invasion of Western Europe. New York/London 1980; Ders., De geheime informant. Berlin 1939–10 mei 1940, Rotterdam 1977; Jean Vanwelkenhuyzen, Les Avertissements qui venaient de Berlin, Paris 1982.

Fritz Dietlof Graf von der Schulenburg – Preuße – Nationalsozialist – Widerstandskämpfer

VON ULRICH HEINEMANN

Der Verwaltungsjurist Fritz Dietlof Graf von der Schulenburg, Jahrgang 1902, gebürtiger Mecklenburger, Sproß einer berühmten preußischen Adelsfamilie und Sohn des ehemaligen Generalstabschefs der Heeresgruppe Kronprinz, Friedrich Graf von der Schulenburg, entwickelte sich seit Anfang 1943 zu einem der bedeutendsten Mittler zwischen den Militärs und den Zivilisten sowie zwischen den verschiedenen sozialen Gruppen der Widerstandsbewegung des 20. Juli. Schulenburg gehörte außerdem zu den engsten Vertrauten Stauffenbergs. Gleichwohl ist dieser Widerstandskämpfer von der Literatur lange Zeit nur am Rande behandelt worden. Das hängt gewiß mit einer ganzen Reihe von Eigenschaften und Einstellungen Schulenburgs zusammen, die – von heute aus gesehen – paradox und widersprüchlich anmuten. Schulenburg war alles, was scheinbar nicht zusammenpaßte: Preuße, Nationalsozialist, Widerstandskämpfer – ein Mensch in seinem Widerspruch.

Schulenburgs Weg in den Widerstand war bei Hitlers Machtergreifung noch keineswegs vorgezeichnet. In den zwanziger Jahren gehörte er wie viele seiner Standesgenossen zu den neokonservativen jungen Rechten. Diese standen dem Wilhelminismus kritisch, der Weimarer Republik aber mit eisiger Ablehnung gegenüber. Seit 1918 waren, wie der junge Schulenburg im Jahre 1931 befand, Staat und Verwaltung ein »Schlacht- und Beutefeld der Parteien« geworden, Deutschland von den »Mächte(n) des Judentums, des Kapitals und der Katholischen Kirche« beherrscht und vom westlichen Imperialismus versklavt.[1] Die Gegenwart bot politisch wenig Ersprießliches, dafür leuchtete die Vergangenheit um so heller.

Schulenburgs Ideal war das alte Preußen des 17. und 18. Jahrhunderts. Dort hatte es sie noch gegeben – vor allem im Heer und im Beamtentum: die altpreußischen Tugenden der Pflichterfüllung und des fachlichen Könnens, der Zucht und des Leistungswillens, der Verantwortungsbereitschaft und des christlichen Ethos. Schulenburgs Trauma war der Versailler Vertrag, und mit dem geschlagenen Deutschland fühlte er sich in einer Weise verbunden, die heute für viele kaum nachvollziehbar erscheint. »Ich spüre«, so heißt es in einem Brief an eine Freundin aus dem Jahre 1929, »daß ich mit großer, heißer Liebe mit Deutschland verwachsen bin, so stark, daß ich manchmal meine, ich spürte, wie es lebt und atmet, ich fühlte seine Schmerzen und seine Not am eigenen Leibe. Und ich sehe es als hohe Aufgabe an, die ein Menschenleben wert ist, es in seiner Vielgestaltigkeit begreifen zu lernen, so daß man dafür kämpfen und sich opfern kann.«[2]

Alles für das Volk, nichts durch das Volk, auf diese vielleicht etwas vereinfachte Formel könnte man das politische Credo des jungen Schulenburg bringen. Stärker als die meisten seiner Standesgenossen öffnete er sich für die soziale Frage. Der Referendar und spätere Assessor, den die berufliche Ausbildung von Potsdam ins Ruhrgebiet, nach Recklinghausen und später an die ostpreußische Küste führte, pflegte einen freimütigen Umgang mit Arbeitern und Angestellten – mit Sozialdemokraten ebenso wie mit Kommunisten. Das trug ihm das Etikett des »roten Grafen« ein. Mit dem Marxismus allerdings hatte er nichts im Sinn. Sein soziales Ideal lief auf einen Paternalismus im völkischen Gewande hinaus. Die Regierten sollten in der Rolle von Objekten staatlichen Handelns verbleiben. Wich das Volk von dieser Rolle ab, nahm es seine Belange selber in die Hand oder stellte es gar Forderungen nach Machtteilhabe, dann schwand die gerade noch sentimental verklärte Sympathie. Aus dem »geliebten Volk« wurde die gefürchtete Masse. Diese sperre sich, so wird Schulenburg später - zu Anfang des Krieges - schreiben, »gegen jede gegliederte Ordnung, gegen jede Führung, gegen jede Tradition«. Sie löse Form und Grenzen auf und überlasse sich »ihren trägen, dumpfen und doch wieder überspannten hysterischen Trieben«.[3]

Trotz des schon damals stark ausgeprägten Willens zur radikalen politischen Veränderung unterließ es Schulenburg, sich parteipolitisch fester zu binden. Auf Betreiben seines Freundes Caesar von Hofacker schloß er sich lose der Bündischen Reichsschaft an, einem der vielen rechtsgerichteten Zirkel, die in der Endphase Weimars wie Pilze aus dem Boden schossen.

Als sich die Krise der ersten deutschen Demokratie dramatisch verschärfte, löste sich Schulenburg von der Bündischen Bewegung. Am 1. Februar 1932 trat er mit der Mitgliedsnummer 948 412 in die NSDAP ein. Sogleich schlug er sich auf die Seite Gregor Straßers und gehörte fortan zu den »Linken« in der Partei. Zu Hitler und zu dem österreichisch-süddeutschen Ambiente, das den »Führer« umgab, fand er allerdings kein echtes Verhältnis. Er bewunderte zwar Hitlers Redetalent, schätzte aber dessen Machtinstinkt und Durchsetzungswillen eher als schwach ein. Dies war, wie Schulenburg später bitter erfahren mußte, ein folgenschwerer Irrtum.

Zur Zeit der Machtergreifung war Schulenburg persönlicher Referent des später berühmt-berüchtigten ostpreußischen Gauleiters und Oberpräsidenten Erich Koch und beteiligte sich sehr aktiv an der Unterdrückung der republikanischen Kräfte in Königsberg. Für seinen Geschmack konnte der Prozeß der Gleichschaltung in Ostpreußen gar nicht rasch genug voranschreiten.

Unter der braunen Diktatur machte Schulenburg in den folgenden Jahren rasch Karriere. Als Regierungsrat beim Oberpräsidium Königsberg war er seit März 1933 zeitweilig der für die höhere Verwaltung ausschlaggebende Personalreferent. Nach Meinungsverschiedenheiten mit Erich Koch, den er wegen dessen Byzantinismus scharf kritisierte, ging Schulenburg Ende 1934 als Landrat ins samländische Fischhausen und seit Mitte 1937 als Polizeivizepräsident nach Berlin. Seit 1939 bekleidete er das Amt des Regierungspräsidenten und Stellvertreters des Oberpräsidenten in der Provinz Schlesien. Im Krieg, den er zeitweilig als Soldat in Frankreich und vor allem an der Ostfront erlebte, wurde er später mit einer Reihe hochrangiger Sonderaufträge in verschiedenen Ministerien und militärischen Sonderstäben betraut.

Bei den Vorgesetzten galt Schulenburg als exzellenter Verwaltungsjurist, der häufig unbequeme Ansichten vertrat und damit auch gegenüber den Parteistellen nicht hinter dem Berg hielt. Durch eine Reihe von Denkschriften und Vorträgen wurde er über die Grenzen Preußens hinaus bekannt. In den dreißiger Jahren trat er als entschiedener Verfechter der »nationalsozialistischen Revolution« und des »unbedingten Führerstaates« hervor und interpretierte den Nationalsozialismus als »neue Form des Preußentums«.

Die sogenannte Reichskristallnacht im Herbst 1938 und das von oben gelenkte Vorgehen des nationalsozialistischen Pöbels gegen die Juden vertrugen sich nicht mit dieser Auffassung. Von Zeitzeugen wissen wir, daß Schulenburg über die Verbrechen zutiefst empört war. Ein Sonderrecht für Juden und deren Ausschaltung aus dem Öffentlichen Dienst forderte jedoch auch er. Noch im Jahr des Novemberpogroms, im März 1938, setzte sich Schulenburg in einer Denkschrift für die »Ausschaltung aller Juden und Judenstämmlinge aus dem Beamtenkörper« ein.

Kritik und Zustimmung sowohl an den Methoden als auch an den Zielen des Regimes finden wir bei Schulenburg noch häufi ger. Nach 1940 geißelte er beispielsweise die brutale Ausrottungspolitik der nationalsozialistischen Dienststellen und der SS in den sogenannten eingegliederten, ehemals polnischen Gebieten, und die nationalsozialistische Kirchenpolitik im Warthegau nannte er »dumm, gemein und wenig überzeugend für Volksdeutsche und Polen«. Er selber war aber, wie die in den *Documenta Occupationis* gesammelten schlesischen Akten belegen, an führender Stelle in die erbarmungslose Germanisierungspolitik einbezogen, welche die deutsche Verwaltung 1939/40 in den nach Schlesien eingegliederten, ehemals polnischen Gebieten betrieb. Diese Politik wies zwar nicht den gleichen Grad an rassisch verblendeter, menschenverachtender Grausamkeit auf wie die entsprechenden Maßnahmen der Nationalsozialisten im Warthegau; Recht, Gesetz und Humanität wurden aber auch im sogenannten Ostoberschlesien in den Jahren, in denen Schulenburg an der Spitze der Verwaltung in Breslau stand, oft genug mit Füßen getreten.

Für Schulenburg war die Arbeit in Schlesien bereits Teil seiner Lebensvision. In der Besiedlung und der machtpolitischen Durchdringung des europäischen Ostens sah er die »positive Zukunftsaufgabe des Reiches«, das »große, soziale Befreiungswerk von der Enge und Not des deutschen Raumes«. Hier entschied sich für ihn, ob das deutsche Volk der »städtischen Zivilisation verfalle oder im Osten noch einmal Wurzeln schlagen und sich von seiner Kraft her erneuere«. Grundlegende Voraussetzung dafür sei, wie Schulenburg 1941 in sein Kriegstagebuch schrieb, die »Beseitigung der bolschewistischen Herrschaft«. Für Schulenburg kam der deutsche Überfall auf die Sowjetunion einem »Auftrag des Schicksals« gleich. Der Führung des Reiches sei »vom Schicksal übertragen die Auslöschung des Bolschewismus, die Schaffung des Reiches und Großwirtschaftsraumes Europa mit östlichen Aufbaugebieten, die Auflösung Rußlands und die Ersetzung des parasitären Kapitalismus durch eine neue Gemeinschaftsordnung«. Das »neue Europa«, von dem Schulenburg im Jahre 1941 träumte, sollte unter der deutschen Hegemonialmacht die sogenannten »Schutzvölker« zusammenführen. Ihnen gegenüber diente die Zerschlagung der Sowjetunion als machtpolitisches Entrebillet und als Ausweis der deutschen Führungskraft. Das deutsche Regiment hatte nach Schulenburgs Willen die innere Zustimmung der »Schutzvölker« zu erstreben und ihnen ihre »völkische Eigenart« sowie die Freiheit, sich politisch und kulturell zu entfalten, zu belassen.[4]

Darin unterschied sich Schulenburg grundlegend von der offiziellen Doktrin der Nationalsozialisten. Seine Vision erinnerte an die imperialistischen Großmachtträume des Wilhelminismus im Ersten Weltkrieg, ihr fehlte aber der menschenverachtende, rassenbiologische Impetus Hitlers. Schulenburgs Vorstellungen vertrugen sich auch nicht mit der Himmlerschen Anschauung vom slawischen Untermenschen und mit der in der offiziellen Propaganda üblichen Degradierung der russischen Bevölkerung zum Helotenvolk.

Die deutsche Vernichtungspolitik in Polen und in der Sowjetunion sollte Schulenburg in seinem Entschluß zum Widerstand bestätigen. Im Verhör vor der Gestapo hat er später die »kurzsichtige Politik der Unterwerfung und Ausbeutung in den besetzten Gebieten« als einen der Gründe für seinen Widerstand bezeichnet. Dieses Argument ist jedoch das letzte in einer längeren Kette von vornehmlich innenpolitischen Kritikpunkten. Der Völkermord an den Juden taucht darin gar nicht auf. In dieser Beziehung zeigte sich Schulenburg ebenso sprachlos wie viele seiner Mitverschwörer im bürgerlich-aristokratischen Widerstand.

Schulenburg trug von Anfang an auf zwei Schultern. Als Aristokrat und Berufsbeamter blieb er zeitlebens den Normen und Werthaltungen seines Standes und seines Berufes verhaftet. Auch im Nationalsozialismus sah er Bewährtes in neuer Form entstehen. Die Hitler-Bewegung war für ihn die Reinkarnation des alten Preußentums im zeitgemäßen völkischen Gewande. Er identifizierte das neue Deutschland mit dem Dritten Reich und sah es fest auf den drei Säulen Partei, Beamtentum und Heer ruhen. Die traditionellen Eliten hatten die neuen Kräfte als eine Art Blutauffrischung zu begreifen und sie als den dynamischeren Teil der Staatsführung zu akzeptieren. Nach Schulenburgs Ansicht mußte sich aber auch die NSDAP grundlegend ändern. Sie sollte sich von einer Massenpartei zu einem »Orden der Besten« zurückbilden und vor allem die preußische Tradition als alleinige Richtschnur ihres politischen Handelns annehmen. Erbe und Hüter dieser Tradition waren Heer und Beamtentum. Die »kulturelle Hegemonie« der alten Führungsschichten wollte Schulenburg damit auch im Dritten Reich nicht angetastet wissen. Ganz in diesem Sinne schrieb er im Juli 1940 an seine Frau: »Ich bin immer der Ansicht gewesen, daß es nötig ist, eine Führerschicht von unten zu erneuern. Nur muß das, was aufsteigt, der Führergemeinschaft angeglichen werden. Die Dosis darf nicht zu groß werden.«[5]

Schulenburgs Hoffnungen auf einen ideologisch und sozial domestizierten Nationalsozialismus erwiesen sich als trügerisch. Die Dosis an jungen, karrierebesessenen Nationalsozialisten drohte schon bald jeden Rahmen zu sprengen. Die Newcomer dachten gar nicht daran, sich an die von Schulenburg vorgegebenen Spielregeln zu halten. Einmal an der Macht, entsagten seine Parteifreunde der noch in der sogenannten Bewegungszeit proklamierten preußischen Anspruchslosigkeit. Erich Koch, Schulenburgs unmittelbarer Vorgesetzter, war bald im ganzen Reich für seine aufwendige Lebensweise und seinen anmaßenden Führungsstil bekannt.

Die neuen Herren begannen überdies, sich an den Schaltstellen der Macht breit zu machen und ihre bürgerlich-aristokratischen Bündnispartner aus den angestammten Positionen zu drängen. Schulenburg hat diese Entwicklung von Anfang an mit wachsender Besorgnis verfolgt und auf die ihm eigene kompromißlose Art kritisiert. Daß die nationalsozialistische Staatsführung und Hitler selber das Berufsbeamtentum mit Hohn und Spott überzogen, empörte ihn besonders. Gegen die Tatsache, daß die wildwuchernden nationalsozialistischen Sonderbehörden die Kompetenzen der ordentlichen Verwaltungen Zug um Zug aushöhlten, nahm er in zahlreichen Denkschriften Stellung. Öffentlich beklagte er etwa im September 1937, daß die Beamten »von der Partei in ihrer Pflichterfüllung alleingelassen, als treulos verschrieen und wirtschaftlich weitgehend proletarisiert«[6] würden. Schulenburg stand mit dieser Kritik nicht allein. Zustimmung kam aus dem Reichsinnenministerium, das ihn als einen der Seinen betrachtete und deshalb seine Karriere förderte.

Die Fritsch-Affäre vom Februar 1938 brachte das Faß zum Überlaufen. Schulenburgs Traum von der Trinität aus Partei, Beamtentum und Wehrmacht als Säulen des Dritten Reiches zerschellte an der Wirklichkeit. In der Entlassung des Oberbefehlshabers des Heeres, Generaloberst von Fritsch, wegen angeblicher homosexueller Neigungen vermutete nicht nur Schulenburg einen gezielten »Enthauptungsschlag« der SS und der Gestapo gegen die alte Heeresführung. In der Verteidigung des im Heer allseits verehrten Fritsch formierten sich zum erstenmal jene Kräfte, die wir später im bürgerlich-aristokratischen Widerstand finden. Es heißt, daß Schulenburg - wenn auch nur am Rande - an den Widerstandsplanungen im Zusammenhang mit der Fritsch-Affäre und danach mit der Sudetenkrise im Herbst 1938 beteiligt war. Immerhin riß von nun an der Kontakt zu Hans Oster nicht mehr ab. In den Gesprächen, die er seit Herbst 1937 mit gleichgesinnten Freunden und Bekannten wie Peter Graf Yorck von Wartenburg, Caesar von Hofacker, Ulrich-Wilhelm Graf von Schwerin-Schwanenfeld und Albrecht von Kessel führte, festigte sich Schulenburgs Oppositionshaltung gegen das Hitler-Regime.

Mit dem Nationalsozialismus brach er allerdings nicht völlig. Noch im Jahr 1940 glaubte er, wie er gegenüber Helmuth James Graf von Moltke äußerte, an die Reformierbarkeit des Systems. Unter den Bedingungen des Krieges schien es ihm dann sogar geraten, seine Kritik vorerst zurückzustellen. Seinem Kriegstagebuch vertraute er im Sommer 1941 an: »Jedermann weiß aber heute in Deutschland, was uns blüht, wenn wir den Krieg verlieren. Die alliierten Mächte werden daher vergebens auf eine defätistische Revolution warten.«[7]

Schulenburgs Einstellung änderte sich erst im Winter 1942/43 mit der Wende im Rußlandkrieg und den immer offenkundiger werdenden Vernichtungsgreueln im Osten. Die terroristische deutsche Besatzungspolitik hat er in diesem Zusammenhang, ähnlich wie Stauffenberg, für die sich abzeichnende Niederlage verantwortlich gemacht, stärkte sie doch in seinen Augen den Widerstandsgeist der sowjetischen Bevölkerung und der Roten Armee. Vor der Gestapo hat Schulenburg die ersten praktischen Pläne für den Umsturz auf die Jahreswende 1942/43 datiert. Von diesem

Zeitpunkt an habe sich bei ihm die Erkenntnis durchgesetzt, daß »eine Reform nicht mehr helfe ..., da alles ineinander verkettet (sei) und in Grundtatsachen (beruhe), die mit dem Charakter des Systems unwandelbar« verbunden seien.[8]

Schulenburg war immer überzeugt, daß der Nationalsozialismus und alle seine Errungenschaften mit den Persönlichkeiten, die sie trugen, stand und fiel. Folgerichtig identifizierte er jetzt auch den kriminellen Charakter des Dritten Reiches mit dem moralischen Versagen seiner Führer. Der Ministerialdirigent Heinrich Hassmann, ein Vertrauter Schulenburgs, hat diese Ansicht einfühlsam kommentiert: »Schulenburgs Weltbild war stark geprägt von persönlichen Zügen (schreibt Hassmann), allgemeine Ideen und Systeme verdichteten sich ihm in Personen, und diese Art des Sehens bestimmte auch sein politisches Urteil. Wenn andere von einem neutral, distanzierten Beobachtungspunkt aus die Ursachen der hochziehenden Katastrophe in allgemeinen Mängeln und Unzulänglichkeiten entdeckten, faßte Schulenburg diese Ursachen durchaus in ihrer persönlichen Verkörperung ins Auge. In seiner Kritik wies er nicht etwa auf militärische oder wirtschaftliche Schwächen, auf politische oder diplomatische Fehler hin, sondern er zielte immer unmittelbar auf das gefährliche Triumvirat, in dem sich ihm der Urgrund unseres Abfalles darstellte ..., Himmler, Goebbels, Hitler waren für ihn das System, und wenn er davon sprach, daß das System fallen müsse, meinte er damit ganz konkret, daß diese drei Männer fallen müßten.«[9]

Diese starke Personalisierung aller Politik war keineswegs eine persönliche Eigenheit Schulenburgs, sondern wurde von vielen seiner Zeitgenossen geteilt. Der Staatsrechtler Carl Schmitt hatte bereits in den frühen dreißiger Jahren dieses Denken auf den Begriff gebracht, indem er »als einfaches Kriterium des Politischen ... die Unterscheidung von Freund und Feind« in die Diskussion einführte. Es lag nach Schmitt auf der Linie eines solchen Politikverständnisses, daß der Feind als »Negation der eigenen Existenz« gedeutet wurde, die bekämpft werden mußte, »um die eigene, seinsmäßige Art von Leben zu bewahren« ...

Der ethische Rigorist Fritz Dietlof von der Schulenburg hat die Regeln dieses Denkens wie kaum ein anderer im Umfeld des 20. Juli beherzigt. Das erklärt, weshalb er, als er den Kampf gegen Hitler und die NS-Spitze aufnahm, auch vor dem Attentat nicht zurückschreckte. Wie der Diplomat Albrecht von Kessel berichtet, handelte Schulenburg dabei nach der Devise, »erst einmal müsse, koste es, was es wolle, Hitler beseitigt werden. Was nachher komme, lasse sich nur schwer voraussehen. Man werde dann in vielen Einzelpunkten improvisieren müssen.«[10] Vor diesem Hintergrund leuchtet es ein, daß sich Schulenburg anders als viele Oppositionelle an den Eid, den auch er auf den »Führer« geschworen hatte, moralisch nicht gebunden fühlte.

Nach der Katastrophe von Stalingrad entwickelte sich Schulenburg zu einem der zentralen Mittler des 20. Juli. Er brachte die konservativen Honoratioren um Goerdeler und Hassell mit den »Jungen« um Moltke,Yorck und Trott zu Solz zusammen; und er bemühte sich durch Kontaktaufnahme zu dem christlich-nationalen Gewerkschafter Max Habermann und dem Sozialdemokraten Julius Leber um eine Verbreiterung der sozialen Basis des bürgerlich-aristokratischen Widerstands. Schulenburg intensivierte seinen Kontakt zu Hans Oster, und mit Claus Schenk Graf von Stauffenberg verband ihn seit Herbst 1943 eine enge Freundschaft, ebenso mit Caesar von Hofacker, Stauffenbergs Mann in Paris. Schulenburg war es schließlich auch, der die beiden jungen Offiziere Ewald von Kleist-Schmenzin und Axel von dem Bussche dazu bewegte, sich als Attentäter für Anschläge auf Himmler und Hitler zur Verfügung zu halten.

Schulenburg war ein Mann der Tat, aber im beschränkten Umfang beteiligte er sich auch an den Zukunftsplanungen des 20. Juli. Er arbeitete in dieser Hinsicht vor allem mit Johannes Popitz und Albrecht Haushofer zusammen. Seine eigenen Überlegungen weisen in charakteristischer Ambivalenz rückständige und moderne Elemente auf. In wirtschaftspolitischer Hinsicht zeigen seine Reformpläne das Bestreben, den Kapitalismus zu domestizieren und ihm durch die Einbindung der Industrie in zunftartige Organisationsstrukturen, durch die Auflösung der Großbetriebe zugunsten des »Maschinenhandwerks« und durch starke Wettbewerbskontrollen des Staates seinen traditionszerstörenden, krisenhaften Charakter zu nehmen. In Schulenburgs Ideen über die künftige politische Verfassung von Städten und Gemeinden meint man sich in die Welt des Allgemeinen Preußischen Landrechts von 1792 zurückversetzt. Mit administrativen Mitteln wollte er den Prozeß der Verstädterung aufhalten, das Wachstum der Großstädte zurückstauen und die »natürliche Kraft der Landschaft« stärken. Die rigide Beschränkung der Wohn- und Bürgerrechte sollte die traditionelle Trennung von Stadt und Land wieder einführen. Zuzugssperren für bestimmte Berufe wie für bestimmte soziale Schichten, eine straffe berufsständische Binnenstruktur und die agrarisch-feudale Bindung der Stadtoberschicht sollten die innere Wachstumsdynamik der Städte eindämmen. Ein Stadtregiment, dessen Anordnungsbefugnisse weit in die gesellschaftlichen und kulturellen Lebensbereiche eindrangen, sollte diese Entwicklung steuern.

Für die Rolle der Gewerkschaften als kollektive, gleichberechtigte Tarifpartner der Unternehmen, wie sie sich im Zuge der Weimarer Republik herausgebildet hatte, war in Schulenburgs sozialpolitischem Denken wenig Raum. Das zeigte sich vor allem in seinem Eintreten für die »harmonische Betriebsgemeinschaft« und für die Stärkung der patriarchalischen Rechte (und Pflichten) des »Betriebsherrn«. Alles in allem formulierte er in sozialpolitischer Hinsicht Grundsätze, die vom Tenor des *Gesetzes zur Ordnung der Nationalen Arbeit vom 20. Januar 1934* nicht allzu weit entfernt waren.

Bezeichnend für Schulenburg war überdies eine Rückbesinnung auf das Christentum. Bei ihm, aus dessen frühen Selbstzeugnissen eine besonders tiefgehende religiöse Überzeugung nicht herauszulesen ist, wuchs mit der Distanzierung vom NS-Regime die Bedeutung des Glaubens als zentralem Bezugspunkt des Handelns. Nach dem Kriege, so schrieb er an seine Frau im Juni 1943, wolle er »Pfarrer werden«. Schulenburg war kein Einzelfall. Unübersehbar zieht sich die Anlehnung an traditionelle Werte wie ein roter Faden durch die Planungen und Überlegungen des bürgerlich-aristokratischen Widerstandes. Das schloß nach wie vor die stärksten Vorbehalte gegen das westlich-demokratische Denken ein und entsprach damit einer zeittypischen, übrigens auch bei vielen Sozialdemokraten im Widerstand erkennbaren Haltung.

Zu Recht hat deshalb Ralf Dahrendorf geurteilt: »Wo die nationalsozialistische Revolution wider Willen Modernität hervorbrachte, strebte die Gegenrevolution nach der Erhaltung der traditionellen Bindungen von Familie und Klasse, Region und Religion. Während die soziale Revolution des Nationalsozialismus der Durchsetzung totalitärer Formen galt, aber damit zugleich die Grundlagen liberaler Modernität schaffen mußte, läßt die Gegenrevolution sich nur als Aufstand der Tradition, damit auch der Illiberalität und des Autoritarismus einer nachwirkenden Vergangenheit verstehen.«[11]

Man darf vermuten, daß Schulenburg an den skizzierten Vorstellungen über die ideale Gestaltung von Staat und Gesellschaft bis zuletzt festgehalten hat. In außenpolitischer Hinsicht dürfte er freilich von seinen früher formulierten Zielen abgerückt sein. Von dem Bankier Paul Binder wissen wir, daß Schulenburg sich im Sommer 1943 für das Reich in der Friedensfrage keinen »größeren Manövrierraum« mehr versprach, und ein ehemaliger Mitarbeiter aus der schlesischen Zeit, Gerhard Ziegler, berichtet, daß er zu Beginn des Jahres 1944 selbst für den Fall eines geglückten Umsturzes große Gebietsabtrennungen vom Reich voraussah. Ob dieses Abrücken von den auf dem Höhepunkt der deutschen Kriegserfolge geäußerten außenpolitischen Zielen freilich der grundsätzlichen Erkenntnis entsprang, daß die traditionelle deutsche Großmacht- und Hegemonialpolitik in Ost-, Mittel- und Südosteuropa prinzipiell gleichgewichtsfeindliche und damit kriegstreibende Züge trug, muß bezweifelt werden. Schulenburgs Äußerungen gegenüber Binder und Ziegler dürften vielmehr als eine Art Anpassung an die unabweisbaren Erfordernisse der Zeit zu interpretieren sein. In dieser Beziehung drückte eine Äußerung Schulenburgs, die uns Axel von dem Bussche überliefert hat, sein Denken und Fühlen in den kritischen Tagen vor dem Attentat sicherlich sehr viel zutreffender aus. Am Krankenbett des schwerverletzten Bussche im ostpreußischen Insterburg hatte Schulenburg ganz im Sinne jener Kriegermentalität, die auch in seinem Kriegstagebuch aufscheint, geäußert: »Wenn es nicht mehr gelinge, zur Tat zu kommen, so müsse man sich einen Eid geben und zu einem ›Orden‹ zusammenschließen, um nach dem Zusammenbruch Deutschlands in der dann von allen Seiten einbrechenden Fremdherrschaft ohne äußeres Band eine Gruppe von Männern zusammenzuhalten, die voneinander weiß und unverrückbar am Vaterland festhält.«[12]

Es muß als seine persönliche Tragik gewertet werden, daß er selbst nach 1943 die Ideen des Nationalsozialismus, wie er sie verstand, zu retten versuchte – gegen die Verräter aus Fanatismus, die Hitler, Goebbels und Himmler, aber auch gegen die skrupellosen Karrieristen ohne Stand und Beruf, denen er in Königsberg, Berlin und anderswo begegnet war. Sein personalistisch verengtes politisches Weltbild verschloß ihm die Einsicht, daß das Regime seine verbrecherische Dynamik nicht nur aus der kriminellen Energie seiner Führungsschichten, sondern mindestens ebenso sehr aus seiner menschenverachtenden Ideologie und seinen eklatanten Strukturdefiziten bezog. Diese Befangenheit brachte Schulenburg, wie seine Bewertung des Rußland-Feldzuges zeigt, in bedenkliche Nähe zur Kriegspolitik des Dritten Reiches und zwang ihn schließlich auch um der Vermeidung einer »Katastrophe« willen zur begrenzten Kooperation mit dem NS-Staat, dessen Unrechtspraxis er verabscheute und dessen Führung er später entschieden und unversöhnlich bekämpfte.

An der Seite seines Freundes Stauffenberg wurde Schulenburg, der in alle Einzelheiten der »Operation Walküre« eingeweiht war, am Abend des 20. Juli 1944 in der Bendlerstraße verhaftet. Am 10. August 1944 ist er in Plötzensee hingerichtet worden. Vorausgegangen waren intensive Verhöre durch die Gestapo, die ihm dem Vernehmen nach großen Respekt entgegenbrachte und ihn nicht folterte. »Du weißt, daß mich auch die Liebe zum Vaterland trieb«, schrieb Schulenburg in seinem Abschiedsbrief an seine Frau, »was wir getan haben, war unzulänglich, aber am Ende wird die Geschichte richten und uns freisprechen.«[13] Mindestens in dieser Hinsicht sollte der Widerstandskämpfer Fritz Dietlof Graf von der Schulenburg recht behalten.

Anmerkungen

1 Fritz Dietlof Graf von der Schulenburg, Preußisches Beamtentum, BA Koblenz, Nachlaß von der Schulenburg (N1 301/2), Bl. 19–24. Vgl. auch Schulenburgs Denkschrift *Neubau des höheren Beamtentums* vom April 1933, ebenda (N1 301/1), Bl. 43–57.

2 Vgl. dazu den Brief Schulenburgs an Bärbel Borchmeyer (ohne Datum, 1930/31), Privatbesitz Bärbel und Joseph Borchmeyer, Recklinghausen.

3 Vom »gestaltlosen Gesetz der Masse« spricht Schulenburg in seinem Bericht *Reise nach Frankreich* vom Juli 1940, S. 6 f. (Privatbesitz, Charlotte Gräfin von der Schulenburg, München).

4 Kriegstagebuch Fritz Dietlof Graf von der Schulenburgs (Juli/August 1941), in: Ulrich Heinemann, Ein konservativer Rebell. Fritz Dietlof Graf von der Schulenburg und der 20. Juli, Berlin 1990, S. 215 ff.

5 Ebenda (Anm. 4), S. 135.

6 Ebenda, S. 52.

7 Ebenda, S. 223.

8 Spiegelbild einer Verschwörung. Die Kaltenbrunner-Berichte an Bormann und Hitler über das Attentat vom 20. Juli 1944. Geheime Dokumente aus dem ehemaligen Reichssicherheitshauptamt, hrsg. vom Archiv Peter für historische und zeitgeschichtliche Dokumentation, Stuttgart 1961, S. 453, auch S. 87.

9 Heinrich Hassmann, Persönliche Erinnerungen an Fritz Dietlof Graf von der Schulenburg und Dr. Arvit Harnack, unveröffentlichtes Manuskript (geschrieben im Winter 1946/47), S. 27 (Privatbesitz Dr. Heinrich Hassmann, Holzminden).

10 Vgl. Albrecht von Kessel, Verborgene Saat. Aufzeichnungen aus dem Widerstand 1933–1945, hrsg. von Peter Steinbach, Berlin u. a. 1992, S. 208.

11 Ralf Dahrendorf, Gesellschaft und Demokratie in Deutschland, München 1966, S. 442.

12 Eberhard Zeller, Geist der Freiheit. Der zwanzigste Juli 1944, München [4]1969, S. 523.

13 Heinemann (Anm. 4), S. 258 f.

Bibliographie

Quellen

Der größte Teil des dokumentarischen Quellenmaterials über Fritz Dietlof Graf von der Schulenburg befindet sich im Bundesarchiv; weitere wichtige Nachlaßteile sind im Besitz der Familie. Eine Übersicht über die Quellenlage gibt Ulrich Heinemann, Ein konservativer Rebell. Fritz Dietlof Graf von der Schulenburg und der 20. Juli, Berlin 1990. Hier sind auch eine Reihe von Selbstzeugnissen Schulenburgs erstmals abgedruckt.

Literatur

Die erste und auch heute noch lesenswerte Biographie stammt von Albert Krebs, Fritz Dietlof Graf von der Schulenburg. Zwischen Staatsräson und Hochverrat, Hamburg 1964. Die überzeugendsten Reflexionen über den Widerstandskämpfer liefert Hans Mommsen, Fritz Dietlof Graf von der Schulenburg und die preußische Tradition, in: *Vierteljahrshefte für Zeitgeschichte* 32 (1984), S. 213–239. Sehr persönlich gehaltene Erinnerungen an Schulenburg, die aber unter Forschungsgesichtspunkten nicht immer verläßlich sind, liefert Albrecht von Kessel, Verborgene Saat. Aufzeichnungen aus dem Widerstand 1933 bis 1945, hrsg. v. Peter Steinbach, Berlin 1992.

Claus Schenk Graf von Stauffenberg – Der Attentäter

VON PETER HOFFMANN

Am 26. September 1942 erklärte der Major im Generalstab Graf Stauffenberg, damals Abteilungsleiter in der Organisationsabteilung im Generalstab des Heeres, während einer Besprechung mit seinem Vorgesetzten, dem Chef der Organisationsabteilung, Oberstleutnant im Generalstab Mueller-Hillebrand, im Hauptquartier des Generalstabes in Winniza in der Ukraine, er wolle Hitler töten. Ein ebenfalls anwesender Major der Quartiermeisterabteilung des Generalstabes hielt die Äußerung für so gefährlich, daß er sich einen Zeugen dafür sicherte, daß Stauffenbergs Vorgesetzter anwesend gewesen sei, der für eine Meldung zuständig war.

Wie kam ein Soldat wie Stauffenberg zu solch einer Erklärung, ein Soldat, der durch sein hervorragendes Organisationstalent 1940 im Feldzug in Frankreich der 6. Panzer-Division den Durchbruch bis vor Calais in nur neun Tagen ermöglicht und 1943 in Tunesien mit der 10. Panzer-Division die englische 26. Panzer-Brigade und das II. amerikanische Korps wochenlang an der Vereinigung mit der englischen 8. Armee gehindert hatte?

Claus Schenk Graf von Stauffenberg und seine beiden älteren Brüder stammten aus einer Dienstadelsfamilie mit ansehnlicher Tradition. Ihr Vater war Oberhofmarschall beim letzten König von Württemberg. Zu ihren Vorfahren zählte Gneisenau.

Nach dem Umsturz von 1918 nannte der Vater die neue Regierung ein Lumpenpack, dem niemand dienen könne, aber die viel ältere Tante der Mutter, Olga Gräfin Uexküll, nannte den Vater einen Anachronismus. Die Söhne wandten sich dem Dienst für das *künftige* Deutschland zu.

Claus schrieb 1923 in einem Aufsatz über seinen Entschluß, Baumeister zu werden: »Für alle, die das Vaterland und das neue Reich erkannt haben, gibt es nur Einen hehren Beruf . . .: Des Vaterlandes und des Kampfes fürs Vaterland würdig zu werden und dann sich dem erhabenen Kampf für das Volk zu opfern . . .«.[1] Als er sich 1925 entschlossen hatte, Offizier zu werden und 1926 nach dem Abitur in das Bamberger Reiterregiment 17 eingetreten war, schrieb er seinem Vater, der Anfang werde mühsam, es sei »eben für unsereinen nicht leicht längere Zeit hindurch den gemeinen zu spielen und auf alles geistige so ziemlich ganz zu verzichten«, aber »wenn dem vaterland durch die bereitstellung auch mehr geistiger [. . . menschen] auch nur im geringsten der schatten eines vorteils erwachsen« könne, dann sei er für das Opfer einiger Jugendjahre reich entschädigt.[2]

Nach Lehrgängen an der Infanterieschule in Dresden und der Kavallerieschule in Hannover wurde Stauffenberg erst Führer des Minenwerferzuges seines Regiments in Bamberg, dann Adjutant an der Kavallerieschule, an deren Umstellung zur Panzertruppenschule in Krampnitz er beteiligt war. Zugleich bereitete er sich auf die Wehrkreisprüfung vor als Voraussetzung der Zulassung zur Kriegsakademie. Für die Wehrkreisprüfung war außer Kenntnissen in Taktik, Kriegsgeschichte und dergleichen die Lektüre von Hitlers *Mein Kampf* vorgeschrieben. Stauffenbergs Frau Nina kaufte ihm zähneknirschend die billigste broschierte Ausgabe. Nach zwei Jahren auf der Kriegsakademie in der Kruppstraße 3–4 in Berlin-Moabit wurde Stauffenberg als Rittmeister Ib (Quartiermeister) im Stab der 1. leichten Division in Wuppertal, einer der in Aufstellung begriffenen Panzer-Divisionen.

Bei der Abschlußfeier seines Kriegsakademie-Jahrgangs 1938 hielt er bei der Burg Stahleck gegenüber Kaub eine Rede, in der er erklärte: Die abendländische Welt sei 1918 nicht untergegangen, weil Deutschland und Frankreich die Schlacht am Rhein nicht geschlagen und sich nicht völlig erschöpft hätten. Er endete mit der Frage, was geschähe, wenn Verwicklungen die neue uneuropäische Gewalt aus dem Osten - die Sowjetunion - in einen solchen Kampf eingreifen ließen.

Stauffenberg sagte später, er habe den größten Dichter seiner Zeit zum Lehrmeister gehabt. Er meinte damit Stefan George, mit dem er und seine Brüder seit 1923 befreundet waren. Im Freundeskreis des Dichters fühlte man sich dem Mythos eines geheimen, erst künftigen Deutschland verpflichtet, dessen abendländische Mission die geistige Führung Europas war. Affinitäten des Sprachgebrauchs verführten manche dazu, in der Hitler-Bewegung die sozusagen weltliche Erfüllung des Mythos zu sehen. Stefan George selbst fand im März 1933, zum erstenmal klängen ihm Auffassungen von außen wider, die er lange vertreten habe. Der große »Meister« bekannte sich, in seinen eigenen Worten, zur »ahnherrschaft der neuen nationalen bewegung«.[3]

Claus Stauffenberg begrüßte 1933 so selbstverständlich wie Stefan George und die meisten »national Denkenden« Hitlers »völkische« Politik der Wiederherstellung der deutschen Ehre und Wehrfähigkeit. Es dauerte Jahre, bis »völkisch« gesinnte Deutsche wie Stauffenberg begriffen, was Hitler eigentlich meinte. Hitler sprach es öffentlich aus, allerdings verschlüsselt, zur Eröffnung des Parteitages seiner Nationalsozialistischen Deutschen Arbeiterpartei am 10. September 1935, worauf die »Nürnberger Gesetze« folgten, die allen deutschen Juden die Reichsbürgerschaft aberkannten. Hitler stellte den Zusammenhang her zwischen *seiner* Vorstellung von Volksgemeinschaft und dem anderen Wesensmerkmal seiner Herrschaft, der Judenvernichtung, indem er sagte, der Kampf gegen die inneren Feinde, gegen den Marxismus und seine jüdischen Drahtzieher werde »niemals an einer formalen Bürokratie und ihrer Unzulänglichkeit« scheitern, »sondern dort, wo sich die normale Bürokratie des Staates als ungeeignet erweisen sollte, ein Problem zu lösen, wird die Deutsche Nation ihre lebendigere Organisation ansetzen«, nämlich die Partei der nationalsozialistischen Bewegung und ihre Exekutionstruppe, die SS.[4]

Die Stauffenbergs waren nicht antisemitisch gesinnt. Claus hatte jüdische Schulfreunde; Alexander heiratete eine Frau jüdischer Herkunft; Berthold mahnte behutsam seine aus Rußland stammende spätere Frau gegen antisemitische Vorurteile. Dem Gedanken, die Juden aus ihrer teilweise beherrschenden Stellung im Zeitungs- und Theaterwesen zurückzudrängen, stimmten die Stauffenbergs zu, aber nicht der brutalen Verfolgung, vielmehr wandten sie sich gerade dagegen. Im Verhör der Geheimen Staatspolizei im Juli 1944 sprach Berthold Stauffenberg das Verdikt: Die sogenannte Rassenpolitik sei zum Exzeß geworden. »Die Grundideen des Nationalsozialismus sind aber in der Durchführung fast alle in ihr Gegenteil verkehrt worden.«[5] Im Bericht der Geheimen Staatspolizei steht denn auch: Die ganze »innere Fremdheit« der Verschwörer »gegenüber den Ideen des Nationalsozialismus ... kommt vor allem in der Stellung zur Judenfrage zum Ausdruck«. Die Verschwörer stünden »stur auf dem Standpunkt des liberalen Denkens, das den Juden grundsätzlich die gleiche Stellung zuerkennen will wie jedem Deutschen«.[6]

Claus Stauffenberg äußerte sich schon in den frühen dreißiger Jahren und lange vor 1942 immer wieder kritisch über Hitlers Führung. Er hielt Hitler und seine Leute für unangenehme Handlanger der Interessen des Reiches. Treuhänder der Interessen des Reiches, meinte er, müssen die Soldaten sein.

Stauffenbergs Kritik ging von seinem Verständnis des verantwortlichen Soldatentums aus, also von einer grundsätzlichen Einstellung. 1938 hielt er den Erwerb des Sudetenlandes durch Bluff für militärisch unverantwortlich. Er wußte von Umsturzvorbereitungen, von der Beteiligung seines Vetters Peter Graf Yorck und des befreundeten Fritz Dietlof Graf von der Schulenburg. Er dachte nicht daran, das zu melden, hielt aber Verschwörungen für »unordentlich«. Er fand, die militärische Führung müsse im Falle eines Staatsnotstandes die Verantwortung übernehmen.

Als 1938 der Germanist Rudolf Fahrner einen Lebensabriß

Gneisenaus schrieb und Stauffenberg zeigte, da bestand Stauffenberg darauf, die Einzelheiten von Gneisenaus Denkschrift aus dem Jahr 1808 zur *Organisation einer Anstalt, um das Volk zur Insurrektion vorzubereiten* aus der Schrift zu streichen. Er meinte, das von Gneisenau angeregte Verfahren könnte von äußeren oder inneren Gegnern Deutschlands ausgebeutet werden; auch war ihm der Gedanke des autonomen Vorgehens einer sittlich wenig gefestigten Masse nicht geheuer. Im Juni 1939, als ihn Karl Josef Partsch fragte, ob es nicht an der Zeit sei, im Heer Zellen für den Widerstand gegen das Regime zu bilden, erklärte er derartige Versuche für zur Zeit gefährlich und aussichtslos, aber mit der Begründung, den Offizieren seien vor lauter Aussicht auf Beförderung die Augen noch nicht aufgegangen.

Man wird nicht Berufssoldat, um jeden Kampf zu meiden. Krieg war Stauffenberg, wie er sagte, Handwerk von Jahrhunderten her. Er meinte es wohl nicht wie Bismarck, der einmal sagte, er sehe nicht ein, warum Preußen für Ziele, die nicht die seinen seien, die Söhne seiner Bauern totschießen lassen solle – »vom Edelmann rede ich nicht, er ist dazu da«.[7]

Der Soldat ist immer bereit, in der Ausübung seines Berufs zu sterben. In seiner Sprache lag im Soldatentod »Erfüllung« des Lebens. Der Soldat will sich aber darauf verlassen, daß seine Führer ihn nicht sinnlos in den Tod jagen.

Im März 1939 schrieb Rittmeister Graf Stauffenberg an Generalmajor von Sodenstern, den Chef des Generalstabes der Heeresgruppe 2: »Soldat sein . . . heißt, Diener des Staats, Teil des Staats sein mit all der darin inbegriffenen Gesamtverantwortung . . . wir müssen um unser Volk, um den Staat selbst kämpfen, im Bewußtsein, daß das Soldatentum und damit sein Träger, das Offizierkorps, den wesentlichsten Träger des Staates und die eigentliche Verkörperung der Nation darstellt.« Die Verkörperung der Nation war auch die Jugend der Nation, die nächste Generation des Volkes. Stauffenberg schrieb weiter: ». . . im großen Kampf, im völkischen Entscheidungskampf um Sein oder Nichtsein der Nation (wird) dem Soldatentum die Verantwortung zufallen . . . in den eigentlichen Schicksalaugenblicken wird uns keine politische oder sonstige Organisation auch nur ein Jota der Verantwortung abnehmen können.«[8]

Den »völkischen Entscheidungskampf«, wenn er denn kam, mußten und wollten Soldaten kämpfen; ihre Heimatliebe, ihre Erziehung banden sie. Voraussetzung für den soldatischen Gehorsam war aber in Stauffenbergs Worten, »von Männern geführt [zu] werden, deren Haltung ihm Achtung abzwingt«. Stauffenberg wollte, daß die Soldaten das Heer, wenn es mißbraucht würde, selbst in die Hand nähmen, »das Heer als Kern des Volkes«, wie es Gneisenau in der Zeit der französischen Besetzung gesehen hatte.[9] Stauffenberg erhob also 1939 die Forderung, eventuell Hitler das Heft aus der Hand zu nehmen.

Als am 3. September 1939 nach Hitlers Angriff gegen Polen England, Frankreich, Australien und Neuseeland in den Krieg eintraten, am 6. September Südafrika und am 10. September Kanada, sagte Stauffenberg, nun werde der Krieg zehn Jahre dauern. Er glaubte also nicht, daß Deutschland ihn gewinnen könnte, es ging wie 1914 um die »Selbstbehauptung«. Als Soldat wußte er, daß Deutschland 1918 gegen eine übermächtige Koalition verloren hatte. Nach dem Polenfeldzug, an dem Stauffenberg mit seiner Division teilnahm, verfiel er in eine kurze Euphorie und meinte, England und Frankreich führten nur zur Schaffung von Verhandlungsgrundlagen weiter Krieg. Aber Anfang 1940 war er bedenklich und bedauerte, daß die Stimme Graf Schlieffens fast vergessen sei, »dieses unermüdlichen und unbestechlichen suchers nach dem sieg für ein umschlossnes Deutschland«.[10] Der Pakt mit Rußland bot wenig Sicherheit; seit dem Sommer 1940 überlegten Stauffenberg und andere Eingeweihte, ob Stalin oder Hitler ihn zuerst brechen werde.

Nach dem großen Sieg über Frankreich warnte Stauffenberg im Sommer 1940 in einem Brief davor, das Gewonnene für endgültig zu halten. Er erinnerte an die Unterwerfung Deutschlands von 1919 und an die Umkehrung der Verhältnisse in so kurzer Zeit: »schroffste Umwandlung, ja Umkehr« sei auch jetzt wahrscheinlicher als »ein Beharren auch nur für wenige Jahre«[11] – ein seltsam nüchternes Urteil, doch völlig berechtigt, da England, Kanada, Australien, Südafrika und Neuseeland nicht besiegt waren, Amerika seit 1939 an England Waffen lieferte und seinen eigenen Kriegseintritt vorbereitete.

Über den Angriff gegen Rußland sind von Stauffenberg keine Äußerungen bekannt, doch deutet das 1938 in der »Rheinrede« gesprochene Wort von der uneuropäischen östlichen Gewalt vielleicht in die Richtung der Zustimmung. Während des Feldzuges meinte Stauffenberg, der müsse gewonnen werden, und stimmte Hitler zu, der im Herbst 1941 noch alles auf eine Karte setzte, um die Hauptstadt des Gegners zu erobern. Stauffenberg kündigte aber zugleich an, bei seiner Rückkehr werde das Heer mit der »braunen Pest« aufräumen, und die Wehrmacht werde im Strom der Siege »das Gesetz des Handelns an sich reißen«.[12] Später, in den 1943 und 1944 vorbereiteten Aufrufen für den Tag des Umsturzes, erklärten Stauffenberg und die Mitverfasser der Entwürfe, die Soldaten seien über den Krieg getäuscht worden.

Mit anderen Generalstabsoffizieren bemühte sich Stauffenberg – wegen Hitlers Lebensraum- und Ausrottungspolitik vergeblich – um die Gewinnung der Völker der Sowjetunion im Kampf gegen den Bolschewismus. In diesem Zusammenhang sprach Stauffenberg auch von Schuld: »Wir sind als Generalstäbler alle mitverantwortlich.«[13] Stauffenbergs Vetter, Peter Graf Yorck, sprach für sich und Stauffenberg zugleich, als er der Geheimen Staatspolizei und dem Volksgerichtshof den Hauptpunkt der Schuld nannte, »die Judenausrottung«. Der Richter zitierte Yorcks Aussage im Verhör: »Die nationalsozialistischen Auffassungen vom Recht, die Ausrottungsmaßnahmen gegen das Judentum und das Vorgehen, das wir teilweise in den besetzten Gebieten an den Tag legten«, dazu die militärische Lage, hätten Yorck und Stauffenberg zum Bruch mit dem nationalsozialistischen Staat geführt.[14] Yorck bestätigte dies vor dem Volksgerichtshof ausdrücklich.

Stauffenberg wußte 1941 von gesetzlosen Erschießungen in Rußland, denn er bat im Sommer 1941 zwei Mitarbeiter im Generalstab des Heeres, alle Fakten zu sammeln, die die SS belasteten. Er wußte vom Massensterben der sowjetischen Kriegsgefangenen und von der grausamen Behandlung der Bevölkerung. Spätestens im April 1942 erfuhr er von der Ermordung von Hunderttausenden von Juden. Darauf erklärte er, Hitler sei zu töten. Im August 1942 sagte er einem neuen Mitarbeiter unvermittelt: »Die erschießen massenhaft Juden.«[15] Tyrannenmord sei von Thomas von Aquin unter bestimmten Bedingungen für zulässig erklärt. Etwas später sagte er, er sei selbst bereit, es zu tun.

Im April/Mai 1942 erkannte Stauffenberg angesichts der Vernichtungsmaßnahmen gegen Juden, Kommissare und Kriegsgefangene, daß Hitler ein Verbrecher war. Zu dieser Zeit scheint er noch den Erfolg der Kaukasus-Offensive und deren Flankensicherung durch die Einnahme Stalingrads für möglich gehalten zu haben. Erst für Juli/August 1942 ist Stauffenbergs Verurteilung Hitlers wegen dessen verbrecherischer militärischer Führung bezeugt. Diese Einsicht Stauffenbergs fällt mit Hitlers Weisung vom 23. Juli 1942 zusammen, die Kaukasus-Offensive in zwei gleichzeitige Angriffsoperationen aufzuteilen, für die die Kräfte fehlten. Sie fällt ferner mit Hitlers Weigerung zusammen, zehn vom Heer ausgerüstete Luftwaffen-Felddivisionen aus überzähligem Luftwaffenpersonal an der Ostfront einzusetzen, mit Hitlers sich häufenden Beschimpfungen des Offizierkorps und mit Halders Entschluß, seine Entlassung herbeizuführen.

Die Einsicht Stauffenbergs in die planmäßige Ermordung der Juden, Kriegsgefangenen und vieler anderer Menschen ging also der Einsicht in die grundsätzlich falsche militärische Führung um Monate voraus. Ebenso hatte Stauffenberg schon Monate vor seinem militärischen Verdikt gegen Hitler die Konsequenz gezogen, daß der Tyrann getötet werden müsse. Es ging nun um die Beendigung der Verbrechen und um die Rettung des Reiches – dies ist im Denken Stauffenbergs die Rangfolge. In erster Linie waren aber dazu die höheren Führer des Heeres berufen. In persönlichen Gesprächen versuchte er im September 1942 General von Sodenstern in seinem Hauptquartier in Starobjelsk, General Geyr von Schweppenburg in einer Panjebude am Terek zwischen dem Schwarzen und dem Kaspischen Meer, Generalfeldmarschall von Kleist in Shelesnowodsk, schließlich im Januar 1943 Generalfeldmarschall von Manstein in Taganrog dafür zu gewinnen. Er zog aus seinen vergeblichen Bemühungen den Schluß, die Generale hätten versagt, jetzt müßten die Obersten handeln.

Stauffenberg brachte durch seine Vorstöße ebenso wie durch seine Äußerung vom 26. September 1942, er sei bereit, Hitler zu töten, sich und seine Gesprächspartner so in Gefahr, daß er sich an die Front versetzen lassen mußte. Wie alle richtigen Soldaten wollte er es ohnehin längst, hatte es aus Verantwortungsbewußtsein bis dahin nicht betrieben. Als Führungsoffizier (Ia) der 10. Panzer-Division in Tunesien leitete er seinen Verband in den Schlachten von Kasserine, Médenine und El Guettar gegen Amerikaner und Engländer, wurde so schwer verwundet, daß sein Aufkommen zweifelhaft war, genas und war nun noch überzeugter von seiner Verpflichtung, die Beseitigung Hitlers herbeizuführen.

Der Eintritt Stauffenbergs in die seit 1938 bestehende, ihm bekannte Umsturzverschwörung erfolgte nach langer Zurückhaltung gegenüber den redseligen »Bombenschmeißerle«.[16] Denn bis zu seinem Tod blieb er überzeugt vom Anspruch der Soldaten auf die führende Verantwortung im Staat. Nach seiner Genesung im August 1943 stellte er sich jedoch der Pflicht, den Versuch zu machen, und er wußte damals, daß ein Opfergang wahrscheinlicher war als der Erfolg.

Als schwer Kriegsversehrter trat er Anfang September 1943 seinen Dienst im Stab des Ersatzheeres in Berlin an und begann sofort mit der militärischen Vorbereitung des Aufstandes, mit Befehlen an die im Reich verfügbaren Truppen, mit der Errichtung eines Netzes von Verbindungsmännern in allen Wehrkreisen, mit der Suche nach einem Attentäter. Nach mehreren Anläufen opferwilliger Offiziere, nach organisatorischen Rückschlägen und nach Verhaftungen Mitverschworener erhielt Stauffenberg im Juni 1944 als Chef des Stabes beim Befehlshaber des Ersatzheeres selbst Zugang zu Hitlers Hauptquartier. Er entschloß sich zu dem absurden Verfahren, selbst im über 500 Kilometer entfernten Führerhauptquartier Hitler zu töten, dann zu entkommen zu suchen, nach Berlin zu fliegen und hier den Staatsstreich zu leiten. Das Reich war verloren, die bedingungslose Kapitulation und die Besetzung Deutschlands waren unausweichlich. Wenn wenigstens der letzte Zweck noch erfüllt werden sollte - die Tat als Dokumentation, als Opfer zur Rettung der Ehre -, so blieb Stauffenberg gar nichts übrig als dieser hoffnungslose Versuch, denn in Berlin war sonst niemand fähig, die Truppen in Bewegung zu setzen und zu führen. Die Mitverschwörer dort hatten Stauffenberg am 15. Juli, beim vorletzten seiner wenigstens drei eigenen Anläufe des Juli 1944 sogar sabotiert. Die Erhebung scheiterte an ihren Widersprüchen, sie brach am 20. Juli 1944 in wenigen Stunden zusammen. Stauffenberg und drei seiner Mitstreiter im Stab des Ersatzheeres wurden noch in der Nacht standrechtlich erschossen.

In den für den Umsturztag vorbereiteten Regierungserklärungen bekannten sich Stauffenberg, Generaloberst Beck, Julius Leber, Carl Goerdeler und andere zum demokratischen Sozialstaat, zu Wahlen - nach der Heimkehr der Soldaten; denn die Soldaten sollten entscheidend mitbestimmen. Aber zugleich sind die Stauffenbergs doch manchen Kompromiß eingegangen, der ihren Überzeugungen nicht entsprach.

Sechzehn Tage vor seinem Tod erarbeitete Stauffenberg mit seinem Bruder Berthold und dem Freund Rudolf Fahrner einen »Schwur«, Grundsätze für die deutsche Wiedergeburt: Sie bekannten sich zur Sendung des deutschen Volkes, »das durch die Verschmelzung hellenischer und christlicher Ursprünge in germanischem Wesen das abendländische Menschentum schuf«, »die Gemeinschaft der abendländischen Völker zu schönerem Leben zu führen«. Sie bekannten sich zu Recht und Gerechtigkeit für alle; sie wollten keine Einebnung der »naturgegebenen Ränge«, keine »Gleichheitslüge«, sondern die Überwindung von Neid und Mißgunst und Führende »aus allen Schichten des Volkes«. Sie selbst und ihre nächsten Freunde wollten eine untrennbare Gemeinschaft sein, »die durch Haltung und Tun der Neuen Ordnung dient und den künftigen Führern die Kämpfer bildet, derer sie bedürfen«.[17] Der »Schwur« war ein Manifest des geheimen Deutschland.

Das Manifest war für die Zukunft geschrieben, deshalb enthält es keine Urteile über die Vergangenheit. Dennoch ist das Fehlen einer Vorstellung über das Zustandekommen einer Regierung ein impliziertes Verdikt gegen die Weimarer Parteienrepublik. Für Claus Stauffenberg war wohl die Frage durch das militärische Dienst- und Verdienstsystem von selbst gelöst. Doch scheint es auch, als habe der Geist Stefan Georges hier den Geist Gneisenaus verdrängt, des Ahnen, der von König Friedrich Wilhelm III. nachdrücklich ein »Repräsentativsystem« gefordert hatte.

Stauffenbergs *Tat* und ihre Beweggründe sind jedoch für den Übergang der politischen Opposition zur existentiellen Antwort an das menschenfeindliche Prinzip entscheidend, ebenso wie die von Georg Elser vom November 1939. Stauffenbergs Motivation, das Opfer des Lebens zu bringen nicht nur für die Familie, für das Reich, für das Volk, sondern für die Menschen überhaupt, ist in seiner Vorstellung von der Ehre der Familie tief verwurzelt. Die Mahnung des Vaters, den Wappenschild rein zu halten, haben Claus und Berthold Stauffenberg, in den Worten, die der überlebende Bruder Alexander zu den Söhnen seiner Brüder am Weißen Sonntag 1946 sprach, wahr gemacht durch ihr Leben »und den königlichen Opfertod«, durch den sie in die Geschichte der Deutschen und in die Weltgeschichte eingegangen sind. Für alle drei und ihre Freunde galt, was Alexander und Rudolf Fahrner sich in dem Skolion immer wieder zusagten, das Hölderlin zur Zeit der Französischen Revolution übersetzte:

Schmüken will ich das Schwerdt! Mit der Myrte Ranken!
Wie Harmodios einst, und Aristogiton
Da sie den Tyrannen
Schlugen, da der Athener
Gleicher Rechte Genosse ward.

Anmerkungen

1 Vorbemerkung: Die Richtlinien der Herausgeber erlauben Quellenverweise nur für die Herkunft wörtlicher Zitate. Zu diesem Zitat: Zit. nach Peter Hoffmann, Claus Schenk Graf von Stauffenberg und seine Brüder, Stuttgart 1992, S. 455.

2 Ebenda, S. 456.

3 Stefan George an Ernst Morwitz, 10. und 15. 5. 1933; Ernst Morwitz an Kurt Zierold, 10. 9. 1933, Stefan George Archiv, Stuttgart; *Völkischer Beobachter*, Süddeutsche Ausgabe 5. 12. 1933, Beilage Kulturpolitik.

4 Adolf Hitler, in: Die Reden Hitlers am Parteitag der Freiheit 1935, München 1935, S. 16.

5 Spiegelbild einer Verschwörung. Die Kaltenbrunner-Berichte an Bormann und Hitler über das Attentat vom 20. Juli 1944. Geheime Dokumente aus dem ehemaligen Reichssicherheitshauptamt, Stuttgart 1961, S. 448, 450.

6 Ebenda, S. 450, 471.

7 Bismarck an Alvensleben, in: Otto von Bismarck, Werke in Auswahl, Bd. 2, Stuttgart 1963, S. 276.

8 Stauffenberg an Sodenstern, 13. 3. 1939, in: Hoffmann (Anm. 1), S. 459 f.

9 Rudolf Fahrner, Gneisenau, München 1942, S. 17 ff.

10 Stauffenberg an Christian Farenholtz, 5. 2. 1940, Papiere Farenholtz.

11 Stauffenberg an Nina Gräfin Stauffenberg, 21. 6. 1940, Stefan George Archiv, Stuttgart.

12 Rede von Hans Christoph Freiherr von Stauffenberg am 2. 8. 1963 in Bad Boll, Masch. mimeographiert, o.O. o.J., S. 125 f.; Bernd von Pezold, mündliche Mitteilungen an den Verf. vom 1. 9. 1972.

13 Nina Gräfin Stauffenberg, in: Joachim Kramarz, Claus Graf Stauffenberg 15. November 1907 - 20. Juli 1944. Das Leben eines Offiziers, Frankfurt/M. 1965, S. 132.

14 Spiegelbild (Anm. 5), S. 110; Der Prozeß gegen die Hauptkriegsverbrecher vor dem Internationalen Militärgerichtshof Nürnberg 14. November 1945 - 1. Oktober 1946, Bd. XXXIII, Nürnberg 1949, S. 424; Jost von Morr, Verschwörung gegen Hitler. Der deutsche Aufstand am 20. Juli 1944, Masch., Westdeutscher Rundfunk (Fernsehen) Köln, Sendung am 19. 7. 1979.

15 Oskar-Alfred Berger an den Verf., 7. 5. 1984 und mündliche Mitteilungen an den Verf., 12. 7. 1984.
16 Pezold (Anm. 12).
17 Hoffmann (Anm. 1), S. 396 f.

Bibliographie

Quellen

Die Quellen der Geschichte Stauffenbergs liegen größtenteils unveröffentlicht in Archiven und in privaten Papieren. Siehe die Zusammenstellung in Peter Hoffmann, Claus Schenk Graf von Stauffenberg und seine Brüder, Stuttgart 1992, S. 605–629. Im selben Werk, S. 630–656, siehe die Veröffentlichungen primärer und sekundärer Werke, in denen sich Spuren finden. Einige der wichtigsten Quellen sind im selben Werk abgedruckt. Stauffenbergs Jugendgedichte sind veröffentlicht in Peter Hoffmann, Claus Graf Stauffenberg und Stefan George: Der Weg zur Tat, in: *Jahrbuch der Deutschen Schillergesellschaft* XII (1968), S. 522 ff. Alexander Schenk Graf von Stauffenberg, Denkmal, Düsseldorf und München 1964, vermittelt in dichterischer Form des Bruders Bild von Berthold und Claus Stauffenberg. Theodor Pfizer, Die Brüder Stauffenberg, in: Robert Boehringer. Eine Freundesgabe, Tübingen 1957, S. 487–509, gibt Jugenderinnerungen wieder. Ludwig Thormaehlen, Die Grafen Stauffenberg, Freunde von Stefan George, in: Robert Boehringer. Eine Freundesgabe, Tübingen 1957, S. 685–696, gibt Episoden und Impressionen aus den zwanziger Jahren wieder.

Literatur

Die bisher umfassendste Biographie ist Peter Hoffmann, Claus Schenk Graf von Stauffenberg und seine Brüder, Stuttgart 1992. Sie beruht auf den erreichbaren unveröffentlichten und veröffentlichten Quellen. Ältere Biographien von Bedeutung: Joachim Kramarz, Claus Graf Stauffenberg 15. November 1907 - 20. Juli 1944. Das Leben eines Offiziers, Frankfurt/M. 1965 ist die eindrucksvoll unmittelbar wirkende Arbeit eines Nichthistorikers; sie stützt sich vorwiegend auf Quellen, die bis dahin unbenützt gewesen waren. Christian Müller, Oberst i. G. Stauffenberg. Eine Biographie, Düsseldorf 1970, ist die brillante Dissertation des nachmaligen Auslandskorrespondenten der *Neuen Zürcher Zeitung* und zeichnet sich durch Erfassung der entlegensten gedruckten Quellen aus sowie durch scharfe Analyse mit der Tendenz zu wortreicher Spekulation. Die einzige in der ehemaligen Deutschen Demokratischen Republik erschienene Biographie stammt von Kurt Finker: Stauffenberg und der 20. Juli 1944, Berlin 1967. Sie folgt ideologischen Vorgaben und bietet über die in der Bundesrepublik erschienenen Biographien hinaus lediglich einige Anekdoten.

Hellmuth Stieff – Patriot und Zauderer

VON HORST MÜHLEISEN

Für Karl Christian Kleyser

November 1939. Nach einem Besuch in Lodz und Warschau schreibt ein Generalstabsoffizier, nachdem er die Judenverfolgungen, die Pogrome der SS und die scheinbare Ohnmacht der Wehrmachtdienststellen erlebt hatte: »Die blühendste Phantasie einer Greuelpropaganda ist arm gegen die Dinge, die eine organisierte Mörder-, Räuber- und Plündererbande unter angeblich höchster Duldung dort verbricht. . . . Diese Ausrottung ganzer Geschlechter mit Frauen und Kindern ist nur von einem Untermenschentum möglich, das den Namen Deutsch nicht mehr verdient. *Ich schäme mich, ein Deutscher zu sein*!«[1] Dies waren Worte von eindringlicher Klarheit und Schärfe. Der dies schrieb, war Hellmuth Stieff, Major im Generalstab und Gruppenleiter in der Operationsabteilung des Heeres. Die Reise nach Polen wurde für Stieff zu einem Wendepunkt seines Lebens. Nun erlebte er einen Aspekt des nationalsozialistischen Regimes, den er bislang nicht hatte wahrnehmen wollen. Und Stieff befand sich als Soldat, als Offizier, besonders aber mit seinem menschlichen Empfinden, in einem Gewissenskonflikt.

Hellmuth Stieff wurde am 6. Juni 1901 in Deutsch-Eylau, Westpreußen, geboren. Walter Stieff, sein Vater, diente als Premierleutnant im Feldartillerie-Regiment 35; seine Mutter, Annie, geborene Krause, stammte aus einer Juristenfamilie. Das Elternhaus prägte ihn konservativ-liberal. Im Jahre 1907 wurde der Vater nach Graudenz versetzt. Für einen Truppenoffizier bot das preußische Heer kaum Aufstiegsmöglichkeiten. Travailler pour le Roi de Prusse – so lautete die Devise.

Früh stand Stieffs Berufswahl fest: Auch er wollte Soldat werden. Im Juli 1918, nach dem Notabitur, trat er beim Feldartillerie-Regiment 71 als Freiwilliger ein. Die Ausbildung war hart. Noch im September wurde Stieff zur Fahnenjunkerschule kommandiert; denn auch im fünften Kriegsjahr galt das strenge Ausbildungs-Reglement. Der Siebzehnjährige verfolgte, wie seine Briefe belegen, mit wachen Sinnen die politischen und militärischen Ereignisse. Es gärte; die Revolution kündigte sich an. Mit dem Ende des Krieges, dem 11. November 1918, schien auch die Laufbahn des Fahnenjunkers Stieff beendet zu sein. Wie sollte es weitergehen? Die Zukunft war ungewiß. Dennoch blieb Stieff bei der Armee, die ihm, trotz der unsicheren Verhältnisse, Schutz bot. Vorläufig war die materielle Existenz, wenn auch bescheiden, gesichert. Für Träume blieb keine Zeit. Bis 1920 gehörte Stieff dem Grenzschutz Ost an.

Sein Berufswunsch erfüllte sich. Im April 1922 zum Leutnant ernannt, wurde er in das 3. (Preuß.) Artillerie-Regiment, das in Potsdam lag, versetzt. Fünf Jahre später, 1927, erfolgte seine Versetzung nach Schweidnitz, Niederschlesien. Dort lernte er seine spätere Frau, Ili Cäcilie Gaertner, kennen; im September 1929 heiratete das Paar. Die Ehe blieb kinderlos.

Hellmuth Stieff war ehrgeizig. 1921 hatte er die Fähnrichsprüfung als Bester seines Lehrgangs abgelegt, elf Jahre danach, 1932, bestand er die Wehrkreisprüfung mit der höchsten Punktzahl, um Führergehilfe, wie die Generalstabsoffiziere zu dieser Zeit hießen, zu werden. Zweiter Generalstabsoffizier der 21. Division in Elbing, Ostpreußen, danach Batteriechef in Landau/Pfalz; dies waren Stieffs weitere Verwendungen bis 1938. Im Oktober desselben Jahres wurde er in die Operationsabteilung versetzt. Hier lernte er Adolf Heusinger kennen, Major im Generalstab und Gruppenleiter, später, ab Oktober 1940, Chef der Abteilung. Die dienstliche

Zusammenarbeit war gut. Menschlich verstanden sie sich nicht; zu unterschiedlich waren ihre Charaktere. Immer wieder sollten sich die Lebenswege beider Offiziere, zuletzt im Herbst 1942, kreuzen.

Es ist nicht bekannt, wann Stieff erstmals mit dem Nationalsozialismus in Berührung kam. Seine Briefe enthalten nur spärliche Hinweise auf die Partei. Über den 30. Januar 1933 liegen keine Zeugnisse vor. Bruchstücke früherer Äußerungen lassen allerdings den Schluß zu, daß Stieff diesen »Tag der nationalen Erhebung« freudig begrüßte. Jetzt war das Reich »an einem ebenso entscheidenden Wendepunkt« angelangt wie 1871 und 1918, von dem er ein Jahr zuvor geschrieben hatte.[2] »Hitler hat es eben geschickt gemacht«, urteilte Heusinger rückblickend über den Irrtum der Offiziersgeneration. Tatsächlich hatte Hitler es verstanden, den Idealismus der jungen Offiziere, in dem sich nationalsoziale und nationalrevolutionäre Elemente, auch alter Freikorpsgeist, unklar vermischten, für seine Absichten zu nutzen. Er wußte, daß diese Leutnante, Oberleutnante und Hauptleute in wenigen Jahren die Führungsschicht seines nationalsozialistischen Heeres bilden würden; aber noch brauchte er die Reichswehr als Kader. Daher brachte der Oberleutnant Stieff im Jahre 1933 der Bewegung große Sympathie entgegen. Die jungen Offiziere glaubten an Hitler und seine Ideale. »Nationaler Aufbruch« lautete das Zauber- und Losungswort, das sie blendete. Stieff hatte diese Ideale, die er stets hochgehalten hatte, die aber in den Programmen der Weimarer Parteien wenig berücksichtigt worden waren, im Gedankengut der NSDAP wiedergefunden. Noch durchschaute er nicht, wie gefährlich die Bewegung war. Der 21. März 1933, diese »Potsdamer Rührkomödie« (Meinecke), die inszenierte Beschwörung der Einheit von Nationalsozialismus und Preußentum, mußte auf Stieff wie auf das Offizierkorps nachhaltig wirken.

So war Stieff ein Bewunderer Hitlers geworden. »Ganz fabelhaft« sei dessen Rede auf dem Reichsparteitag in Nürnberg gewesen, schreibt er im September 1933 und hebt hervor, er »komme immer mehr dahinter, daß der Nationalsozialismus sich dadurch wesentlich vom Faschismus unterscheidet, daß er die Probleme viel gründlicher an der Wurzel anpackt, während der Faschismus sozusagen als Schrittmacher zu bezeichnen ist«. Hitler sei der »Begründer einer neuen unzweifelhaft epochalen Weltanschauung«; dies sei, so betont Stieff, »meine innerste Überzeugung«. Er war »von einer ganz großen Wendung« überzeugt. Durch Hitlers Reden habe er »ein sehr klares und sympathisches Bild der Bewegung« erhalten.[3]

Dann kam der 30. Juni 1934, die »Röhm-Affäre«. Unkritisch übernahm Stieff die amtlichen Verlautbarungen über die Erschießung Röhms und anderer SA-Führer; auch die Darstellung über den Tod Klauseners und Ritter von Kahrs, der 1923 bayerischer Generalstaatskommissar gewesen war. Noch hielt er diese Liquidierungen für rechtens. Noch waren keine Zweifel an Hitler und seiner Partei aufgekommen. Für Stieff war ausschlaggebend, daß sie seine Vorstellungen verwirklichten, Deutschland, sein Vaterland, wieder stark zu machen. Er glaubte, alles müsse sich diesem Ziel unterordnen. Aber nach der Ermordung des österreichischen Bundeskanzlers Dollfuß im Juli 1934 bezeichnete Stieff *sein* Deutschland als »Lauseland«, in dem man nicht offen schreiben könne.[4] War dies nun ein jähes Erwachen oder der Anfang einer kritischen Standortbestimmung? Vorübergehend war seine Bewunderung für die nationalsozialistische Idee erschüttert, doch bald überwog wieder die Sympathie, die noch lange anhalten sollte.

Im Innersten wurde Stieff, wenige Tage nach seinem Dienstantritt in der Operationsabteilung, von dem antijüdischen Pogrom am 9./10. November 1938 getroffen. In Gegenwart seiner Schwester rief er zornig aus: »Ich schäme mich, ein Deutscher zu sein.«[5] Der Blockwart des Hauses, das die Stieffs bewohnten, Sybelstraße 66 in Berlin-Charlottenburg, hatte versucht, die jüdischen Mitbewohner zu schikanieren. Stieff stellte sich ihm entgegen. Nun kündigte sich der Bruch an. Dann, im November 1939, sah er mit eigenen Augen »die Ruine Warschau« und die Pogrome – und er schaute nicht weg. Immer stärker wurde seine

Ablehnung des Regimes, und 1941/42 schlug sie schließlich in Haß um.

Nachdem Hitler dem Oberbefehlshaber des Heeres, Feldmarschall von Brauchitsch, und dem Chef des Generalstabes, Generaloberst Halder, am 31. Juli 1940 seinen Entschluß bekanntgegeben hatte, die Sowjetunion im kommenden Frühjahr anzugreifen, arbeitete die Operationsabteilung von August bis Oktober 1940 die Führungsgrundlagen für den Ostfeldzug aus. Stieff lehnte ihn aus militärischen Gründen ab[6]; dagegen bejahte er die Auseinandersetzung mit dem Bolschewismus, wobei er Hitlers Formulierung vom »Krieg der Weltanschauungen« übernahm und schrieb, »daß es höchste Zeit war, diese ganz Europa bedrohende Gefahr auszuräumen«.[7]

Ende Juni 1941 begann der Feldzug gegen die Sowjetunion. Die Anfangserfolge der drei Heeresgruppen Nord, Mitte und Süd übertrafen alle Erwartungen. Der Generalstabsoffizier aber erkannte die Risiken der Operationen, die viele Unwägbarkeiten enthielten. Dieser Feldzug wurde kein Blitzkrieg. Stieff ließ sich nicht länger täuschen, er lehnte den »Führer« grundsätzlich ab: »Hitler führt Deutschland ins Unglück!« Diese Äußerung wiederholte Stieff immer wieder, je länger er das Unternehmen »Barbarossa« in der Operationsabteilung miterlebte. Oft kam er nach Besprechungen mit Heusinger, seinem Chef, körperlich und seelisch erschöpft zu seinen Mitarbeitern und sagte: »Das hat der Verbrecher [Hitler] jetzt befohlen!« Oder: »Hitler ist der Totengräber des deutschen Volkes!«[8] In Briefen an seine Frau bezeichnet er den Diktator als »größenwahnsinnig gewordenen Proleten«; zwei Wochen später heißt es: »ein wahrer Teufel in Menschengestalt«.[9] Schon lange wollte Stieff eine Verwendung an der Front erreichen, denn die Atmosphäre im Hauptquartier war ihm zuwider geworden.

»Erkenne die Lage!« Gottfried Benns Wort galt auch für Oberstleutnant i. G. Stieff. Der Feldzug gegen die Sowjetunion hatte den Charakter des Krieges vollständig verändert. Ende September erfolgte seine Versetzung als erster Generalstabsoffizier in das

Armeeoberkommando 4. Diese Armee war die Stoßarmee auf Moskau. Wenige Tage danach, am 2. Oktober, begann der Angriff, der scheiterte. Was folgte, war ein System der Aushilfen, ein Taktieren, aber keine zusammenhängende Operation. Stieff hatte seine Illusionen verloren. Es waren Tage, Wochen und Monate unerhörter Anspannung bis zur körperlichen und seelischen Erschöpfung. Jedes Aufbäumen gegen dieses Erleben und gegen das Regime endete in Verzweiflung: »Ich bin von einem abgrundtiefen Haß erfüllt! . . . Denn hier ist man hilflos einem unmenschlichen Schicksal preisgegeben.«[10]

Nun waren keine wohltönenden Worte mehr über die Infanterie, die »Königin der Waffen«, wie sie zuvor in markigen Reden bezeichnet worden war, zu vernehmen. Schon lange, seit Verdun, hatte der namenlose, unbekannte Soldat das Schlachtfeld betreten. Schonungslos enthüllen Stieffs Briefe die organisatorischen Mängel. Kälte und Schlamm, Hunger und Durst waren ständige Begleiter. Tag und Nacht wurde gekämpft. Dies war die Realität und nicht jene Behauptungen, wie sie die Propaganda verbreitete.

Immer wieder setzte sich Stieff mit dem »blutigen Dilettantismus« Hitlers auseinander. Ein ganzer Erdteil sei »dem verbrecherischen Willen und krankhaften Ehrgeiz eines Wahnsinnigen ausgeliefert«.[11] Im August 1942 zeigte er sich zum Widerstand bereit: »Aber . . . wenn jemand größenwahnsinnig wird und auf *keinen* Rat mehr hört, dann muß er eben verdorben werden. . . . Denn jeder Gehorsam hat bestimmte Grenzen. Und ich habe durchaus die Absicht, auf der Seite der Vernunft zu bleiben.«[12]

Sein Entschluß beruhte auf zwei Beweggründen. Der eine war die Einsicht des Fachmannes, sich gegen die unsinnigen Befehle Hitlers aufzulehnen, und das Bewußtsein der Pflicht, diesen Weisungen entgegenzutreten. Das andere Motiv, bedeutsamer noch, war sein moralisches Empfinden. Schon lange war Stieffs Rechtsgefühl zutiefst verletzt. In Berlin und in Polen war er 1938/39 Zeuge der Pogrome geworden. Von seinem Ausruf: »Ich schäme mich, ein Deutscher zu sein!« bis zu seiner Entschlossenheit im Sommer 1942 verlief eine folgerichtige Entwicklung. Im September 1941, vor seiner Versetzung an die Front, hatte er in Berlin den gelben Stern gesehen, jenes Stoffabzeichen, das die nationalsozialistische Regierung den Juden zu tragen befohlen hatte, um sie außerhalb der Gesellschaft zu stellen. Er empfand Trauer und Scham. Wenige Wochen später, im November, hatte er auch von den Deportationen der Juden aus dem Reich in den Osten erfahren.[13] Er litt mit den Verfolgten, denn diese Verbrechen waren im Namen seines Volkes begangen worden, und er selbst war mitschuldig geworden und bereit, dafür zu sühnen.[14] Als er die Ostfront im Oktober 1942 verließ, um Chef der Organisationsabteilung im Generalstab des Heeres zu werden, war er anscheinend zu allem entschlossen.

Oberst i. G. Stieff übernahm am 23. Oktober die Abteilung, die nach der Operationsabteilung die wichtigste Abteilung im Generalstab war, zuständig für den Aufbau und die Gliederung des Kriegsheeres. Das Allgemeine Heeresamt erließ die Durchführungsanordnungen. Auch stellte die Abteilung die Forderungen für die materielle Rüstung (außer Betriebsstoff und Munition). Einer der Gruppenleiter war Major i. G. Graf von Stauffenberg, von dem Stieff sagte: »Er ist mein Freund.«[15]

Heusinger, der Chef der Operationsabteilung, hatte Stieff, seinem ehemaligen Mitarbeiter, den er »genau kannte«, vorgeschlagen, die Leitung der Organisationsabteilung zu übernehmen, nachdem General der Infanterie Zeitzler, Halders Nachfolger als Chef des Generalstabes, ihn gefragt hatte, ob er »einen geeigneten Mann« für diese Abteilung kenne, deren Chefs seit Kriegsbeginn mehrfach gewechselt hatten. Durch den häufigen Wechsel war keine stete und gleichmäßige Arbeit mehr möglich. »Das ist eine Aufgabe Scharnhorsts. Entweder ich bewältige es, oder es ist in einem Vierteljahre aus«, sagte Stieff zu seiner Frau.[16] Auch wenn dieser Vergleich historisch unzulässig ist, so kennzeichnet diese Aussage Stieff, der die Herausforderung annahm und sie meisterte.

Als Abteilungschef erlebte Stieff Hitler bei Lagebesprechungen. Er sah in ihm den »größten Schauspieler«, den »Vater der

Lüge«, der dem Offizier strahlend liebenswürdig, herablassend, verächtlich kalt innerhalb weniger Minuten begegnen konnte, so, wie es sich in sein Konzept fügte.[17]

Nach seiner Versetzung zögerte Stieff jedoch, sich der militärischen Opposition anzuschließen. War es die Bindung an den Eid, den er Hitler geschworen hatte? War es der Konflikt, der ihn abhielt, Frondeur zu werden? Dieser Konflikt, seine Pflicht zu tun und gleichzeitig Soldat im Widerstand zu werden? Stieff aber fühlte sich schon lange an den Eid, den er Hitler geschworen hatte, nicht mehr gebunden. Denn den Eid verstand er als eine gegenseitige Bindung, und der Diktator hatte ihn selbst gebrochen. War es die Skepsis, weil Stieff die Erfolgschancen der Fronde zu gering einschätzte? Sein Beispiel zeigt, daß beste Absicht den Willen zur Aktion noch nicht einschließt. Henning von Tresckow war es, der Stieff schließlich im Juli 1943 für die Konspiration gewann. Der Untergang der 6. Armee in Stalingrad hatte die letzten Skrupel beseitigt. Doch Stieffs Verhalten ist bei den Mitverschwörern umstritten. Obwohl er zum engsten Kreis der Opposition gehörte, war er in der Fronde keine eigenständige Persönlichkeit. Nie wurde er initiativ; er hielt sich bedeckt. War er gefordert, so zögerte und schwankte er. Dennoch gehört Stieff »zu den leidenschaftlichsten Feinden Hitlers« (Stahlberg), den er als »*das absolut Böse*« und als »Gegenspieler Gottes« empfand.[18] Er wollte seine »wahre Pflicht« erfüllen, wie er im August 1943 schrieb. Damals hatte er sich zu der Auffassung durchgerungen, »daß man sich keiner Verantwortung, die einem das Schicksal abfordert, entziehen darf«.[19] Das Zögern und Schwanken mag in Stieffs Charakter begründet gewesen sein: rasch begeistert, überschwenglich, dann wieder sehr nachdenklich, nachdem er die Möglichkeiten geprüft hatte.

Am 6. August war Stieff in Berlin, um an »ernsten Besprechungen« teilzunehmen. Diese Formulierung ist weit auszulegen. Mit General der Infanterie Olbricht, dem Chef des Allgemeinen Heeresamtes, besprach Stieff sowohl dienstliche als auch konspirative Angelegenheiten. Vom 7. bis 9. September befand sich Stieff wieder in Berlin. Am 9. September kam Tresckow in Stieffs Privatwohnung. Im selben Monat traf Stieff auch mit Olbricht, Fellgiebel, dem Chef des Wehrmachtnachrichten-Verbindungswesens, und Stauffenberg zusammen. Die Frondeure baten Fellgiebel, am Tage des Umsturzes dafür zu sorgen, daß die SS das Nachrichtenwesen nicht besetzte.

Jetzt erhielt der Staatsstreichplan eine Grundlage. Nachdem Stauffenberg im Oktober 1943 Chef des Stabes bei Olbricht geworden war, trieb er die Planung des Attentats voran. Die Kernfrage war, welcher Offizier Zutritt zu Hitlers Lagebesprechungen erhielte. Stauffenberg dachte an Stieff. Dieser nahm an den Besprechungen teil, allerdings nicht regelmäßig. Ende Oktober fragte ihn Stauffenberg, ob er das Attentat auf Hitler ausführen würde. Nach gründlicher Prüfung verneinte Stieff, bewahrte aber das Sprengmaterial (Sprengstoff und Zünder), das Stauffenberg aus Berlin mitgebracht hatte, bei sich auf.

Einen Monat danach, im November, unterstützte Stieff das geplante Attentat des Hauptmanns von dem Bussche; dieses Vorhaben konnte nicht ausgeführt werden. Im Januar 1944 wurde Stieff erneut gefragt, und wieder erteilte er eine Absage. Im folgenden Monat, am 11. Februar, war er bereit, bei der Vorführung neuer Uniformen vor Hitler neben Leutnant von Kleist eine zweite Sprengladung zu tragen. Aber diese Veranstaltung fand aus unbekannten Gründen nicht statt. Ende Mai 1944 wurde die Attentatsabsicht wieder erörtert. Vermutlich am 25. Mai übergaben zwei Offiziere aus Stieffs Abteilung, Bernhard Klamroth und Albrecht von Hagen, den Sprengstoff an Stauffenberg, der jetzt zum Handeln entschlossen war. Aber erst seine Ernennung zum Chef des Stabes beim Befehlshaber des Ersatzheeres, Generaloberst Fromm, die Anfang Juli erfolgte, gab ihm die Möglichkeit, den Anschlag durchzuführen.

Es gibt einige Hinweise darauf, daß Stauffenberg bis zum 7. Juli noch auf Stieff hoffte. An diesem Tage fand auf Schloß Kleßheim bei Salzburg die Vorführung neuer Uniformen statt, die bislang verschoben worden war. Man hatte erwogen, in einem der Tornister der drei Soldaten den Sprengstoff zu verbergen. Aber der 7. Juli verging, ohne daß etwas geschah. Vor dem Volksgerichtshof sagte Stieff aus, er habe dieses Attentat abgelehnt. Diese Aussage war zutreffend. Wahrscheinlich wollte er den Tod der drei unwissenden Soldaten verhindern. Am 11. Juli flog Stauffenberg nach Berchtesgaden. Den Sprengstoff nahm er mit; aber er zündete ihn nicht, weil nur Hitler, nicht aber Himmler, anwesend war.

Am 15. Juli war Stauffenberg erneut im Führerhauptquartier, jetzt »Wolfschanze« bei Rastenburg in Ostpreußen. Auch an diesem Tage fand das Attentat nicht statt. Himmler war wieder abwesend, doch andere Hinweise belegen, daß Stieff den Anschlag verhindert hatte. Er war in das Führerhauptquartier gekommen, um an einer Besprechung zwischen Fromm und Heusinger teilzunehmen. Stauffenberg, nach langer Abwesenheit wieder in der »Wolfschanze« und mit den Örtlichkeiten nur noch wenig vertraut, mußte das Attentat vorbereiten und vor der Lagebesprechung die Zündung in Gang setzen. Die Gefahr der Entdeckung war groß, und Stieff hatte dies erkannt; daher handelte er. Er riet Stauffenberg nicht nur ab, den Anschlag auszuführen, sondern trug auch dessen Aktentasche aus dem Besprechungsraum heraus.

Donnerstag, 20. Juli 1944. Gegen acht Uhr fliegen Stieff, Stauffenberg und Oberleutnant d. R. von Haeften, dessen Ordonnanzoffizier, von Rangsdorf bei Berlin nach Ostpreußen. Kurz nach zehn Uhr landet die Kuriermaschine auf dem Flugplatz bei Rastenburg. Stieff begibt sich in das Hauptquartier des Oberkommandos des Heeres, den Mauerwald, um mit Major i. G. Ferber, seinem Generalstabsoffizier, die operative Lage und die laufenden Angelegenheiten zu besprechen. Die Explosion von Stauffenbergs Sprengladung erfolgt kurz vor ein Uhr. Doch Hitler wird nur leicht verletzt. Heusinger, der die Lage vorgetragen hatte, muß in das Lazarett nach Rastenburg gebracht werden. Von dort aus befiehlt er Stieff, die Operations- und die Organisationsabteilung zu führen.

Am Nachmittag, nach dem gescheiterten Attentat, erkennt

Stieff, daß jede weitere Aktion sinnlos ist. Daher verbrennt er Akten und versucht, die Spuren seiner Beteiligung zu verwischen. Seine Hoffnung, den Häschern zu entkommen, kennzeichnet seine Naivität. Aber er warnt Freunde und berichtet wahrheitsgemäß Feldmarschall von Kluge, seinem ehemaligen Oberbefehlshaber, bei dessen abendlichem Anruf, daß Hitler am Leben sei. Stieffs Mitteilung gibt den Ausschlag, daß Kluge, Oberbefehlshaber West und der Heeresgruppe B in Frankreich, sich der Konspiration nicht anschließt und mit dem Gegner keine Verbindung aufnimmt.

»Stieff ist ausgebrochen«, ruft Stauffenberg am späten Abend des 20. Juli in Berlin aus, wohin er nach dem Attenat zurückgeflogen war. Immer noch glaubt er, daß sein Anschlag erfolgreich war. Er ist enttäuscht über den Mitverschwörer, und diese Enttäuschung ist verständlich, nachdem Kluge sich versagt hatte. Stieffs Verhalten aber bedeutet keine Distanzierung von der Konspiration, sondern eine sachliche Beurteilung der Lage. Zu diesem Zeitpunkt, etwa 22 Uhr, war der Staatsstreichversuch in der Hauptstadt bereits gescheitert. Stieff selbst bleibt im Hauptquartier in Ostpreußen, bis er einen Anruf erhält, in das Führerhauptquartier zu kommen. Dort wird er am 21. Juli, kurz nach Mitternacht, verhaftet.

Stieffs letzte Stationen sind das Militärgefängnis, Lehrter Straße; die Zentrale des Sicherheitsdienstes, Prinz-Albrecht-Straße 8; dann der Volksgerichtshof, Elsholtzstraße, und Plötzensee, Königsdamm 7; alle in Berlin. Zusammen mit sieben weiteren Gefährten und Freunden der letzten Jahre, einig in ihrer Opposition gegen das Regime, stößt Hitler Generalmajor Stieff am 4. August auf Vorschlag des »Ehrenhofes des deutschen Heeres« aus der Wehrmacht aus. Noch viele sollten folgen, denn maßlos war des Diktators Haß auf die »ganz kleine Clique ehrgeiziger, gewissenloser und zugleich verbrecherischer dummer Offiziere«.

Montag, 7. August. Um neun Uhr eröffnet Freisler, der Präsident des Volksgerichtshofes, den Schauprozeß. Er verhöhnt die acht Verschwörer, brüllt sie nieder. Zuerst wird Stieff vernommen. Freislers Beschimpfungen zum Trotz gelingt es ihm, eines seiner Motive für seinen Widerstand zu nennen: »Für Deutschland!«[20]

Dienstag, 8. August. Um neun Uhr wird der Schauprozeß fortgesetzt. Nach den Plädoyers der Verteidiger erhalten die Angeklagten Gelegenheit, ihre Abschiedsbriefe zu schreiben, unter der Bedingung, daß sie ein Eingeständnis ihrer Schuld enthalten. Stieff schreibt seiner Frau: »Du weißt, daß ich nicht [aus] schlechtem Willen so gehandelt habe, auch wenn der Schein jetzt gegen mich steht.«[21]

Nach 16 Uhr verkündet Freisler das Todesurteil. Sofort werden die acht Verurteilten in die Strafanstalt Plötzensee gebracht. Noch in der Todeszelle konvertiert Stieff zum katholischen Glauben, dem Glauben seiner Frau. In ihm will er sterben, und Pfarrer Buchholz erfüllt seinen Wunsch. Um 17.34 Uhr wird der Patriot und Soldat Hellmuth Stieff durch den Strang hingerichtet.

Anmerkungen

1 Zit. nach Horst Mühleisen (Hrsg.), Hellmuth Stieff. Briefe, Berlin 1991, S. 108 (Nr. 63 vom 21. 11. 1939). – Zu Stieffs Biographie: ebenda, S. 23 f.

2 Ebenda, S. 71 (Nr. 36 vom 21. 8. 1932).

3 Ebenda, S. 75 f. (Nr. 40 vom 4. 9. 1933).

4 Ebenda, S. 84 (Nr. 46 vom 25. 7. 1934).

5 Mündliche Mitteilungen von Frau Ursula Grundmann, der Schwester Stieffs, am 5. 8. 1988.

6 Niederschrift Ili Stieffs, der Ehefrau, aus dem Jahre 1948. Bundesarchiv/Militärarchiv Freiburg i. Brsg., Nachlaß Stieff N 114/4, S. 99 f.

7 Mühleisen (Anm. 1), S. 124 (Nr. 70 vom 29. 8. 1941).

8 Mündliche Mitteilungen des Generalmajors (Bw) a. D. Christian Schaeder am 5. 12. 1987. – Zu dessen Dienststellung im Jahre 1941: Mühleisen (Anm. 1), S. 21, Anm. 15.

9 Ebenda, S. 122 (Nr. 69 vom 23. 8. 1941) und S. 127 (Nr. 71 vom 5. 9. 1941).
10 Ebenda, S. 132 (Nr. 74 vom 5. 11. 1941).
11 Ebenda.
12 Ebenda, S. 155 (Nr. 90 vom 28. 8. 1942).
13 Ebenda, S. 137 (Nr. 76 vom 19. 11. 1941).
14 Ebenda, S. 150 (Nr. 85 vom 10. 1. 1942).
15 Ili Stieff (Anm. 6), S. 101.
16 Ebenda (auch zum Vorschlag Heusingers).
17 Ebenda, S. 97.
18 Ebenda.
19 Mühleisen (Anm. 1), S. 170 (Nr. 103 vom 6. 8. 1943).
20 Ebenda, S. 15 (Nachweis: S. 21, Anm. 28).
21 Ebenda, S. 178 f., Zitat: S. 179 (Nr. 110 vom 8. 8. 1944).

Bibliographie

Quellen:

Stieffs Briefe, soweit erhalten, liegen gedruckt vor: Horst Mühleisen (Hrsg.), Hellmuth Stieff. Briefe, Berlin 1991 (Deutscher Widerstand 1933-1945. Zeitzeugnisse und Analysen). Auszüge erschienen 1954: H(ans) R(othfels) (Hrsg.), Ausgewählte Briefe von Generalmajor (sic!) Helmuth Stieff (hingerichtet am 8. August 1944), in: *Vierteljahrshefte für Zeitgeschichte* 2 (1954), S. 291–305.

Literatur

Über Stieffs Widerstand unterrichtet ausführlich: Horst Mühleisen, Hellmuth Stieff und der militärische Widerstand, in: *Vierteljahrshefte für Zeitgeschichte* 39 (1991), S. 339–377. - Stieffs Verhalten ist auch bei Historikern umstritten: Christian Müller, Oberst i. G. Stauffenberg. Eine Biographie, Düsseldorf 1970, S. 341, 358 f., 384, 424, 498. Wolfgang Venohr, Stauffenberg. Symbol der deutschen Einheit. Eine politische Biographie, Frankfurt/M. u. a. 1986, S. 263, 280, 308, 317, 342, 344, 377, 392, 402. Peter

Hoffmann, Claus Schenk Graf von Stauffenberg und seine Brüder, Stuttgart 1992, S. 417 f.
Das Stahlberg-Zitat, das auf eine Äußerung des Bruders, Hans-Conrad Stahlberg, 1944 Mitarbeiter Stieffs in der Organisationsabteilung zurückgeht, in: Alexander Stahlberg, Die verdammte Pflicht. Erinnerungen 1932 bis 1945, Berlin u. a. 1987, S. 388. - Heusingers Bemerkung: »Hitler hat es eben geschickt gemacht. Gespräch mit Adolf Heusinger«, in: Guido Knopp/Bernd Wiegmann, Warum habt ihr Hitler nicht verhindert? Fragen an Mächtige und Ohnmächtige, Frankfurt/M. 1983, S. 103–108.

Carl-Heinrich von Stülpnagel – Die »Zentralfigur« in Paris

VON KLAUS-JÜRGEN MÜLLER

Der »Militärbefehlshaber Frankreich«, General der Infanterie Carl-Heinrich von Stülpnagel habe – so berichtete ein Mitarbeiter der NS-Parteikanzlei – »durch seine Befehle in Paris eine weitaus gefährlichere Situation herbeigeführt als das sonst im Reich der Fall gewesen ist«.[1] Und in der Tat, das besetzte Paris war neben Wien der einzige Ort, an dem am 20. Juli 1944 erfolgreich gehandelt wurde. Stülpnagel ließ dort alle SS- und SD-Einheiten hinter Schloß und Riegel setzen und Vorbereitungen für die Aburteilung der führenden Vertreter des Unrechtsregimes treffen.

Wer war dieser General, der im Gegensatz zu manchen militärischen Zauderern so entschlossen vorging? Wie wurde ein Sproß einer Familie des uckermärkischen Schwertadels, die nicht weniger als sechs preußische Generäle seit dem 18. Jahrhundert zählte, zu einem so entschlossen handelnden Verschwörer? Zunächst: Carl-Heinrich von Stülpnagel war ein ganz und gar nicht dem Klischee des preußischen Offiziers entsprechender Soldat. Geboren am 2. Januar 1886 in Berlin, gehörte er nicht dem Kadettenkorps an, dem so viele Offiziere seiner Zeit entstammten, sondern besuchte – lange Jahre als Klassenbester – das humanistische Lessing-Gymnasium in Frankfurt am Main, wo er in vergleichsweise liberaler, weltoffener Atmosphäre aufwuchs. Nach dem Abitur 1904 ging er auch nicht sogleich zum Militär, sondern überbrückte die Zeit bis zum Eintritt in das 1. Großherzoglich-Hessische Leibgarde-Infanterie-Regiment Nr. 115 in Darmstadt durch ein Semester Jurastudium an der Universität Genf – durchaus untypisch für einen zukünftigen preußischen Offizier. Gleichwohl war auch er geprägt von der Armee im Wilhelminischen Deutschland und erlebte noch mehr als ein Jahrzehnt Glanz und Gloria der preußisch-deutschen Militärmonarchie. Noch vor dem Ausbruch des Ersten Weltkrieges absolvierte er die preußische Kriegsakademie. Als Hauptmann im Generalstab und im Truppendienst machte er den Krieg im Westen wie im Osten mit. Briefe aus jener Zeit zeigen eine, wiewohl dem Zeitgeist allgemein verhaftete, aber doch auffallend nüchtern-realistische Betrachtungsweise. In der Reichswehr setzte er seine militärische Karriere im Wechsel zwischen Truppenkommandos und Generalstabsverwendungen fort.

Stülpnagel galt bald als Offizier nicht nur von beachtlicher Bildung, sondern auch von großem militärfachlichem Können und militärtheoretischem Wissen sowie von operativer Begabung. Einer seiner späteren Mitarbeiter beschreibt ihn als »einen der gebildetsten Generale ... von großer Bescheidenheit, der Typ eines Gelehrten«.[2] So kam es nicht von ungefähr, daß der Oberstleutnant i. G. von Stülpnagel 1931 abkommandiert wurde, um mit dem damaligen Generalmajor Ludwig Beck zusammen die berühmte Dienstvorschrift *Truppenführung* zu verfassen. Sie bildete bis zum Krieg die theoretische Grundlage für die Ausbildung der höheren Truppenführer des Heeres und hat auch entsprechende Vorschriften der Armeen der USA, der Türkei und der UdSSR stark beeinflußt. Beck schätzte Stülpnagels wirklichkeitsnahe und nüchtern-unbestechliche Sicht der Dinge. Die Zusammenarbeit mit General Beck sollte für Stülpnagel schicksalhaft werden. Er war, als Beck im Herbst 1933 als »Chef des Truppenamtes« faktisch Generalstabschef des deutschen Heeres wurde, bereits seit Dezember 1932 Chef der Abteilung »Fremde Heere« des Truppenamtes. Diese Verwendung brachte ihn in eines der wichtigsten Entscheidungszentren deutscher Militärpolitik. Als Leiter dieser

Abteilung war er nicht nur der verantwortliche militärpolitische und auch außenpolitische Berater des Generalstabschefs; sondern er wurde bald auch zu einem der engsten Vertrauten Becks. Dabei zeigte sich alsbald, wie später noch mehrfach, daß Stülpnagel seine eigene, durch gründliche Analysen erworbene Überzeugung auch gegenüber freundschaftlich verbundenen Vorgesetzten und Förderern stets nachdrücklich, notfalls kontrovers vertrat. Zunächst aber stimmte er völlig mit der militärpolitischen Linie des Generalstabschefs überein.

Beck gehörte zu jener Gruppe hoher Militärs, die im Gegensatz zur Konzeption Schleichers und Groeners, eine rasche und umfassende deutsche Aufrüstung ohne Rücksicht auf Genfer Abrüstungsvereinbarungen und außenpolitische Vertragsbindungen befürwortete und die Möglichkeiten dazu im Bunde mit den Nationalsozialisten gekommen sah. So nimmt es nicht Wunder, daß General Beck die nationalsozialistische Machtübernahme als »ersten großen Lichtblick seit 1918« bezeichnete.[3] Stülpnagel hat ebenfalls, wie seine Frau schreibt, »die allerersten Anfänge des Nationalsozialismus ... begrüßt, weil die straffe militärische Disziplin und manche gute Einrichtung ihn sympathisch berührten«.[4] Darin unterschied er sich nicht von vielen anderen national-konservativen Persönlichkeiten, deren spätere Entwicklung von der Kooperation über Opposition zum Widerstand verlief.

Im Jahr 1933 hat er, ebenso wie Beck, eine rasche und autonome Aufrüstung befürwortet. Auch er war überzeugt, daß das Heer so schnell wie möglich mit schweren Waffen ausgerüstet und verdreifacht werden müsse. Jede denkbare Intervention der Garantiemächte von Versailles und Locarno sollte so zu einem unberechenbaren Risiko gemacht werden; das sogenannte »Risiko-Heer« als Abschreckungsinstrument würde nach der Planung zunächst 36, später 65 Divisionen umfassen. Das Auswärtige Amt befürwortete dagegen eine internationale Absicherung der Aufrüstung durch eine Rüstungskonvention – der übrigens selbst Hitler zunächst zuneigte –, denn nur so könne die Sicherheit des Reiches auf absehbare Zeit gewährleistet werden. Beck, der eigentliche Architekt der Aufrüstung, beharrte dagegen auf der einseitigen, massiven Aufrüstung. Wohl verurteilten er und Stülpnagel provokatorische Aktionen wie den nationalsozialistischen Putschversuch in Wien vom Juli 1934, aber sie waren nicht bereit, die einseitige Aufrüstung zur Disposition zu stellen. Daß es jedoch gerade diese Militärpolitik war, die das Ausland als die eigentliche Provokation ansah, das wollten oder konnten Beck und Stülpnagel sowie der Heeresoberbefehlshaber Freiherr von Fritsch nicht erkennen. Staatssekretär von Bülow vom Auswärtigen Amt hatte dagegen mehrfach gewarnt; er fürchtete, eine einseitige Aufrüstung würde das Reich international isolieren und gar eine Allianz gegen Deutschland zusammenbringen: »Alle Mächte, auf die es ankommt«, – so erklärte er dem Generalstabschef im Sommer 1934 –, »sind gegen uns.« Werde »weiterhin so ungehemmt und unkoordiniert aufgerüstet« – schrieb er in einem Memorandum –, »so treiben wir in ernste Gefahren hinein.« Frankreich und Großbritannien würden eine derartige Aufrüstung nicht hinnehmen.[5] Im Generalstab aber hielt man an dem Aufrüstungskonzept fest. Beck wollte sogar schon 1934 die Einbeziehung der entmilitarisierten Rheinlande und die Einführung der allgemeinen Wehrpflicht.

In einer Mischung aus klarer Einsicht und rüstungspolitischer Verstocktheit schrieb Stülpnagel im Herbst 1934 in einer militärpolitischen Lagebeurteilung, daß Deutschland in einer prekären außenpolitischen Lage sei – die Feindschaft Frankreichs und der Kleinen Entente sowie der Sowjetunion dauere an. Nur durch freundschaftliches Verhalten Polen gegenüber, durch Entspannung mit Italien und vor allem durch den Versuch, Großbritanniens Besorgnisse zu zerstreuen, könne diese Lage verbessert werden. Gerade London aber sei wegen der deutschen Aufrüstung, insbesondere der Luftrüstung, tief besorgt. Wenn man diese Besorgnisse irgendwie zerstreuen könnte, würde sich die militärpolitische Lage Deutschlands grundlegend verbessern. Jedoch – so unterstrich er unnachgiebig – dürfe das nicht durch rüstungspolitische Konzessionen erfolgen, sondern nur durch propagandistische Beeinflussung der öffentlichen Meinung in England: »Ein Verzicht auf jede weitere Luftrüstung kommt naturgemäß nicht in Frage, würde auch nur als Zeichen von Schwäche in England aufgefaßt werden.«[6] Das war auch General Becks Auffassung, der auf jede Verschlechterung der außenpolitischen Lage mit um so nachdrücklicherem Festhalten an der einseitigen Aufrüstung und sogar mit einem weiteren Drehen der Rüstungsschraube reagierte.

Im Laufe des folgenden Jahres jedoch ist Stülpnagel im Gegensatz zu Beck zu einer immer nüchterneren Einschätzung der Lage gekommen, in welche die autonome Aufrüstungspolitik des Generalstabschefs das Reich geführt hatte. Ab Frühjahr 1935 begann offensichtlich ein Umdenken bei ihm – wie es scheint auch unter dem Einfluß Bülows, mit dem er häufige dienstliche Kontakte hatte. Er ließ dem Generalstabschef zunehmend dringendere Warnungen zukommen. Eine seiner militärpolitischen Lageanalysen von Mitte April 1935 begann mit den Worten: »Ein bewaffneter Konflikt in absehbarer Zeit findet Deutschland in einer Lage, die um vieles ungünstiger ist als 1914.« Seine Folgerung war – völlig im Gegensatz zu dem, was er noch im Herbst 1934 geschrieben hatte – eindeutig: »Auf bewaffnete Hilfe können wir nirgends zählen . . . Wenn irgendmöglich, jeden Konflikt vermeiden, keine Provokationen . . . überhaupt einer Einkreisung vorbeugen, selbst unter Opfern.«[7] Während Beck noch 1935/36 als Reaktion auf die nicht zuletzt wegen der deutschen Aufrüstung sich zuspitzende internationale Lage einen massiven Aufrüstungsschub forderte und zum Aufbau eines »Angriffsheeres« mit einem starken Kern gepanzerter und motorisierter Truppen überging, ist Stülpnagel offensichtlich immer besorgter über die Folgen dieser Art von Aufrüstung geworden. Er schien eher als der Generalstabschef zu begreifen, in welches Dilemma eine einseitig auf militärische Machtentfaltung abstellende Außen- und Militärpolitik das Reich hineinführte.

Im Herbst übernahm Stülpnagel, seit dem 1. Oktober 1935 Generalmajor, das Kommando über die 30. Division in Lübeck.

Sollte sein Wechsel aus der Zentrale der Heeresführung zu einem Truppenkommando etwa ein Zeichen der Resignation oder gar ein Indiz dafür gewesen sein, daß er die Verantwortung für eine derartig folgenreiche Militärpolitik nicht länger mittragen wollte? Wir wissen es nicht. Er war zweifellos mit einem hohen Kommando »an der Reihe«; ebenso klar ist aber auch, daß er – bei aller Verehrung für General Beck – sich von dessen militärpolitischem Konzept entfernt hatte und dies auch mit einer bei ehrgeizigen Militärs nicht immer anzutreffenden Zivilcourage deutlich machte. Ende Dezember 1936, dem Jahr der Rheinlandbesetzung und dem von Beck forcierten Aufbau des »Angriffsheeres«, warnte Stülpnagel den Generalstabschef in einem Privatbrief nachdrücklich vor den Konsequenzen einer solchen Politik und kritisierte »die nervöse Hast und Überstürzung . . . unserer auswärtigen Politik«. So viele »große Erfolge (werden) . . . wieder eingeschränkt durch das Maß an Mißtrauen, Angst und Haß, das wir erwecken«. Er schloß mit den prophetischen Worten: »Nun können wir wohl noch eine ganze Weile die Welt in Unruhe erhalten, aber einmal hat diese genug und ruft uns zur Ordnung.«[8] Damit distanzierte sich Stülpnagel von einer als verhängnisvoll erkannten Militär- und Außenpolitik, an der er selbst einige Zeit in verantwortlicher Stellung mitgewirkt hatte. Hier mag eine der Wurzeln seiner späteren grundsätzlichen Opposition zu suchen sein.

Hatte er also in der Militär- und Außenpolitik eher und gründlicher als Beck sein Damaskus erlebt, so sollte er auch 1938 eher als Beck in Hitler (und nicht mehr nur in vermeintlich »radikaleren NS-Kreisen«) den eigentlichen Kriegstreiber erkennen. Es steht zu vermuten, daß er, gerade weil er diese Politik mitgetragen und eine gewisse Zeit mitgestaltet hatte, sie nunmehr um so nachdrücklicher zu bekämpfen begann. Hatte doch diese Politik – das wurde Ende 1937 deutlich – nicht nur zur Destabilisierung der europäischen Sicherheitslage beigetragen, sondern vor allem auch Hitler das Instrument für eine Aggressionspolitik in die Hand gegeben!

Angesichts dieser persönlichen Entwicklung verwundert es

nicht, Stülpnagel bei der ersten ernsthaften, auf eine grundlegende Veränderung der politischen Verhältnisse abzielenden Konspiration im Spätsommer 1938 an führender Stelle beteiligt zu sehen. Beck hatte ihn, der inzwischen zum Generalleutnant befördert worden war, im Februar jenen Jahres nach Berlin zurückberufen und ihm den Posten des für die Ausbildung des Heeres zuständigen Oberquartiermeisters II anvertraut. Im April entfesselte Hitler die Sudetenkrise, die ab Ende Mai Europa an den Rand eines Krieges brachte. Beck wünschte zwar eine Beseitigung der Tschechoslowakei als machtpolitischen Faktor in Mitteleuropa, aber unter unbedingter Vermeidung eines europäischen Krieges und auch erst dann, wenn die Wehrmachtaufrüstung abgeschlossen war. Nie dürften die Westmächte auf der Gegnerseite stehen. Daher stellte er sich nun Hitlers Kriegspolitik in den Weg. Ende des Jahres sagte er, ab Mai habe er nur noch den einen Gedanken gehabt, wie der europäische Frieden bewahrt werden könne.[9] Beck glaubte allerdings immer noch, daß nicht Hitler, sondern »Radikale« in der Partei - er dachte an Himmler, Göring und Ribbentrop - die Kriegstreiber seien. Stülpnagel dagegen versuchte Beck klar zu machen, daß Hitler selbst der Urheber der unheilvollen Politik sei. Offenbar haben sein Realismus und die Erfahrungen, die er als Chef der militärpolitischen Abteilung gesammelt hatte, ihn klarsichtiger werden lassen.

Während Beck noch vergeblich versuchte, Hitler mit Denkschriften und schlimmstenfalls mit einem »Streik der Generale« von seinem Vorhaben abzubringen, nahm Stülpnagel bereits Verbindung mit einer Gruppe entschlossener Regimegegner um Oberstleutnant Oster und General von Witzleben auf, die - wie man die wenigen verfügbaren Quellen deuten könnte - auf dem Höhepunkt der Sudetenkrise bereits den entscheidenden Schritt zum Staatsstreich zu tun bereit waren. Gewiß ist schwer festzustellen, wo die Grenzlinie verläuft zwischen einem mehr oder minder gewaltsamen Vorgehen gegen Teile des Herrschaftsapparates, wie es Beck wohl im Sinne hatte, und einer Beseitigung des Regimes, wie es die radikalere Oppositionsgruppe plante. Stülpnagel jedenfalls scheint schon die im Vergleich zu Beck weitergehende Zielsetzung im Auge gehabt zu haben.

Als der Generalstabschef am Ende resignierte und dessen bisheriger Stellvertreter, General Halder, an seine Stelle trat, da ergaben sich für Stülpnagel ganz neue Perspektiven. Wohl enttäuscht von Becks Zögern und dessen noch begrenzter Einsicht, setzte er nunmehr ganz auf Halder. Dieser gehörte nicht nur seiner Generation an (er war nur eineinhalb Jahre älter), sie waren vor allem vertraute Freunde. Halder schätzte Stülpnagel ganz besonders; dieser sei »ein vornehm denkender, grundanständiger Offizier bester alter Schule« gewesen, »ein geistig veranlagter Mann mit hohem politischen Interesse und Feingefühl, und wir haben uns ausgezeichnet verstanden. Er war einer derjenigen, der mit der wirklich ehrlichen Überzeugung, daß Hitler ein Feind unseres Vaterlandes sei, innerlich dauernd im Kampf gegen ihn stand und sich und andere zur Tat trieb.« Dabei habe er aber nicht zu den unbesonnenen Heißspornen gehört, sondern »er behielt die überlegte und den Gesamtüberblick bewahrende Betrachtung in Widerstandsfragen«.[10]

Halder machte Stülpnagel zum Oberquartiermeister I im Generalstab und damit zu seinem Stellvertreter. Fortan hatte dieser über längere Zeit hinweg erheblichen Einfluß auf die Widerstandsaktivitäten des Generalstabschefs, von dem er annahm, er werde entschlossener als Beck gegen Hitlers Politik vorgehen, hatte Halder doch Beck mehrfach zu nachdrücklichem Handeln gedrängt. Häufig hatte Halder zudem seinem Haß gegen das Regime Ausdruck verliehen. Im Gegensatz zu Beck, der damals noch Illusionen über Hitlers Rolle nachhing, fand Stülpnagel in seinem Freund und Vorgesetzten Halder einen überzeugten, wenngleich längerfristig nicht immer konsequenten Gegner des Diktators. Mit diesen beiden Männern an der Spitze des Generalstabes nahm die Opposition nunmehr eine neue Qualität an: Zur Verhinderung eines Krieges faßten sie einen Staatsstreich ins Auge, schreckten auch vor dem Gedanken an einen Sturz Hitlers nicht zurück. Das war zwar noch nicht Umsturz um jeden Preis, wie ihn wohl die Oster-Gruppe schon wollte, aber es war Umsturz als Mittel zur Kriegsverhinderung.

Halder gab Stülpnagel den Auftrag, Vorbereitungen für die Eventualität eines Staatsstreiches zu treffen, nämlich falls Hitlers Politik tatsächlich zu einem Krieg mit den Westmächten führen sollte. Stülpnagel aktivierte seine Verbindungen zu Witzleben und zur Oster-Gruppe, die jetzt entschlossen und intensiv an Putsch-Planungen ging. Allerdings bestanden innerhalb der Konspiration erhebliche Divergenzen über die Zielsetzung. Für den Generalstabschef sollte der Staatsstreich die letzte, verzweifelte Maßnahme sein, um einen Kriegsausbruch zu verhindern; für die Witzleben-Oster-Gruppe dagegen war der Staatsstreich das eigentliche Ziel, das am besten anläßlich eines drohenden Kriegsausbruches zu erreichen sei. Halders Eventualplanung wurde damit von definitiven Putschabsichten dieser radikalen Gruppe überlagert. Stülpnagel als der von Halder beauftragte Koordinator der Putschvorbereitungen wurde gleichsam zum Verbindungsmann zwischen diesen beiden unterschiedlich motivierten Widerstandsgruppen. Aber bekanntlich kam es nicht zum Staatsstreich. Die Konferenz von München entzog den Umsturzplänen in Halders Augen die Grundlage. Die gerade erst entstandene Verschwörung gegen Hitler und sein Regime zerfiel. Ein knappes Jahr später entfesselte Hitler den Zweiten Weltkrieg.

Ein neuer Ansatz für einen Staatsstreich ergab sich, als gegen Ende des Polenfeldzuges Mitte September 1939 bekannt wurde, daß Hitler unter Verletzung der Neutralität Belgiens und der Niederlande einen Angriff auf die Westmächte plante. Im Generalstab vernahm man dies mit Entsetzen. Statt im Westen eine Offensive mit ungewissem Ausgang zu führen, wollte man eher eine Ausweitung des Krieges verhindern, ja am besten den Krieg nach Möglichkeit sogar beenden. In dieser Lage formierte sich eine Opposition aus regimekritischen jüngeren Offizieren. Um eine Kriegsausweitung zu verhindern, wollten sie einen Staatsstreich wagen und gleichzeitig diese Gelegenheit nutzen, das verhaßte Regime zu beseitigen. Informationen, die sie zur selben

Zeit über die verbrecherische Unterdrückungs- und Ausrottungspolitik im besetzten Polen erreichten, gaben ihnen zusätzlich eine starke moralische Motivation.

Gleichzeitig waren hohe Militärs der Ansicht, daß ein Feldzug gegen die Westmächte ein militärisches wie politisches Verhängnis sei. Wieder war es Stülpnagel, der die Initiative ergriff und Ende September eine Denkschrift vorlegte, in der er nachwies, daß die Wehrmacht die Maginotlinie zur Zeit nicht durchbrechen könne. Der Krieg könne über Jahre hinaus nur defensiv geführt werden. Andere hohe Befehlshaber wie Leeb und Bock und selbst ein so regimetreuer General wie Reichenau warnten eindringlich vor einer Ausweitung des Krieges. Der Generalstabschef und auch der Oberbefehlshaber des Heeres wandten sich gegen Hitlers Absicht: ein fruchtloses Bemühen. Anfang Oktober 1939 erließ Hitler seine »Führungsweisung« für den Angriff im Westen. Halder spielte daher ab Mitte Oktober erneut, wenn auch zögernd, mit dem Gedanken, durch einen Gewaltakt die Ausweitung des Krieges zu verhindern. Stülpnagel bestärkte ihn nachdrücklich bei dieser Meinungsbildung.

Damit geriet Stülpnagel wieder in eine zentrale Position innerhalb des sich herausbildenden konspirativen Kräftespiels. Wieder stand er zwischen den beiden Oppositionsgruppen, den aktivistischen jüngeren Kräften auf der einen und dem Generalstabschef und den höheren Befehlshabern auf der anderen Seite. Als Realist mußte er den Übereifer und das ungestüme Drängen der dynamischen Aktivisten dämpfen, die auf sofortiges Losschlagen drängten, ohne sie jedoch allzusehr zu entmutigen. Gleichzeitig drängte er aber als entschlossener und überzeugter Gegner Hitlers den immer noch zögernden Generalstabschef zur Tat. Wie sehr er damals die treibende Kraft gewesen ist, zeigt seine Reaktion auf Halders Argument, der Oberbefehlshaber des Heeres, von Brauchitsch, sei noch nicht zu einem Putsch bereit. Stülpnagels Antwort zeigt seine Entschlossenheit und oppositionelle Dynamik: »Du machst Dich unnötig abhängig von diesem Brauchitsch! ... Wenn der ... nicht mitgeht, sperrst Du ihn einfach ein und handelst allein!«[11] Halder wies diesen Vorschlag erregt zurück. Aber als der Generalstabschef gegen Ende Oktober erkennen mußte, daß Hitler starrsinnig an seinem Offensiv-Entschluß festhielt, scheint er einen Umsturz erwogen zu haben. Er entsandte Stülpnagel an die Westfront zu den Oberbefehlshabern der drei Heeresgruppen, Leeb, Rundstedt und Bock. Aber nur Leeb, der sich auch schon in einer Denkschrift nachdrücklich gegen die geplante Westoffensive ausgesprochen hatte, war zu allem bereit. Nach Stülpnagels Besuch schrieb er einen Brief an den Oberbefehlshaber des Heeres, in dem er ihn an seine Verantwortung gegenüber dem deutschen Volk erinnerte und dann kaum verhüllt seine Bereitschaft zum Mitmachen signalisierte: »Vielleicht hängt das Schicksal des gesamten deutschen Volkes in den nächsten Tagen von Ihnen ab ... Ich bin bereit, in den kommenden Tagen mit meiner Person voll hinter Ihnen zu stehen und jede gewünschte und notwendige Folgerung zu ziehen.«[12] Das war eindeutig den Bemühungen Stülpnagels zuzuschreiben.

Anfang November gab Halder seinem Oberquartiermeister dann den Auftrag, vorbereitende Planungen für einen unter Umständen notwendig werdenden Staatsstreich anlaufen zu lassen. Damit begann eine ebenso kurze wie intensive Phase der Verschwörung gegen das NS-Regime. Stülpnagel nahm dabei eine zentrale Position ein. Er koordinierte die Aktivitäten der verschiedenen konspirativen Kräftegruppen: die Aktivisten in der Abwehr, den Oppositionskreis im Auswärtigen Amt, die Gruppe im Heeres-Oberkommando, wo er die Abteilung zur besonderen Verwendung in eine konspirative Arbeitsgruppe umfunktionierte. Er hielt die Verbindung zu Beck und den zivilen Verschwörern sowie zu den hohen Truppenbefehlshabern an der Westfront.

Niemals zuvor hatte es eine derart intensive und breit fundierte Staatsstreichplanung gegeben. Doch am 5. November 1939 scheiterte das Vorhaben. Halder verlor die Nerven. Aufgrund einer wütenden Drohung Hitlers gegen den Generalstab glaubte er, der Diktator habe Kenntnis von der Verschwörung bekommen. Er befahl die sofortige Vernichtung aller Unterlagen und den Abbruch des geplanten Unternehmens. Vergebens versuchte Stülpnagel, dies zu verhindern. Er unternahm Mitte November noch einen letzten Versuch und fuhr nochmals an die Westfront zu Leeb und Witzleben. Letzterer, entschlossen wie immer, unterstützte Stülpnagel und wirkte auch auf Halder ein. Alle diese Demarchen waren vergebens. Eine von Stülpnagel im Januar 1940 vermittelte Unterredung zwischen Beck und Halder endete mit einem Mißklang. Halder wollte offensichtlich nicht mehr. Fortan hat er, inzwischen wohl auch mehr und mehr von den Erfolgschancen einer Westoffensive überzeugt, Hitlers Blitzfeldzüge brillant geplant und durchgeführt. Für den Widerstand stand er nicht mehr zur Verfügung. Mehr noch, er eliminierte die aktivsten Verschwörer aus seiner Umgebung im Generalstab. Ob dies zur Abkühlung des Vertrauensverhältnisses zwischen ihm und Stülpnagel geführt hat, ist nicht bekannt. Vielleicht aber hatte das schwere Rückenleiden, das Stülpnagel Anfang 1940 befiel und von dem er sich nie wieder ganz erholte, auch eine psychosomatische Grundlage gehabt. Die Enttäuschung dieses überzeugten Hitler-Gegners muß jedenfalls grenzenlos gewesen sein. Es bleibt aber sein Ruhmestitel, der 1939 im Widerstand gegen die Kriegsausweitung aktivste und drängendste General gewesen zu sein.

Nach einem kurzen, durchaus erfolgreichen Truppenkommando als Kommandierender General des II. Armeekorps, das er in der zweiten Phase des Frankreichfeldzuges beim Durchbruch durch die Weygandlinie führte, wurde Stülpnagel zum Vorsitzenden der in Wiesbaden tagenden Kommission berufen, welche die Durchführung des Waffenstillstandes zu überwachen hatte. Zuvor traf er in Fontainebleau Halder und einige der einstigen Mitverschwörer wieder. Er war entschlossen, den Widerstand fortzusetzen. Aber der Diktator war auf dem Höhepunkt des Triumphes. Die Zeit schien nicht günstig. Stülpnagel und einige wenige andere wie Oster bewahrten jedoch damals die Idee des Widerstandes, bis Anfang 1943 ein Neuanfang gemacht werden konnte. In den acht Monaten seiner Verwendung in Wiesbaden hatte er keinerlei konkrete Wirkungsmöglichkeiten im Sinne der Anti-Hitler-Konspiration. Hitlers Erfolge machten ihn nicht blind; sein damaliger Chef des Stabes berichtet, er habe »in langen Stunden nächtlichen Gesprächs seine innere Unruhe über die kommende Entwicklung durchblicken« lassen.[13]

Stülpnagel sollte bald erneut in den Zwiespalt zwischen Pflicht und Einsicht gestellt werden. In der Vorbereitungsphase des Rußlandfeldzuges hat er, so wird berichtet, vor einem solchen Unternehmen gewarnt – ebenso vergeblich wie ein Jahr zuvor vor der Kriegsausweitung im Westen. Dann aber wurde er als Oberbefehlshaber der 17. Armee in die Durchführung des »Barbarossa«-Feldzuges miteinbezogen, der die Katastrophe des Reiches einleiten sollte. Über sieben Monate bis Ende November 1941 führte er diese Armee auf dem Südflügel der Ostfront. Es kam über seine Operationsführung zu Kontroversen mit dem vorgesetzten Heeresgruppen-Oberkommando und schließlich auch mit dem Oberbefehlshaber des Heeres. Stülpnagel meldete sich daraufhin krank; er hatte eine Ruhrinfektion. Am 4. Oktober 1941 gab er seine hohe Führungsposition auf.

Die Zeit in Rußland konfrontierte Stülpnagel mit dem moralischen Dilemma, dem auch ein seit langem unbeirrbarer Gegner des Hitler-Regimes nicht ausweichen konnte, solange er in hohen Funktionen dem als verbrecherisch erkannten Regime diente. So hatte auch Carl-Heinrich von Stülpnagel es nicht vermeiden können, in den rassenideologischen Vernichtungskrieg, den Hitler im Osten führen ließ, hineingezogen zu werden. Ein Schreiben des Armee-Oberkommandos vom 21. August 1941, in dem »vermehrter Kampf gegen das Judentum« gefordert wurde, trägt seine Unterschrift. Hatte er hier nur ein Routineschreiben unterzeichnet, das von einem Offizier seines Stabes entworfen worden war? Hatte er es nicht ändern oder verhindern können, ohne sich ideologischen Verdächtigungen auszusetzen? Oder sollte auch bei Stülpnagel »Konformismus und Affinität zur nationalsozialistischen Ideologie« oder gar »ideologischer Aktionismus« wie bei anderen hohen Offizieren eine Rolle gespielt haben? Wohl kaum. Oder lag hier eine »Übereinstimmung im Feindbild« (M. Messerschmidt) vor?

Etwa primärer Antikommunismus und traditioneller Antisemitismus? Wir müssen zugeben, daß wir es nicht wissen.

Einerseits wird in diesem Zusammenhang auf eine Denkschrift Stülpnagels aus dem Jahr 1935 verwiesen, die antisemitische Formeln und die vom Nationalsozialismus propagierte Gleichsetzung von Bolschewisten und Juden enthielt; andererseits ist auch überliefert, daß Stülpnagel seinem Armee-Adjutanten »schon ab Januar 1941 . . . die Augen geöffnet« und ihm »die Logik all der NS-Verbrechen, die bereits im Frieden und in erhöhtem Maße während des ersten Kriegsjahrs begangen wurden, auseinandergesetzt« habe.[14] Ein Jahr später hat er dann die Judendeportationen aus Frankreich als »böse Tat« und »Unrecht« bezeichnet, das »nicht nur mit Billigung Hitlers, sondern auf seinen ausdrücklichen Befehl« hin geschehe und das »wir . . . nach dem Verlust dieses Krieges . . . schrecklich büßen müssen, wie alles Unrecht, das jetzt in deutschem Namen geschieht.«[15] Angesichts solcher Quellenaussagen könnte man in dieser Hinsicht vielleicht eine Entwicklung bei Stülpnagel vermuten; auf jeden Fall ist bei der Ambivalenz und der unterschiedlichen Qualität der Quellenüberlieferung eine definitive Aussage kaum möglich, will man nicht Gefahr laufen, einer historischen Persönlichkeit möglicherweise nicht hinreichend gerecht zu werden.

In welche Verstrickungen ein hoher Befehlshaber an der Ostfront geraten konnte, zeigt Stülpnagels Versuch, eine Weisung des Oberkommandos der Wehrmacht abzuschwächen, die pauschale Repressionsmaßnahmen anordnete. Stülpnagel befahl im Gegensatz zu dieser Weisung, daß gegenüber der ukrainischen Bevölkerung »grundsätzliche Rücksichtnahme« angebracht sei, »sofern sich diese loyal verhalte«; vor allem sollten »kollektive Maßnahmen nicht wahllos« getroffen werden, damit die Ukrainer nicht feindselig würden. Im Falle von Sabotageakten jedoch solle »bei Notwendigkeit raschen Zugriffes . . . besonders (auf) die jüdischen Komsomolzen . . . als Träger der Sabotage und Bandenbildung« zurückgegriffen werden.[16]

Es ist auch unter Hinweis auf Stülpnagel die Ansicht vorgetragen worden, daß der Sieg über Frankreich eine Hochstimmung ausgelöst habe, die zu einer Überblendung der bisherigen Widerstandsmotivation führte. Schließlich hätten im Verlauf des Krieges, vollends im Unterjochungs- und Ausrottungskrieg gegen die Sowjetunion, imperialistische und ideologische Handlungsprinzipien die bisher vorhandenen und wirksamen christlichen und humanitären moralischen Maßstäbe, mindestens zeitweilig, überdeckt. Zunächst ist es eine durchaus offene Frage, ob man so eindeutig bestimmte Motivationsphasen abgrenzen kann. Noch zweifelhafter ist, ob dieses Problem Stülpnagel überhaupt betrifft. Zweifellos hat die Anti-Hitler-Verschwörung zwischen dem Sieg im Westen und der sich ab Ende 1942 abzeichnenden Kriegswende stagniert; offenkundig ist, daß in dieser Phase manche früheren Aktivisten des Widerstandes passiv blieben. Aber hier müßte genauer differenziert werden. Gewiß ist nicht zu leugnen, daß mancher, der 1938 bis 1939 der Opposition angehörte, zwischen 1940 und 1942/43 unter dem Eindruck der Erfolge deutscher Waffen seine bisherige regimekritische Haltung vergaß. Außerdem kamen auch unter jenen, die das Hitler-System ablehnten, damals immer wieder Zweifel auf, ob man einen Diktator stürzen dürfe, wenn er auf dem Höhepunkt seiner Erfolge, seiner Macht und seines Prestiges stehe. Würde die Nation in einer solchen Situation einen Staatsstreich verstehen oder gar mittragen? Immerhin, für Stülpnagel trifft dies alles nicht zu. Die durchgängige Regime-Gegnerschaft dieses Generals seit 1938 ist wohl bezeugt. Seine Opposition war auch in dieser Phase nicht geschwunden.

Vom Februar 1942 an residierte Stülpnagel als »Militärbefehlshaber Frankreich« in Paris. Hier hatte er, im Gegensatz zur Situation an der Ostfront, bald keinen unmittelbaren Einfluß mehr auf Art und Umfang kollektiver Repressalien, insbesondere von Geiselerschießungen. Die Zuständigkeit dafür war auf den zum 1. Juni 1942 eingesetzten Höheren SS- und Polizei-Führer Frankreich, den SS- und Polizei-General Oberg, übergegangen. Zuvor hatte Stülpnagel bereits durch verschiedene Maßnahmen versucht, eine Beruhigung der gespannten Situation in Frankreich zu erreichen. Oberg war ein »relativ maßvoller Vertreter Himmlers«; er hat sich nach Stülpnagels Hinrichtung sogar helfend der Familie angenommen. Zu ihm vermochte Stülpnagel persönlich ein hinreichend gutes Verhältnis herzustellen: Beide hatten im Ersten Weltkrieg in derselben Division gedient. Eine gewisse Komplizenschaft durch Mitwissen ließ sich dadurch nicht vermeiden. Zum anderen ließ sich durch diese Zusammenarbeit die Zahl der Geiselerschießungen erheblich reduzieren, denn Oberg war ein Gegner von exzessiven Geiselerschießungen.

Nicht verhindern konnte Stülpnagel jedoch die Durchführung anderer repressiver Maßnahmen wie beispielsweise die Sippenhaft, die Deportationen und den berüchtigten »Nacht-und-Nebel«-Befehl. Das Schlimmste aber waren die ab Sommer 1942 einsetzenden Deportationen der französischen Juden in die Vernichtungslager im Osten. Was konnte Stülpnagel gegen den Genozid tun, der nun auch Frankreich erfaßte, »ein Gebiet, für dessen Bewohner neben der französischen Regierung der Militärbefehlshaber, wenn auch ohne Weisungsrecht gegenüber dem SD, verantwortlich« war? »Für Heinrich von Stülpnagel«, so schreibt ein ehemaliger Mitarbeiter[17], »ein ungeheuerliches Faktum.« Warum ist Stülpnagel damals nicht eingeschritten, warum hat er nicht protestiert? Warum ist er nicht zurückgetreten? Einer seiner einstigen Mitverschworenen aus dem Stab der Militärverwaltung erklärt »das Problem Heinrich von Stülpnagel« damit, daß ein Rücktritt dem Verbrechen keinen Einhalt geboten hätte. Vor allem: der General habe es als unbeugsamer Gegner Hitlers nicht riskieren dürfen, den von ihm immer ersehnten und angestrebten Sturz des Diktators durch einen Protest zu verhindern, aufgrund dessen er mit Sicherheit von seinem Posten abgelöst worden wäre. Das sei die Tragik seiner Zeit gewesen, daß »das Richtige, das man vorhat, mit Unmenschlichkeit verknüpft ist«.[18]

So war es kein Wunder, daß der Militärbefehlshaber unter diesen Bedingungen innerlich schwer litt. Ernst Jünger, der ihn damals traf, schrieb: »Sein vornehmer Charakter neigt der geistigen Wertung des Menschen zu . . . als Staatsmann . . . (hat er) nie den

Blick für unsere Lage verloren . . . Doch ist er müde . . . (es) befällt ein sorgenvoller Ausdruck sein Gesicht.«[19] General Speidel fand ihn Anfang Dezember 1942 innerlich an seiner Position als Vertreter der Besatzungsmacht und des NS-Systems in Frankreich leidend. Rückblickend schreibt er: »Bei seinem hohen ethischen Grundgefühl empfand er das Amoralische des Systems als ständiges seelisches Martyrium.«[20] Dies wog um so schwerer, als er klarsichtig die Lage des Reiches erkannte. Speidel berichtete: »Er hielt die Fortsetzung des Krieges für aussichtslos und besprach mit rückhaltloser Offenheit die Notwendigkeit, den Krieg zu beenden und zu einer Änderung des . . . Regimes zu kommen.«[21]

Aber von seiner Dienststellung in Paris aus konnte er vorerst nicht direkt handeln, war auch von den sich allmählich im Oberkommando des Heeres, in der Abwehr und im Oberkommando der Heeresgruppe Mitte in Rußland neu oder erneut bildenden Verschwörungszentren zu weit entfernt. Die Kriegslage und die moralisch immer unerträglicher werdende Situation drängten Stülpnagel trotz der geographischen und ressortmäßigen Handicaps zur Aktion. Ulrich von Hassell, der ihn damals besuchte, gewann den Eindruck, daß es Stülpnagel »brennend geworden zu sein scheint . . . den tiefsten Abgrund zu vermeiden«[22], den Abgrund, an den Hitlers Politik das Reich gebracht hatte, aber wohl auch den Abgrund, an den sich Stülpnagel selbst als Militärbefehlshaber politisch wie moralisch gestoßen sah. Spätestens seit Sommer 1943 hat er mehrfach versucht, wieder Verbindung zu seinen einstigen Mitverschworenen zu knüpfen. Er reiste nach Brüssel zu General von Falkenhausen, dem Militärbefehlshaber in Belgien – auch dieser ein oppositioneller General. Er entsandte einen Offizier seines Vertrauens zu Beck nach Berlin. Nach einer Zeit der Stagnation wurde so auch von seiner Seite aus das Netz der Verschwörung neu geknüpft.

Schon seit Ende 1942 entwickelte sich in Paris ein weiteres Kraftzentrum des Widerstandes. Neben Stülpnagel selbst war der Oberstleutnant der Reserve Hofacker die zentrale Persönlichkeit dieser Fronde. Er war ein Vetter Stauffenbergs und Sohn eines früheren württembergischen Generals, unter dem Rommel im Ersten Weltkrieg gekämpft hatte. Hofacker genoß das uneingeschränkte persönliche und politische Vertrauen Stülpnagels. Er gewährleistete die Verbindung zwischen der Berliner Verschwörer-Gruppe und dem Pariser Kreis. Aus Berlin kam in der zweiten Jahreshälfte 1943 Fritz Dietlof Graf von Schulenburg, um die Berliner Planungen mit Paris zu koordinieren. Stülpnagel fuhr zu diesem Zweck sogar selbst in die Reichshauptstadt. Es galt, eine einheitliche Willensbildung zustande zu bringen, da Auffassungsunterschiede zwischen Paris und Berlin bestanden, etwa in der Attentatsfrage: Hofacker repräsentierte jene, die nachdrücklich die Ermordung des Diktators forderten; andere, unter ihnen zunächst auch Stülpnagel, lehnten dagegen ein Attentat aus politischen wie ethischen Gründen ab. Sie wollten Hitler nicht zum Märtyrer machen. Stülpnagel rang sich jedoch spätestens Anfang 1944 zur Bejahung des Tyrannenmordes durch.

Desweiteren stellte sich das Problem der außenpolitischen Absicherung des Umsturzes. Auch hier ergriff der Militärbefehlshaber die Initiative. Er entsandte einen Vertrauten nach Madrid und Lissabon, um Kontakt mit den Alliierten aufzunehmen. Er hoffte auf eine Chance, nach erfolgtem Umsturz mit den Westmächten zu Vereinbarungen über einen Waffenstillstand kommen zu können. Als der Kontakt nicht zustande kam, hat Stülpnagel über einen Mittelsmann sogar Fühlung mit der französischen Résistance aufgenommen. Das entscheidende Problem aber war, Feldmarschall Rommel für die Verschwörung zu gewinnen. Rommel verfügte nicht nur über ein großes Prestige, sondern vor allem über eine ganze Heeresgruppe; Stülpnagel dagegen befehligte nur wenige schwache Truppenverbände. Wenn der berühmte Feldmarschall sich im gegebenen Augenblick mit dem Westheer dem Aufstand gegen Hitler anschlösse, dann wäre der Erfolg garantiert.

In »dieser schwierigen Lage«, so schreibt einer der Pariser Verschwörer rückblickend, »kam als Lichtblick die Ernennung Speidels zum Generalstabschef der Heeresgruppe Rommel. Speidel, ein ungewöhnlich fähiger Offizier mit politischem Horizont, war uns kein Unbekannter.«[23] Speidel wurde auch sogleich nach seinem Eintreffen aktiv und wirkte intensiv auf den Feldmarschall ein. Auch informierte er Rommel über Hitlers Ausrottungspolitik in Osteuropa. All dies scheint seinen Eindruck auf den Feldmarschall nicht verfehlt zu haben. Inzwischen war über Oberst Koßmann, den Chef des Stabes des Militärbefehlshabers, auch die Verbindung zwischen Stülpnagel und Rommel hergestellt worden, die sich noch von ihrer gemeinsamen Tätigkeit als Lehrer an der Dresdner Kriegsschule her kannten.

Am 15. Mai 1944 kam es zu einer eingehenden Aussprache zwischen beiden. Ob es dabei schon zur Übereinkunft über ein planmäßiges Vorgehen, den sogenannten »Rommel-Stülpnagel-Plan der Westlösung«, gekommen ist, darf bezweifelt werden. Nach diesem Plan sollte Hitler bei einem Besuch der Westfront verhaftet, in der Heimat das NS-Regime beseitigt und die besetzten Westgebiete im Einvernehmen mit den Alliierten geräumt werden; im Osten dagegen sollte der Krieg auf verkürzter Frontlinie fortgesetzt werden. Gewiß sind einzelne Elemente solcher Überlegungen damals unter den Verschwörern im Westen mehrfach erörtert worden, aber Rommel war wohl zu diesem Zeitpunkt zu derartigen Initiativen noch nicht bereit.

Die Frage, wann und wieweit der Feldmarschall für die Sache der Verschwörer gewonnen werden konnte, wird angesichts einer unbefriedigenden Quellenlage kontrovers diskutiert. Ob Rommel sich bis Mitte Juli dem Gedanken an einen Staatsstreich und ein Attentat geöffnet hatte, bleibt zweifelhaft. Stülpnagel und seine Mitverschworenen in Paris hatten jedenfalls bis zum 13. Juli die Vorbereitung für den Staatsstreich in ihrem Verantwortungsbereich abgeschlossen. Hofacker fuhr am 11. Juli nach einem Gespräch mit Rommel nach Berlin, um die Stauffenberg-Gruppe über die Lage im Westen zu unterrichten. Er hatte dann maßgeblichen Anteil an dem dort am 16. Juli gefaßten Entschluß der Berliner Verschwörer, am 20. Juli loszuschlagen.

Einen Tag später, am 17. Juli 1944, standen die Verschworenen in Paris vor einer gänzlich veränderten Situation: Durch Rommels

Ausfall hatte Feldmarschall von Kluge, der seit Anfang Juli Oberbefehlshaber West geworden war, auch den Oberbefehl über die Heeresgruppe B übernommen. Ihm war damit die Schlüsselposition für die Entwicklung im Westen zugefallen. Würde er die Rommel zugedachte Rolle übernehmen wollen? Wohl hatte Henning von Tresckow ihn schon 1943 an der Ostfront in die Pläne der sich damals neu formierenden Verschwörung eingeweiht, aber man konnte sich seiner nie ganz sicher sein, wurde er doch nicht zu Unrecht »der kluge Hans« genannt – ein Spitzname, der ebenso sehr auf seine unleugbaren intellektuellen Gaben wie auf seine charakteristische Wendigkeit zielte. Am 20. Juli 1944 hing daher alles davon ab, ob dieser Feldmarschall für den Umsturz gewonnen und zu entscheidenden Entschlüssen an der Westfront veranlaßt werden konnte.

Im Laufe des Nachmittags des 20. Juli erhielt Stülpnagel in Paris die Nachricht von den Berliner Verschwörern, daß der Staatsstreich ausgelöst worden sei. Er handelte jetzt rasch und entschlossen: Als erstes gab er den Befehl, die Führung und das Personal der SS und des SD in Paris zu verhaften; Truppen des Kommandanten von Groß-Paris führten diesen Befehl im Laufe des Abends rasch und wirksam durch. Stülpnagel hatte damit den Staatsstreich im Westen erfolgreich ausgelöst. Danach machte er sich auf, um Kluge im Hauptquartier der Heeresgruppe B in La Roche-Guyon für das weitere Vorgehen zu gewinnen.

Das Schloß La Roche-Guyon wurde nunmehr zum Ort der Entscheidung im Westen. Stülpnagel und Hofacker trafen dort bald nach 20 Uhr ein. Kluge, schon vor ihnen von einer Frontfahrt zurückgekehrt und von der Nachricht über den Staatsstreichversuch völlig überrascht, hatte zunächst geschwankt, da widersprechende Nachrichten über die Ereignisse und die Lageentwicklung im Reich eintrafen. Sollte er – wie Rommel es im Sinn gehabt hatte – den Kampf an der Westfront beenden? Die Nachricht, daß Hitler das Attentat überlebt hatte, gab offensichtlich den Ausschlag. Stülpnagel und Hofacker beschworen ihn in einer dramatischen Szene, trotz des fehlgeschlagenen Attentats im Westen ein

Fait accompli zu schaffen und über einen französischen Industriellen Kontakt mit dem alliierten Hauptquartier aufzunehmen. Doch der Feldmarschall verweigerte sich: »Ja, wenn das Schwein tot wäre«, soll er gesagt haben. Selbst Stülpnagels Mitteilung, daß er mit dem Befehl zur Verhaftung der SS und SD in Paris bereits eine Art Initialzündung ausgelöst habe, konnte ihn nicht zum Handeln bewegen: »Ja, meine Herren, eben ein mißglücktes Attentat!« soll er geäußert haben. Die SS mußte auf seine Anordnung hin wieder freigelassen werden. Er enthob Stülpnagel seines Postens als Militärbefehlshaber und riet ihm nonchalant, Zivil anzulegen und »irgendwohin zu verschwinden«.[24]

Ob Stülpnagel schon auf der Rückfahrt nach Paris, wo er nach Mitternacht eintraf, endgültig resignierte oder ob er noch bis etwa kurz vor 2 Uhr morgens auf eine Wendung der Dinge gehofft hat, ist umstritten. Der deutsche Botschafter in Paris, Otto Abetz, versuchte noch, die Situation durch die Sprachregelung zu retten, die von Stülpnagel angeordnete Verhaftung der SS sei nur eine wirklichkeitsnah durchgeführte Übung gewesen. Aber diese wohlgemeinte Initiative ließ sich nicht durchhalten, obwohl SS-Gruppenführer Oberg anfangs dabei mitspielte. Immerhin: Stülpnagels mutige Aktion in Paris und sein verzweifeltes Ringen um Feldmarschall von Kluges Entscheidung für den Staatsstreich blieben die einzige entschlossene Handlung eines deutschen Generals am 20. Juli 1944 außerhalb Berlins.

Am nächsten Tag wurde er zur Berichterstattung ins OKW befohlen. Auf der Fahrt nach Deutschland versuchte er, sich in der Nähe von Verdun, wo er im Ersten Weltkrieg gekämpft hatte, zu erschießen. Voller Vorahnung hatte er schon Ende Mai zu Ernst Jünger gesagt: »In gewissen Lagen wird das Verlassen des Lebens den Tüchtigen zur Pflicht.«[25] Aber der Selbstmordversuch schlug fehl. Blindgeschossen fiel er in Gestapohaft und wurde bei den Verhören offenbar auch mißhandelt. Vor dem Volksgerichtshof trat der erblindete General trotz seiner schweren Verletzungen, wie selbst der Prozeßbeobachter der Parteileitung in seinem Bericht zugeben mußte, in »soldatischer Haltung« auf, stand »kurz, knapp, lebendig« voll zu seinem Handeln und »bat nicht um Gnade«.[26] Am 30. August wurde er zusammen mit zwei anderen Pariser Mitverschworenen, Oberst von Linstow, seinem Chef des Stabes, und dem Oberquartiermeister West, Oberst i. G. Finckh, hingerichtet.

Wie hatte Stülpnagel einst als junger Offizier 1913 geschrieben: »Man muß im Leben aufs Ganze gehen.«[27] Und kurz vor dem 20. Juli schrieb er in einer von der Pascal-Lektüre angeregten Aufzeichnung: »Hat es . . . Sinn, den Wert des Lebens von äußerem Erfolg abhängig zu machen? Hat nicht auch Leiden Sinn?«[28] Stülpnagels Lebensweg war durch tiefe politische gesellschaftliche Umbrüche, vor allem durch schwere politisch-moralische Herausforderungen geprägt. Als »Soldat im Untergang« verband sich sein persönliches Schicksal mit dem Ende einer Epoche preußisch-deutscher Militärgeschichte. Sein tragischer Tod symbolisiert diese überpersönliche Entwicklung in bewegender Weise. Er war aber zugleich »Soldat im Widerstand« und gab als solcher eine menschlich eindrucksvolle Antwort auf die Herausforderung durch ein verabscheuungswürdiges System, dem er diente, mit dem er aber frühzeitiger und konsequenter als andere brach, wofür er schließlich den höchsten Preis gezahlt hat.

Anmerkungen

1 Zit. nach Heinrich Bücheler, Carl-Heinrich von Stülpnagel. Soldat – Philosoph – Verschwörer, Berlin/Frankfurt/M. 1989, S. 334.
2 Walther Bargatzky, Hotel Majestic. Ein Deutscher im besetzten Frankreich, Freiburg i. Brsg. u. a. 1987, S. 54 f.
3 Brief an Julie von Gossler vom 17. 3. 1933, zit. nach Klaus-Jürgen Müller, General Ludwig Beck. Studien und Dokumente zur politisch-militärischen Vorstellungswelt und Tätigkeit des Generalstabschefs des deutschen Heeres 1933–1938, Boppard am Rhein 1980, S. 337–339.
4 Zit. nach Bücheler (Anm. 1), S. 129.
5 Aufzeichnung Becks über ein Gespräch mit Bülow von 30. 7. 1934, in:

Müller (Anm. 3), S. 354 ff. sowie Memorandum Bülows an Außenminister von Neurath vom 16. 8. 1934, in: ADAP, Serie C, Bd. III/1, Dokument Nr. 162.

6 Aufzeichnung Oberst i. G. von Stülpnagel, Chef T3, vom September 1934, in: Müller (Anm. 3), S. 371.

7 Aufzeichnung Chef T3 vom 11. 4. 1935, in: Müller (Anm. 3), S. 434–436 (im ersten Satz mit sinnentstellendem Druckfehler).

8 Generalmajor von Stülpnagel an General Beck, 30. 12. 1936, in: Nachlaß Beck, Bundesarchiv-Militärarchiv N 08–28/2, auszugsweise zit. in Klaus-Jürgen Müller, Das Heer und Hitler. Armee und nationalsozialistisches Regime 1933–1940, Stuttgart 1989, S. 232.

9 Aufzeichnung des Major a. D. Holtzmann vom 16. 11. 1938, in: Müller (Anm. 3), S. 579–582.

10 Interviewaufzeichnung mit Generaloberst a. D. Halder vom 22. 3. 1968, in: Heidemarie Gräfin Schall-Riaucour, Aufstand und Gehorsam, Wiesbaden 1972, S. 230.

11 Nach Aussage Halders, zit. nach Müller (Anm. 8), S. 494.

12 Brief vom 31. 10. 1939, in: Generalfeldmarschall Wilhelm Ritter von Leeb. Tagebuchaufzeichnungen und Lagebeurteilungen aus zwei Weltkriegen, aus dem Nachlaß hrsg. und mit einem Lebensabriß versehen von Georg Meyer, Stuttgart 1976, S. 472.

13 Hermann Böhme, Entstehung und Grundlagen des Waffenstillstandes von 1940, Stuttgart 1966, S. 149.

14 Brief Graf von Pilatis an Stülpnagels Witwe aus dem Jahr 1946 (Zitat dem Verf. freundlichst mitgeteilt von Herrn Joachim von Stülpnagel am 8. 9. 1987).

15 Vortrag Joachim von Stülpnagels vor der Regimentsvereinigung des Infanterie-Regimentes 67, gehalten am 5. 11.1985 (Manuskript-Umdruck im Besitz des Verf.).

16 Befehl AOK 17 vom 30. 7. 1941, auszugsweise abgedr. bei Krausnick-Wilhelm, Die Truppe des Weltanschauungskrieges. Die Einsatzgruppe der Sicherheitspolizei und des SD, Stuttgart 1981, S. 218 f.

17 Bargatzky (Anm. 2), S. 106.

18 Ebenda.

19 Ernst Jünger, Strahlungen II. Das zweite Pariser Tagebuch, München 1965, S. 268 (Eintragung vom 31. 5. 1944).

20 Hans Speidel, Invasion 1944. Ein Beitrag zu Rommels und des Reiches Schicksal, Tübingen 1950, S. 57.

21 Hans Speidel, Aus unserer Zeit. Erinnerungen, Berlin u. a. 1977, S. 135.
22 Ulrich von Hassell, Vom andern Deutschland, Aus den nachgelassenen Tagebüchern 1938–1944, Zürich/Freiburg i. Brsg. 1946, S. 287.
23 Wilhelm Ritter von Schramm, Aufstand der Generale. Der 20. Juli 1944 in Paris, München 1978, S. 35 (Aussage des damaligen Kriegsverwaltungsrates Freiherr von Teuchert).
24 Über die Ereignisse in Paris und La Roche-Guyon vgl. ebenda und Speidel (Anm. 21), Kap. 8.
25 Jünger (Anm. 19), S. 268.
26 Zit. nach Schramm (Anm. 23), S. 401.
27 Zit. bei Bücheler (Anm. 1), S. 65.
28 Ebenda, S. 301.

Bibliographie

Quellen

Hauptquelle zur Widerstandstätigkeit Stülpnagels sind die SD-Berichte aus der Sicht der Gestapo/SD: Spiegelbild einer Verschwörung. Die Opposition gegen Hitler und der Staatsstreich vom 20. Juli 1944 in der SD-Berichterstattung, hrsg. v. Hans-Adolf Jacobsen, 2 Bde., Stuttgart 1984. Zu den Vorgängen in Paris vgl. Wilhelm Ritter v. Schramm, Aufstand der Generale. Der 20. Juli 1944 in Paris, München 1978 (älteres, in Teilen überholtes, aber immer noch wegen zahlreicher Insider-Informationen wichtiges Werk eines Angehörigen des Stabes des Militärbefehlshabers); Walther Bargatzky, Hotel Majestic. Ein Deutscher im besetzten Frankreich, Freiburg i. Brsg. u. a. 1987 (eindrucksvolles Erinnerungswerk eines zum Verschwörerkreis gehörenden ehemaligen Militärverwaltungsbeamten in Paris); Hans Speidel, Aus unserer Zeit. Erinnerungen, Berlin u. a. 1977; ders. Invasion 1944. Ein Beitrag zu Rommels und des Reiches Schicksal, Tübingen 1950 (Erinnerungen des ehemaligen Generalstabschefs Rommel); Friedrich Ruge, Rommel und die Invasion, Stuttgart 1959 (Erinnerungen des ehemaligen Marineberaters Rommels in Frankreich); für Stülpnagels Verhältnis zu Ludwig Beck: Klaus-Jürgen Müller, General Ludwig Beck. Studien und Dokumente zur politisch-militärischen Vorstellungswelt des Generalstabschefs des deutschen Heeres 1933–1938, Boppard 1980 (= Schriften des Bundesarchivs Bd. 30); darin auch mehrere

Dokumente aus Stülpnagels Amtszeit als Chef T3); ein wichtiger Beitrag eines nahestehenden Stabsangehörigen Stülpnagels ist: Erich Weniger, Zur Vorgeschichte des 20. Juli 1944. Heinrich von Stülpnagel, in: *Die Sammlung. Zeitschrift für Kultur und Erziehung*, 4. Jg. (1949).

Literatur

An biographischen Darstellungen beziehungsweise Abrissen existieren: Heinrich Bücheler, Carl-Heinrich von Stülpnagel. Soldat - Philosoph - Verschwörer, Berlin/Frankfurt/M. 1989 (materialreiche, umfassende, aber zu hagiographischer Betrachtung neigende Biographie); Volker Schmidtchen, Carl-Heinrich von Stülpnagel, in: Rudolf Lill/Heinrich Oberreuter (Hrsg.), 20. Juli. Portraits des Widerstandes, Düsseldorf 1984 (knappe, etwas unkritische biographische Skizze); Klaus-Jürgen Müller, Witzleben - Stülpnagel - Speidel. Offiziere im Widerstand, Berlin 1988 (= Beiträge zum Widerstand 1933–1945, H. 7) (knappe, vergleichende Würdigung). Ebenfalls heranzuziehen: David Irving, Rommel. Eine Biographie, Hamburg 1978 (materialreiche, eigenwillige Biographie, die eingehende Schilderungen der Pariser Szene 1944 enthält).

Zur historischen Einordnung des nationalkonservativen Widerstandes: Klaus-Jürgen Müller, Nationalkonservative Eliten zwischen Kooperation und Widerstand, in: Jürgen Schmädeke/Peter Steinbach (Hrsg.), Der Widerstand gegen den Nationalsozialismus. Die deutsche Gesellschaft und der Widerstand gegen Hitler, München/Zürich 1985, sowie ders., Über den »militärischen Widerstand«, in: Deutscher Widerstand, Demokratie heute, hrsg. Huberta Engel im Auftrag der Forschungsgemeinschaft 20. Juli 1944 e. V., Bonn/Berlin 1992; Manfred Messerschmidt, Motivationen der nationalkonservativen Opposition und des militärischen Widerstandes seit dem Frankreich-Feldzug, in: Klaus-Jürgen Müller (Hrsg.), Der deutsche Widerstand 1933–1945, Paderborn 1986.

Über Stülpnagels Verhältnis zu Ludwig Beck und Franz Halder: Nicholas Reynolds, Beck. Gehorsam und Widerstand. Das Leben des deutschen Generalstabschefs 1935–1938, Wiesbaden 1977; Klaus-Jürgen Müller, Das Heer und Hitler. Armee und nationalsozialistisches Regime 1933–1940, Stuttgart 1989; Heidemarie Gräfin Schall-Riaucour, Aufstand und Gehorsam. Leben und Wirken von Generaloberst Franz Halder, Generalstabschef 1938–1942, Wiesbaden 1972 (unkritisch, aber mit interessantem

Material); Christian Hartmann, Halder, Generalstabschef Hitlers 1938–1942, Paderborn 1991 (sehr kritische, anregende Biographie mit wichtigen Aussagen über Stülpnagel).
Grundlegend für Stellung und Politik Stülpnagels als Militärbefehlshaber ist Hans Umbreit, Der Militärbefehlshaber in Frankreich 1940–1944, Boppard 1968 (= Militärgeschichtliche Studien, Bd. 7).

Henning von Tresckow – Patriot im Opfergang

VON KARL OTMAR FREIHERR VON ARETIN

»Völlig anders war ein Mann wie Tresckow (von dem ich durch von der Groeben schon im Kriege hörte)«, meinte Carl Jaspers in einem Brief an Hannah Arendt vom 25. Juli 1963, als sie ihn bat, ihr bei ihrem Bemühen zu helfen, etwas über den deutschen Widerstand zu schreiben. »Er hat erstens Bombenattentate schon vor dem Krieg versucht und zweitens das Risiko des 20. Juli für notwendig gehalten ausdrücklich als Opfer für die Schande und das Verbrechen, nicht mal für Rettung aus der Kriegslage. Er wollte die Tat, auch wenn sie mißlingt. Nach dem Scheitern nahm er sich an der Front das Leben. Ich weiß von keinem zweiten Fall dieser Art, wenigstens.«[1] Jaspers hatte, auch wenn er sich hinsichtlich des Attentats vor dem Krieg im Irrtum befand, das eine wesentliche Element der Person Tresckows erkannt: seinen Willen, für die unvorstellbaren Verbrechen des Dritten Reiches zu sühnen.

Inzwischen ist Tresckow, nicht zuletzt durch die Biographie von Bodo Scheurig, eine in seiner Bedeutung für den militärischen Widerstand wohlbekannte Persönlichkeit. Es gibt heute keine Veröffentlichung über den militärischen Widerstand mehr, in der die herausragende Rolle Tresckows nicht hervorgehoben wird. Detlef von Schwerin nennt ihn sogar den »Quälgeist Kluge's«, weil er den Generalfeldmarschall ständig unter Druck setzte, um ihn, wenn auch letztlich vergeblich, zu einem aktiven Vorgehen zu bringen. In Potsdam, der Garnisonstadt seines Regiments, heißt die Straße, die an der Kaserne seines Regiments vorbeiführt, Henning-von-Tresckow-Straße. Sein Name steht so sehr für das durch Potsdam symbolisierte Preußentum, daß der *Spiegel* in seiner Ausgabe zum 1000. Geburtstag dieser Stadt seinen Artikel mit Zitaten von ihm beginnen läßt. Sein Name steht hier für die humanistische Tradition preußischen Soldatentums.

Damit sind die zwei Komponenten genannt, die ihn als Persönlichkeit der deutschen Geschichte ausweisen. Als drittes menschliches Element kommt hinzu: Henning von Tresckow war ein fröhlicher Mensch mit einer außerordentlichen Ausstrahlung. Er war glücklich verheiratet mit der charakterstarken, schönen und intelligenten Tochter des zweiten Generalstabschefs des Ersten Weltkriegs, Erich von Falkenhayn. Er konnte sie von der Notwendigkeit des Staatsstreichs gegen Hitler überzeugen. Beide wußten, daß sie mit dieser aus tiefer christlicher Überzeugung getragenen Entscheidung ihr Leben aufs Spiel setzten. Auf dem Bornstedter Friedhof bei Potsdam erinnert auf dem Grab Falkenhayns eine Gedenktafel an dieses Ehepaar, das gemeinsam das Risiko eines Kampfes gegen die Diktatur der Nationalsozialisten in der Überzeugung auf sich nahm, daß es nicht so sehr um den Erfolg als um Sühne für Verbrechen ging, deren ganzes Ausmaß ihnen damals unbekannt war.

Henning von Tresckow wurde am 10. Januar 1901 in Magdeburg geboren. Sein Vater hatte ein Jahr zuvor das Gut Wartenberg in der Neumark von dem kinderlosen Onkel Hermann übernommen, das in der neumärkischen Seenplatte, in einer landschaftlich sehr reizvollen Gegend gelegen war. Der Boden allerdings war karg und das Gut deshalb nicht leicht zu bewirtschaften. Reichtümer ließen sich damit nicht erwerben. Aber für Henning war es die Heimat, an der er mit allen Fasern seines Herzens hing.

Henning von Tresckow war ein preußischer Junker im eigentlichen, positiven Sinn. Traditionen spielten in seinem Leben eine wichtige Rolle, aber sie beherrschten ihn nicht. Sie befähigten ihn, jenes falsche Preußentum der Nationalsozialisten zu durchschauen, das viele preußische Konservative unter den Generälen für eine zeitgemäße Form preußischer Tugenden hielten. Für ihn gilt, was Carl Hans Graf Hardenberg von den Angehörigen des militärischen Widerstandes meinte: »Wir hatten mit allem zu brechen, was mit der Ehre eines preußischen Soldaten verbunden war.«[2]

Die Mutter Marie Agnes war die Tochter des preußischen Kultusministers Graf Robert Zedlitz-Trützschler. Die Familie verband preußische Tradition mit einer Hinwendung zum Kaiserreich. Der erste Besitzer von Wartenberg hatte im Deutsch-Französischen Krieg von 1870/71 die Einheit des Reiches mit erfochten. Der Vater Hennings hatte als junger Leutnant die Kaiserproklamation in Versailles erlebt. Das Kaiserreich war zunächst auch das Ideal Henning von Tresckows, auch wenn er später Distanz zur Monarchie gewann.

Die Jugend verbrachte er mit seinen Geschwistern in Wartenburg. 1913 kam er mit seinem Bruder Gerd zusammen nach Goslar, wo er das Realgymnasium besuchte. Der Krieg war das prägende Ereignis. Ungeduldig warteten die Brüder darauf, an dem großen Abenteuer teilnehmen zu können. 1916 trat Henning als Freiwilliger in das erste Garderegiment zu Fuß in Potsdam ein. Am 5. Juni 1918, als die Entscheidung des Krieges im Westen auf Messers Schneide stand, wurde er zum Leutnant befördert. Am 11. Dezember rückte das Regiment blumengeschmückt in die Garnisonstadt Potsdam ein. Eine letzte Parade ging vor dem Regimentskommandeur Prinz Eitel Friedrich von Preußen vorbei. Der Glanz des Kaiserreichs wich der harten Wirklichkeit der Revolution. Das Regiment wurde aufgelöst. Tresckow trat in das Regiment Potsdam ein, das Anfang Januar 1919 gegen den Spartakistenaufstand eingesetzt wurde.

Die neuen Verhältnisse nach der Revolution lasteten schwer auf allen, die mit in den Krieg gezogen waren und nun erlebten, wie die Bedingungen des Versailler Vertrags alle Ideale zerstörten. Im Juni 1919 wurde Tresckow in das 9. Infanterieregiment übernommen, das die Tradition des Potsdamer Garderegimentes trug. Er entschloß sich jedoch, die Armee zu verlassen und zu studieren.

Am 31. Oktober 1920 nahm er seinen Abschied und ging an die Universität Kiel, wo er Rechts- und Staatswissenschaften belegte und finanzwirtschaftliche Vorlesungen hörte. Nach drei Semestern trat er im Januar 1923 in das Berliner Bankhaus Wilhelm Kamm ein. Er erlebte aus nächster Nähe die Hochphase der Inflation, ihre Eindämmung, schließlich die neue Währung und konnte ein kleines Vermögen erwerben.

Im Juli 1924 ging er zusammen mit dem befreundeten Militärschriftsteller Kurt Hesse auf eine Weltreise. In London und in Paris stieß er auf einen blinden Haß allem Deutschen gegenüber, der in Deutschland in diesem Ausmaß unbekannt war und es den beiden Reisenden geraten erscheinen ließ, sich als Engländer auszugeben. Schon in Buenos Aires erreichten ihn beunruhigende Nachrichten aus der Heimat. Die landwirtschaftliche Krise und die Folgen der Währungsumstellung gefährdeten das väterliche Gut. In Santiago de Chile beschloß Tresckow, die Reise abzubrechen. Am 8. November war er wieder in Deutschland. Er eilte nach Wartenburg, wo er seinem Vater sein kleines Vermögen zur Rettung des Besitzes zur Verfügung stellte.

Das Studium, die Tätigkeit in der Bank und die Auslandsreise weiteten den Horizont Tresckows entscheidend. Er nahm die Stelle eines Geschäftsführers einer kleinen Fabrik an. Schon vor Antritt seiner Weltreise hatte er Erika von Falkenhayn kennengelernt. 1925 hielt er um ihre Hand an und verlobte sich mit ihr. Am 18. Januar 1926 heirateten sie.

Gleichzeitig war in ihm der Entschluß gereift, wieder in die Reichswehr zurückzukehren. Seine Bewerbung wurde zunächst abgelehnt. Erst das Eingreifen Hindenburgs ebnete den Weg. Am 1. Februar 1926 trat er als Leutnant in sein altes Infanterieregiment Nr. 9 ein. Das Regiment wurde wegen des hohen Anteils an Adeligen im Offizierkorps spöttisch »Graf 9« genannt. Hier herrschte ein konservatives Denken vor, dem sich auch Tresckow nicht verschloß. Die Weimarer Republik war für ihn bestenfalls eine Übergangslösung.

Das 100000-Mann-Heer der Reichswehr war als Kaderarmee

aufgebaut, die den Grundstock für eine Armee bilden sollte, sobald die Rüstungsbeschränkungen des Versailler Vertrages aufgehoben waren. Sie war eine Elitetruppe und keine Armee, die der neu entstandenen parlamentarischen Republik inneren Halt gab. Ihre Offiziere und Mannschaften waren zwar auf die Weimarer Verfassung vereidigt, aber die Verteidigung dieser Republik gegen deren innere Feinde war nicht die Aufgabe, die man im Auge hatte. Offiziere und Mannschaften wurden zu höchster Effektivität und Leistungsfähigkeit angehalten. Es machte Spaß, in dieser Truppe zu dienen. Die Offiziere kannten sich, waren nach gemeinsam erarbeiteten Kriterien ausgesucht und bildeten eine verschworene Gemeinschaft.

Diese Vertrautheit wurde für die spätere Zeit außerordentlich wichtig. Auch ohne ihm persönlich begegnet zu sein, wußte man in der Reichswehr, daß Henning von Tresckow ein überaus fähiger Offizier war. Sie erklärt die sonst nur schwer zu verstehende Tatsache, daß Tresckow vielen Kameraden seine Ablehnung des Nationalsozialismus offenbaren konnte, ohne verraten zu werden. Gegen Ende der zwanziger Jahre kündigte sich im Offizierskorps der Reichswehr ein Generationenwechsel an. Während die älteren Offiziere im Kern monarchistisch gesinnt waren, lehnten die meisten jüngeren dieses Denken ab. Für sie hatte der aufsteigende Nationalsozialismus etwas Faszinierendes.

In der Isolation, in der die Reichwehr als ein Staat im Staate lebte, schien die 1929/30 ausbrechende Wirtschaftskrise auch für Tresckow die Quittung für eine kurzsichtige Politik, die im nationalen Sinn als würdelos empfunden wurde. So näherte sich auch Tresckow, im Februar 1928 zum Oberleutnant befördert, dem Denken der Nationalsozialisten. Hitlers Idee der Volksgemeinschaft, die von ihm propagierte Wehrfreudigkeit, seine nationale Gesinnung und der Wille aufzurüsten, faszinierten ihn. Andere, dunklere Seiten des Nationalsozialismus wie der Antisemitismus, die Rassenlehre, seine terroristischen Praktiken, seine Lebensraumschwärmereien und anderes mehr schienen ihm törichte Phantastereien zu sein. Ihm ging es wie vielen anderen Konservativen: Hier schien eine Bewegung entstanden zu sein, die zwar im Grunde konservativ war, doch in der Idee der Volksgemeinschaft und in den geplanten sozialen Reformen ein modernes, zeitgemäßes Programm besaß. Schon 1929, als der kometenhafte Aufstieg der Nationalsozialisten nur von wenigen vorausgesagt wurde, sprach er sich für den Nationalsozialismus aus. 1930 versuchte er, das Offizierkorps seines Regiments nationalsozialistisch zu beeinflussen. Als im September 1930 gewählt wurde, schrieb er einer Bekannten: »Wir wählen A. H.«, was theoretisch auch Alfred Hugenberg heißen konnte, damals aber sicher Adolf Hitler hieß. Hitlers Machtergreifung begrüßte er als Erlösung aus einem unerträglichen Dilemma.

Am Tag von Potsdam, dem 21. Mai 1933, paradierte Tresckows Bataillon an Hindenburg und den Vertretern des alten Preußen ebenso wie an Hitler, Göring und den nationalsozialistischen Führern vorbei. Es schien ihm einer der glücklichsten Tage seines Lebens zu sein. In einer erregten Debatte in seiner Potsdamer Wohnung prallten die Meinungen aufeinander. Während einige ihre Zweifel an der Aufrichtigkeit der Hitlerschen Beteuerungen äußerten, blieb Tresckow bei seiner Überzeugung, eben die Geburtsstunde eines neuen nationalen Deutschlands erlebt zu haben, das in der Tradition des Bismarckschen Reiches stand.

Mit Begeisterung registrierte er als Adjutant, Truppenoffizier und Fähnrichsvater die ersten Anzeichen einer vorsichtigen Aufrüstung. Von dem Terror des ersten blutigen Jahres mit seinen wilden Konzentrationslagern, seinen willkürlichen Verhaftungen und seiner Unterdrückung Andersdenkender bekam er in der Abgeschirmtheit seines Dienstes kaum etwas zu hören. Am 1. Mai 1934 wurde er zum Hauptmann befördert.

Der 30. Juni 1934 rüttelte ihn auf. Zunächst hatte er an die Version eines SA-Putsches geglaubt. Die Wahrheit über die Mordaktionen erregten Entsetzen bei ihm. Die Nachricht von der Ermordung der Generale von Schleicher und von Bredow und die Gelassenheit, mit der die Armee diese Tatsache hinnahm, erschütterten ihn zutiefst. Ein Reichskanzler, der vom Reichstag

Morde für rechtens erklären ließ, und ein Reichswehrminister, der ihm für die Mordaktion dankte, waren für ihn eine Ungeheuerlichkeit. Von da an betrachtete er den nationalen Aufbruch, den er so sehr herbeigesehnt hatte, mit kritischen Augen.

Am 1. Oktober 1934 begann seine Ausbildung zum Generalstabsoffizier in der Kriegsakademie. Hier traf er zum erstenmal auf den späteren Chef des Generalstabes, General Ludwig Beck, ohne daß sich eine engere Bindung ergeben hätte. Der junge Hauptmann blieb den von Beck entworfenen traditionsverhafteten Richtlinien des Taktikunterrichts gegenüber kritisch. Als Bester seines Jahrgangs wurde Tresckow 1936 in den Generalstab des Kriegsministeriums versetzt. Dort lernte er die Generale Fritsch und Beck und insbesondere Erich von Manstein näher kennen. Als Aufgabe wurde ihm die Aufmarschplanung gegen die Tschechoslowakei übertragen.

Die Blomberg-Fritsch-Affäre erschütterte ihn derart, daß er erwog, seinen Abschied von einer Armee zu nehmen, die eine solche Behandlung ihres Oberbefehlshabers widerspruchslos hinnahm. Zusammen mit seinem Regimentskameraden Wolf Graf Baudissin begab er sich zum Befehlshaber des Wehrkreises III Berlin, Erwin von Witzleben, und trug ihm seine Empörung vor. Witzleben hörte den beiden Offizieren aufmerksam zu. Er erkannte in ihnen Gesinnungsgenossen und redete ihnen ihre Absicht aus. Es sei eine Aktion vorbereitet, um mit den Drahtziehern dieser Aktion in Gestapo und SS abzurechnen. Die Armee brauche Offiziere, die dem neuen Denken nicht verfallen seien. Zum erstenmal war Tresckow mit der militärischen Widerstandsbewegung in Berührung gekommen.

Was anderen als die Erfüllung aller nationalen Träume erschien: die Gründung des Großdeutschen Reiches durch den Anschluß Österreichs und des Sudetenlandes, ließ ihn kalt. Was ihn aber zutiefst entsetzte, war jenes unverantwortliche Vabanquespiel Hitlers im Herbst 1938, der mit einer noch völlig unvorbereiteten Wehrmacht einen Krieg riskiert hatte. In die für den Fall eines Kriegsausbruchs vorgesehene Aktion gegen Hitler – der wohl erfolgversprechendsten des deutschen Widerstandes - war er eingeweiht.

So durchlebte auch er die tiefe Depression nach Hitlers Erfolg auf der Münchener Konferenz. Durch Ausschreitungen gegen die Juden in der sogenannten Reichskristallnacht vom 8. zum 9. November 1938 wurden seine schlimmsten Befürchtungen über den Charakter des Dritten Reiches bestätigt. So gesehen war seine Ernennung zum Kompaniechef in Elbing eine Erlösung. Er war dem Zentrum des Verderbens ferner gerückt und konnte sich dem Truppendienst widmen. Der Einmarsch in die »Resttschechei« am 15. März 1939 bestätigte den am 1. März zum Major Beförderten zwar in seinen Befürchtungen, das unbeschwerte Garnison- und Familienleben in Elbing beruhigte aber seine Nerven.

Am 2. Juli 1939 verdichteten sich die Kriegsgerüchte. Gequält von der Sorge, daß Hitler Deutschland in das Abenteuer eines Weltkriegs stürzen werde, bat er seinen ihm bis dahin unbekannten Vetter Fabian von Schlabrendorff zu sich. Er wußte, daß dieser ein engagierter Gegner Hitlers war. Tresckow wollte von seinem Vetter die Haltung Englands erfahren. Schlabrendorff war kurz vorher in London gewesen und hatte mit Churchill gesprochen, der damals dem englischen Kabinett nicht angehörte. Er berichtete ihm von der Unnachgiebigkeit Churchills. Auch bei Chamberlain seien die Illusionen über Hitler im Schwinden. Wenn Hitler Polen angreife, dann sei der Krieg mit England unvermeidlich. Dann werde Chamberlain durch einen anderen, wahrscheinlich Churchill, ersetzt, der den Krieg mit allen Mitteln durchkämpfen werde. Schlabrendorff und Tresckow waren sich darin einig, daß ein solcher Krieg nicht gewonnen werden könne und daß daher der Sturz Hitlers und des Nationalsozialismus zur Rettung Deutschlands unumgänglich sei. Als relativ junge Männer - Tresckow war 38, Schlabrendorff 31 Jahre alt - sahen sie freilich keine Möglichkeit, ihre Absicht zu verwirklichen. In diesen Julitagen des Schicksaljahres 1939 fanden zwei Männer zusammen, die mit ihrer Entschlossenheit den militärischen Widerstand über alle Krisen hinweg bis zum 20. Juli 1944 trugen.

Im Sommer 1939 herrschte noch Frieden. Tresckow war Offizier einer Wehrmacht, die vor ihrer größten Bewährungsprobe stand und der in diesen sechs Jahren Krieg alles abverlangt wurde. Tresckow kannte von seiner Weltreise den Haß, der nach 1918 allen Deutschen entgegengeschlagen war. Seine Überzeugung, daß Hitler gestürzt werden müsse, galt damals der Politik, die offen auf einen Krieg hinsteuerte. War die Entfesselung des Krieges nicht zu verhindern, so mußte zunächst versucht werden, den Sieg zu erringen. Der Widerspruch, daß ein solcher Sieg Hitlers Stellung stärken mußte, daß aber die Folgen einer Niederlage die Existenz des Deutschen Reiches gefährden würden, konnte nur durch den Sturz Hitlers gelöst werden. Daher setzte Tresckow sein ganzes militärisches Können ein, ohne seine Überzeugung, Hitler beseitigen zu wollen, je aufzugeben.

Im Polenfeldzug führte er als erster Generalstabsoffizier (Ia) praktisch die 228. Infanteriedivision. Dem »Blitzsieg« im Osten stand er in seiner Bedeutung skeptisch gegenüber. Der Gegner verfügte über eine veraltete Armee, die eigenen Truppen hatten beim Vorgehen keine sonderliche Begeisterung gezeigt. Die ihm bekannt gewordenen, hinter der Front von der SS verübten Greuel raubten ihm die letzten Illusionen über Hitler und das nationalsozialistische Regime. Da kaum etwas darüber allgemein bekannt wurde, war an Widerstand weniger denn je zu denken. Mit Entsetzen nahm Tresckow wahr, wie gleichgültig es der Generalität war, was die polnische Bevölkerung unter der deutschen Besatzung erlitt. In Polen ging es nicht um ein Besatzungsregime im herkömmlichen Sinne, sondern um einen Rassenkrieg. Die polnische Intelligenz wurde dezimiert, die Bevölkerung wie Sklaven behandelt, die zahlreichen Juden in Ghettos gesperrt, Teile der männlichen Bevölkerung zur Zwangsarbeit nach Deutschland verschleppt.

Ende Oktober 1939 wurde Tresckow auf Anforderung Mansteins als Gehilfe des Ersten Generalstabsoffiziers der Heeresgruppe A berufen, deren Oberbefehlshaber Generaloberst von Rundstedt war. Er gelangte damit, einige wichtige Positionen überspringend, an eine der Schaltstellen bei der Vorbereitung des

Frankreichfeldzuges. Zunächst bestätigte sich sein Eindruck von Hitlers militärischem Dilettantismus. Dessen drängenden Befehle, noch im Spätherbst Frankreich anzugreifen, waren Ausdruck einer erschreckenden militärischen Ahnungslosigkeit. Diese Befehle riefen schließlich auch in der Generalität Widerspruch hervor. Tresckow, der in dieser Zeit lose Verbindung zu Oberst Oster in der Abwehr besaß, konnte weder bei Manstein noch bei Rundstedt mit seinen Ansichten durchdringen. Sie lehnten jede Debatte über einen Staatsstreich ab, auch wenn sie überzeugt waren, daß eine Winteroffensive militärisch gesehen Wahnsinn war. Aber sie hofften auf Hitlers Einsicht. Die Frage, wie dieser leichtfertig begonnene Krieg beendet werden sollte, verwiesen sie in das Feld der Politik, das sie nichts angehe.

In diesen Wochen gelangte Tresckow in das Zentrum des Geschehens. Der Oberbefehlshaber des Heeres Generaloberst von Brauchitsch und sein Generalstabschef Halder sahen für die befohlene Offensive gegen Frankreich einen durch das Einbeziehen Hollands erweiterten Schlieffenplan vor. Dagegen opponierte General von Manstein, bis zum 1. Februar Chef des Generalstabs der Heeresgruppe A, weil er überzeugt war, daß die Alliierten mit einem solchen Angriff rechneten. Er hatte einen Plan entworfen, der als Sichelschnittplan in die Geschichte einging und der eine Wiederholung des Schlieffenplans vortäuschte, um durch die Ardennen mit Panzern vorstoßend die in Belgien einrückenden Alliierten abzuschneiden. Dieser Plan, den auch Rundstedt befürwortete, wurde vom Oberkommando des Heeres abgelehnt, das auch verhinderte, daß Manstein Hitler seinen Plan vortrug. Tresckow erreichte über den mit ihm befreundeten Adjutanten Hitlers, Oberst Schmundt, Manstein eine Audienz bei Hitler zu verschaffen. Dieser war auf einen ähnlichen Gedanken gekommen, erkannte die Vorteile des Mansteinschen Planes und befahl dessen Vorbereitung. Tresckow, der am 1. März mit dem Rang eines Oberstleutnants erster Generalstabsoffizier der Heeresgruppe A wurde, hatte an der Ausarbeitung des Sichelschnittplanes einen wichtigen Anteil.

In der Ausführung erlebte er – wie die ganze Wehrmacht – das Hochgefühl des totalen Sieges. Für Tresckow zeigte sich wieder in aller Schärfe die Ambivalenz dieses Krieges. Jeder Sieg, den die Wehrmacht errang, stärkte die Position Hitlers. Der rasche und vollständige Sieg über Frankreich brachte Hitler die allgemeine Zustimmung der Wehrmacht und weiter Teile des deutschen Volkes. Die Wehrmacht hatte den Feind besiegt, der Deutschland nach 1918 am tiefsten gedemütigt hatte. Selbst eingefleischte Gegner des Nationalsozialismus sahen in diesem Sieg die Erfüllung einer lange gehegten Hoffnung.

Die in Polen angerichteten Greueltaten verhinderten einen Ausgleich mit England. Churchill, inzwischen englischer Premierminister, war 1940 fest entschlossen, den Krieg bis zum vollständigen Sieg über Deutschland zu führen. Es war zweifelhaft, und darüber war sich Tresckow nach den Ausführungen Schlabrendorffs auch im klaren, ob er durch einen Sturz Hitlers von dieser Absicht abgebracht werden konnte. Insofern fanden sich die Gegner Hitlers im Sommer/Herbst 1940 in einer schwierigen Situation.

Mit den Vorbereitungen zum Rußlandfeldzug kam ein neues Element dazu. Zu der Sorge, ob dieser Feldzug überhaupt gelingen könne, gesellte sich die Erkenntnis vom verbrecherischen Charakter des NS-Regimes. Im Aufmarschgebiet Polen wurde die Armee Zeuge der Unterdrückung der Zivilbevölkerung. Der berüchtigte Kommissarbefehl vom 6. Juni 1941 und andere Anweisungen bewiesen, daß der bevorstehende Krieg ohne völkerrechtliche Rücksichten geführt werden sollte. Das Heer sah sich mit Verordnungen konfrontiert, die ihm völkerrechtswidrige Handlungen gegen den Feind und die Zivilbevölkerung befahlen. Gleichzeitig mußte Tresckow erleben, wie seine Kameraden eine bedrükkende Bereitschaft bekundeten, in Rußland »aufzuräumen« und alle militärischen Ehrbegriffe aufzugeben, die den Frankreichfeldzug ausgezeichnet hatten.

Damit war ein neuer wichtiger Grund zum Widerstand hinzugekommen. Bisher waren es in erster Linie Hitlers verfehlte Politik, sein militärischer Dilettantismus und die nach Tresckows Ansicht unausweichliche Niederlage, die zum Widerstand drängten. Nun erkannte Tresckow Vorbereitungen für einen Vernichtungskrieg gegen das russische Volk, der alle bisherigen Verbrechen in den Schatten stellen würde.

Tresckow organisierte als Ia das Hauptquartier der Heeresgruppe Mitte zum Widerstandszentrum. Von der Haltung der Generalität war er immer weniger überzeugt, so offen man sich unter vier Augen auch innerhalb der Stäbe unterhalten konnte. So hatte ihm der Chef des Generalstabs Generaloberst Halder vor Ausbruch des Feldzuges unter Tränen versichert, daß er bei den augenblicklichen Führungsverhältnissen keine Möglichkeit für einen Staatsstreich sehe!

Über den bereits erwähnten Adjutanten Hitlers, Schmundt, gelang es Tresckow, wichtige und entschlossene Gegner Hitlers in das Hauptquartier der Heeresgruppe Mitte des Generalfeldmarschalls von Bock kommandieren zu lassen. Als erster kam Fabian von Schlabrendorff, der Gesprächspartner vom Sommer 1939. Er wurde mit seinen weitreichenden Verbindungen zum wichtigsten Freund und Vertrauten Tresckows. Als nächster wurde Rudolf Freiherr von Gersdorff, ein klarer Gegner Hitlers, zum Ic (Feindnachrichten, Funkaufklärung) ins Hauptquartier der Heeresgruppe Mitte versetzt. Damit waren drei Männer zusammen, die fest davon überzeugt waren, daß nur der Tod Hitlers alle Probleme lösen könne. Zu ihnen stießen Heinrich Graf von Lehndorff, Hans Graf Hardenberg und Bernd von Kleist, der für die Verbindung zu den Widerstandskreisen in Berlin wichtig wurde. Wenig erfolgreich war Tresckow bei den Generälen. Der eigene Onkel, Feldmarschall von Bock, protestierte nur halbherzig gegen die verbrecherischen Befehle. Mit Entschiedenheit verbat er sich jede Kritik an der Kriegsführung und der Politik Hitlers. Im Juli 1941 besuchte Claus Graf Stauffenberg im Auftrag Halders das Hauptquartier der Heeresgruppe und lernte dabei Tresckow und Schlabrendorff kennen. Beide waren von Stauffenberg beeindruckt und meinten übereinstimmend, »daß er ein Nichtnazi war, ja sogar in Hitler und dem Nationalsozialismus eine Gefahr erblickte«.[3]

Der Angriff auf Rußland ließ keine Zeit zu verschwörerischem Handeln. Die großen Anfangserfolge schienen Tresckows Skepsis zu widerlegen. Nur am Rande konnte er noch eingreifen. In Borissow, in der Nähe des Hauptquartiers, verübte eine lettische SS-Einheit ein fürchterliches Judenmassaker. Der Stab um Feldmarschall von Bock war zutiefst schockiert, konnte diesen selbst aber wieder nur zu einem halbherzigen Protest bewegen.

Unter diesem Eindruck schickte Tresckow Schlabrendorff im September 1941 nach Berlin, um herauszubekommen, ob es dort eine Gruppe gab, die zum Handeln entschlossen war. Schlabrendorff gewann Verbindung zu Beck, Goerdeler und Hassell. Ulrich von Hassell berichtet über diese Unterredung mit Schlabrendorff ausführlich in seinem Tagebuch. So habe ihn der Abgesandte Tresckows nach den Aussichten für einen gemäßigten Frieden nach dem Umsturz gefragt. Er habe ihm antworten müssen, daß es dafür keine Garantie gebe. Hitler bekomme mit Sicherheit keinen Frieden. Ein anständiges Deutschland habe eine gute Chance, einen brauchbaren Frieden zu erhalten, aber garantieren könne dies niemand.

Für die Widerstandsgruppe um Beck, Goerdeler und Hassell, die bisher allein auf den Oberbefehlshaber West in Frankreich, von Witzleben, vertraut hatte, war es eine Offenbarung, daß sich zum erstenmal von der Front eine offenbar eingespielte und zu allem entschlossene Widerstandsgruppe meldete. Die negative Haltung des Feldmarschalls von Bock dämpfte freilich die Hoffnungen. Aber die Verbindung, die bisher nur sehr locker über Oster lief, war hergestellt. Die Schwierigkeiten wurden dadurch allerdings nicht geringer, denn es handelte sich in Berlin um eine Gruppe von Pensionären, die zwar über wertvolle Beziehungen verfügte, aber keinen Zugang zu Hitler hatte. Trotzdem war die Gruppe um Tresckow mit dieser Reise Schlabrendorffs einen großen Schritt weitergekommen.

Die Erfolge der Wehrmacht gegen die Rote Armee waren in diesem Sommer und Herbst 1941 größer, als irgend jemand erwartet hatte. Auch Tresckow war überrascht, auch wenn er seine

Skepsis über den Ausgang nicht verlor. Die positive Aufnahme, die die Wehrmacht in diesen Wochen von der russischen Bevölkerung erfuhr, die sie teilweise als Befreier vom gottlosem Bolschewismus begrüßte, brachte Tresckow auf einen Gedanken, der wenig später auch von Stauffenberg erwogen wurde. Sollte man nicht versuchen, russische Freiwilligenverbände zu bilden? Über Feldmarschall von Bock legte Tresckow diesen Vorschlag dem Oberkommando des Heeres vor. Feldmarschall von Brauchitsch hielt ihn für kriegsentscheidend. Er paßte jedoch nicht in Hitlers Konzept eines Rassenkrieges, der auf Vernichtung und Zerstörung Rußlands angelegt war. Der Vorschlag blieb liegen. Bei dem Versuch, mit sowjetischen Gefangenen Verbindung aufzunehmen, wurden Tresckow und Stauffenberg mit den entsetzlichen Bedingungen konfrontiert, unter denen diese zu leben gezwungen waren. Von den fünf bis sieben Millionen Russen, die in deutsche Gefangenschaft fielen, waren bis zum 28. Februar 1942 über zwei Millionen umgekommen. Die Massenerschießungen hinter der Front, die Zwangsdeportationen und die furchtbaren Lebensbedingungen, denen die russische Bevölkerung in den von Deutschen besetzten Gebieten unterworfen wurde, erstickten bald alle Bereitschaft der Bevölkerung, mit den Deutschen zusammenzuarbeiten.

Der Winter 1941/42 brachte den erwarteten Rückschlag. Mit der Entlassung des Oberbefehlshabers des Heeres von Brauchitsch verflog eine weitere Hoffnung. Wenn Brauchitsch sich auch nie dem Widerstand angeschlossen hatte, so wußte man doch von ihm, daß er innerlich ein Gegner Hitlers war. Hitler übernahm nun selbst den Oberbefehl über das Heer. Der von ihm ausgegebene und in diesem Fall militärisch richtige Befehl, das Heer nicht, wie Brauchitsch vorgeschlagen hatte, auf eine Linie zurückzuführen, sondern da haltmachen zu lassen, wo es stand, erhöhte Hitlers militärisches Ansehen. Die Hoffnung, daß von der Heeresspitze aus der Putsch organisiert werden könne, war dahin.

Auch in Berlin kam man nicht weiter. Der schwer erkrankte Witzleben erhielt am 15. März 1942 seinen Abschied. Beck wurde zur Zentrale des Widerstandes erklärt, ohne daß sich Aussichten auf einen Umsturz ergaben. Auch konnte sich Tresckow nur mit großer Vorsicht dem neuen Oberbefehlshaber der Heeresgruppe Mitte, Generalfeldmarschall von Kluge, nähern. Der Sommer 1942 verging. Im Spätherbst kam Goerdeler nach Smolensk und konnte Kluge zunächst gewinnen. Es kam anschließend zu einer Unterredung zwischen Goerdeler, Tresckow und dem Chef des Allgemeinen Heeresamtes, General Olbricht, in Berlin. Olbricht versprach, einen Putsch vom Ersatzheer planend vorzubereiten, doch müsse die Initialzündung, die Beseitigung Hitlers, vom Feldheer ausgehen. Damit kam Tresckow in eine Schlüsselposition, denn nur seine Gruppe war entschlossen, diese Tat auszuführen.

Die Katastrophe von Stalingrad schuf auch von der militärisch-politischen Lage her die nötigen Voraussetzungen für die Tat. Anfang März 1943 spitzte sich die Situation zu: Olbricht meldete, er sei bereit. Hitlers Ruf als »größter Feldherr aller Zeiten« war angeschlagen. Während der Konferenz von Casablanca vom 14. bis 26. Januar 1943 hatten die Alliierten verabredet, den Krieg nur mit der bedingungslosen Kapitulation der Kriegsgegner zu beenden. Beide Ereignisse mußten nach Tresckows Meinung vielen die Augen öffnen: An einen deutschen Endsieg war nicht mehr zu denken.

Angesichts der sich abzeichnenden Katastrophe von Stalingrad trafen sich am 8. Januar 1943 in der Wohnung des Grafen Yorck in Berlin-Lichterfelde zum erstenmal alte und neue Verschwörer: Beck, Goerdeler, Hassell, Popitz, Jessen, Moltke, Yorck, Trott, Schulenburg und Gerstenmaier. Man war sich einig, daß die Niederlage von Stalingrad für einen Staatsstreich ausgenutzt werden müsse. Am 25. Januar war Tresckow in Berlin, um den Ablauf zu besprechen. Er war bereit, das Attentat zu wagen: Goerdeler sollte die politische Führung übernehmen und General Friedrich Olbricht als Chef des Allgemeinen Heeresamtes im Oberkommando des Heeres die militärischen Vorbereitungen des Putsches in Berlin treffen. Als Chef des Allgemeinen Heeresamtes war Olbricht gleichzeitig Stellvertreter des Befehlshabers des Ersatzheeres, Generaloberst Friedrich Fromm, besaß also eine für die Vorbereitung des Putsches in der Heimat wichtige Position. Von ihm wurde eine erste Fassung des sogenannten Walkürebefehls ausgearbeitet, der offiziell für den Fall innerer Unruhen gedacht war, in Wahrheit jedoch den Putsch in der Heimat auslösen sollte. Mit dem Mitarbeiter des Chefs der Abwehr Dohnanyi konnte Tresckow einen Code verabreden, mit dem Erfolg oder Mißerfolg des Attentats nach Berlin gemeldet werden konnte. Anfang März signalisierte Olbricht, daß seine Vorbereitungen beendet seien.

Der Versuch Tresckows, Feldmarschall Kluge für ein aktives Vorgehen zu gewinnen, schlug fehl. Dieser war nur bereit, im Falle des Erfolgs Verantwortung zu übernehmen. Am 3. Februar war Tresckow noch einmal in Berlin, um mit Olbricht die Vorbereitungen zu besprechen. Zwei Tage zuvor hatte in Stalingrad die eingekesselte 6. Armee kapituliert. Tresckow und Goerdeler wollten die Situation nutzen. Um in der Frage des Attentats weiterzukommen, trat Tresckow an den Chef der Organisationsabteilung des Generalstabs des Heeres Oberst Hellmuth Stieff heran, der dienstlich zu Hitler gelangen konnte. Stieff erklärte nach einigem Zögern, sich an einem Attentat zu beteiligen. Ende Februar stimmten auch Goerdeler und Beck dem Attentat auf Hitler zu, die eine Tötung des Diktators bisher strikt abgelehnt hatten und von der Verhaftung Hitlers ausgegangen waren.

Tresckow gelang es, über Hitlers Adjutanten, General Schmundt, den Diktator am 13. März zu einem Besuch bei der Heeresgruppe Mitte zu veranlassen. Das von Tresckow vorgesehene Pistolenattentat wurde von Kluge abgelehnt. Bei der Nachricht vom Kommen Hitlers hatte er seinem 1. Generalstabsoffizier entsetzt zugerufen: »Sie werden doch um Gottes Willen am heutigen Tag nichts unternehmen. Es ist noch zu früh dazu.«[4]

Über Gersdorff hatte Tresckow Sprengstoff mit einem geeigneten Zünder beschafft. Endlich stand Tresckow dem Mann gegenüber, dessen Beseitigung seit Jahren sein Ziel war. Mehrfach ergab sich an diesem Tag die Möglichkeit zur Ermordung des Diktators, doch konnte sich Tresckow nicht dazu durchringen. Die ganze Last der Verantwortung ruhte auf ihm. Er erschien bleich und unkonzentriert. Sollte er wirklich die Tat wagen, die die Welt verändern mußte? Unsicher geworden, fragte er Schlabrendorff: »Sollen wir es wirklich machen?« Schlabrendorff antwortete mit einem klaren Ja. Als zwei Kognakflaschen getarnt, übergab Schlabrendorff dem in Hitlers Flugzeug mitfliegenden Oberstleutnant Heinz Brandt zwei geschärfte Bomben mit der Bitte, sie Oberst Stieff im OKH zu übergeben.

Nach Berlin wurde das Codewort durchgegeben, daß die Aktion angelaufen sei. Aber das Attentat scheiterte. Hitler landete unbeschädigt in Rastenburg. Der Zünder hatte wegen der großen Kälte versagt. Schlabrendorff gelang es am Tag darauf, die Bomben gegen zwei echte Kognakflaschen auszutauschen. Er fuhr weiter nach Berlin. Dort hatte sich inzwischen eine zweite Möglichkeit für ein Attentat eröffnet. Am 21. März sollte Hitler im Zeughaus seine »Heldengedenkrede« halten. In einer Ausstellung sollten erbeutete Waffen gezeigt werden. Gersdorff hatte sie organisiert. Von Tresckow darauf angesprochen, erklärte sich Gersdorff bereit, sich mit Hitler in die Luft zu sprengen. Auch dieses Attentat scheiterte, weil Hitler die Ausstellung in größter Eile durchschritt.

Tief deprimiert stellte Tresckow am 6. April fest: »Zeitpunkt nach Stalingrad versäumt«. Hierbei scheint er sich selber bis zu einem gewissen Grad ein Versäumnis vorgeworfen zu haben. Ein Pistolenattentat hätte am 13. März große Aussichten auf Erfolg gehabt. Tresckow schickte Schlabrendorff zu Generalleutnant Adolf Heusinger, dem Chef des Stabes der Operationsabteilung des Generalstabs des Heeres im Führerhauptquartier, mit dem Vorschlag, er möge acht Wochen Urlaub nehmen und sich durch ihn vertreten lassen. Als Heusinger darauf nicht einging, setzte er sich bei Schmundt ein, er möge ihn an die Stelle Heusingers bringen. In diesem Fall hätte er Zugang zu Hitler gehabt. Auch mit diesem Vorschlag drang Tresckow nicht durch.

Zu diesem Zeitpunkt weihte er seine Frau ein und erzählte ihr von den gescheiterten Attentaten. Erika von Tresckow war zuerst entsetzt. Er überzeugte sie von der Notwendigkeit des Staatsstreichs mit dem Argument, daß es die einzige Möglichkeit sei, den sicheren Untergang Deutschlands zu verhindern. Am 14. April 1943 fand die Konfirmation seiner beiden Söhne in der Garnisonkirche in Potsdam statt. Tresckow hielt eine eindrucksvolle Rede über die Verpflichtung, die aus dem echten Preußentum erwachse. Sie verfehlte auf die Zuhörer nicht ihre Wirkung. Insbesondere seine Frau begriff, daß er ihr die tiefsten Beweggründe seines Handelns offenbarte.

Inzwischen erfolgte der Zerfall der Berliner Zentrale, den Tresckow noch vom Hauptquartier des Armeekommandos Mitte erlebte. Dohnanyi wurde wegen eines Devisenvergehens verhaftet, Oster unter Hausarrest gestellt. Auch Feldmarschall von Witzleben fiel wegen einer schweren Erkrankung aus. Neben Tresckow war Goerdeler der einzige, der nicht resignierte. Goerdeler zog jedoch nicht nur erneut die Notwendigkeit des Attentats in Zweifel, sondern sprach auch davon, daß das Großdeutsche Reich mit Österreich, dem Sudetenland, dem Elsaß und der Provinz Posen erhalten bleiben müsse. Angesichts der Forderung der Alliierten nach bedingungsloser Kapitulation reizte diese Traumtänzerei Tresckow zu der Bemerkung, wenn nichts geschähe, würden die Russen spätestens 1944 die Reichsgrenze überschreiten. Er begann, an seiner untergeordneten Stellung zu leiden. Jeder Versuch, einen der hohen Generale zu gewinnen, scheiterte. Manstein versagte sich, Kluges Haltung blieb unsicher. Tresckow sprach nur noch mit offener Verachtung von jenen Heerführern, die die Katastrophe kommen sahen, ohne etwas dagegen zu unternehmen.

In dieser Situation kam Ende Juli Tresckows Versetzung in die Führerreserve. Dadurch fiel nun auch das Hauptquartier der Heeresgruppe Mitte als Zentrale aus. Aber Tresckow konnte nach Berlin. Den vorgesehenen Kuraufenthalt im oberbayerischen Heereserholungsheim Ellmau trat er nicht an. Er bezog das Haus seiner Schwester in Babelsberg. Mit eiserner Energie knüpfte er Verbindungen an, stärkte dem wiedergenesenen Beck den Rücken und wurde nun für zwei Monate das Zentrum des Widerstandes.

Im Sommer 1943 zeichnete sich mit dem Zusammenbruch Italiens erneut eine schwere militärische Krise ab. Die Landung der Alliierten in Nordafrika am 7./8. November 1942, die schweren Bombenangriffe auf Oberitalien ließen es nur noch als eine Frage der Zeit erscheinen, wann der Verbündete zusammenbrach. Am 12. Mai 1943 kapitulierten die deutschen und italienischen Einheiten in Tunesien.

Der Sturz Mussolinis am 25. Juli 1943 brachte die erwartete Krise, die Tresckow in Berlin diesmal nicht ungenutzt verstreichen lassen wollte. Als Tresckow die Walkürebefehle Olbrichts kontrollierte, stellte er mit Schrecken ihre Unzulänglichkeit fest. In fliegender Eile ergänzte Tresckow, von dem aus dem Lazarett in München mehrfach nach Berlin eilenden Stauffenberg unterstützt, die Walkürebefehle. Am 2. August beschlossen Goerdeler, Tresckow und Olbricht, Stieff solle zu Kluge fahren und ihn erneut zu gewinnen suchen. Die Vorbereitungen waren perfekt, aber die Durchführung des Attentats war weiter ungelöst. Die überarbeitete Form des Walkürebefehls sollte ab dem 13. August in Kraft treten. In Berlin war man in diesen Tagen so von dem unmittelbaren Bevorstehen des Staatsstreichs überzeugt, daß die Kreisauer Widerstandsgruppe um Yorck und Moltke in der Nacht vom 8. auf 9. August hektisch ihre Aufrufe formulierte. In einer Unterredung am folgenden Tag, an der Tresckow, Olbricht, Kaiser, Goerdeler und Beck teilnahmen, wurde beschlossen, Schulenburg nach Paris zu General Stülpnagel zu schicken, um ihm die bevorstehende Aktion zu melden. In fieberhafter Anspannung wartete man den 13. August, den Tag des Inkrafttretens des Walkürebefehls, ab. Am 2. August hatte Olbricht gemeldet, daß alle in der Nähe Berlins stehenden Panzer nach Italien abgezogen worden waren. Gleichzeitig äußerten Goerdeler und Beck erneut Bedenken gegen das Attentat, das aber Mitte August offenbar gar nicht geplant war. Die Generale Stülpnagel, Guderian und Kluge weigerten sich, die Initiative zu ergreifen. Unter diesen Umständen mußten alle Vorbereitungen gestoppt werden. Die »Josephs«, wie Ulrich von Hassell die Generale verächtlich nannte, hatten wieder einmal die Gelegenheit verstreichen lassen.

Tresckow war in diesen Wochen der unermüdliche Antreiber.

Gemeinsam mit seiner Frau und der befreundeten Margarete von Oven wurden die notwendigen Befehle und Aufrufe geschrieben. In den Planungen der für die Zeit nach dem Staatsstreich vorgesehenen Ämterverteilung taucht sein Name nicht auf. »Ich möchte einmal einen Posten haben«, sagte er in diesen Wochen zu seiner Frau, »der mich in die Lage versetzt, eine Art von Kontrollfunktion auszuüben, wo ich für die Sauberkeit und Anständigkeit in den Behörden sorgen kann, denn es wird lange dauern, bis das zersetzende Gift dieser Zeit ausgemerzt ist.«[5] Am 9. September traf Stauffenberg in Berlin ein. In den Wochen bis Anfang Oktober kam es zur engen Zusammenarbeit dieser beiden Männer. Beide hervorragende Generalstäbler gingen noch einmal die Befehle durch. Stauffenberg gelang es endlich, auch Goerdeler und Beck von der Notwendigkeit der Beseitigung Hitlers zu überzeugen. Die Hoffnungen ruhten nun auf General Stieff, der als einziger Zugang zu Hitler hatte und sich im August an den Vorbereitungen aktiv beteiligt hatte. Stauffenberg brachte ihm den Sprengstoff, doch konnte sich Stieff nicht zur Tat entschließen. Als Tresckow im September die ausgearbeiteten Befehle und Aufrufe Feldmarschall von Witzleben vorlegte, unterschrieb dieser sie ohne Zögern. Witzleben war als künftiger Oberbefehlshaber vorgesehen.

Da Tresckow vorzeitig zum Generalmajor befördert werden sollte, mußte er ein Truppenkommando erhalten. Die Beurteilung, die er bei dieser Gelegenheit erhielt, war hervorragend. »Ein Chef, wie man ihn sich wünscht«, hieß es da.[6] Am 1. Oktober 1943 übernahm er als Kommandeur das 442. Grenadierregiment. Er fiel damit für den Widerstand aus. Nach sieben Wochen, am 9. November, wurde er abgelöst und zum Chef des Stabes der 2. Armee ernannt. Auf der Hinreise unternahm er noch einmal einen Versuch, Manstein für den Staatsstreich zu gewinnen. Aber Manstein versagte sich erneut.

Als Tresckow seine neue Stellung übernahm, war die Lage der 2. Armee verzweifelt. Nur mühsam gelang es, ein zweites Stalingrad zu vermeiden. Auch in seiner neuen Stellung initiierte er

Attentatsversuche, die aber alle scheiterten. Auch seine Bemühungen, ins Führerhauptquartier versetzt zu werden, kamen nicht voran. In seiner neuen Stellung, zu der ihn Schlabrendorff begleitet hatte, war an den Ausbau eines Verschwörerzentrums nicht zu denken. Nur langsam gelang es ihm, Personen seines Vertrauens auf seine Seite zu ziehen. Zu seinem Oberbefehlshaber, Generaloberst Wilhelm Weiß, blieb das Verhältnis kühl. Dieser schätzte zwar Tresckows militärisches Können, aber es war aussichtslos, ihn für den Widerstand gewinnen zu wollen.

Im April 1944 war Tresckow zum letztenmal in Berlin. Die Vorbereitungen für den Staatsstreich waren nun so weit wie notwendig gediehen. Tresckow wußte, daß der Termin, an dem ein Attentat auf Hitler Deutschland retten konnte, verstrichen war. Als er in Berlin von seiner Frau Abschied nahm, war er trotzdem von der Notwendigkeit zum Handeln überzeugt. Nach seiner Überzeugung war nur dieses Opfer imstande, Deutschland nach dem Ende des Krieges wieder einen Platz unter den zivilisierten Völkern zu ermöglichen. Am 1. Juli 1944 wurde er Generalmajor, einer der jüngsten der deutschen Wehrmacht.

Bei einer Besprechung der Armeeführer und ihrer Chefs der Ostfront im Führerhauptquartier nach der Invasion in Nordfrankreich ließ Stauffenberg über Graf Lehndorff anfragen, ob das Attentat noch einen Sinn habe. Tresckow ließ dem Freund in Berlin ausrichten: »Das Attentat muß erfolgen, coûte que coûte. Sollte es nicht gelingen, so muß trotzdem in Berlin gehandelt werden. Denn es kommt nicht mehr auf den praktischen Zweck an, sondern darauf, daß die deutsche Widerstandsbewegung vor der Welt und vor der Geschichte unter Einsatz des Lebens den entscheidenden Wurf gewagt hat. Alles andere ist daneben gleichgültig.«[7]

Stauffenberg verstand. Tresckows letzte Wochen waren von quälenden Versuchen gekennzeichnet, an einflußreiche Stellen zu gelangen, die ihm ein aktives Eingreifen ermöglicht hätten. Stauffenberg hingegen gelangte endlich an eine Stelle, die ihm Zutritt zu Hitler gewährte. Am 1. Juli wurde Stauffenberg Chef des

Stabes des Ersatzheeres. Die Möglichkeit zum Attentat war damit gegeben.

Die Nachricht vom Attentat erhielt Tresckow am Nachmittag des 20. Juli während eines Vortrags über die Nachschublage der 2. Armee. Der Abend verging zwischen Hoffnung und Verzweiflung. Als Tresckow gegen ein Uhr nachts von Schlabrendorff vom Scheitern des Staatsstreichs unterrichtet wurde, stand sein Entschluß fest. Er wollte sich erschießen, um keinen anderen zu gefährden und seinen Freunden die Möglichkeit zu geben, alles auf ihn zu schieben. Verzweifelt bemühte er sich in der Nacht um eine Telefonverbindung mit seiner Frau. Das Gespräch kam jedoch nicht zustande. Ruhig und gefaßt trat er seine letzte Fahrt an die Front an. Zu Breitenbach, der ihn begleiten sollte, aber im letzten Moment verhindert war, sagte er: »Ich hätte Sie so gerne als Zeugen bei meinem Tod dabei gehabt.«[8] Auf die erschrockene Frage, was er denn vorhabe, erzählte er ihm seine Absicht, an die Front zu gehen und dort ein Gefecht vorzutäuschen, um sich das Leben zu nehmen. Beim Abschied von seinem alten Weggefährten Fabian von Schlabrendorff sagte er die vielzitierten Worte: »Wenn Gott einst Abraham verheißen hat, er werde Sodom nicht verderben, wenn auch nur zehn Gerechte darin seien, so hoffe ich, daß Gott auch Deutschland um unsertwillen nicht vernichten wird. Niemand von uns kann über seinen Tod Klage führen. Wer in unseren Kreis getreten ist, hat damit das Nessushemd angezogen.«[9]

Anmerkungen

1 Lotte Köhler/Hans Sarrer (Hrsg.), Hannah Arendt - Karl Jaspers, Briefwechsel 1926–1969, München/Zürich 1985, S. 550.

2 Carl-Hans Graf Hardenberg, Erlebnisbericht im Widerstand (Manuskript), S. 2; vgl. dazu auch die kritische Edition dieses Dokuments von Horst Mühleisen (Hrsg.), Patrioten im Widerstand. Carl-Hans Graf von

Hardenbergs Erlebnisbericht, in: *Vierteljahrshefte für Zeitgeschichte* 41 (1993), S. 419–477, hier S. 449.

3 Zitiert nach Peter Hoffmann, Claus Schenk Graf von Stauffenberg und seine Brüder, Stuttgart 1992, S. 227.

4 Zitiert nach Detlef Graf von Schwerin, »Dann sind's die besten Köpfe, die man henkt«. Die junge Generation im deutschen Widerstand, München 1991, S. 289.

5 Spätere Aufzeichnung Eva von Tresckows über ein Gespräch mit ihrem Ehemann, ohne Datum (Nachlaß Tresckow).

6 Zit. nach Hoffmann (Anm. 3), S. 3 f.

7 Bericht Eberhard von Breitenbach vom 8. 4. 1948 über seine Begegnung mit Henning von Tresckow, Material Tresckow (Archiv des Instituts für Zeitgeschichte, München).

8 Fabian von Schlabrendorff, Offiziere gegen Hitler, Zürich 1946, S. 153.

9 Fabian von Schlabrendorff, Offiziere gegen Hitler. Neue, durchgesehene und erweiterte Ausgabe von Walter Bußmann. Nach der Edition von Gero von Gaevernitz (= Deutscher Widerstand 1933–1945, Zeitzeugnisse und Analysen), Berlin 1984, S. 129.

Bibliographie

Quellen

Dem kargen persönlichen Nachlaß Henning von Tresckows ist über seine Aktivitäten im Widerstand so gut wie nichts zu entnehmen. Er umfaßt im wesentlichen nur die Briefe an seine Ehefrau und sehr persönliche Unterlagen und befindet sich in den Händen seiner Tochter in München. Daher kommt den Aussagen beziehungsweise Erinnerungen von Familienangehörigen, Freunden und Kameraden Tresckows eine besondere Bedeutung zu. Bodo Scheurig hat diesen Personenkreis befragt und das so entstandene Material dem Archiv des Instituts für Zeitgeschichte in München zur Verfügung gestellt. Auch wenn sie für den Fachhistoriker nur unter Vorbehalten als Quelle zu benutzen sind, kommt in diesem Zusammenhang ferner folgenden beiden Büchern eine besondere Bedeutung zu: Fabian von Schlabrendorff, Offiziere gegen Hitler. Neue durchgesehene und erweiterte Ausgabe von Walter Bußmann. Nach der Edition von Gero von Gaevernitz (= Deutscher Widerstand 1933–1945. Zeitzeugen und

Analysen, Berlin 1984 und ders., Begegnungen in fünf Jahrzehnten, Tübingen 1979). Auch Alexander Stahlberg, Die verdammte Pflicht. Erinnerungen 1932 bis 1945, Berlin/Frankfurt/M. 1987 und Rudolf-Christoph Freiherr von Gersdorff, Soldat im Untergang, Frankfurt/M. u. a. 1977, bieten wichtige Informationen. Eine Übersicht über die vielen verstreuten Einzelquellen zu Person und Tätigkeit Henning von Tresckows bietet das Quellenverzeichnis der von Bodo Scheurig verfaßten Biographie.

Literatur

Die einzige, wenn auch in ihrer Tendenz etwas unkritische Tresckow-Biographie ist Bodo Scheurig, Henning von Tresckow. Eine Biographie, Oldenburg/Hamburg 1973 (seither mehrere unveränderte Neu- und Taschenbuchausgaben). Für die hier verfochtene Auffassung, Tresckow habe bereits 1939 daran gedacht, Hitler zu ermorden, ist allerdings kein hinreichend abgesicherter Quellenbeleg vorhanden. Wichtige Einzelinformationen bieten ferner Detlef Graf von Schwerin, »Dann sind's die besten Köpfe, die man henkt«. Die junge Generation im Deutschen Widerstand, München 1991, und Peter Hoffmann, Claus Schenk Graf von Stauffenberg und seine Brüder, Stuttgart 1992.

Adam von Trott zu Solz – Patriot und Weltbürger

VON KLEMENS VON KLEMPERER

Es kann als ein Merkmal des deutschen, zumal des konservativen Widerstandes gegen Hitler angesehen werden, daß er sich meist im Zwielicht zwischen Nacht und Tag, Illegalität und Legalität, ja zwischen Opposition und Anpassung bewegte. Der deutsche Widerstand mußte das Doppelleben »vorgetäuschter Kooperation« mit dem zu stürzenden Regime als die bestmöglichste Strategie wählen. Dabei verstrickte er sich zwar in das Getriebe der verhaßten Diktatur, doch sie erlaubte ihm andererseits auch den Zugang zu den Machtzentren, die er an sich reißen wollte.

So steht auch der Biograph der deutschen Widerständler vor der Aufgabe, ihrem Doppelleben Rechnung zu tragen. Diese Notwendigkeit wird bei Adam von Trott zu Solz besonders deutlich. Er mußte sich nicht nur im Inland zwischen Anpassung und Widerstand, sondern auch nach außen zwischen außenpolitischer Vertretung deutscher Interessen und der erstrebten Anerkennung als *Bona-fide-Emissär* der Verschwörung gegen die Hitler-Diktatur bewegen. Diese Zwangslage mußte den jungen Trott ins Zwielicht setzen, und sie brachte ihm immer wieder Mißtrauen ein. Das Doppelleben, das er führen mußte, war ihm eine besondere Herausforderung, der er sich als wahrhafter Akrobat zu stellen suchte, an der er eines Tages aber auch nahezu zwangsläufig zerbrach.

Die Wurzeln des sogenannten »Trott-Problems« reichen zurück

in seine Herkunft, in seine Charakterstruktur und in seine frühen Lebensjahre. Prägend war für Trott, daß in ihm das Lebensgefühl eines hessischen Landedelmannes mit dem Stolz auf seine amerikanischen Vorfahren zusammentraf. Die Trotts waren ein altes, eingesessenes hessisches Geschlecht, und die Schweinitzes, von denen Adams Mutter abstammte, waren angesehene preußische Junker aus Schlesien. Allerdings war Adam mütterlicherseits ein direkter Nachkomme von John Jay, dem ersten Chief Justice des Obersten Gerichtshofes der Vereinigten Staaten. Er gehörte somit zwei Welten an: Die eine war von den traditionellen Werten des Dienstes am Staat geprägt, die andere vom Ethos der Gerechtigkeit und der Menschenrechte. Seinem Vater, einem ehemaligen königlich-preußischen Kultusminister, schrieb er unmittelbar nach Hitlers Machtantritt, daß »der Dienst an den Rechten des Einzelnen - des ›Menschen‹, wie die Naturrechtler sagen«, ihm »ungleich wichtiger« sei »als der Dienst am ›Staat‹ (der zur Willkür geworden ist)«.[1] Darüber hinaus verstand er sich auch als Sozialist und stimmte zum Leidwesen seines Vaters bei der Reichstagswahl vom September 1930 für die sozialdemokratische Liste.

Es ist hier ferner kurz auf Adam von Trotts älteren Bruder Werner zu verweisen, denn der Vergleich mit dessen Persönlichkeit und Denken ist für Adams Charakter aufschlußreich: Werner war ein ungewöhnlich willensstarker, gleichwohl zurückgezogener und grüblerischer Mensch, der Adam zugleich liebte und tyrannisierte. Für dessen heiteres und offenherziges Wesen hatte er wenig übrig. In seiner Verzweiflung über den Gang der Ereignisse in der Weimarer Republik trat er im Jahre 1931 der Kommunistischen Partei bei und verurteilte Hitlers Machtantritt vom 30. Januar 1933 als einen katastrophalen »Erdsturz«.[2] Ähnlich bestand auch für Adam, der zu dieser Zeit in Oxford war, kein Zweifel daran, daß »eine furchtbare Katastrophe« über sein Vaterland hereingebrochen war.[3] Doch Adam suchte einen ganz anderen Ausweg aus dieser Lage als sein Bruder. Während Werner sich in die innere Emigration zurückzog, ging Adam auf die Suche nach einem Tätigkeitsbereich, der es ihm erlauben sollte, ohne dem Druck zum Eintritt in die Partei oder eine der ihr angeschlossenen Organisationen nachgeben zu müssen, seinem Vaterland zu dienen. (Als Trott der NSDAP 1941 schließlich doch beitrat, geschah dies allein zur Tarnung seiner oppositionellen Aktivitäten und wurde von seinen Freunden auch so verstanden.) Werner kam allerdings nicht umhin, Adam wissen zu lassen, er sehe seiner Zukunft »mit größter Sorge« entgegen, die, wie er schonungslos hinzufügte, »die Zukunft eines modernen Don Quichote« sein würde.[4] Und in der Tat war Adam gegen diese Tendenz nie ganz gefeit.

Durch seine Abstammung geriet Adam von Trott in ein Spannungsverhältnis zwischen seinem deutschen Vaterland und der angelsächsischen Welt. England vor allem wurde ihm, wie er selbst es einmal ausdrückte, zur »geistigen Heimat«.[5] In dieser Hinsicht waren seine Oxforder Jahre ganz entscheidend. Nach einem kurzen Aufenthalt am Mansfield College (Januar–März 1929) kehrte er im Oktober 1931 als Rhodes-Stipendiat nach Oxford zurück, wo der für Philosophie wie für Politik gleichermaßen aufgeschlossene deutsche Gast mit offenen Armen aufgenommen wurde und zwei überaus glückliche und anregende Jahre verbrachte. So entwickelte Trott während dieser beiden Studienjahre eine rege Aktivität in allerlei Klubs einschließlich der »Oxford Union«, in der sich die politische Elite der Universität die ersten Sporen verdiente. Darüber hinaus schloß er viele enge Freundschaften, die in seinem weiteren Leben von großer Bedeutung für ihn werden sollten. Zu seinen engsten Freunden am Balliol College zählte David Astor, der zweite Sohn von Lord und Lady Astor. Deren Verbindung mit der Chamberlain-Regierung und ihrer Appeasement-Politik warf allerdings in den späten dreißiger Jahren einen Schatten auf Trotts Ruf in Großbritannien.

Überhaupt tendierte Trott in Oxford zu politisch interessierten Kreisen – er suchte nach »Verbündeten«. So knüpfte er im politisch immer regen All Souls College etwa Beziehungen zu Lord Lothian, dem Sekretär des Rhodes Trust und späteren britischen Botschafter in Washington. Weiter bewegte sich Trott auch gern in Labour-Kreisen, und einer seiner engsten »Verbündeten« in diesem Lager wurde dann auch Sir Stafford Cripps. Dieser nahm als Führer des linken Flügels der Labour Party im Kriege wichtige Posten in Churchills Regierung ein und scheute sich nie, als Trotts Fürsprecher beim Foreign Office aufzutreten.

Mit seiner England-Reise im Juni 1939 und seiner Amerika-Reise im Winter 1939/40 unternahm Trott die ersten Schritte zu einer Widerstandsaußenpolitik. Er tat dies auf eigene Faust, wenn auch zweifellos im Einvernehmen mit dem Staatssekretär im Auswärtigen Amt, Ernst von Weizsäcker, und mit Förderung Walther Hewels. Dieser war der Verbindungsmann des Außenministeriums zum Stab des »Führers«. Hewel, wenn auch »alter Kämpfer« und enger Hitler-Vertrauter, wollte nichts unversucht lassen, eine deutsch-britische Konfrontation zu verhindern. Man kann insgesamt sogar von einer regelrechten Trottschen »Sonderpolitik« sprechen, denn auf beiden Reisen war es sein Hauptziel, mit Hilfe der angelsächsischen Mächte den Frieden zu sichern. Nur so konnten nach seiner Auffassung die Voraussetzungen für einen Sturz des NS-Regimes geschaffen werden.

Als erstem deutschen Oppositionellen gelang es Trott, auf seiner Englandreise zu den politisch einflußreichsten Kreisen vorzudringen. Sein Studienfreund David Astor ebnete ihm den Weg. So verlebte Trott das Wochenende vom 3. zum 4. Juni bei Lord und Lady Astor auf deren Landsitz Cliveden zusammen mit mehreren britischen Würdenträgern, unter ihnen Außenminister Lord Halifax und Lord Lothian, der erst kürzlich ernannte Botschafter in Washington. Der Plan, den er vor diesen Staatsmännern entfaltete, sah - mit verschiedenen Einschränkungen - die Wiederherstellung der Unabhängigkeit einer Rumpf-Tschechoslowakei im Austausch gegen eine zufriedenstellende Lösung des Danzig- und Korridorkomplexes vor. Lord Astor war davon so stark beeindruckt, daß er sofort eine Audienz seines deutschen Schützlings bei Neville Chamberlain in die Wege leitete. Diese fand am 7. Juni dann auch tatsächlich statt, und der Premierminister zeigte sich, wie er verlautete, von Trotts Vorstellungen ebenfalls stark beeindruckt.

Trotts Alleingang wirft wiederum ein Schlaglicht auf die prekäre

Stellung, in die ihn sein Doppelleben brachte. Wohl hatte er sich mit Ernst von Weizsäcker abgesprochen, doch mußte er für das Auswärtige Amt einen offiziellen Bericht verfassen, der, wenn auch im obligatorischen NS-Jargon verfaßt, zur Abschreckung der Reichsregierung dennoch unzweideutig die Kampfentschlossenheit Großbritanniens zum Ausdruck brachte. Man schenkte ihm jedoch kein Gehör. In England wiederum stieß Trott überwiegend auf Mißtrauen und wurde vorschnell als *appeaser* abgestempelt. Zwar hatte er in Cliveden in der Tat eindeutig für die Erhaltung des Friedens plädiert, allerdings bestimmt nicht mit dem Ziel, Zugeständnisse an Hitler zu erwirken, sondern um einen Regimewechsel in Deutschland überhaupt erst zu ermöglichen.

Auch die Reise in die Vereinigten Staaten im Winter 1939/40 war nicht von Erfolg gekrönt. Diesmal machte sich Trott mit offizieller Unterstützung des Auswärtigen Amtes, das heißt der oppositionellen Gruppe im Amt, auf den Weg. Bemerkenswert ist, daß bei dieser Mission Trotts eine Zusammenarbeit zwischen Widerstand und Emigration zustande kam. Es war vor allem der ehemalige Reichskanzler Heinrich Brüning, der sich bemühte, Trott Kontakte nach Washington zu vermitteln und der ihn mit dem Assistant Secretary of State George S. Messersmith zusammenbrachte. Insgesamt zwei Gespräche zwischen Trott und seinen ausländischen Gesprächspartnern drehten sich grundsätzlich um die Kriegs- und Friedensziele der Alliierten, die, so hoffte der deutsche Emissär, es den deutschen Generälen erleichtern würden, Hitler fallenzulassen. Trotz anfänglicher Zweifel hinsichtlich der Vertrauenswürdigkeit seines Besuchers aus einem kriegführenden Land erkannte Messersmith Trott am Ende als einen »vertrauenerweckenden jungen Mann«, der in Verbindung mit konservativen Kreisen in Deutschland stand, die den Kurs ihrer Regierung mit Besorgnis verfolgten und sich »sehr« für die Schaffung eines stabilen Friedens einsetzten.[6] Dennoch stand der Amerika-Besuch unter einem unglücklichen Stern. Just zu dem Zeitpunkt, als die Vereinigten Staaten unter Führung ihres Präsidenten im Begriff standen, ihren Isolationismus zu überwinden, war ein Friedensbote aus dem Deutschen Reich nicht willkommen. Letztlich ausschlaggebend war allerdings eine aus seinem geliebten Oxford nach Washington gelangte Warnung vor Trott, die ihm alle weitere Türen verschloß. Gerade die Vereinigten Staaten, das Land seines großen Vorfahren, wurden so während der folgenden Kriegsjahre für Trott und seine Freunde bei ihrem Bestreben, sich im Ausland Gehör zu verschaffen, zu einem nahezu unüberwindlichen Hindernis.

Im Frühjahr 1940 fand Trott endlich eine Anstellung in der Informationsabteilung des Auswärtigen Amtes, wo er auf gleichgesinnte Freunde stieß. Die amtliche Stellung konnte Trott seither bei künftigen Auslandsreisen als Tarnung nutzen. Seine offiziellen Aufgaben waren zudem ausgesprochen brisant: Zum einen sollte er bei der Vorbereitung zur Invasion Großbritanniens mitarbeiten, zum anderen hatte er den indischen Freiheitskämpfer Nataji Subhas Chandra Bose zu betreuen, der im April 1941 in Berlin eintraf, um seinen Kampf gegen England von dort aus fortzusetzen.

Der erste Auftrag stellte ihn vor die schwierige Aufgabe, eine Politik zu konzipieren, die nach einer gelungenen Invasion und einer britischen Kapitulation, die auch für Trott damals im Bereich des Möglichen zu liegen schien, von seiten Deutschlands gegenüber Großbritannien zu betreiben wäre. Trotts Ratschläge, die er in dieser Zeit seinen englischen Freunden zukommen ließ, wirken sehr gequält und liefen auf den Aufruf zur Anpassung an die deutschen Besatzer hinaus, um auf diesem Wege die »besten Elemente« beider Länder zur Zusammenarbeit zu bringen.

Auch die Verwicklung in die Bose-Affäre brachte Trott in ein schmerzliches Dilemma. Einerseits stellte sich heraus, daß das »Sonderreferat Indien«, dem er zu diesem Zweck zugeteilt wurde, innerhalb des Auswärtigen Amtes eine Nische für Oppositionelle war. Andererseits kam er durch seine Tätigkeit mittelbar in Kollision mit seinem Freund und Beschützer Sir Stafford Cripps, inzwischen Lordsiegelbewahrer und Führer des Unterhauses, der im März 1942 in Sondermission nach Delhi reiste, um den Nationalkongreß zur Lösung der Indien-Frage nach dem Selbstverwaltungsprinzip zu bewegen. Von Berlin aus mußte Trott nun aber sein Bestes tun, um diese Sondierungen zum Scheitern zu bringen. Sicher spielten bei ihm sozialistische und antiimperialistische Sympathien eine Rolle. Doch ganz abgesehen von der Frage der Loyalität gegenüber seinem alten Freund und Mentor wurde Trott durch seine Tätigkeit dem hohen Risiko ausgesetzt, seine Glaubwürdigkeit im Londoner Foreign Office endgültig zu verspielen.

Von großer Bedeutung für Trotts fernere Widerstandsarbeit erwies sich der Umstand, daß er im Frühjahr 1941 zum Kreisauer Kreis um Helmuth James von Moltke stieß. Bald entstand ein enges persönliches Vertrauensverhältnis zwischen beiden, und deshalb konnte Trott als dessen außenpolitischer Experte einen entscheidenden Platz innerhalb des Kreises einnehmen. Von nun an waren seine gewagten Auslandsreisen nicht mehr Unternehmungen eines Einzelgängers; er konnte sich auf den Rückhalt bei seinen Freunden verlassen.

Schon nach relativ kurzer Zeit schälten sich bereits die Umrisse einer Kreisauer »Außenpolitik für die Nachkriegszeit« heraus, wobei »Außenpolitik« allerdings eine unzureichende Bezeichnung ist, die den umfassenden Perspektiven der Kreisauer nicht gerecht wird. Denn deren Sicht einer europäischen und weltpolitischen Friedensgestaltung leitete sich ganz grundsätzlich von der inneren, moralischen, rechtlichen, wirtschaftlichen und sozialen Ordnung ab. Demzufolge konnte ein dauerhafter Friede »nur durch die verpflichtende Besinnung des Menschen auf die göttliche Ordnung« gefunden werden. Auch sollte ein vom Nationalsozialismus befreites Deutschland eine ausgleichende Rolle zwischen dem restaurativen, kapitalistischen Prinzip des Westens und dem revolutionären, kollektivistischen Prinzip des Ostens spielen. »Deutschland zwischen Ost und West« wie auch Deutschlands Mittelstellung zwischen dem »Realprinzip des Ostens« und dem »Personalprinzip des Westens« waren Leitsätze, die Trott nachdrücklich hervorhob und die dem künftigen Deutschland einen »Ordnungsbeitrag« in Europa zusichern sollten.

Diese weitreichenden und ambitiösen Richtlinien liefen auf die Selbstbestimmung, einschließlich des Minderheitenschutzes, im Rahmen einer europäischen Zusammenarbeit hinaus. Dabei wurde betont, daß das Selbstbestimmungsrecht nicht »schrankenlos« walten und nicht zur »Herabwürdigung, Verfolgung oder Unterdrückung fremden Volkstums« mißbraucht werden sollte. Zudem müßte es auch das »europäische Mitbestimmungsrecht« Deutschlands zur Voraussetzung haben. Letzten Endes hatte die geforderte Selbstbestimmung für die Kreisauer eine Menschenrechtspolitik zum Ziel.

Zwischen Moltke und Trott, die beide Völkerrechtler waren, bildete sich im Laufe der Zeit eine Arbeitsteilung heraus. In seiner unerschrockenen und souveränen Art setzte sich Moltke vorwiegend für die Rechte der Kriegsgefangenen, Deportierten und Geiseln ein. Anläßlich seiner Dänemark-Reise im Oktober 1943 gelang es ihm, die Rettung eines Großteils der dortigen Juden in die Wege zu leiten. Trott wiederum zog es unentwegt ins neutrale Ausland, in der Hoffnung, von dort aus Verbindung mit den Alliierten anknüpfen zu können, und in die besetzten Niederlande, um Kontakt zur holländischen Widerstandsbewegung herzustellen. Sein Ziel war es, die Verschwörung auf dem Verhandlungswege außenpolitisch abzusichern. Es ging ihm dabei vor allem um die Frage beiderseits akzeptabler Bedingungen, das heißt um Kriegs- und Friedensziele sowie um alliierte Zusicherungen, aus einem Staatsstreich im Reich keine militärischen Vorteile zu ziehen. Trott machte es sich daher zur Aufgabe, den Alliierten den »harten staatlichen Panzer« (Graml) seines Vaterlandes vor Augen zu führen. Er war und blieb stets, auch als Abgesandter der Opposition und als erklärter Gegner des Nationalsozialismus, ein deutscher Patriot. Gerade diese Doppelrolle beschwor jedoch im Foreign Office immer wieder den Verdacht herauf, er sei im Grunde doch »- bewußt oder unbewußt - ein Agent des deutschen Geheimdienstes«.[7]

Wenn in der Schweiz auch der Kirchenführer Willem A. Visser't Hooft, ein alter Freund der Familie, als treuer Schirmherr

Trotts sein Bestes tat, um die von diesem ersehnte Vermittlung nach Großbritannien zustande zu bringen, und wenn auch in London Sir Stafford Cripps seinem deutschen Freund die Treue hielt und sich beim Foreign Office für ihn einsetzte - keiner von beiden fand Gehör. Anthony Eden sah in Trott, wie der britische Außenminister vertraulich an Sir Stafford schrieb, »eine seltsame Mischung von hochgesinntem Idealismus und politischer Unehrlichkeit« verkörpert.[8] Jedenfalls verbot es ihm das »nationale Interesse«, Verbindung mit deutschen Emissären aufrechtzuerhalten. Zudem hatte Winston Churchill bereits im Januar 1941 »absolutes Schweigen« gegenüber allen Friedensschritten von der anderen Seite verordnet. Und im Januar 1943 verkündete der amerikanische Präsident Franklin D. Roosevelt während der Konferenz von Casablanca die Forderung nach bedingungsloser Kapitulation, der sich Churchill, wenn auch zögernd, anschloß. Auf diese Weise verschloß man die Türen vor allen Fühlern von seiten der deutschen Opposition.

Dennoch gaben die deutschen Widerständler nicht auf. Zwar mußte Moltke im Juli 1943 während seiner Reise in die Türkei zur Kenntnis nehmen, daß die Forderung nach bedingungsloser Kapitulation nicht zur Disposition gestellt werde. Trott ließ sich, trotz aller Enttäuschung über die kategorische Erklärung der Westmächte und seiner wiederholten vergeblichen Sondierungsversuche in Richtung London, jedoch nicht davon abhalten, weiterhin zu drängen und Wege zu einer Umgehung der Casablanca-Formel zu suchen. Es kam sogar so weit, daß er auf britische Initiative hin im März 1944 nach Stockholm reiste. Zu dieser Zeit führten die westlichen Alliierten die große Luftoffensive gegen das Deutsche Reich. Trott nahm die Gelegenheit wahr, um auf die katastrophalen Auswirkungen insbesondere der britischen Nachtangriffe auf die deutsche Zivilbevölkerung hinzuweisen. Seine Gesprächspartner waren allerdings, wie auch während einer späteren Schweden-Reise im Juni/Juli 1944, Agenten des britischen Geheimdienstes, denen es vorrangig darum ging, Trott als Informationsquelle abzuschöpfen. Doch immerhin fand zu dieser Zeit eine Sitzung der

Abteilungsleiter des Foreign Office statt, in deren Verlauf die Frage der Brauchbarkeit des deutschen Widerstandes für die eigene Kriegführung - wenn auch ohne greifbares Ergebnis - erörtert wurde.

Vom Westen schnöde abgewiesen, versuchte sich Trott schließlich in einer Art »Mühlespiel« zwischen Ost und West. Damit wollte er Druck auf die Westmächte ausüben, um sie so doch noch zu einer Änderung ihrer Haltung gegenüber seinen Friedensfühlern zu bewegen. Anlaß war ihm dabei Stalins ausgesprochen zweideutige Haltung zur Forderung nach bedingungsloser Kapitulation. Auch schienen ihm die Versuche zur Zusammenfassung der in sowjetischer Kriegsgefangenschaft lebenden deutschen Soldaten in ein »Nationalkomitee ›Freies Deutschland‹« und einen »Bund deutscher Offiziere« die Möglichkeit einer sowjetischen Sonderpolitik in Aussicht zu stellen. Das Foreign Office bezeichnete diese Taktik verächtlich als das »kommunistische Schreckgespenst«.

Der Osten hatte für Trott allerdings mehr als nur eine taktische Funktion. Die sozialistischen Träume seiner Jugendzeit waren keineswegs ausgeträumt, und wie viele seiner Kreisauer Freunde war er auf der Suche nach einer idealen Gemeinschaftsordnung jenseits von Nationalsozialismus und Bolschewismus, aber auch jenseits des liberalen Wirtschaftssystems. »Europa wendet sich immer mehr vom Westen ab«, verkündete er seinem Freund Visser't Hooft und breitete vor ihm die Vision »des Erlebnisses der Brüderschaft der unterdrückten Bevölkerungen« Europas aus.[9]

Doch aus dem Osten kam kein Licht; er blieb ein - wenngleich faszinierendes - Rätsel auch für Trott. Die totalitäre Sowjetunion, die er verabscheute, war realer als seine Rußlandmystik, die sich als Illusion entpuppte. Jedenfalls ließ Stalin nach der Konferenz von Teheran vom November/Dezember 1943, in deren Verlauf er seine strategischen und politischen Forderungen gegenüber seinen westlichen Bündnispartnern durchgesetzt hatte, das »Nationalkomitee ›Freies Deutschland‹« und den »Bund deutscher Offiziere« fallen. Außerdem zerschlug sich Trotts Vorhaben, während seiner Schweden-Reise vom Juni/Juli 1944 die sowjetische Gesandte in Stockholm, Alexandra M. Kollontay, aufzusuchen.

Die Verhaftung Helmuth von Moltkes durch die Gestapo am 19. Januar 1944 bedeutete einen schweren Schlag für seine Kreisauer Freunde. Die Arbeit im Kreisauer Kreis wurde jedoch trotz des Verlustes seines Führers weitergeführt. Auch war im Sommer 1943 der Oberstleutnant Claus Schenk Graf von Stauffenberg, nach seiner schweren Verwundung in Tunesien aus dem Krankenhaus entlassen, endgültig zur Verschwörung gestoßen. Trott selbst hatte den Obristen in dieser Zeit kennengelernt. Zwischen beiden war schnell ein enges Freundschaftsband geknüpft, das, wie Werner von Trott mit Recht bemerkte, »die menschliche Erfüllung« im Leben seines Bruders wurde.[10] Wie zuvor schon durch die Verbindung mit Moltke, bekam Trotts unentwegter akrobatischer Aktivismus durch das Verhältnis zu Stauffenberg neuerlich einen festen Halt, und die jungen Freunde bestärkten sich gegenseitig in ihrer Entschlossenheit, Verhandlungskontakte zu den Kriegsgegnern zu suchen. Damit aber trat die Trottsche »Außenpolitik« in eine neue Phase ein. Er nahm die Rolle als außenpolitischer Berater Stauffenbergs zu einer Zeit auf, als sich die militärische Niederlage des Reiches schon deutlich abzeichnete und die Funktion beider mehr und mehr ein permanentes Krisenmanagement wurde.

In dieser Situation sah es Trott als seine vorrangige Aufgabe an, Stauffenberg, von dessen außenpolitischen Fähigkeiten er offenbar wenig hielt, vor einer »Toresschluß-Panik« zu bewahren. Trott hatte durch seine Tätigkeit im Auswärtigen Amt einen umfassenden Überblick über den außenpolitischen Stand der Dinge gewonnen und gab sich in den letzten Wochen vor dem Attentat keiner Illusion mehr über die Möglichkeit hin, die militärische Lage des Reiches noch auf dem Verhandlungswege zu beeinflussen. Im Rahmen der letzten Besprechung, die Stauffenberg am 16. Juli in seiner Wannsee-Wohnung mit seinen engsten Beratern abhielt, referierte Trott dann auch über auch die wenig aussichtsreiche außenpolitische Gesamtsituation, und es blieb ihm nichts übrig, als seinen Freund zur entscheidenden Tat zu ermutigen, die das feindliche Lager vielleicht doch noch, trotz aller bisherigen Zurückweisungen, an den Verhandlungstisch bringen könnte. Die sogenannte »vermittelnde Lösung« zwischen Ost und West, der er bei dieser Gelegenheit das Wort geredet haben soll, wurde aber nur mehr als eine mögliche Folge eines Regimewechsels in Deutschland in Aussicht gestellt. Noch am 19. Juli war Trott mit Stauffenberg zusammen und ermutigte ihn zur Tat. Nach Gelingen des Staatsstreiches hätte Trott selbst die Stelle des Staatssekretärs im Auswärtigen Amt übernehmen sollen.

Es wäre völlig verfehlt, Trott als einen in der Welt der Diplomatie »unerfahrenen Amateur«[11] zu charakterisieren. Er war vielmehr ein Pionier einer ganz neuartigen Diplomatie, die ihm der totalitäre Staat gewissermaßen aufzwang und deren Methoden und Wege er selbst erkunden mußte. Um so eindrucksvoller ist seine Beharrlichkeit, auch wenn sie in den Hauptstädten der westlichen Alliierten nicht sonderlich gut ankam. Allerdings muß der Fall Trott auch im Zusammenhang mit den nicht minder erfolglosen Auslandsinitiativen anderer Mitglieder des Widerstandes, vor allem aber mit denen Carl Goerdelers, gesehen werden. Der ehemalige Leipziger Oberbürgermeister hatte mit seiner hartnäckigen Forderung nach Wiederherstellung der deutschen Grenzen von 1914 im Foreign Office erhebliches Mißtrauen hervorgerufen. Goerdeler war im Laufe der Zeit immerhin erheblich bescheidener geworden, so wie auch Trott sich schließlich mit den Grenzen von 1936 abfand. Die Forderungen der deutschen Emissäre wurden mithin zumindest erwägenswert, und das hätte auch den Beamten des britischen Außenministeriums auffallen können. All dem stand jedoch die alliierte Forderung nach »bedingungsloser Kapitulation« und das Interesse am Fortbestehen der Allianz mit der Sowjetunion grundsätzlich im Wege.

Unter diesen Umständen ist es um so bemerkenswerter, daß Trott bei der kirchlichen Ökumene und der holländischen Widerstandsbewegung auf Verständnis stieß. Willem A. Visser't Hooft war neben seiner offiziellen Tätigkeit im Genfer Weltkirchenrat ein wichtiger Anlaufpunkt auf den sogenannten »Schweizer Straßen« der europäischen Widerstandsbewegungen und vermittelte diesen verschiedentlich Kontakte zu den Westalliierten. Im Rahmen dieser Tätigkeit fanden auch die Deutschen, namentlich Trott, ihren Platz.

Die positive Resonanz, die Trott in Holland fand, hatte einen ähnlichen Hintergrund. Der holländische Widerstandsführer C. L. Patijn sprach im nachhinein sogar von einer »historischen Solidarität«[12] zwischen dem deutschen Widerstand und den Widerstandsbewegungen in den deutsch besetzten Gebieten. Sie war in der gemeinsamen Vorstellung eines föderativen Europas begründet. Während Anthony Eden den deutschen Widerstand im Namen des »nationalen Interesses« abwies und dabei übersah, daß dieser Krieg kein europäischer mehr war, sondern zunehmend von den politischen Zielvorstellungen der beiden aufsteigenden Supermächte beherrscht wurde, verfochten die europäischen Widerstandsbewegungen die Idee eines neuen Europa, in dem auch ein anderes Deutschland seinen Platz einnehmen sollte. Von dieser Zielvorstellung ließ auch Trott sich leiten.

Am Donnerstag, dem 20. Juli 1944, hielt er sich mit seinen Freunden in der Wilhelmstraße auf; und als sich am Abend das Scheitern des gesamten Unternehmens abzeichnete, blieb er noch vier einsame Stunden im Amt. Trott wurde dann am folgenden Dienstag, dem 25. Juli, verhaftet, nachdem er in den Tagen zuvor mehrere ihm eröffnete Fluchtmöglichkeiten ausgeschlagen hatte. Seine Pflicht, so wie er sie verstand, hatte er getan, und es blieb ihm nun nichts mehr, als das Schicksal seiner Freunde zu teilen. Vor dem Volksgerichtshof stand er seinen Mann. Am 15. August wurde er zum Tode verurteilt und elf Tage später in Plötzensee gehängt.

Anders, als sein Bruder befürchtet hatte, war Adam von Trott zu Solz doch nicht nur ein »moderner Don Quichote«. Nach dessen Opfertod sah Werner den Sachverhalt klarer: Adam ging, so soll er gesagt haben, »durch die Hölle der Identifikation mit Deutschland«.[13] Darüber hinaus aber reichte seine Vision in die Utopie eines freiheitlichen und föderativen Europas. Darin liegt auch die eigentliche historische Bedeutung Adam von Trotts.

Anmerkungen

1 Brief Adam von Trott an August von Trott vom 13. 2. 1933, in: Clarita von Trott zu Solz, Adam von Trott zu Solz. Eine erste Materialsammlung, Maschinenschrift, Reinbek 1958, S. 46 f.
2 Brief Werner von Trotts an Adam von Trott vom 10. 1. 1937, in: ebenda, S. 85.
3 Charles E. Collins, »Notes on Adam von Trott« (19. 11. 1946), 2, aus den Papieren des Hon. David Astor.
4 Clarita von Trott zu Solz (Anm. 1), S. 46 f.
5 Brief Adam von Trotts an Ursula Grant Duff, Imshausen, vom 2. 10. 1936; aus den Papieren von Mrs. Shiela Sokolov-Grant.
6 Brief George S. Messersmith an Alexander C. Kirk vom 8. Dezember 1939, National Archives Washington D. C., RG 59, CDF 862.20211, Trott, Adam von/8.
7 Anmerkung von G. W. Harrison vom 1. 4. 1944, PRO, FO 371/39059/C 4118/103/18.
8 Brief Anthony Edens an Sir Stafford Cripps vom 18. 6. 1942, PRO, FO 371/30912/C 5428/48/18.
9 »The experience of brotherliness of the *oppressed common* people«; »Notes of Conversation Visser't Hooft - von Trott December 1942 or January 1943«, Ökumenischer Rat der Kirchen (im Aufbau begriffen), Fasz. XI.
10 Clarita von Trott zu Solz (Anm. 1), S. 262.
11 Siehe Christopher Sykes, Heroes and Suspects: The German Resistance in Perspective, in: *Encounter* 31 (Dezember 1968), S. 45.
12 Aus *Wending*, Den Haag, Juli/August 1964 (Trott-Archiv).
13 Ingrid Warburg-Spinelli, Die Reise nach Deutschland - Juli/August 1982, Maschinenschrift, S. 90.

Bibliographie

Quellen

Die Quellenlage zu Adam von Trott ist sehr gut. Das Trott-Archiv, vor kurzem in das Bundesarchiv/Koblenz (Signatur N 1416) überführt, ist ungewöhnlich reichhaltig. Eine unentbehrliche Quelle ist die biographische Materialsammlung von Clarita von Trott zu Solz, Adam von Trott zu Solz. Eine erste Materialsammlung, Maschinenschrift, Reinbek 1958. Die Korrespondenz zwischen Trott und Shiela Grant Duff ist in deren Privatbesitz und zum großen Teil in dem von mir herausgegebenen Band *A Noble Combat. The Letters of Shiela Grant Duff and Adam von Trott zu Solz 1932–1939*, Oxford 1988, veröffentlicht; siehe auch Shiela Grant Duff, Fünf Jahre bis zum Krieg (1934–1939). Eine Engländerin im Widerstand gegen Hitler, München 1978. Die Korrespondenz zwischen Trott und Diana Hubback (jetzt Diana Hopkinson) befindet sich im Balliol College, Oxford. Eine längere Zusammenfassung dieser Briefe existiert in Maschinenschrift: *Aus Adams Briefen*, 1946, in der Bibliothek des Leo Baeck Instituts in New York City; siehe auch Diana Hopkinson, The Incense Tree, London 1968. Darüber hinaus befassen sich Christabel Bielenberg, Als ich Deutsche war 1934–1945. Eine Engländerin erzählt, München 1969 und Ingrid Warburg-Spinelli, Die Dringlichkeit des Mitleids und die Einsamkeit, nein zu sagen. Lebenserinnerungen 1910–1989, Hamburg 1990, eingehend mit Trott. Wichtig sind ferner der Nachlaß von Julie Braun-Vogelstein im Leo Baeck Institut und der Tracy Strong-Nachlaß in der Bibliothek der University of Washington, Seattle, Washington, der Briefe Trotts aus den späten zwanziger und frühen dreißiger Jahren enthält.

Das Archiv des Auswärtigen Amtes in Bonn enthält Material über die dienstliche Tätigkeit Trotts. Die wichtigsten britischen Archivbestände über Trott befinden sich in den Foreign-Office-Faszikeln (FO 371) des Public Record Office sowie im Balliol College und in der Rhodes House Library in Oxford. Die wichtigsten amerikanischen Archivalien lagern in den National Archives in der Franklin Delano Roosevelt Library, Hyde Park, New York und im Archiv des Federal Bureau of Investigation (FBI). Die Office of Strategic Services (OSS)-Dokumente über Trott, einschließlich der sogenannten »Breakers Cables« werden zur Zeit gerade von der CIA in die National Archives (RG 226) überführt.

Wichtige Dokumente über Trott wurden ferner veröffentlicht von Hans Rothfels (Hrsg.), Zwei außenpolitische Memoranden der deutschen Opposition (Frühjahr 1942), in: *Vierteljahrshefte für Zeitgeschichte* 5 (1957), S. 388–397; ders., Adam von Trott zu Solz und das State Department, in: ebenda, 7 (1959), S. 318–332; ders., Dokumentation. Trott und die Außenpolitik des Widerstandes, in: ebenda, 12 (1964), S. 300–323.

Literatur

Die biographische Literatur über Trott ist überaus reichhaltig. Christopher Sykes, Adam von Trott. Eine deutsche Tragödie, Düsseldorf 1969, sehr ansprechend geschrieben, vertritt gegenüber Trott eine eher skeptische Einstellung. Den neuesten Forschungsstand markiert Henry O. Malone, Adam von Trott. Werdegang eines Verschwörers 1909–1938, Berlin 1986. Giles MacDonoghs, A Good German. Adam von Trott zu Solz, London 1989, ist ein nicht fehlerfreies und allzu apologetisches Werk eines jungen Journalisten. Rainer A. Blasius, Adam von Trott zu Solz, in: Rudolf Lill/Heinrich Oberreuter (Hrsg.), 20. Juli. Portraits des Widerstands, Düsseldorf 1984, bietet eine ausgewogene Skizze der Persönlichkeit Trotts. Siehe ferner auch Eberhard Bethge, Adam von Trott und der deutsche Widerstand, in: *Vierteljahrshefte für Zeitgeschichte* 11 (1963), S. 213–223; Klemens von Klemperer, Adam von Trott zu Solz and Resistance Foreign Policy, in: *Central European History* 14 (1981), S. 351–361, und Henrik Lindgren, Adam von Trotts Reisen nach Schweden 1942–1944: Ein Beitrag zur Frage der Auslandsverbindungen des deutschen Widerstandes, in: *Vierteljahrshefte für Zeitgeschichte* 18 (1970), S. 274–279. Die Adam von Trott Memorial Lectures, Hedley Bull (Hrsg.), The Challenge of the Third Reich, Oxford 1986, enthalten unter anderem eine schöne Würdigung Trotts durch seinen Freund David Astor. Auch sind die unterschiedlichen Einschätzungen der geschichtlichen Rolle Trotts in den Spalten der britischen Zeitschrift *Encounter* (Dezember 1968 u. Juni-September 1969) zum Ausdruck gekommen.

Zum Umkreis der Ideen und Vorstellungen Trotts siehe Roman Bleistein (Hrsg.), Dossier: Kreisauer Kreis. Dokumente aus dem Widerstand gegen den Nationalsozialismus, Frankfurt/M. 1987; Helmuth James von Moltke, Briefe an Freya 1939–1945, hrsg. von Beate Ruhm von Oppen, München 1988; Ger van Roon, Neuordnung im Widerstand. Der Kreisauer Kreis innerhalb der deutschen Widerstandsbewegung, München 1967; ders., Der Kreisauer Kreis und das Ausland, in: *Aus Politik und Zeitgeschichte* B 50 (1986); Hermann Graml, Die außenpolitischen Vorstellungen des deutschen Widerstandes, in: Walter Schmitthenner/Hans Buchheim (Hrsg.), Der deutsche Widerstand gegen Hitler, Köln 1966; Klaus Hildebrand, Die ostpolitischen Vorstellungen im deutschen Widerstand, in: *Geschichte in Wissenschaft und Unterricht* 29 (1978), S. 213–241; Peter Hoffmann, The Question of Western Allied Co-operation with the German

Anit-Nazi Conspiracy, 1938–1944, in: *The Historical Journal* 34 (1991), S. 437–464; Lothar Kettenacker (Hrsg.), Das »Andere Deutschland« im Zweiten Weltkrieg. Emigration und Widerstand in internationaler Perspektive, Stuttgart 1977; Klemens von Klemperer, The German Resistance against Hitler. The Search for Allies Abroad 1938–1945, Oxford 1992; ders., Die »Verbindung mit der großen Welt«. Außenbeziehungen des deutschen Widerstands 1938–1945, Berlin 1990, sowie Klaus-Jürgen Müller, Der deutsche Widerstand und das Ausland, Berlin 1986.

Erwin von Witzleben – Der designierte Oberbefehlshaber

VON REINER POMMERIN

Der am 4. Dezember 1881 in Breslau geborene Erwin von Witzleben entstammt einem alten, seit 1133 nachweisbaren thüringischen Adelsgeschlecht, das seit Generationen Offiziere stellt. Für seinen Vater, einen Offizier, steht außer Frage, daß auch der Sohn die Offizierslaufbahn anstreben soll. Deshalb schickt er ihn in das preußische Kadettenkorps. In der Hauptkadettenanstalt in Berlin-Lichterfelde wächst Witzleben im Kreis zumeist aus ähnlichen sozialen Verhältnissen kommender Jungen heran. Die Ausbildung orientiert sich an Leitbegriffen wie soldatischer Ehre, Anstand und Pflichtgefühl, am protestantischen Glauben sowie dem Wunsch, der Monarchie zu dienen. Ein von diesen Wert- und Normenvorstellungen geprägtes, religiös gebundenes Soldatentum bildet das geistige Fundament Witzlebens.

Nach der Kadettenausbildung wird der 19jährige am 22. März 1901 als Leutnant in das traditionsreiche Grenadierregiment 7 in Liegnitz aufgenommen. Am 21. März 1907 heiratet er Else Kleeberg, geboren 1885. Dem Ehepaar wird 1908 ein Sohn und 1909 eine Tochter geboren. Zu Beginn des Ersten Weltkriegs steht Oberleutnant von Witzleben beim Bezirkskommando in Hirschberg, kommt jedoch bald als Chef der 2. und später der 14. Kompanie des Reserve-Infanterieregiments 6 an die Front im Westen. Seine Einheit wird am 2. Juni 1916 bei der Eroberung des Forts

Vaux im Rahmen der schweren und verlustreichen Kämpfe um Verdun eingesetzt, und als Kommandeur des II. Bataillons des Regiments nimmt er an der Arrasschlacht teil. Nach der Genesung von einer schweren Verwundung absolviert er die Generalstabsausbildung und dient danach bis Kriegsende als Erster Generalstabsoffizier bei der 108. Infanteriedivision.

Nach dem Dienst als Kompaniechef im Infanterieregiment 8 in Frankfurt an der Oder wird Hauptmann von Witzleben zunächst in den Generalstab der 4. Division nach Dresden versetzt. Hier lernt ihn der spätere Generalfeldmarschall Erich von Manstein schätzen. In seinen Erinnerungen urteilt er über Witzleben: »Militärisch gut veranlagt, klar und bestimmt, gewann er die Menschen durch sein warmherziges und liebenswürdiges Wesen. Aus seinen Ansichten machte er nie ein Hehl. Großzügig, das Wesentliche schnell erfassend, besaß er die Gabe, nicht alles selbst machen zu wollen.«[1]

Am 1. April 1923 wird Witzleben zum Major befördert und 1927 zum Stab des Infanterieführers III nach Potsdam versetzt. Von einer Übungsreise berichtet der spätere Generalquartiermeister Eduard Wagner seiner Frau: »Major von Witzleben ist, wie ich Dir schon schrieb, ein ganz eminenter Mann, besonders als Mensch und Charakter.«[2] Nach seiner Beförderung zum Oberstleutnant am 1. Januar 1929 erhält Witzleben das Kommando über das II. Bataillon des Infanterieregiments 6 in Lübeck. 1930 wechselt er als Chef des Stabes der 6. Division nach Münster. Aus dieser Zeit stammt seine Bekanntschaft mit dem späteren Generalmajor und Mitverschwörer Hans Oster. Durch seine Beförderung zum Oberst und Regimentskommandeur des Infanterieregiments 8 in Frankfurt an der Oder kehrt Witzleben am 1. April 1931 in die Garnisonstadt zurück, in der er 1919 in das 100 000-Mann-Heer eingetreten ist.

Im Jahr 1933 wird Witzleben Infanterieführer VI in Hannover. Am 1. Februar 1934 wird der bisherige Befehlshaber des Wehrkreises III (Berlin), Generalleutnant Werner von Fritsch, zum Chef der Heeresleitung ernannt. Durch diese Ernennung kann Witzleben zum Befehlshaber im Wehrkreis III aufrücken. Die

Befehlshaber der Wehrkreise sind gleichzeitig Divisionskommandeure und nehmen die Befugnisse der früheren Kommandierenden Generale wahr. Deshalb erhält Witzleben gleichzeitig das Kommando über die 3. Division. Die Strukturveränderung der Reichswehr nach der »Wehrfreiheit« führt ihn noch im gleichen Jahr, am 1. Dezember 1934, in den Rang eines Generalleutnants und in das Kommando über das III. Armeekorps in Berlin. Damit ist Witzleben unter den zahlreichen in Berlin stationierten Offizieren im Generalsrang einer der wenigen, die wirklich über Truppen verfügen. Zu seinem Armeekorps gehören unter anderem die 23. Division unter Generalmajor Walter Graf von Brockdorff-Ahlefeldt sowie die 3. Division unter Generalmajor Walter Petzel. Als Militärbefehlshaber von Polen wird Petzel einige Jahre später zu den wenigen Generalen der Wehrmacht gehören, die gegen die Ermordung von Juden protestieren.

Das Abzeichen der Partei auf der Uniform, das ein Erlaß vom 19. Februar 1934 vorschreibt, nimmt Witzleben wohl als Ausdruck der Anbiederung der Reichswehrführung an den Nationalsozialismus hin. Anders reagiert er auf die am 28. Februar 1934 angeordnete Überprüfung der arischen Abstammung aller Angehörigen der Wehrmacht, die eine sofortige Entlassung jüdischer Soldaten nach sich zieht. Der einzige grundsätzliche Protest gegen den »Ariererlaß« aus den Reihen der Wehrmacht kommt aus seinem Armeekorps. Der Chef des Stabes, Oberst i. G. von Manstein, richtet am 21. April 1934 mit Billigung seines Befehlshabers sowohl an den Chef der Heeresleitung als auch an den Chef des Generalstabes des Heeres eine Denkschrift: *Gedanken zur nachträglichen Anwendung des Arierparagraphen auf die Wehrmacht.* Damit will Manstein allerdings weniger gegen die Rassenideologie des Nationalsozialismus vorgehen, vielmehr greift er in erster Linie die nach seiner Meinung gegen das Prinzip der Ehre gerichtete Tendenz des Erlasses an. Reichswehrminister General Werner von Blomberg will zunächst gegen Manstein einschreiten, unterläßt dies jedoch im Hinblick auf Witzleben, um dessen Zustimmung zu Mansteins Denkschrift er weiß.

Für manche der aus dem nationalkonservativen Lager kommenden Mitglieder des Widerstands, zu denen Witzleben ohne Zweifel gehört, ist es ein langer Weg, bis sie von der anfänglichen Akzeptanz des Regimes über eine Oppositionshaltung schließlich zum aktiven Widerstand finden. Mit der Weimarer Republik, die gegenüber der Reichswehr stets mißtrauisch bleibt, verbindet die meisten konservativen Offiziere nur wenig. Die militärische Schwäche des 100000-Mann-Heeres haben sie stets vor Augen. Die karrierefördernde Aufrüstung sowie die gleichzeitige Aufwertung der Wehrmacht läßt viele Offiziere den Nationalsozialismus positiv sehen. Zunächst überwiegt Zustimmung, zumal sich das traditionell als »unpolitisch« verstehende Offizierkorps kaum wirklich mit der nationalsozialistischen Ideologie vertraut macht. So wachsen bei den meisten Offizieren die Zweifel, falls überhaupt, nur langsam. Der Zeitpunkt, von dem an Witzleben zum aktiven Widerstand bereit ist, liegt schon im Frühjahr/Sommer 1934. Von den konservativ-monarchisch denkenden »Jungtürken« um Vizekanzler Franz von Papen um eine Stellungnahme gebeten, macht er deutlich, daß für den Fall eines von ihnen geplanten Ausnahmezustandes in Berlin mit seiner Unterstützung zu rechnen ist.

Die Niederschlagung des von der NSDAP-Spitze so bezeichneten »Röhm-Putsches« am 30. Juni 1934 bringt der Wehrmachtführung den Sieg über die SA im Wettlauf um die militärische Vorherrschaft in Deutschland. Die Entscheidung Adolf Hitlers, sich bei der Landesverteidigung künftig ausschließlich auf die Wehrmacht zu stützen, ist Witzleben genauso willkommen wie der übrigen Generalität. Über die Ermordung der beiden Generäle Kurt von Schleicher und Ferdinand von Bredow während der Niederschlagung des angeblichen Putsches ist er jedoch entsetzt und empört. Wie die Generäle Gerd von Rundstedt und Wilhelm Ritter von Leeb verlangt auch er eine kriegsgerichtliche Untersuchung der Ermordung der beiden Kameraden. Aus eigener Initiative wird Witzleben beim Chef der Heeresleitung vorstellig. Seine Empörung ist echt, Mord bleibt für ihn Mord. Aber sein Vorstoß zeigt keinen Erfolg; angeblich existieren eindeutige Beweise für eine landesverräterische Betätigung der Ermordeten. Diese Beweise legt das Reichswehrministerium zwar nicht vor, der Generalität aber bleiben durch diese Behauptung die Hände gebunden.

Nach dem Tod des Reichspräsidenten Paul von Hindenburg vereinigt Hitler durch das *Gesetz vom 1. August 1934 über das Oberhaupt des Deutschen Reiches* das Amt des Reichspräsidenten mit dem des Reichskanzlers. Von jetzt an liegt die oberste Befehlsgewalt über Wehrmacht und Marine beim »Führer und Reichskanzler« Adolf Hitler. Generalleutnant von Witzleben gilt als großer Verehrer Hindenburgs. Aus seiner Sicht hat der Reichspräsident als ehemaliger Offizier in der Weimarer Republik die Werte repräsentiert, die für ihn selbst große Bedeutung besitzen. Als Befehlshaber des Wehrkreises III untersteht Witzleben das Wachregiment. Dieses wird noch am 2. August, Hindenburg ist erst vor wenigen Stunden verstorben, vor den surrenden Kameras der Wochenschau von ihm neu vereidigt. Mit klarer, befehlsgewohnter Stimme spricht Witzleben in das Mikrophon: »Ich schwöre bei Gott diesen heiligen Eid, daß ich dem Führer des Deutschen Reiches und Volkes, Adolf Hitler, dem Oberbefehlshaber der Wehrmacht, unbedingten Gehorsam leisten und als tapferer Soldat bereit sein will, jederzeit für diesen Eid mein Leben einzusetzen.« Danach läßt er auf Hitler ein dreifaches Hurra ausbringen. Eduard Wagner notiert über diese Szene: »Witzleben sieht allerdings wie der Tod aus.«[3]

Als Kommandierendem General des III. Armeekorps in Berlin fällt Witzleben künftig die Aufgabe zu, an Hitlers Geburtstag Militärparaden abzuhalten und ihm die Truppen zu melden und vorzustellen. Aber weder diese – allerdings kurzen – Begegnungen mit Hitler noch seine Beförderung zum General der Infanterie am 1. Oktober 1936 vermögen aus ihm einen Parteigänger des Regimes zu machen. Im Gegenteil: Der Blomberg-Skandal und die Fritsch-Krise lassen ihn zum Regimegegner werden. Am 12. Januar 1938 schließt Blomberg die Ehe mit einer Frau, die bisher angeblich einen der Berliner Polizei bekannten »unsittlichen Lebenswandel« geführt hat. Nicht nur Hitler und Göring, bei der

Hochzeit Trauzeugen, zeigen sich darüber empört, daß Blomberg eine Frau »mit Vergangenheit« geheiratet habe. Göring, der zu diesem Zeitpunkt das bezeichnenderweise in Reichskriegsministerium umbenannte Amt Blombergs gern selbst innegehabt hätte, regt bei Hitler an, Blomberg solle seine Eheschließung für nichtig erklären lassen. Als Blomberg dies ablehnt, erhält er am 4. Februar 1938 seinen Abschied.

Der überwiegende Teil des Offizierskorps der Reichswehr nimmt die Entlassung Blombergs noch als Folge einer »nicht standesgemäßen« Heirat hin. Auf Unverständnis und Abscheu stößt jedoch die Verabschiedung des Oberbefehlshabers des Heeres, ebenfalls am 4. Februar 1938. Generaloberst von Fritsch ist homosexueller Verfehlungen bezichtigt worden. Die Art und Weise, wie der Generaloberst kaltgestellt und nach Aufdeckung seiner Unschuld völlig unzureichend rehabilitiert wurde, sorgen für Empörung und führen zu ersten Putschplänen gegen Hitler. Die zahlenmäßig sehr kleine Opposition verfügt in der Reichswehr allerdings über keinerlei militärisches Machtpotential. Vor allem fehlt ein General, ein Kommandeur, dem Truppen unterstehen und der bereit ist, seine Soldaten zu diesem Zeitpunkt gegen das Regime einzusetzen. General von Witzleben, gewiß ein aussichtsreicher Kandidat für eine anti-nationalsozialistische Aktion, befindet sich wegen seines schlechten Gesundheitszustandes in einem Sanatorium in Dresden.

Erst Mitte Februar 1938 kommt er nach Berlin zurück und erfährt Näheres über die Intrige gegen den von ihm so geschätzten Fritsch. Sofort von ihm anberaumte Gespräche mit Fritz Dietlof Graf von der Schulenburg, Oberleutnant d. R. und Vizepräsident der Polizei Berlins, sowie mit Oberst Paul von Hase, dem Kommandeur des Infanterieregiments 50 in Neuruppin, über eventuelle Maßnahmen gegen SS und Gestapo bleiben ohne Ergebnis. Immerhin, so schreibt Hjalmar Schacht resümierend, war »Witzleben ... der erste und blieb der am festesten entschlossene General, der die Beseitigung Hitlers als notwendig erkannte und dieses Ziel entschlossen anpackte«.[4]

Diese Entschlossenheit belegt ein Detail aus dieser Zeit. Die beiden Regimentskameraden Wolf Graf von Baudissin und Henning von Tresckow, die, angewidert von der Intrige gegen Fritsch, enttäuscht erwägen, die Armee zu verlassen, bitten Witzleben um Rat. Dieser kündigt ihnen in einem Gespräch an, es werde noch zu einer Aktion gegen die Drahtzieher der Intrige gegen Fritsch kommen. Schon für diesen Fall aber sei ihre Mitarbeit und damit ihre weitere Anwesenheit in der Armee erforderlich. Es gelingt Witzleben, beide Offiziere zum Verbleiben in der Armee zu bewegen, und tatsächlich wird sich Tresckow aktiv am Widerstand beteiligen.

Hinter den Andeutungen Witzlebens stehen bereits konkrete Überlegungen. Hitlers Absicht, die »tschechische Frage« durch eine militärische Aktion zu lösen, ist auf Bedenken des Chefs des Generalstabes des Heeres, Generaloberst Ludwig Beck, gestoßen. Beck befürchtet die Ausweitung einer solchen Aktion zu einem großen europäischen Krieg, in dem Deutschland unterliegen müsse. Da Beck sich mit seinen Bedenken nicht durchsetzen kann, tritt er im August 1938 zurück und findet zum Widerstand. Sein Nachfolger, General Franz Halder, knüpft Verbindung zu den oppositionellen Kräften, um den drohenden Krieg mit Hilfe eines Putsches zu verhindern. Dabei greift er in erster Linie auf Witzleben zurück, denn dieser verfügt im Gegensatz zu ihm selbst über Truppen. Vorbehaltlos stellt Witzleben sich Halder zur Verfügung. Künftig geht er bei seinen Vorbereitungen für einen Putsch davon aus, daß dieser mit Einverständnis von Halder und des Oberbefehlshabers des Heeres, Walther von Brauchitsch, erfolgen wird. Da Witzleben aber beide Generäle nicht für konsequent hält, faßt er auch die Möglichkeit ins Auge, ohne ihr Einverständnis zu handeln.

Deshalb nimmt Witzleben mit Graf Brockdorff-Ahlefeldt und mit Oberst von Hase Verbindung auf; sie sollen im Fall eines Putsches die ihm unterstellten Verbände in Berlin führen. Neben der Vorbereitung militärischer Maßnahmen läßt Witzleben den Mitverschwörer Dr. Hans Bernd Gisevius, Regierungsrat im Reichsministerium des Innern, in seinen Diensträumen unter dem Vorwand, dieser bearbeite Familienpapiere, die notwendigen polizeilichen Maßnahmen planen und vertraut ihm die Schlüssel zu seinem Panzerschrank an. Die ehemaligen Stahlhelmführer und Freikorpsangehörigen Friedrich Wilhelm Heinz und Dr. Franz Maria Liedig überredet er, einen Stoßtrupp zu bilden, der Hitler in der Reichskanzlei verhaften soll. Den Abzug der Witzleben unterstellten 2. Division, die an die tschechische Grenze verlegt wird, soll nach dem Plan Halders die 1. Leichte Division unter Generalmajor Erich Hoeppner wettmachen. Ihr wird die Aufgabe zugewiesen, der in der Gegend von Grafenwöhr–Pegnitz–Pottenstein-Velden liegenden SS-Leibstandarte im Thüringer Wald den Weg nach Berlin zu versperren, falls diese zur Unterstützung Hitlers aufbrechen sollte.

Das Zeichen zum Beginn des Putsches will Halder geben, wenn Hitler den erwarteten Angriffsbefehl gegen die Tschechoslowakei erteilt. Völlig unerwartet lenken die Westmächte nach einem für Hitler ganz unwillkommenen Vermittlungsversuch Italiens noch einmal ein. Damit entfallen aber, wie Witzleben dem enttäuschten Gisevius deutlich macht, die Voraussetzungen für einen Putsch: Gegen ein Staatsoberhaupt, das mit dem »Münchner Abkommen« vom 29. September 1938 einen diplomatischen Erfolg zu verbuchen vermag, werde die Truppe kaum vorgehen wollen.

Am 10. November 1938, dem Tag nach der »Reichskristallnacht«, tritt Witzleben seinen neuen Posten als Oberbefehlshaber der Heeresgruppe 2 in Frankfurt am Main an. Damit ist er von der Berliner Zentrale des Widerstandes räumlich getrennt. Untätig aber will er nicht sein, zumal er in seinem Chef des Stabes, Georg von Sodenstern, einen Untergebenen findet, der dem Nationalsozialismus ebenso distanziert gegenübersteht wie er selbst. Da beide Offiziere keine realisierbaren Möglichkeiten für direkte Maßnahmen gegen das Regime sehen, suchen sie gleichgesinnte Offiziere, um mit deren Hilfe wiederum zuverlässige Truppenkommandeure zu finden. Hier zeigt sich eine besondere Tatbereitschaft und Originalität: Ziel dieser das bisherige Denken der oppositionellen Offiziere sprengenden Überlegungen ist nicht die Manipulation der Streitkräfte gegen Hitler mit Hilfe des bestehenden Befehlsmechanismus, wie sie später am 20. Juli 1944 versucht wurde, sondern das Revolutionieren eines kleinen Teils des Offizierskorps. Beide Offiziere sind überzeugt, daß ihnen dafür noch genügend Zeit zur Verfügung steht; denn der in ihrem Befehlsbereich entstehende Sektor des Westwalls kann vor 1942 nicht verteidigungsfähig sein. Schon am 19. Mai 1939 aber spricht Hitler Witzleben und Generalbauinspekteur Dr. Fritz Todt in Efringen Dank und Anerkenung für die am Westwall geleistete Arbeit aus. Daß er auf dessen Vollendung gar keinen Wert legt, zeigt der deutsche Angriff auf Polen am 1. September 1939.

Am gleichen Tag übernimmt Witzleben im Westen die 1. Armee, die zur Heeresgruppe C unter dem Oberbefehl von Generaloberst Ritter von Leeb gehört. Oberst i. G. von Sodenstern wird Chef des Stabes der Heeresgruppe. Mit Oberst i. G. Vincenz Müller erhält Witzleben dafür allerdings einen ebenso überzeugten Regimegegner als neuen Chef für seinen Stab. Im Bereich seiner Armee, dem Saarabschnitt des Westwalls, legt Witzleben sich besonders häufig mit dem Chef der Zivilverwaltung, Gauleiter Josef Bürckel, an. Die einzelnen Anlässe sind uns unbekannt; Witzlebens Grundauffassung verdeutlicht allerdings ein Detail vom 12. Dezember 1939. Ein Kreisleiter beabsichtigt, in einem in der Westwallzone gelegenen Ort eine »spontane Volkskundgebung« gegen Juden durchführen zu lassen. Der Kommandeur der zur 1. Armee gehörenden 214. Infanteriedivision, Generalmajor Theodor Groppe, erläßt daraufhin einen Divisionsbefehl, diese »Kundgebung« notfalls mit Waffengewalt zu verhindern, da mit dem Übergreifen von Pogromen auf die Grenzkreise gerechnet werden müsse. General von Witzleben, auf das »unrichtige« Verhalten Groppes angesprochen, befiehlt kurzerhand, im gesamten Befehlsbereich seiner Armee Ausschreitungen gegen Juden zu verhindern.

Der erfolgreich beendete Polenfeldzug läßt das Oberkommando des Heeres hoffen, die Ausweitung des Krieges nach Westen, wo bisher kaum gekämpft worden ist, könne auf diplomatischem

Wege noch vermieden werden. Eine im Auftrag Halders Ende September 1939 erstellte Denkschrift legt dar, daß die Maginotlinie zur Zeit vom deutschen Heer nicht zu durchbrechen sei. Für den Fall, daß Hitler sowohl den Rücktritt Halders als auch Brauchitschs verlangen sollte, wollen diese Sodenstern als Nachfolger Halders und Witzleben als neuen Oberbefehlshaber des Heeres vorschlagen. Hitler beläßt jedoch beide Offiziere im Amt und entscheidet, die Offensive im Westen gegen ihre Bedenken zu planen. Ritter von Leeb, der Vorgesetzte Witzlebens, richtet daher am 11. Oktober 1939 ebenfalls eine Denkschrift an Brauchitsch, die sich gegen die geplante Offensive ausspricht. Als Witzleben, der am 29. Oktober die Spangen zu den beiden Eisernen Kreuzen erhält, am 1. November bei Leeb vorspricht, um seine an diesem Tag erfolgte Beförderung zum Generaloberst zu melden, stellt Leeb fest, daß auch Witzleben gegen einen Angriff im Westen ist. Wenige Tage später, am 23. November 1939, als Witzleben neben Dr. Todt und anderen in der Reichskanzlei das neue »Schutzwall-Ehrenzeichen« verliehen wird, weiß der Generaloberst schon, daß der angebliche Schutzwall, der Westwall, bald in offensiver Absicht in Richtung Westen überquert werden soll.

Die Kontakte zwischen Witzleben im Westen, den Zentren des Widerstandes bei der »Abwehr« in Berlin und dem Oberkommando des Heeres in Zossen brechen nicht ab. Nach wie vor bleibt Witzleben - wie der Diplomat Ulrich von Hassell im November 1939 in seinem Tagebuch vermerkt - der General, dem am ehesten ein Handeln gegen Hitler zugetraut wird. Als Halder nach dem 5. November 1939, dem Tag, an dem Hitler den Angriffstermin im Westen auf den 12. November festlegt (der Termin wird noch 29mal verschoben), den Staatsstreich für undurchführbar erklärt, entsendet Witzleben Oberst i. G. Müller zu Halder, um diesem wieder Mut zu machen. Im Gespräch mit Müller zieht Halder sich jedoch auf die zögerliche Haltung seines Vorgesetzten Brauchitsch zurück. Deshalb nutzt Witzleben seine Anwesenheit am 23. November in Berlin, um noch einmal selbst mit Halder zu sprechen. Nach dieser Unterredung kommt aber auch er zu der Einsicht, daß angesichts des unmittelbar bevorstehenden Westfeldzuges eine Aktion gegen Hitler nicht mehr sinnvoll ist. Ein letzter Versuch Witzlebens, wenigstens die Oberbefehlshaber der drei Heeresgruppen im Westen zu einem solidarischen Vorgehen gegen Hitlers Offensivabsicht zu vereinen, stellt sich als ebenso undurchführbar heraus wie der Plan, Hitler bei einem Truppenbesuch im Westen einfach festzunehmen. Anfang 1940 reist Witzleben erneut nach Berlin, um zusammen mit Halder zu überlegen, ob nicht einige Divisionen, die vom Westen nach Osten verlegt werden sollen, in Berlin »haltmachen« und gegen Hitler eingesetzt werden könnten. Eine solche Truppenverschiebung ist inzwischen aber selbst für den Chef des Generalstabes des Heeres unmöglich geworden. Für den Moment resignierend, kehrt Witzleben an die Westfront zurück.

Hier muß er sich erneut vor den Kommandeur der 214. Infanteriedivision, Generalmajor Groppe, stellen. Ein Artikel des offiziellen Organs der SS, des *Schwarzen Korps*, hat sich mit dem Erlaß Himmlers vom 28. Oktober 1939 befaßt. Dieser regt bei der SS und der Polizei an, daß Frauen und Mädchen auch außerhalb der Ehe Mütter von Kindern von ins Feld ziehenden Soldaten werden müßten, um den zu erwartenden »Aderlaß des besten Blutes« durch den Krieg zu kompensieren. Im Artikel wird ein Mädchen, das sich einer solchen Verpflichtung entzöge, mit einem fahnenflüchtigen Kriegsdienstverweigerer verglichen. Groppe äußert in einer Kommandeursbesprechung, daß es im Jahr 1940 offensichtlich nicht nur zu einer Entscheidung im Krieg zwischen England und Deutschland, sondern - nach dem, was er seinen Kommandeuren aus dem besagten Artikel gerade vorgelesen habe - auch zu einer Entscheidung zwischen Gott und dem Satan kommen müsse. Vor der Truppe führt Groppe danach drastisch aus: »Es ist eine Schweinerei, daß in einem christlichen Staate ein derartiger Befehl möglich ist.«[5] Diese sofort Heinrich Himmler zugetragene Bemerkung bringt Groppe Schwierigkeiten mit dem Reichsführer SS ein. Generaloberst von Witzleben teilt deshalb seinem Vorgesetzten Leeb sogleich mit, daß er Groppes Verhalten durchaus billige. Für den Fall eines von Himmler verlangten Prozesses gegen Groppe wegen Heimtücke droht er sogar mit der Niederlegung seines Kommandos. Da der Vorgesetzte Witzlebens sich dieser Drohung anschließt, entgeht Groppe einem Prozeß, nicht aber seiner Versetzung in die Führerreserve und späteren Inhaftierung nach dem 20. Juli 1944.

Am 10. Mai 1940 beginnt der Angriff im Westen. Die Heeresgruppe C kommt erst in der zweiten Phase des Feldzuges, am 14. Juni, zum Einsatz. Ihr glücken der Durchbruch durch die Maginotlinie im Pfälzer Wald und im Vorfeld der Vogesen sowie der als schwierig angesehene Übergang über den Oberrhein. Die 1. Armee unter Witzleben durchstößt die Maginotlinie südlich von Saarbrücken bei St. Avold. Die erfolgreiche Operation der Heeresgruppe führt zur Kapitulation der französischen Heeresgruppe 2 unter General Gaston Prételat in den Vogesen und zur Gefangennahme von 700000 französischen Soldaten. Zwei Tage nach dem Waffenstillstand mit Frankreich vom 25. Juni 1940 erhält Witzleben das Ritterkreuz.

Am 19. Juli 1940 ernennt Hitler Witzleben, der inzwischen einer der dienstältesten Generale der Wehrmacht ist, zum Generalfeldmarschall. Die Überreichung des Marschallstabes erfolgt am 14. August 1940 in der Reichskanzlei. Die Beförderung von gleich zwölf Generalen zu Generalfeldmarschällen - eine ähnliche Massenbeförderung hatte in der Geschichte bisher nur Napoleon I. vorgenommen - signalisiert die »Verlaufbahnung« eines Titels, der, früher am Ende einer Offizierslaufbahn stehend, nunmehr in die aktive Dienstzeit hineingezogen wird. Als Generalfeldmarschall kann Witzleben nicht mehr aus der Wehrmacht entlassen werden, sondern er hat das Recht, bis zu seinem Tod in den Ranglisten als aktiver Offizier geführt zu werden.

Am 26. Oktober 1940 übernimmt der Generalfeldmarschall die in Frankreich neugebildete Heeresgruppe D. Als deren Oberbefehlshaber kann er am 23. März 1941 in Vaux-le-Vicomte sein vierzigjähriges Dienstjubiläum feiern. Hitler telegraphiert ihm dazu: »Anläßlich der vierzigjährigen Wiederkehr des Tages, an dem

Sie in die Deutsche Armee eintraten, gedenke ich Ihrer und danke Ihnen für die dem deutschen Heer geleisteten Dienste auf das herzlichste.« Der Generalfeldmarschall antwortet: »Mein Führer! Bewegten Herzens danke ich aufrichtig für die anerkennenden Worte zu meinem vierzigjährigen Dienstjubiläum sowie für das von Oberst Schmundt überbrachte Bild [von Hitler]. Ich versichere Ihnen, mein Führer, auch weiterhin mein Bestes tun zu wollen, an welche Stellen Sie mich stellen mögen. Mit der Versicherung meiner tiefsten Dankbarkeit und Treue: Heil mein Führer!« Nur Kameraden und Regimegegner, die ihn näher kennen, wissen, daß Witzleben gegenüber Hitler weder Treue noch Dankbarkeit empfindet.

Am 1. Mai 1941 wird Witzleben Oberbefehlshaber West. Dies hat Halder schon seit August für den Fall einer Abkommandierung Leebs und Rundstedts zur Vorbereitung des Überfalls auf die Sowjetunion vorgesehen. Der Generalfeldmarschall soll die Sicherung der von Deutschland besetzten Gebiete sowie die Einheitlichkeit der Befehlsführung bei Abwehrkampfhandlungen im Küstengebiet von Frankreich und Belgien gewährleisten. Botschafter von Hassell, der Witzleben im Januar 1942 in Paris besucht, findet diesen überraschend stark gealtert. Tatsächlich geht es dem Generalfeldmarschall gesundheitlich nicht gut; er muß sich einer Magenoperation unterziehen und wird am 15. März 1942 in die Führerreserve des Oberkommandos des Heeres versetzt. Hitler verabschiedet ihn im Beisein Halders am 30. März 1942 in der Reichskanzlei.

Nach seiner Verabschiedung lebt der Generalfeldmarschall zurückgezogen; er wirkt auf seine Umgebung verbittert, mutlos und weltfremd. In Wirklichkeit hält er den Kontakt zum Widerstand über Major d. R. Wilhelm-Friedrich Graf zu Lynar und Hauptmann d. R. Ulrich-Wilhelm Graf Schwerin von Schwanenfeld, der in der Passierscheinhauptstelle des Generalstabes des Heeres Dienst tut, aufrecht. Nach der Katastrophe von Stalingrad erklärt er sich sofort bereit, im Falle eines Putsches gegen Hitler das Oberkommando über die Wehrmacht zu übernehmen. Im Zuge der Vorbereitung des Putsches unterzeichnet der Generalfeldmarschall schon im Herbst 1943 verschiedene ihm vorgelegte Befehle als künftiger Oberbefehlshaber der Wehrmacht.

Am 11. Juli 1944, dem Tag, für den Oberst i. G. Claus Schenk Graf von Stauffenberg das Bombenattentat auf Hitler im Führerhauptquartier »Wolfschanze« geplant hat, steht Witzleben in Berlin ebenso bereit wie einige Polizeioffiziere und Offiziere des Grenadier-Ersatz-Bataillons 9. Die beiden Generalfeldmarschälle von Kluge und Rommel haben jedoch von Generaloberst Beck, der die Putschüberlegungen koordiniert, verlangt, daß bei einem Attentat neben Hitler auch Göring und Himmler ausgeschaltet werden müßten. Bei der Lagebesprechung am 11. Juli ist aber nur Hitler anwesend, und so glaubt Stauffenberg nicht handeln zu dürfen. Er beschließt dann allerdings, die Bombe bei der nächsten sich bietenden Gelegenheit zu legen, selbst wenn Göring oder Himmler nicht anwesend sein sollten. Eine Alarmierung des Generalfeldmarschalls und der übrigen Verschwörer am 14. Juli erweist sich erneut als verfrüht. Schließlich wird Witzleben am 19. Juli mitgeteilt, daß der folgende Tag, der 20. Juli 1944, die Entscheidung bringen solle.

Unter den von Witzleben bereits unterzeichneten Befehlen ist auch jener, der am 20. Juli unter der - um 16.30 Uhr schon als falsch erkennbaren - Prämisse: »Der Führer ist tot«, den militärischen Ausnahmezustand verhängt und die vollziehende Gewalt auf den Generalfeldmarschall überträgt. Am Nachmittag des 20. Juli fährt er nach einem Anruf von Graf Schwerin wie geplant nach Zossen zum Oberkommando des Heeres, wo ihm Wagner nur das Scheitern des Attentats auf Hitler mitteilen kann. Als der Deutschlandsender um 18.45 Uhr meldet, Hitler sei bei dem Anschlag nur leicht verletzt worden, beschließt Witzleben, nach Berlin zu fahren. Gegen 20 Uhr trifft er im Kriegsministerium in der Bendlerstraße ein, hält sich dort aber nur etwa 45 Minuten auf. Nach der Begrüßung Graf Stauffenbergs mit den Worten: »Schöne Schweinerei, das«, spricht er zunächst mit Beck. Dann wird Stauffenberg hinzugezogen, der dem Generalfeldmarschall zwar versichert, Hitler sei tot, was dieser ihm aber nicht abnimmt. Statt dessen überschüttet er Stauffenberg und den inzwischen hinzugekommenen Schwerin mit schonungsloser Kritik und Vorwürfen. Dabei schlägt der sonst so beherrschte Witzleben sogar mehrmals wütend auf den Tisch und verläßt schließlich zornig das Gebäude. Nach einem kurzen Aufenthalt in Zossen fährt er weiter nach Seese auf das Gut seines Freundes Graf Lynar. Dort erwartet er in aller Ruhe die am folgenden Tag eintreffenden Häscher des Regimes.

Ein sogenannter »Ehrenhof«, der aus Feldmarschällen und Generalen zusammengesetzt ist, stößt Generalfeldmarschall Erwin von Witzleben am 4. August 1944 aus der Wehrmacht aus. Geschwächt, aber keineswegs ohne Würde, muß er am 8. August 1944 vor dem Volksgerichtshof das Gebrüll Roland Freislers über sich ergehen lassen. Noch am gleichen Tag wird der ranghöchste Offizier des Widerstandes gegen Hitler in der Strafanstalt Plötzensee gehängt.

Anmerkungen

1 Erich von Manstein, Aus einem Soldatenleben 1887–1939, Bonn 1958, S. 181.
2 Elisabeth Wagner, Der Generalquartiermeister. Briefe und Tagebuchaufzeichnungen des Generalquartiermeisters des Heeres, General der Artillerie Eduard Wagner, München 1963, S. 57.
3 Ebenda, S. 67.
4 Hjalmar Schacht, Abrechnung mit Hitler, Hamburg 1948, S. 90.
5 Theodor Groppe, Ein Kampf um Recht und Sitte. Erlebnisse um Wehrmacht, Partei, Gestapo, Trier 1959, S. 19.

Bibliographie

Quellen

Nachlaß N 228, Erwin von Witzleben, Bundesarchiv-Militärarchiv, Freiburg (Brsg.).

Literatur

Reiner Pommerin, Erwin von Witzleben, in: Rudolf Lill/Heinrich Oberreuter, 20. Juli. Portraits des Widerstands. Düsseldorf 1984, S. 349–361 und Klaus-Jürgen Müller, Witzleben, Stülpnagel and Speidel, in: Corelli Barnett (Hrsg.): Hitler's Generals, London 1989, S. 43–72. [In deutscher Sprache erschienen als: Klaus-Jürgen Müller, Witzleben - Stülpnagel - Speidel. Offiziere im Widerstand, Berlin 1988 (= Beiträge zum Widerstand 1933–1945, Nr. 7)] - Außer diesen kurzen biographischen Versuchen existiert keine weitere Veröffentlichung über den ranghöchsten Offizier des Attentats gegen Hitler. Dies ist in erster Linie wohl auf die schlechte Quellenlage zurückzuführen.

Peter Graf Yorck von Wartenburg – Der »Kopf« der Kreisauer

VON PETER STEINBACH

»Offenbar hat man es mit der Vollstreckung des Urteils sehr eilig, deshalb haben wir schon vor der Urteilsverkündigung [!] Gelegenheit, noch einmal zu schreiben« – dies schrieb Peter Graf Yorck von Wartenburg am 7. August 1944 an seine Frau Marion. Auf den 8. August war die erste Verhandlung des Volksgerichtshofes gegen die Verschwörer des 20. Juli angesetzt worden. Offenbar sollte dieser Prozeß zum Tribunal werden. Yorck machte sich keinerlei Illusionen über den Ausgang der Verhandlungen, und vielleicht fühlte er sich deshalb so frei, daß er ungebeugt von den Verhören der Geheimen Staatspolizei vor Freisler trat. Die inszenierte Entehrung traf ihn nicht: »Ich höre«, schrieb er an seine Frau, »das Heer hat uns ausgestoßen; das Kleid kann man uns nehmen, aber nicht den Geist, in dem wir handelten. Und in ihm fühle ich mich den Vätern und Brüdern und auch den Kameraden verbunden.«[1]

Gemeinsam mit Helmuth James Graf von Moltke war Peter Graf Yorck von Wartenburg das Zentrum des Kreisauer Kreises. Gilt Moltke bis heute bei den überlebenden Angehörigen des Kreisauer Freundeskreises als »Herz«, so wurde Yorck als der »Kopf« der Gesprächsrunde bezeichnet, die sich immer wieder zu Diskussionen in Berlin und an anderen Orten des Reiches traf, ihren Namen allerdings von Moltkes schlesischem Gut Kreisau erhielt, weil man dort zu drei großen Tagungen zusammentraf.

Yorck gehört sicherlich zu den bekanntesten deutschen Widerstandskämpfern im Umkreis des 20. Juli 1944. Allerdings entzieht sich seine Lebensgeschichte weitgehend der Möglichkeit einer breiteren Dokumentation, denn nur wenige unmittelbare Lebenszeugnisse sind überliefert, darunter kaum mehr als zwanzig eigenhändig geschriebene Briefe. Die meisten unmittelbaren Lebenszeugnisse müssen als verschollen gelten. Aus diesem Grunde wird es wohl zu den kaum lösbaren Aufgaben zeitgeschichtlicher Forschung gehören, die Biographie dieses bedeutenden Mitglieds des Kreisauer Kreises zu schreiben, das vielfach durch das Attribut charakterisiert wird, konservativer als die meisten anderen Mitglieder, vor allem viel konservativer als Moltke gewesen zu sein. Wegen der schmalen Quellengrundlage ähneln sich auch die meisten biographischen Skizzen, nicht zuletzt deshalb, weil viel zu selten versucht wurde, aus den Äußerungen anderer Mitglieder des Kreisauer Kreises Rückschlüsse auf Yorcks Persönlichkeit, Denken und Wollen zu ziehen. Einhellig ist jedoch bei allen, die ihm begegneten, die Überzeugung, er gehöre zu den geistig überragenden Persönlichkeiten des Widerstands gegen den Nationalsozialismus, die konsequent und unbeirrbar ihren Weg zu Ende gehen wollten. Nicht einmal Freisler vermochte Yorck im Angesicht des Galgens zum geringsten Zugeständnis an seine Gegner zu bewegen.

Viele Hinweise zu Yorcks Lebensgeschichte müssen wegen der völlig lückenhaften und bemerkenswert schlechten Quellenlage aus anderen Überlieferungszusammenhängen erschlossen werden, etwa aus Briefen von Moltke, aus den Aufzeichnungen der Sonderkommission des SD, die Kaltenbrunner regelmäßig über die Ergebnisse der Verhöre unterrichtete, aus den schriftlich und auf Tonträgern zufällig überlieferten Protokollen der Verhandlung vor dem Volksgerichtshof oder aus Erinnerungen seiner Zeitgenossen. So steht seine Biographie bis heute aus. Auch durch verschiedene kleinere Lebensskizzen kann sie nicht entfernt ersetzt werden.

Yorck gilt als Konservativer im Kreisauer Kreis. Allerdings unterschied er sich von anderen Vertretern dieser politischen Richtung, die im Konservatismus vor allem eine rückwärtsgewandte Bestrebung zu bestimmen suchten. Im Gegensatz dazu verkörperte Yorck einen modernen Konservatismus, dem man die Berührung mit dem angelsächsischen politischen Denken anmerkte. Yorck stemmte sich nicht gegen die Entwicklungen seiner Zeit und die grundlegenden Strukturwandlungen der modernen Gesellschaft. Er diagnostizierte zwar die Krise der alten Lebensordnung und sah in der Individualisierung des Menschen und der sozialen Atomisierung die Ursache einer tiefen Orientierungs- und Sinnkrise; allerdings wollte er diese Existenzfragen für Staat, Gesellschaft und Individuum nicht reaktionär lösen, sondern er suchte nach neuen Konstanten politischer Gesittung. So steht Yorck für einen modernen Konservatismus, der in der Lage war, Wandlungen der traditionalen zur modernen Gesellschaft zu akzeptieren. Zugleich aber versuchte er, die Kräfte der zunehmenden Vereinzelung und sozialen Desintegration auszugleichen. Yorck gehörte damit nicht zu jenen Regimegegnern, die sich aus punktueller Kritik gegen den Nationalsozialismus wandten, sondern er war bestrebt, aus einer Position nur leicht schwankender Distanz durch Reflexion die Voraussetzungen für eine neue geistige Fundierung des von ihm erwarteten »Danach« zu schaffen. Diese Haltung war im Unterschied zu manchen Militärs nicht die Reaktion auf die verfahrene staatliche und militärische Situation der Jahre 1943 und 1944, sondern stellte das Ergebnis einer ethisch begründeten »Entscheidung« und einer Orientierung auf tragende politische Prinzipien des 19. Jahrhunderts dar, insbesondere auf Rechtsstaatlichkeit, Selbstverwaltung und Bindung der politischen Führung an grundlegende Ziele menschenwürdiger Ordnung.

Um diese Prinzipien immer wieder zu durchdenken, gleichsam geistig in der Auseinandersetzung mit Andersdenkenden zu erproben, brauchte Yorck seit den auslaufenden dreißiger Jahren die Kontroverse, das Gespräch, den ehrlichen geistigen Austausch. Er interessierte sich dabei vor allem für die Grundfragen der staatlichen Verfassungsordnung und des politischen Menschenbildes. Sein Ziel war es, vorbereitend auf eine neue Dimension des Politischen, die das Freund-Feind-Schema überwand und die Kategorie des Vertrauens ebenso wie die der Amtsverantwortung betonte, das Bild des Menschen im Herzen seiner Mitbürger neu zu errichten und auf diese Weise die Voraussetzungen für eine menschenwürdige Politik zu schaffen. Der Versuch, die Voraussetzungen für das Ende des Dritten Reiches durch einen aktiven Umsturz herbeizuführen, der seit 1938 immer häufiger in kleinen Kreisen besonders entschlossener Oppositioneller erwogen wurde, bestimmte sein Denken zunächst allerdings weitaus weniger. Erst nach der Verhaftung seines Freundes und Vertrauten Moltke im Januar 1944 stellte er sich für den Umsturz zur Verfügung und erklärte sich bereit, Verantwortung für das »Danach« zu übernehmen. Nach dieser Entscheidung gestattete er sich allerdings weder Schwanken noch Zweifel und überzeugte dadurch viele andere, die mit ihm in Kontakt standen und die er für den Umsturz warb.

Peter Graf Yorck wurde am 13. November 1904 als fünftes Kind des schlesischen Landrats Heinrich Graf Yorck und seiner Frau Sophie in Klein-Oels geboren. In der unmittelbaren Nähe von Breslau gelegen, zählte Klein-Oels mit 3000 Hektar Grund zu den größten schlesischen Gütern. Peters Vater war ein Urenkel des preußischen Feldmarschalls, der 1813 mit der Konvention von Tauroggen gegen den ausdrücklichen Befehl seines Königs eine Gemeinsamkeit für die preußisch-russische Front gegen Napoleon geschaffen hatte. Dieses Signal im gemeinsamen Kampf Preußens und des Zarenreiches gegen die »Fremdherrschaft« Napoleons faszinierte seitdem immer wieder Gegner des Regimes, denn Yorck hatte mit dieser Tat bewiesen, daß aus einer Widersetzlichkeit ein nationaler Wiederaufstieg folgen konnte.

Der geradezu zum politischen Mythos aufgestiegene »Geist von Tauroggen« prägte wohl auch das Selbstbewußtsein aller Familienmitglieder: Offenbar gab es stets Bindungen des einzelnen an den Staat, die nicht in der personalen Verpflichtung gegenüber dem Herrscher aufgingen. Eigenständigkeit des Urteils und des Verhaltens konnten so als Voraussetzung individueller Geradlinigkeit und nationaler Selbstbehauptung, ja Wiedergeburt gedeutet werden. Diese Überzeugung bestimmte vermutlich auch das Verhalten von Yorcks Vater, der zur einflußreichen Schicht schlesischer Großgrundbesitzer zählte und Klein-Oels, die Schenkung des preußischen Königs an seinen Feldmarschall Johann David Graf Yorck, klug verwaltete, ohne jedoch gänzlich in der Rolle des Großgrundbesitzers aufzugehen. Er verfügte vielmehr über eine solide historische Bildung und war gegenüber philosophischen Fragen aufgeschlossen. Auf dem Gut fanden sich immer wieder bekannte Gelehrte ein, unter ihnen Dilthey, nicht selten von der Universität Breslau, die das Gespräch mit dem Vater suchten und auch in seiner großen Bibliothek arbeiten wollten. So konnte Peter Yorck als Kind den geistigen Austausch im Gespräch als eine Lebens- und Denkform erfahren, die auch sein Leben als Student und schließlich seit 1938 als höherer Beamter des NS-Staates prägte.

Politisch fühlte sich Heinrich Graf Yorck als Mitglied des Preußischen Herrenhauses völlig unabhängig. Er hielt es nur für folgerichtig, daß er aus sachlichen Gegensätzen zu seinem Kaiser Wilhelm II., von dessen Meinung er in der Frage der Notwendigkeit des Mittellandkanals abwich, und aus der Überzeugung, daß politische Konflikte auch stilvoll auszutragen seien, als »Anhänger der Kanalrebellen« im Herrenhaus von seinem Amt als Landrat zurücktrat. Sein politisches Vorbild blieb der ehemalige Reichskanzler Bismarck.

Seine Kindheit verlebte Peter Graf Yorck nahezu ausschließlich auf dem Gutsschloß von Klein-Oels, zu dem mit Kauern ein weiteres kleineres Gut gehörte, dessen Wohnhaus später als Landsitz von Peter Yorck und seiner Frau Marion diente. Diesen Landsitz empfanden die Kinder stets als eine Art Paradies. Bis 1920 unterrichtete ein Hauslehrer Peter Yorck und seine Geschwister. Die Eltern, nicht zuletzt aber drei Brüder und sechs Schwestern boten dem Heranwachsenden Geborgenheit und Schutz. Peter galt als ein stilles, in sich gekehrtes Kind. Einflüsse der Schulerziehung konnten sich wohl niemals gegen den Einfluß der Geschwister durchsetzen. Neben dem älteren Bruder Paul, der als Erstgeborener Gutsherr werden sollte, standen die beiden jüngeren Brüder Hans und Heinrich, die im Zweiten Weltkrieg, der eine bereits Anfang September 1939, eine Woche nach dem Überfall auf Polen, der jüngere im März 1942 in Rußland, fielen. Dieser Verlust prägte Yorcks Selbstverständnis und seine Weltsicht tief, ohne daß darin die Motivation für seine Entscheidung zum Widerstand zu sehen wäre. Dennoch: Wenige Wochen nach dem Tod des zweiten Bruders fragte Yorck in einem Brief an Martin von Katte, einen Vertrauten: »Was ist es denn, wofür sie kämpfend starben? Ist es der Geist, der unsere Heere führt? Und liegt der Sinn dieses grauenvollen Krieges wirklich nur darin, das Nationalitätenprinzip neu zu bestätigen, das 150 Jahre Europas Geschichte bestimmte, in der aber zugleich das Abendland sein Gesicht verlor?«[2]

Von den Schwestern stand Peter vor allem Irene nahe, die jüngste, die später sogar neben den Ehefrauen von Yorck und Moltke auf das engste in den Kreisauer Freundeskreis einbezogen wurde. Auch die beiden jüngeren Brüder bedeuteten Peter Graf Yorck sehr viel. Die Kinder wurden entscheidend durch das Elternhaus geprägt. Der Vater erschloß ihnen die Vergangenheit Preußens und des Reiches, vermittelte ihnen zugleich aber die Wertvorstellungen einer humanistisch geprägten und durchaus als bürgerlich empfundenen und geschätzten Bildung. Auch die Familiengeschichte blieb gegenwärtig und verstärkte offenbar in gleicher Weise die innere Selbständigkeit, die geistige Unabhängigkeit und jenen Geist der Beharrung gegenüber den Zumutungen der Zeit, der immer wieder mit der Verpflichtung des Geistes von Tauroggen in Verbindung gebracht wurde, das politisch und vor allem ethisch als notwendig Erkannte auch zu tun. Der Vater erschloß den Kindern wohl die ethischen Prinzipien des lutherisch geprägten Christentums, weckte Aufmerksamkeit für soziale Probleme und verstärkte in den Kindern augenscheinlich auch das Bewußtsein für die Bedeutung und Notwendigkeit der Übernahme politischer Verantwortung. Die Herkunft der Mutter, zu deren Vorfahren Götz von Berlichingen zählte, stärkte zudem das Gefühl für Unabhängigkeit und Prinzipientreue. So erschien in gewisser Weise »Zivilcourage« als Bestandteil einer Familientradition, die zugleich beanspruchte, nicht allein in der Beharrung aufzugehen, sondern auch den Wandel und die »Bewegung« in das eigene Selbstverständnis einzubeziehen. Blieb der Vater zeit seines Lebens Monarchist, so verschloß er sich doch niemals den Herausforderungen seiner Gegenwart - dies war vielleicht die entscheidende Konsequenz eines Moralempfindens, das sich aus dem Konservatismus begründete, zugleich aber die Entwicklungen der modernen Gesellschaft akzeptierte.

Der Erste Weltkrieg markierte für Peter Graf Yorck eine entscheidende Zäsur. Die Abtretung weiter Teile Schlesiens an Polen, die Auseinandersetzung um die deutsch-polnische Grenze, die kritische Bewertung der Kaiserzeit und das Unverständnis für das als Flucht vor der Verantwortung gedeutete Verhalten Wilhelms II. haben wohl auch ihn beschäftigt. Bedeutsam für den Vierzehnjährigen war aber weniger die Revolution als vielmehr vor allem der Wechsel an eine Internatsschule gerade in dieser Übergangszeit zweier politischer Systeme, die die Zeit der im Elternhaus genossenen Ausbildung durch einen Hauslehrer beendete. Seit 1920 besuchte Peter Graf Yorck das humanistische Gymnasium Roßleben, eine traditionsreiche Klosterschule, an der er 1923 die Reifeprüfung ablegte. Zu seinen Mitschülern und späteren Freunden gehörten unter anderem Hans-Ulrich von Schwerin und Albrecht von Kessel, die ihm in allen Lebensphasen bis in den Widerstand hinein eng verbunden blieben. Auch während des Studiums der Rechts- und Staatswissenschaften in Bonn und Breslau verlor Yorck niemals den Kontakt zu seinen Freunden, die bald neben die Familie traten, deren Einfluß aber nicht verdrängten, sondern nur ergänzten.

Entscheidend für seine Weltsicht und seine Aufgeschlossenheit gegenüber den sozialen Problemen seiner Zeit wurde für Yorck die Mitarbeit in der Löwenberger Arbeitsgemeinschaft, in der nicht nur der Gedanke des Zusammenlebens in freiwilligen Arbeitsdienstlagern praktiziert wurde, sondern wo man auch versuchte, soziale Schranken und gesellschaftlich bedingte Barrieren in der Wahrnehmung anderer Gruppen und ihrer Interessen zu überwinden. Der freiwillige Arbeitseinsatz stand also nicht im Mittelpunkt, sondern das gemeinsame Erleben und Wahrnehmen von Zeit- und Gesellschaftsproblemen, die durchaus als Krisen empfunden wurden. Diese Krisenerscheinungen wurden aber nicht als Schicksal hingenommen, sondern als Herausforderungen, die aktiv zu bewältigen waren. Aus diesem Löwenberger Kreis gingen weitere Mitglieder des Kreisauer Freundeskreises hervor, die alle das Interesse an den Lebensumständen anderer und die Hoffnung auf die Überwindung von sozialen Schranken einte.

Während seines Studiums setzte sich Peter Yorck mit den rechtswissenschaftlichen Staatslehren seiner Zeit auseinander. Offenbar teilte er sogar die Meinung des staatsrechtlichen Positivismus, derzufolge auch die Usurpation Ausgangspunkt einer neuen Legitimität werden kann. Erst später korrigierte Yorck diese frühe Ansicht, vermutlich unter dem Eindruck der trotz anfänglicher Unterstützung der NSDAP bei den Wahlen sehr bald erkannten weitgehenden nationalsozialistischen Rechts- und Verfassungsverletzungen. Zunehmend bezog er nun die Rechtmäßigkeit staatlicher Ordnung auf die sittliche Bindung der Macht an das Recht, insbesondere auf das Naturrecht.

1926 legte Yorck sein Staatsexamen ab und absolvierte das Gerichtsreferendariat in Brieg. Während der Referendarszeit wurde er Mitarbeiter einer Berliner Anwaltskanzlei, wechselte anschließend zum Amtsgericht Berlin-Mitte und danach an das Kammergericht. 1927 promovierte er zum Doktor der Rechte. Seine Dissertation behandelte die *Haftung der Körperschaften des öffentlichen Rechtes für die Maßnahmen der Arbeiter- und Soldatenräte.* Diese Untersuchung belegt, daß Yorck ohne Einschränkung auf dem Boden des Weimarer Verfassungsstaates stand und sich in dieser Hinsicht von manchen Standesgenossen unterschied, die sich gerade in den Krisenjahren der Republik zur Monarchie bekannten. Vermutlich war auch diese recht positive Haltung gegenüber der Republik für die Kreisauer konstitutiv, so wenig sie dabei auch der Wunsch prägte oder einte, die Weimarer Verfassungsordnung wiederherzustellen. In seiner Dissertation deutete Yorck die Novemberrevolution nicht als das Ende des Deutschen Reiches wie manche seiner konservativen Zeitgenossen, sondern er verfocht die These, die Übertragung der monarchischen Gewalt an die neuen Machthaber sei als Geburtsstunde der Republik und als Ausgangspunkt einer neuen Legitimität zu deuten. Deshalb bekannte er sich zur neuen Republik, die überdies durch die Wahl der neuen verfassunggebenden Nationalversammlung auf einer breiten demokratischen Grundlage ruhe. Aus diesem Grunde konnte er auch niemals Versuche der Republikgegner teilen, die die Weimarer Republik als »Judenrepublik« oder als Herrschaft der »Novemberverbrecher« diffamierten. Überraschend bleibt angesichts seiner Haltung lediglich seine Sympathie für die Deutschnationale Volkspartei, die schließlich auch die Stimmabgabe für Hitler nach sich zog.

Yorck kritisierte zwar in dieser Zeit wie auch später politische Zeiterscheinungen, ließ seine Distanz und sein Entsetzen aber auch nach 1933 nicht in die Mißachtung der Weimarer Verfassungsordnung münden. Vermutlich aus diesem Grunde stand er den Nationalsozialisten stets mit starken Vorbehalten gegenüber, obwohl dies in der Endphase der Weimarer Republik offenbar nicht die Entscheidung für die NSDAP ausschloß, wie er am 7. August 1944 gegenüber Freisler erklärte. Man sollte dieses Bekenntnis aber nicht überbewerten, denn es besagt nur, daß Yorck wie andere seiner Freunde eine Position überwand, die er ursprünglich mit den Nationalsozialisten teilte. Auch diese Entwicklung scheint vielen Kreisauern ebenso wie den meisten Verschwörern des 20. Juli 1944 gemeinsam gewesen zu sein. Vermutlich faszinierte sie vor allem das außenpolitische Programm der NSDAP, eine Revision der Versailler Friedensordnung anzustreben. In dieser Hinsicht ähnelte Yorcks Haltung der anderer Konservativer, die Hitlers Ziele partiell durchaus positiv bewerteten und negative Erscheinungen, die sie abstießen, über Jahre hinweg durch angeblich positive Ergebnisse seiner Politik relativierten.

Yorck suchte schon früh den Gedankenaustausch mit Freunden, die wie er selbst Kritik an einzelnen politischen Erscheinungen der nationalsozialistischen Herrschaftspraxis mit einer grundsätzlichen Befürwortung einer neuen republikanischen Ordnung verbanden. Auch diese Suche nach politischen Alternativen in der Endphase der Weimarer Republik und in der Konsolidierungsphase des NS-Regimes verband ihn mit manchem anderen Regimegegner und zeigte eine wichtige Kontinuität der Regimegegnerschaft auf: In diesen Überlegungen schlug sich offenbar der Versuch nieder, Grundlinien einer neuen Form des Zusammenlebens in einen politischen Kontext einzuordnen, die über die jeweiligen Verfassungsstrukturen hinauswies.

Im Jahr 1928 lernte Yorck seine spätere Ehefrau Marion Winter, die Tochter eines höheren Beamten im preußischen Kultusministerium und Studentin der Rechtswissenschaften, auf einem Klein-Oels benachbarten schlesischen Gut kennen. 1930, unmittelbar nach ihrem gemeinsamen Studienabschluß und nach der Promotion von Marion Winter, heirateten sie und wohnten zunächst in Breslau, seit 1936 dann in Berlin. Regelmäßig kehrten sie aber nach Kauern zurück, um dort die Ferienzeit zu verbringen. Yorck arbeitete 1930 für kurze Zeit in einer Anwaltskanzlei. Er wollte Verwaltungsjurist werden und wechselte nach kurzer Tätigkeit am Amtsgericht Wansen und am Landgericht Oppeln an das Berliner Kommissariat für die Osthilfe. 1934 arbeitete er erneut im Oberpräsidium Breslau, das dem Gauleiter Josef Wagner unterstand. Wagner galt vielen als einer der »umgänglicheren« Nationalsozialisten. Er wurde 1936 von Hitler als Nachfolger von Carl Friedrich Goerdeler zum Reichspreiskommissar ernannt und versuchte augenscheinlich, unabhängig von ihrer Mitgliedschaft in der NSDAP gute Fachleute als Mitarbeiter zu gewinnen. Zu ihnen gehörte auch Yorck, den Wagner als Referenten für Grundsatzfragen übernahm. 1938 konnte Wagner auch Yorcks Beförderung zum Oberregierungsrat durchsetzen, obwohl dieser nicht der NSDAP angehörte und sich auch weigerte, aus Karriererücksichten der Partei Hitlers beizutreten. Insofern unterschied er sich von anderen Regimegegnern, die erklärten, das Regime besser von innen her bekämpfen zu können.

Schon in der Phase der nationalsozialistischen Machtergreifung hatte Yorck eine tiefe Abneigung gegen die neue politische Führung empfunden. Er verkörperte auf eine besondere Weise das Dilemma aller Regimegegner, die im Zentrum der Macht Dienst taten und so auf eine ganz persönliche Weise das Spannungsverhältnis von Opposition und Kooperation auszuhalten hatten. Wenn sich die zu vermutenden Stufen wachsender Distanzierung vom NS-Regime auch nicht mehr schlüssig nachvollziehen lassen, so ist doch unbezweifelbar, daß Yorck selbst in den ersten Jahren nationalsozialistischer Herrschaft niemals völlig von ihr fasziniert war. Vor dem Volksgerichtshof erklärte er, stets Anstoß an der Verfolgung und Entrechtung der Juden und an der Rechtsverletzung genommen zu haben. Auch in dieser Hinsicht ähnelte seine Entscheidung der anderer Regimegegner, die offenbar ihre Position im Innern der Macht nutzten, um einen Einblick in den Charakter und die Praxis des NS-Regimes zu gewinnen, die Informationen sammelten und die Absicht hegten, im Falle eines Endes der nationalsozialistischen Herrschaft Strafverfahren gegen die Verantwortlichen der Übergriffe einzuleiten.

Bemerkenswert ist so neben diesem Konflikt von Kooperation und Konfrontation stets auch die Wahrung einer sittlich reflektierten Distanz, die es Yorck gestattete, sich nicht von Erfolgen der NS-Führung beirren zu lassen, die nicht nur die Bevölkerung, sondern selbst die Regimegegner beeindruckten und diese nicht selten, vor allem in den ersten Kriegsjahren, lähmten. Weil Yorck jedoch die nationalsozialistische Politik stets sehr kritisch sah, suchte er bereits vor dem Krieg das Gespräch mit anderen, die so dachten wie er. Bei dieser Feststellung sind wir jedoch weitgehend auf schriftliche Zeugnisse angewiesen, die später entstanden. So ist nicht genau bekannt, wie Yorck auf Zäsuren nationalsozialistischer Politik reagierte, die gemeinhin als Anstoß für eine Haltung gedeutet werden, die sich gegen den Nationalsozialismus wandte: Nürnberger Gesetze, Novemberpogrom, Ausschaltung der politischen Opposition. Überliefert ist, daß Yorck unter dem Eindruck des Einmarsches deutscher Truppen in das Sudetenland seine Freunde aufforderte, bewußt dem »imperialen Denken« entgegenzutreten. Seit 1938 traf er sich regelmäßig mit Freunden und Verwandten, unter ihnen spätere Widerständler wie Fritz Dietlof Graf von der Schulenburg, Nikolaus Graf Uexküll-Gyllenband, Caesar von Hofacker, Albrecht von Kessel, Ulrich-Wilhelm Graf Schwerin von Schwanenfeld und Berthold Schenk Graf von Stauffenberg, dem Bruder des späteren Attentäters. Dieser Kreis, in dem erstmals Grundprinzipien einer neuen Verfassung für die Zeit nach dem Nationalsozialismus erörtert wurden, umfaßte bereits den Kern jener Regimegegner, die von den nationalsozialistischen Verfolgern später abschätzig als »Grafenrunde« bezeichnet wurden. Manche Anfänge dieses Kreises knüpfen an Begegnungen in der Löwenberger Arbeitsgemeinschaft an, die durch Moltke inspiriert war, oder bezogen sich auf Verbindungen zu Persönlichkeiten, die durchaus zu den Prinzipien der republikanischen Verfassungsordnung standen, sie allerdings zunehmend auf die Grundlagen der Selbstverwaltung reduzierten.

Moltke etwa dachte vor allem über die »kleinen Gemeinschaften« als einer entscheidenden Grundvoraussetzung einer Gemeinschaftsbildung auf der Grundlage der Selbstverwaltungsprinzipien des 19. Jahrhunderts nach. Yorcks Vorstellungen zielten dagegen stärker auf Prinzipien eines Staatsverständnisses, die sich nicht primär auf die Prozesse der Gemeinschaftsbildung konzentrierten, sondern das entscheidende Ziel aller staatlichen Zusammenschlüsse im Auge hatten. Deshalb wandte er sich staatsphilosophischen Fragen zu und suchte die Antworten in der abendländischen Philosophiegeschichte. Seine persönlichen Verbindungen griffen augenscheinlich einerseits weiter und führten dazu, daß Yorck eine ausgezeichnete Personalkenntnis besaß, die Freisler später spöttisch kommentierte und in Beziehung zu dem vergleichsweise niedrigen Rang eines Oberregierungsrates rückte; andererseits war der Kreis der zuverlässig Gleichgesinnten zunächst eng.

Zum Zentrum aller Versuche, Klarheit zu finden und über das »Danach« zu reflektieren, wurden in den Jahren 1940/41 rasch Moltke und Yorck; der eine ist ohne den anderen weder denkbar noch recht zu verstehen. So wurde für Yorcks weiteres Leben die außerordentlich enge Zusammenarbeit mit Helmuth James Graf von Moltke ganz entscheidend, der seit 1940 sein Denken entscheidend anregen und herausfordern konnte. Moltke arbeitete seit Kriegsbeginn im Amt Ausland/Abwehr des Oberkommandos der Wehrmacht und befaßte sich vor allem mit Völkerrechtsverletzungen durch Deutschland. Er hatte auf diese Weise gründliche Kenntnis von vielen Übergriffen und Verbrechen, die auf deutschen Befehl begangen worden waren, und er versuchte, gegenüber deutschen Dienststellen auf die Einhaltung des geltenden Kriegs- und Völkerrechts hinzuwirken. Durch seine Tätigkeit war Moltke zugleich in der Lage, sich geradezu aus erster Hand über die militärische Lage und die Herrschaftspraxis der Nationalsozialisten zu informieren. Solche Kenntnisse wurden an Yorck weitergegeben, der wiederum einen guten Einblick in Funktionsweise und Leistungsvermögen der deutschen Kriegswirtschaft und die Versorgungslage hatte. Vielleicht lag es an dieser außerordentlich guten Einsicht in wesentliche Bereiche des Regimes, daß Yorck und Moltke sich nicht von Hitlers Erfolgen blenden ließen. Denn entgegen mancher Behauptung, die Regimegegner hätten sich erst in letzter Minute zusammengefunden, um Hitler zu beseitigen und Kopf wie Stellung zu retten, ist unbezweifelbar, daß sich Yorck und Moltke in dem Augenblick fanden, als Hitler seinen Sieg der Wehrmacht über Frankreich feierte. Er stand 1940 endgültig unangefochten auf dem Höhepunkt seiner Macht. Yorck aber war ebenso wie Moltke völlig unbeeindruckt von diesem militärischen Erfolg; und beide deuteten die Niederlage Frankreichs als »Triumph des Bösen«.

Da zahlreiche Briefe Moltkes überliefert sind, können wir sein

Denken und Fühlen, nicht zuletzt aber auch sein Wollen besser einschätzen als die innere Entwicklung von Yorck, die wir immer wieder aus den Reaktionen Moltkes auf Yorcks Diskussionsbeiträge, auf dessen Pläne, Denkanstöße und Einwände erschließen müssen und möglicherweise fehldeuten; denn sehr oft drängt sich die Vermutung auf, daß Yorck auch Moltke entscheidend beeinflussen konnte. Nicht selten sind wir sogar auf die Ermittlungen der Sonderkommission angewiesen, die nach dem Anschlag auf Hitler gebildet wurde und deren Urteil über Yorck feststand: er sei »stark« in »dekadenten ... bürgerlich-christlichen Vorstellungen« befangen.[3]

Moltke und Yorck verband das starke Interesse an der Einheit des Staates in der Epoche der Auflösung vieler sozialen Bindungen und gemeinsamer Wertvorstellungen. Sie rückten die Frage nach der Stellung von Mensch und Gesellschaft an den Beginn einer möglichen Bestimmung des Politischen und des Staates und empfanden das Spannungsverhältnis zwischen der Freiheit des Individuums und dem umfassenden Einsatz des einzelnen für das Gemeinwesen aus individuellem Verantwortungsgefühl für das Ganze als eine grundlegende Herausforderung ihrer eigenen politischen Existenz. Von der Notwendigkeit staatlicher Einheit waren sie überzeugt und erblickten darin ein zentrales Ziel ihres politischen Wollens, ungeachtet der Notwendigkeit föderativer Vielfalt und politischer Selbstverwaltung auf der Grundlage kleiner Einheiten. Diese Ordnungsvorstellung schloß allerdings das Denken in europäischen Zusammenhängen nicht aus. Gerade dieser europäische Gesichtspunkt ihres Denkens erklärt dann später die Nachwirkung des Kreisauer Freundeskreises in der deutschen Nachkriegszeit, die in der Europabegeisterung fast den Ersatz eigener nationaler Identifikation erblickte.

Moltke hatte bereits in der Endphase der Weimarer Republik eine wesentliche Ursache der Klassengegensätze in dem unorganischen Verhältnis von Stadt und Land erblickt, staatliche Interventionen befürwortet, immer aber den Vorrang politischer vor wirtschaftlichen Interessen betont. Er wollte Klassengegensätze durch Bildung mildern und verlangte, daß jeder Jugendliche in der Lage sein müsse, sich mit den Vertretern von anderen Gruppen und Schichten auseinanderzusetzen, die seinen eigenen Lebenskreisen fremd waren. Wir wissen nicht genau, in welchem Maße Yorck Moltkes Vorstellungen teilte. Allerdings ist die Frage nach den Voraussetzungen ihres jeweiligen Denkens auch insofern weniger bedeutend, als beide durch den intensiven geistigen Austausch eine Synthese reformistisch-staatsoptimistischer und eher prinzipiell zurückhaltender, konservativer Grundvorstellungen erreichten. Und gewiß teilte Yorck Moltkes Absicht, es sei »unsere Pflicht, das Widerliche zu erkennen, es zu analysieren und es in einer höheren, synthetischen Schau zu überwinden und damit für uns nutzbar zu machen«. Und weiter: »Wer davor wegsieht, weil ihm entweder die Fähigkeit fehlt zu erkennen oder die Kraft, das Erkannte zu überwinden, der steckt den Kopf in den Sand. Ob man aber Einzelheiten in sich aufnimmt, ob man sie diskutiert«, das sei »gleichgültig«.[4]

Die Gespräche kreisten zunächst um Wesen, Grenzen und Ziele des Staates. Yorck, dessen Position wir auch in diesem Punkt wiederum nur indirekt aus Moltkes Briefen erschließen können, sah die Aufgabe des Staates darin, »Hüter der Freiheit des Einzelmenschen« zu sein.[5] Dabei betonte er allerdings, diese Freiheit weise auf die »Gemeinschaft« und damit auf den Staat: »Die Rückbezogenheit von Einzelmensch und Gemeinschaft scheint mir bei der Erörterung das Wesentliche und in ihr liegt die Kumulation von Recht und Pflicht, die ich als ... Hypothek auf dem Einzelmenschen bezeichnete. Damit wollte ich die Freiheit für sich selbst umwerten zu der Freiheit für die Anderen, die nach meinem Dafürhalten nur die Grundlage stattlichen Lebens sein kann.«[6] Yorck ahnte, daß die bevorstehende »Zeit der Bedrängnis«, die er »trotz der äußeren Erfolge kommen« sah, »die Pflicht zum gemeinnützigen Handeln, zum Dienen besonders hervortreten lassen wird«. Offensichtlich verkörperte die staatliche und die rechtliche Ordnung für Yorck ein »persönliches Rechtsgut des Einzelnen, der nicht der politischen Willkür des allgewaltigen

Staates ausgeliefert« sein dürfe. Hinter dieser Argumentation ist der Versuch spürbar, den »wahren Inhalt des Staates« nicht negativ aus der Tyrannis abzuleiten, sondern ihn in der protestantischen Tradition als einen »Trieb göttlicher Ordnung« zu deuten, der für den Menschen erkennbar ist.

Moltke erschienen diese Gedanken zunächst fremd, und er wurde durch seine Absicht, sich mit Yorcks Position auseinanderzusetzen, angestoßen, selbst über das Verhältnis von Moralempfinden des einzelnen und der Verantwortung des Staates nachzudenken und so das zentrale Thema der Diskussionen im Kreisauer Kreis in den Blick zu rücken. Moltke neigte offenbar dazu, das Wesen des Staates aus der Kritik der nationalsozialistischen Tyrannis zu entwickeln, während Yorck den Staat positiv als Ausdruck einer »göttlichen Ordnung« zu begreifen versuchte. Er stand unter dem Einfluß einer christlich geprägten konservativeren Staatstheorie und wollte deshalb die Staatslehre, die er in die Gesamtzusammenhänge der europäischen Geistesgeschichte einordnete, aus der Theologie begründen. Moltke konnte diese Absicht nicht teilen, denn für ihn mußte das Staatsrecht die Voraussetzungen für menschenwürdiges Handeln und Verhalten auf der Grundlage der Vernunft schaffen. Während Yorck zu der Ansicht hinneigte, die Staatslehre habe ihren letzten Grund in sich selbst, erblickte Moltke in ihr eher die Voraussetzung für die Verbreitung allgemein akzeptierter Geltungsgründe staatlicher Wirklichkeit und bezweifelte deshalb die Möglichkeit, eine Staatsethik aus der göttlichen Offenbarung abzuleiten.

Yorck hingegen beharrte auf seiner christlich-humanistischen Grundanschauung und betonte erneut, daß sich die Staatslehre nur theologisch begründen lasse. In Moltkes Verständnis von der gesinnungs- und situationsbezogenen Verantwortung des einzelnen vermißte er hingegen die Möglichkeit zur »Hingabe«. Ausdrücklich wollte er sich deshalb von Max Webers Staats- und Gesellschaftsverständnis absetzen, indem er die »eigentliche Menschenwürde« zum Bezugspunkt seines Denkens machte. In seinen Überlegungen bezog sich Yorck allerdings nach eigenem

Bekunden auf Tillich, einen Hauptvertreter der »Religiösen Sozialisten«, und knüpfte an die Thesen der antiken Staatsphilosophie an, die das Wesen des Menschen und das Ziel seines Lebens aus der Bestimmung menschlicher Existenz zu begründen suchte. Aufgabe der Politik sei es, dem Menschen ein Leben zu ermöglichen, welches die Erfüllung seines eigentlichen Zieles gestatte. In der Konsequenz dieses Gedankengangs lag es, wenn Yorck hervorhob, »der Staat (habe) einen Sinn, soweit er sich ausrichtet nach dem Maßstab des Reiches Gottes, nämlich durch den freien Menschen die richtige Ordnung der Dinge zu verwirklichen«. In dieser Überzeugung formulierte Yorck eine Staatsethik, die den Staat als eine Art »Staatspersönlichkeit« oder als »moralischen Staat« begriff und den Staatsmann verpflichtete, sich die Menschen nicht zu unterwerfen, sondern ihnen zu dienen. Dies bot offensichtlich die Grundlage einer Annäherung der unterschiedlichen Prinzipien. Verteidigte Moltke seine Ansicht, die Gestaltung der Wirtschaft stelle für den modernen Staat eine zentrale Aufgabe dar, die zur »Erfüllung des Staates und des Einzelnen« gehöre, so blieb für Yorck die Frage nach dem Verhältnis von Staat, Wirtschaft und christlichem Glauben von entscheidender Bedeutung.

Moltke und Yorck trafen sich etwa vier Wochen später, um ihre unterschiedlichen Auffassungen auszugleichen, nachdem Yorck noch einmal seine Position ausführlich begründet hatte. Yorck, der das Ziel des Staates nunmehr auch aus der »Weltordnung« selbst, nicht mehr vorwiegend aus dem Glauben bestimmen wollte, stimmte am Ende dieser »Phase des Abtastens« mit Moltke weitgehend darin überein, daß der »Einzelne« der letzte Rechtfertigungsgrund und der entscheidende Bezugspunkt staatlichen Handelns sei. Moltke faßte das Ergebnis gemeinsamen Bemühens um die zentrale Aufgabe der Politik am Ende ihrer Gespräche in den Worten zusammen: »Es gibt keinen christlichen Staat ... Der Sinn des Staates besteht darin, Menschen die Freiheit zu verschaffen, die es ihnen ermöglicht, die natürliche Ordnung zu erkennen und zu ihrer Verwirklichung beizutragen.« Andererseits ging auch Yorcks Position nicht verloren, denn Moltke schrieb, für den Staat gebe es »keine ethischen Gebote«. Die Aufgabe des Staatsmannes sei es, »den Sinn des Staates zu erfüllen«. Sie erfordere von ihm »Erkenntnis, Selbstverleugnung und Selbstsicherheit, welche ... nur aus der christlichen Offenbarung geschöpft« werden könne.[7] Alle weiteren Grundfragen politischen Zusammenlebens wurden seitdem auf dieses Grundproblem einer Bestimmung des Staates bezogen, der politisch - als Form des Zusammenlebens in einem Gemeinwesen - definiert wurde. Bemerkenswert ist weiterhin, daß Yorck und Moltke nicht spekulierten, sondern stets versuchten, ihre Erfahrungen und Positionen mit sämtlichen Staatstheorien zu vergleichen, die im Laufe der Jahrhunderte in der europäischen Geistesgeschichte entwickelt worden waren.

Die intensiven theoretischen Klärungsversuche und die gleichzeitige berufliche Praxis der beiden führenden Kreisauer machen deutlich, in welchem Maße sich Distanzierung und Kritik, Engagement und Verstrickung gegenseitig bedingten und beeinflußten. Zu jener Zeit, als Yorck sich endgültig vom NS-Staat abwandte, arbeitete er als Referent für Organisations- und Grundsatzfragen im Reichskommissariat für Preisbindung Berlin. Vermutlich hatte er durch diese Tätigkeit Kontakt zum Freiburger Kreis um die Wirtschaftswissenschaftler Walter Eucken und Adolf Lampe bekommen, die begonnen hatten, Fragen der Preisbildung auf Grundfragen marktwirtschaftlicher Ordnung zurückzuführen.

Nach der Amtsenthebung des Reichspreiskommissars Wagner im Jahr 1941 wurde Yorck 1942 in die Wehrmacht eingezogen und in den Wirtschaftsstab Ost, eine Dienststelle des Oberkommandos der Wehrmacht in Berlin, versetzt. Die Hintergründe dieser Versetzung sind heute nicht mehr aufzuklären. Es ist aber zu vermuten, daß sie im Einklang mit den Absichten der neu belebten Opposition stand, die verschiedenen Stränge der Regimegegnerschaft, deren Kern sich seit 1938 trotz zahlreicher Rückschläge gefestigt hatte, wieder stärker zu verbinden. Dies zeigten auch die erneuten Versuche von Yorck, den freundschaftlichen

Dialog mit Moltke auf eine neue Ebene zu führen: Bereits Ende September 1941 hatte eine wichtige Unterredung zwischen Yorck, Moltke und Generaloberst Ludwig Beck stattgefunden, die Moltke mit der Hoffnung verband, daß sie »zum Schmieden des Eisens beiträgt«. Einen Tag später trafen sich Yorck, Mierendorff, Haubach und Moltke. Damit wurden nicht nur die Verbindungen zum militärischen Widerstand enger, sondern auch der Kreis der Partner erweitert, mit dem politische Kontroversen auszutragen waren. Ende Dezember vertraute Ulrich von Hassell seinem Tagebuch eine Begegnung mit Yorck an, diesem »echten Sproß seiner geistig hochstehenden, aber meist theoretisierenden Familie«,[8] der deshalb wenig später als »Droysen«[9] bezeichnet wurde. Die Grundstimmung dieser Begegnungen überlieferte Moltke in einem Brief an seine Frau: »Die Tage rasen dahin. Es kommt mir so schnell vor, weil ich den Verfall sehe und jeder Tag, der vergeht, ohne daß diesem Elend und Morden Einhalt geboten ist, einem verpaßten Jahr gleichkommt.«

Neben der theoretisch gründlich reflektierten Entscheidung, aus der Kritik an den Entwicklungen seiner Zeit heraus Grundfragen einer nachnationalsozialistischen Neuordnung zu entwerfen, mochte aber auch der Tod seines jüngeren Bruders Heinrich, der in der ersten Märzhälfte 1942 in Rußland gefallen war, einen weiteren Schub an Distanz gegenüber den Zeitverhältnissen verschafft haben. Yorck, der sehr an seinem Bruder gehangen hatte, gelang es, den Leichnam in der Familiengruft auf dem Gut Klein-Oels beisetzen zu lassen. Welch grundsätzliche Bedeutung dieser Tod für seine Weltsicht hatte, verriet ein Brief an den Diplomaten Albrecht von Kessel, in dem es hieß: »Die Werte, die sie zu lieben trachteten und für die sie starben, . . . sind bedroht, das fühlen manche Kämpfer hüben und drüben, und dies Fühlen zeigt ihnen die Gefahr, von welcher das Bild des Menschen heute bedroht ist.«[10]

Der Verlust des Bruders verstärkte in Yorck aufs neue religiöse Empfindungen und schärfte seinen Blick für die Erscheinungen seiner Zeit. Seine Überlegungen richteten sich nun nicht mehr allein an den Kreis der Freunde um Moltke, sondern bestimmten zunehmend sein ganzes Leben und Denken. Immer wieder wurden aus alltäglichen Beobachtungen und Lebenserscheinungen grundsätzliche Gedanken abgeleitet: über den Wert von Gesprächen, über den Menschen als Gemeinschaftswesen oder die Stimmungslage als einen trügerischen Schein der Wirklichkeit, nicht zuletzt über das Ziel des Lebens. Auch die Bedeutung der Gespräche im Freundeskreis wurde ihm zunehmend bewußter. Prinzipielle Überlegungen und distanzierende Kritik gingen so immer stärker eine enge Verbindung ein, wie schlaglichtartig eine Bemerkung aus einem Brief an Heinrich Graf von Luckner vom Frühjahr 1942 erhellt: »Die offizielle Aufgabe des Rechtes als der Ordnung des Volkslebens ist eben noch eindrucksvoller als seine Beugung und sein Bruch, den man mit Staatsraison zu entschuldigen nur zu leicht geneigt war. Es gibt auch jetzt hier nur ein klares entweder-oder und dieses vor eine Entscheidung gestellt sein läßt alle Menschen nach dem Stande ihrer Sensibilität und Geistigkeit unterschieden sich daraufhin prüfen, inwieweit das Recht für sie doch noch ein lebendiger und integrierender Teil des Gemeinschaftslebens ist. Nutzen und Willkür sind die Pole der anderen Seite: sie werden wohl nicht attraktiver dadurch, daß man sie gemein nennt.«[11]

Bestimmte im Sommer 1940 das Problem die Gespräche, wie sich Wesen, Ziel und Grenzen des Staates bestimmen ließen, so rückten seit 1942 Fragen der staatlichen Neuordnung in den Mittelpunkt des Interesses. Sie waren für Yorck offenbar nur denkbar vor dem Hintergrund einer unausweichlichen Korrektur nationalsozialistischer Verbrechen in den Gebieten deutscher Besatzungsherrschaft und der Wiedergutmachung im Innern. In dieser Kritik an der Besatzungspraxis traf sich Yorck mit anderen Regimegegnern aus der militärischen Opposition.

Ende 1942 wurde immer erkennbarer, wie wichtig es war, den Freundeskreis gezielt zu erweitern. Vertrauensleute mußten gesucht, überzeugt und eingeweiht werden, die in der Zeit unmittelbar nach dem Ende des NS-Regimes für eine Übergangszeit zur

Verfügung stehen sollten. In diese Zeit des Werbens fielen auch zahlreiche Überlegungen zur Neugliederung der Verwaltungsstrukturen. Damit wurden die Planungen noch konkreter. Allen Beteiligten war klar, daß sie in einer konspirativen Unternehmung steckten. Yorck verwendete immer häufiger Tarnnamen für seine Gesprächspartner, um im Falle einer Entdeckung oder Unterwanderung der Gruppe durch Spitzel der Gestapo den Zugriff zu erschweren. Nach den spärlichen Zeugnissen, die aus dieser Phase konspirativer Verschwörung vorliegen, scheint Yorck neben Schulenburg die Organisationsprobleme nach einem gelungenen Umsturz am deutlichsten erkannt zu haben. Es ging ja nicht mehr allein um die Vorbereitung des Anschlags aus dem Kreis der regimekritischen Militärs, der unmittelbaren Zugang zur Führungsspitze hatte, es handelte sich aber auch nicht mehr allein um das »Denken« an die Zeit danach, sondern es ging im Zuge konkreter Umsturzpläne um die Voraussetzungen für neue Verwaltungs- und Herrschaftsstrukturen und insbesondere um die Frage konkreter Machtausübung in der Stunde des Machtvakuums nach einem Anschlag auf Hitler.

Aus diesem Grunde war es wichtig, einen kleinen Kreis von »politischen Beauftragten« zu finden, die den militärischen Beauftragten in den Wehrkreisen an die Seite traten und den Anspruch auf eine Dominanz des Politischen verkörperten. Erste Überlegungen kreisten deshalb um die Frage, welche zuverlässigen Mitstreiter die Aufgaben eines »Landverwesers« wahrnehmen könnten. Im Sommer 1943 wandten sich Yorck und Moltke über Alfred Delp, den führenden Katholiken im Kreisauer Freundeskreis, an den ehemaligen Bayerischen Gesandten Franz Sperr, der als entschlossener Gegner des NS-Staates aus bayerisch-partikularistischer Überzeugung galt und in München einen eigenen Kreis um sich gesammelt hatte. Sperr, der wegen seiner Kenntnis der Umsturzpläne später zum Tode verurteilt und am selben Tage wie Moltke hingerichtet wurde, verschloß sich jedoch der Bitte von Yorck und Moltke. Er wird häufig als Antipode der Kreisauer bezeichnet: Katholisch, föderalistisch und monarchistisch gesonnen, schien er dort in Grundfragen festgelegt, wo die Kreisauer noch Gründe und Gegengründe zu klären suchten.

Der Versuch, die Basis der Umsturzbewegung zu erweitern, vergrößerte allerdings das Dilemma konspirativer Aktivität: Einerseits darauf angewiesen, den Kreis der Mitwisser sehr klein zu halten, mußten andererseits zahlreiche Vertraute geworben werden. Yorck ergänzte sich in dieser Hinsicht mit Moltke und den Jesuiten des Kreisauer Kreises. So ist überliefert, daß er den Berliner Bischof Preysing zu gewinnen suchte. Andererseits wollten und mußten die Verschwörer den Kreis der Mitwissenden möglichst klein halten. Im Januar 1943 trafen sich Moltkes und Yorcks Freunde mit Goerdeler, Beck, von Hassell, Popitz und Jessen, die als Vertreter eines stärker politisch-konservativ geprägten Widerstands galten, um ihre unterschiedlichen, teilweise konträren Zukunftsvorstellungen abzuklären. Hassell empfand die »große Aussprache« als Ausdruck des Gegensatzes von »Jungen« und »Alten«. In den Augen der Kreisauer Freunde war es zunächst nicht leicht, die Gegensätze zwischen den Gruppen auf den Punkt zu bringen: »Es war sehr merkwürdig, weil wir . . . überhaupt nicht recht zum Konflikt kamen, sondern jeder Versuch, auf die Grundsätze vorzustoßen, von der anderen Seite ins Leichtere, Verbindliche umgebogen wurde. Schließlich ergab sich eine Chance . . . Nach einigem Vorgeplänkel von uns kam eine wirklich tolle Erklärung heraus: platt, phantasielos usw.«[12]

Die Diskussionen zwischen den Gruppen wurden später durch den Zwang zum Handeln abgeschliffen und auch in der Konfrontation mit den praktischen Erfordernissen überbrückt. Dabei kamen die Beteiligten wohl auch zu der Überzeugung, daß nicht alle kontroversen Fragen vor einem Umsturz beantwortet werden mußten. Unstimmigkeiten konnten auch noch dann geklärt werden, wenn nach gelungenem Staatsstreich die Neuordnung tatsächlich zu verwirklichen war. Insgesamt kam es zu einer charakteristischen Aufspaltung der oppositionellen Bestrebungen, zur Gleichzeitigkeit von Denken, Planen und konspirativer Tätigkeit auf verschiedenen Ebenen. Neben die notwendige theoretische Klärung trat zunehmend der Zwang zu handeln. Die Quellen erlauben vor allem, die Diskussionen über die Neuordnung klar nachzuzeichnen, die in Form der Kreisauer Notizen, Entwürfe und Beschlüsse zuverlässig überliefert worden sind. Sie können hier nicht nachgezeichnet werden.

Neben Yorcks Schwester Irina, von den Kreisauer Freunden Moro genannt, nahm auch seine Frau Marion häufig an den Diskussionen der Kreisauer teil, nicht zuletzt weil nach der Zerstörung von Moltkes Wohnung sehr viele Gespräche in dem Berliner Haus des Ehepaares Yorck nahe dem Botanischen Garten geführt wurden. Hier konnten während des Krieges die Freunde in der Wohnung Unterschlupf finden, hier wurden sie versorgt und fanden eine Anlaufstelle, die bei konspirativer Arbeit in gleicher Weise riskant und unabdingbar war. Yorck befaßte sich vor allem mit allgemeinen Verfassungsfragen und kam dadurch mit Fritz Dietlof von der Schulenburg in engeren Kontakt, mit dem er wohl die Grundzüge der Verwaltungsneuordnung diskutierte. Die Prinzipien, die Yorck durchgesetzt sehen wollte, hat Ger van Roon wie folgt zusammengefaßt: klare demokratische, führungsfähige Konstruktion, bundesstaatlicher Reichsaufbau, Begrenzung der zentralen Regierungsgewalt durch föderalistische Entscheidungsstrukturen und eigene Zuständigkeiten der Länder, Selbstverwaltung in Kreisen und Gemeinden sowie eine wirtschaftsständische Organisation der Interessenvertretung.

Hinzu kam eine ganz starke und feste Religiosität und ein geradezu unerschütterliches Vertrauen in die Bedeutung des Rechts als der Grundlage politischen Zusammenlebens. So traten an die Stelle der untergegangenen Gesellschaftsformen, die Yorck zunächst pessimistisch diagnostizierte, ein neues Bild des Gemeinwesens und die Erwartung, daß mit dem Untergang der alten Ordnung eine Neuordnung als Folge von Wandlung und Erneuerung entstehen sollte. Aus dieser Überzeugung sprach der moderne Konservatismus, der Yorcks Denken prägte: nicht den untergegangenen Verhältnissen nachzutrauern oder sie zu beklagen, sondern aus reflektierten Grundprinzipien die Konturen einer neuen Ordnung zu schaffen.

Dreimal fanden in Kreisau größere Zusammenkünfte statt, von deren Ergebnissen wir nur die Neuordnungsvorstellung, nicht aber den Anteil des einzelnen Mitglieds an den Klärungsprozessen kennen. Die Forschung behilft sich damit, immer wieder die Einheit hervorzuheben, die die Kreisauer angeblich verkörperten - sicherlich ein zu harmonisierendes Bild, das verrät, in welchem Maße bis heute die Hauptleistung der Kreisauer verkannt wird, als Ergebnis einer heftigen und prinzipiell ausgetragenen Kontroverse zu einem tragfähigen Kompromiß zu gelangen. Man nimmt an, daß die zentrale Forderung der Kreisauer, das Recht wiederherzustellen, einen Grundgedanken Yorcks aufnimmt. Dies betrifft auch die Forderung, die »Rechtsschänder« nicht der Rache ihrer Zeitgenossen und der Überlebenden nationalsozialistischer Gewaltverbrechen auszuliefern, sondern in streng rechtsstaatlichen Verfahren zur Verantwortung zu ziehen. So wichtig es wäre, Yorcks Einfluß auf die weit ausgreifenden Kreisauer Positionspapiere im einzelnen nachzuweisen, so schwierig, wenn nicht unmöglich wird dies sein. Denn während dieser Tagungen schrieb Moltke, bis heute der wichtigste Bezugspunkt für die Darstellung des inneren Kreisauer Diskussionsprozesses, keine Briefe - aus diesem Grunde sind wir auf Erinnerungen angewiesen, die nur wiederholt hervorheben, daß Yorcks Beitrag nicht zu unterschätzen ist.

Eine grundlegend neue Phase seiner Auseinandersetzung mit dem Regime trat vermutlich erst nach der Verhaftung seines Freundes Moltke im Januar 1944 ein. Yorck scheint sich nach diesem Schlag gegen das Zentrum des Kreises entschlossen zu haben, den Umsturz nun ganz stark zu unterstützen, zumindest versuchte er in den Verhören zwischen dem 21. Juli und der Verhandlung vor dem Volksgerichtshof diesen Eindruck zu erwekken. Nicht zu entscheiden ist allerdings, ob die scharf akzentuierte Datierung seines Entschlusses nicht vor allem dem Schutz seines Freundes Moltke diente, denn wenn es Yorck gelang, Moltke aus den Ermittlungen zur Vorgeschichte des Anschlages herauszuhalten, dann – und nur dann – hatte dieser eine Überlebenschance. Daraus erklärt sich dann auch die Hervorhebung der entscheidenden Funktion Stauffenbergs für die innere Willensbildung: Stauffenberg war bereits erschossen worden und konnte deshalb folgenlos belastet werden. Unbestreitbar ist allerdings, daß die Verhaftung Moltkes als schwerer Schlag empfunden und auch in seiner ganzen Gefährlichkeit gesehen wurde. Diesem Schlag war überdies der Verlust des sozialistisch gesonnenen Kreisauers Carlo Mierendorff vorausgegangen, der bei einem Bombenangriff auf Leipzig ums Leben gekommen war. Für ihn rückte Leber in das Zentrum des Kreisauer Kreises. Dessen Verhaftung Anfang Juli 1944 schien noch einmal die Gefahr der Entdeckung zu verstärken. Aber auch Leber konnte, ebenso wie Moltke, die Ermittlungsbeamten ablenken. Wie Moltke wurde auch Leber von der Gestapo zunächst nicht mit einem größer angelegten Umsturzversuch in Verbindung gebracht, über den erste Gerüchte in Berlin und Potsdam kursierten.

Erst nach dem 20. Juli 1944 wurden beide als Mitwisser der Verschwörung verhört. Moltke wurde schließlich Anfang 1945, Monate nach der Hinrichtung Yorcks, zum Tode verurteilt. Dieser Zeitabstand und die sich dadurch bietende Chance für Moltke, seine Beteiligung am Umsturzversuch abzuschwächen, sollte man berücksichtigen, ehe man Yorck als den Tatkräftigeren der beiden Freunde bezeichnet. Er war durch seine Einbeziehung in den Umsturzversuch und seine Anwesenheit im Bendlerblock in den Stunden des Scheiterns der Operation »Walküre«, aber auch durch die Möglichkeit des Handelns während Moltkes Haftzeit einfach gezwungen, aktiver einzugreifen, sich für die aus dem Umsturz hervorgehende Regierung zur Verfügung zu stellen, sich immer wieder zu entscheiden und so einen kaum übersehbaren Anteil an den Auseinandersetzungen innerhalb der Regimegegner vor dem Attentat zu übernehmen. Der Zwang zum Handeln ließ die Bemühung um theoretische Klärung immer mehr zurücktreten. Nun ging es um politische Weichenstellungen, um die

Konsensbildung zwischen den Gruppierungen des Widerstands und um einen Abgleich der Prämissen.

Yorcks Position ist nun kaum mehr auf den Begriff des Handelns aus konservativer Gesinnung zu bringen. Er wollte die Entscheidung zur Tat, er bejahte die Ermordung Hitlers, er wollte die Verantwortung für neue Legenden übernehmen und akzeptierte die persönliche Schuld, die eine Beteiligung an der Vorbereitung des Attentats und nicht zuletzt am erhofften Gelingen des Umsturzes bedeutete. Yorck war an den großen Auseinandersetzungen innerhalb der Verschwörer beteiligt und gilt als einer der Wortführer der Jungen, als enger Vertrauter von Stauffenberg und Schulenburg und als eine der wichtigsten Brücken zwischen den konspirativen Kreisen, die sich nur mühsam auf ein Programm und auf ein Personalgerüst der neuen Regierung einigen konnten. Auch diese in der Forschung immer wieder hervorgehobenen Auseinandersetzungen erschließen sich nicht leicht, denn ein großer Teil der erhaltenen Quellen stammt aus den »Kaltenbrunner-Berichten«, die wichtige Ermittlungsergebnisse der Gestapo zusammenfaßten; das heißt, sie stammten aus einer Zeit, als Yorck bereits hingerichtet war und deshalb von seinen Mitverschwörern folgenlos belastet werden konnte. Dies ist das Problem. Unbestreitbar rücken seit dem Frühjahr 1944 immer stärker auf konkrete Handlungen abzielende Überlegungen in den Mittelpunkt von Yorcks Denken, die bereits in den Unterredungen mit den Mitgliedern anderer Widerstandskreise, insbesondere mit Beck und Goerdeler, angesprochen worden waren. Er wollte nun nicht mehr vorrangig gedankliche Grundlagen einer Neuordnung legen, sondern selbst den Umsturz herbeiführen, sich aktiv an der Konspiration beteiligen und sich als verantwortlich Mithandelnder für die Zeit nach dem Umsturz zur Verfügung stellen.

Yorck hielt sich am 20. Juli 1944 im Bendlerblock auf, nachdem er in den Tagen und Wochen zuvor immer wieder Kontakt zum engsten Kreis des militärischen Widerstands gesucht hatte. Er mußte sich zur Verfügung halten, denn er sollte vermutlich als Staatssekretär des Reichskanzlers eine entscheidende Rolle bei der Durchführung des Staatsstreiches übernehmen. Deshalb wurde seine Privatwohnung in der Berliner Hortensienstraße in den Monaten vor dem Anschlag zu einem der wichtigsten Zentren der Verschwörung - trotz der steigenden Gefahr einer Aufdeckung. Ein Fehlschlag wurde immer wahrscheinlicher, denn Goerdelers rastlose Bestrebungen waren der Gestapo augenscheinlich ebensowenig verborgen geblieben wie Schulenburgs Anstrengungen, konnten aber von den Verfolgern noch nicht in einen Zusammenhang gebracht werden. Alarmierend wirkte für die Verfolgungsbehörden hingegen die Verhaftung der Kreisauer Freunde Leber und Reichwein nach einem Treffen mit Vertretern des kommunistischen Widerstands. Neben Moltke waren in den letzten Monaten vor dem »Tag X« auch andere engste Vertraute - Oster, Hans von Dohnanyi, Dietrich Bonhoeffer - verhaftet worden; zwar in anderem Zusammenhang, aber doch mit dem Ergebnis, daß sie sich nun in der Hand der Gestapo befanden und diese möglicherweise jederzeit das Netz der Konspiration entdecken und durch systematische Verhaftungen auflösen konnte. Der Kreis derer, die für einen Umsturz zur Verfügung standen und Aufgaben in Berlin, dem Zentrum der Macht, übernehmen konnten, wurde durch die Verhaftungen von Mitgliedern des engsten Verschwörerkreises zudem immer kleiner, die Notwendigkeit des Handelns immer drängender.

Viele beobachteten an Yorck in diesen Wochen eine bewundernswürdige Tatkraft, die ihren Abschluß in der aufrechten Haltung vor den Schranken des Volksgerichtshofs fand. Nach seiner Verhaftung hatten sich die Ereignisse überschlagen, und die Quellen werden immer dürftiger. Selbst seine Frau konnte ihn nur kurz aus der Ferne sehen. Sicher ist, daß Yorck einem verschärften Verhör unterzogen wurde. Mit Sicherheit wurde er geschlagen. Seine Haltung war nicht zu erschüttern. Sie zielte offensichtlich darauf, die Freunde möglichst zu decken und dem Regime nicht entgegenzukommen, ja nicht einmal ein Zeichen der Schwäche zu verraten. Deshalb betonte er in den Verhören seine grundsätzliche Entfremdung vom Regime, seine strikte Ablehnung der »Judenausrottung«[13], seinen Abscheu vor den Rechtsverletzungen und nicht zuletzt auch seine Ablehnung der nationalsozialistischen Besatzungsherrschaft. Gegenüber Freisler machte er keinerlei Konzessionen, er diente sich nicht an, er bereute nicht und machte deutlich, daß sein Handeln einem ganz grundsätzlichen Motiv entsprang: »Das wesentliche ist . . . der Totalitätsanspruch des Staates gegenüber dem Staatsbürger unter Ausschaltung seiner religiösen und sittlichen Verpflichtungen Gott gegenüber.«[14]

Der Verlauf des Prozesses konnte ihn nicht überraschen, weder die Argumentation seines Verteidigers, die Freisler entgegenkam, noch die Ausbrüche des Vorsitzenden des Volksgerichtshofes nach Yorcks Erklärungen, denn dadurch wurde deutlich, in welchem Maße der Angeklagte den Kern und Nerv des Anspruchs getroffen hatte, Nationalsozialismus und Deutschland gleichzusetzen. Yorck nutzte seine Einvernahme auch, um noch einmal die tragenden Grundsätze seiner Motivation und die Grundlinien seines Zukunftsverständnisses deutlich zu machen: »Ich bin der Überzeugung, daß eine europäische Einigung unter deutscher Führung im Zuge der Zeit liegt, aber sich nur verwirklichen läßt auf dem gemeinsamen Boden der abendländischen Vergangenheit, die im wesentlichen geprägt ist durch Hellenismus, Christentum und die Schöpfungen des deutschen Geistes.«[15]

Das Urteil war vor dem Verfahren beschlossen – es kann in seinem Tenor nicht überraschen. Dennoch macht es indirekt deutlich, daß Freisler Yorck als denjenigen wahrgenommen hatte, der Yorck sein wollte: als Verkörperung eines Denkens und einer Sittlichkeit, die völlig den Prinzipien des NS-Staates entgegengesetzt war. Freisler führte aus: »Der Angeklagte Yorck ist der typische Intellektuelle einer versunkenen Zeit, ein Mann, der hier vor Gericht steht und schöne Reden darüber schwingt, wie er sich das Leben in einem wohlgeordneten Staat denkt, und das zur Begründung dafür anführt, weshalb ihm der Nationalsozialismus nicht paßt. Ja, dem kann ich nur entgegenhalten; ihm paßt der Nationalsozialismus nicht, weil er eine Weltanschauung ist, die die Pflicht vor das Recht stellt, die die Pflicht vor das Recht stellt namentlich in einem Zeitabschnitt der deutschen Geschichte, in dem nur Pflichterfüllung seitens eines jeden Deutschen zum Erfolge führen kann. Der Angeklagte Yorck ist aber auch der typische Intellektuelle deshalb, weil er nur etwas beitragen wollte zum Gelingen des Ganzen: salbungsvolle Worte wegen einer Personalbereinigung im neuen Reich, für die er freilich an Voraussetzungen gar nichts mitbrachte ... Woher die Personalkenntnisse denn kommen sollten, wenn sie fachlichen Erwägungen entsprechen sollten, liegt, glaube ich, auf der Hand. Sie waren nämlich nicht vorhanden. Man ist deshalb wohl berechtigt, anzunehmen, daß diese Personalkenntnisse geschöpft werden sollten aus dem verwandtschaftlichen und sonstigen reaktionären Klüngel ...«[16]

Yorcks Zurückhaltung in Fragen der eigenen Karriere erklärt, weshalb er niemals der NSDAP beitrat. Dadurch blieb er trotz seiner Stellung im nationalsozialistischen Herrschaftssystem verhältnismäßig frei von einer Selbstgefährdung durch Verstrickung. Sie prägte, wie Freisler erkannte, auch seine Haltung im Widerstand. Dadurch entstand der Eindruck, daß Yorck einer Sache dienen und im Einklang mit seiner Überzeugung handeln wollte. Er war nicht in das System des Nationalsozialismus verstrickt, sondern er handelte ohne Ehrgeiz und deshalb in voller sittlicher Verantwortung. Seine Motive formulierte er in den beiden letzten Briefen aus, die er im Angesicht des Todes an seine Frau und an seine Mutter richtete. Nach seiner Verurteilung schrieb er an seine Frau Marion: »Mein Tod, er wird hoffentlich genommen als Sühne aller meiner Sünden und als Sühneopfer für das, was wir alle gemeinschaftlich tragen. Die Gottesferne unserer Zeit möge auch zu einem Quentchen durch ihn verringert werden. Auch für meinen Teil sterbe ich den Tod fürs Vaterland. Wenn der Anschein auch sehr ruhmlos, ja schmachvoll ist, ich gehe aufrecht und ungebeugt diesen letzten Gang, und ich hoffe, daß Du darin nicht Hochmut und Verblendung siehst, sondern ein Leben bis zum Tode getreu!«[17]

Der Mutter gegenüber macht er deutlich, daß er aus sittlicher

Verpflichtung gehandelt hatte, nicht aus Ehrgeiz oder Machthunger: »Das Ausmaß an innerer Not, das Menschen wie ich in den letzten Jahren zu durchleben hatten, ist gewiß nicht von denen zu verstehen, die ganz von ihrem Glauben beseelt sind, den ich nun einmal nicht teile. Dir darf ich versichern, daß kein ehrgeiziger Gedanke, keine Lust nach Macht mein Handeln bestimmte. Es waren lediglich meine vaterländischen Gefühle, die Sorge um mein Deutschland, wie es in den letzten zwei Jahrtausenden gewachsen ist, das Bemühen um seine innere und äußere Entwicklung, die mein Handeln bestimmten. Deshalb stehe ich auch aufrecht vor meinen Vorfahren, dem Vater und den Brüdern. Vielleicht kommt doch einmal die Zeit, wo man eine andere Würdigung für unsere Haltung findet, wo man nicht als Lump, sondern als Mahnender und Patriot gewertet wird. Daß die wunderbare Berufung ein Anlaß sein möge, Gott die Ehre zu geben, ist mein heißes Gebet.«[18]

Die Stunde des Todes konnte der Ernsthaftigkeit dieses Anliegens und des Wunsches, nicht als Lump, sondern als Patriot zu gelten, keinen Abbruch tun. Yorcks Leben vollendete sich wenige Stunden nach dem Urteilsspruch. Sein letzter Gang wird durch die Erinnerung eines Gefängniswärters überliefert, der auf diese Weise Zeugnis vom Ausgeliefertsein des Menschen in der Diktatur des 20. Jahrhunderts gibt: »Stellen Sie sich einen Raum mit niedriger Decke und geweißten Wänden vor. Unter der Decke war eine Schiene angebracht, an der zehn große Haken hingen, wie die, welche die Metzger brauchen, um das Fleisch abzuhängen. In einer Ecke stand eine Filmkamera, Scheinwerfer gaben ein grelles, blendendes Licht wie in einem Atelier. In diesem sonderbaren kleinen Zimmer befanden sich der Generalstaatsanwalt des Reiches, der Scharfrichter mit seinen beiden Gehilfen, der Filmoperateur und ich selbst mit einem zweiten Gefängniswärter. An der Wand stand ein kleiner Tisch mit einer Flasche Kognak und Gläsern für die Zeugen der Hinrichtung. Die Verurteilten wurden hereingeführt; sie hatten nur ihre Sträflingsanzüge an und trugen Handschellen. Sie wurden in einer Reihe aufgestellt. Grinsend und unter Witzen machte sich der Scharfrichter zu schaffen ... Einer nach dem anderen, alle zehn kamen dran. Alle zeigten den gleichen Mut. Das dauerte alles in allem fünfundzwanzig Minuten. Der Scharfrichter grinste ständig und machte dauernd seine Witze. Die Filmkamera arbeitete ohne Unterbrechung.«[19]

Den Regimegegner Yorck konnte diese Prozedur nicht mehr verletzen. Er hatte sich Stunden zuvor mit den Worten getröstet, daß Gott es so gefügt habe, wie es gekommen sei. Es gehöre zur Unerforschlichkeit seiner Ratschlüsse, die er demutsvoll annehme: »Ich glaube mich durch das Gefühl der alles niederbeugenden Schuld getrieben und reinen Herzens. Ich hoffe deshalb auch zuversichtlich, in Gott einen gnädigen Richter zu finden.«[20]

Yorck, der seine Frau vor Urteilsverkündigung und Hinrichtung nicht mehr sehen durfte, ahnte zu dieser Zeit nicht, daß die Nationalsozialisten auch die Angehörigen für die Gedanken und Taten der Widerstandskämpfer haftbar machten und deshalb Sippenhaft verhängten, Familien auseinanderrissen und ihre Privatvermögen beschlagnahmten - erst nach dem Ende des Regimes, das er verachtete, das er bekämpfte und überwinden wollte, konnte Yorck als »Patriot« gewürdigt werden, wie es seiner Hoffnung entsprach.

Anmerkungen

1 Marion Gräfin Yorck von Wartenburg, Die Stärke der Stille: Erzählung eines Lebens aus dem deutschen Widerstand, München 1987, S. 106.

2 Peter Graf Yorck an Martin von Katte, 22. 5. 1942 (Gedenkstätte Deutscher Widerstand, Bestand Yorck).

3 »Spiegelbild einer Verschwörung«. Die Opposition gegen Hitler und der Staatsstreich vom 20. Juli 1944 in der SD-Berichterstattung, hrsg. v. Hans-Adolf Jacobsen, Stuttgart 1984, Bd. 1, S. 110.

4 Moltke an seine Frau Freya, Berlin, 1. 6. 1940. Ich verzichte hier auf Seitenangaben, da Moltkes Briefe in verschiedenen Editionen vorliegen.

5 Moltke an Yorck, 18. 7. 1940.
6 Ebenda.
7 Moltke an Yorck, 31. 8. 1940.
8 Die Hassell-Tagebücher 1938–1944, hrsg v. Friedrich Freiherr Hiller von Gaertringen, Berlin 1988, S. 289.
9 Ebenda, S. 340.
10 Yorck an Kessel, 1942/43 (Gedenkstätte Deutscher Widerstand, Bestand Yorck).
11 Zit. nach Ger van Roon, Neuordnung im Widerstand: Der Kreisauer Kreis innerhalb der deutschen Widerstandsbewegung, München 1967, S. 87.
12 Moltke an Freya, 9. 1. 1943.
13 Freisler in der Einvernahme von Yorck vor dem Volksgerichtshof, in: Der Prozeß gegen die Hauptkriegsverbrecher vor dem Internationalen Gerichtshof, Bd. 33: Urkunden, Nürnberg 1949, S. 424.
14 Ebenda.
15 »Spiegelbild einer Verschwörung« (Anm. 3), S. 110.
16 Freisler (Anm. 13), S. 424.
17 Yorck an seine Frau, 8. 8. 1944, zit. nach Yorck von Wartenburg (Anm. 1), S. 111 f.
18 Annedore Leber u. a., Das Gewissen steht auf. 64 Lebensbilder aus dem deutschen Widerstand 1933–1945, neu hrsg. v. Karl Dietrich Bracher, Mainz 1984, S. 136.
19 Yorck von Wartenburg (Anm. 1), S. 125 f.
20 Yorck an seine Frau (Anm. 17), S. 107.

Bibliographie

Quellen

Ein Nachlaß Yorcks existiert nicht. Als am meisten authentische, unmittelbare Quellen müssen die stenographische Niederschrift seiner Verhandlung vor dem deutschen Volksgerichtshof am 7. und 8. August 1944, in: Der Prozeß gegen die Hauptkriegsverbrecher vor dem Internationalen Militärgerichtshof, Bd. 33, Nürnberg 1949, S. 299 ff. (Beweisstück GB 527/Dokument 3881-PS) und die wenigen Briefe Yorcks an seine Frau gelten, die sich in dem aus einem Gespräch hervorgegangenen Lebensbericht seiner Frau Marion Gräfin Yorck von Wartenburg, Die Stärke der Stille: Erzählung eines Lebens aus dem deutschen Widerstand, München 1987, finden. Der letzte Brief an Yorcks Mutter ist ausschnittweise überliefert in der Sammlung von Helmut Gollwitzer, Du hast mich heimgesucht bei Nacht: Abschiedsbriefe und Aufzeichnungen des Widerstandes 1933–1945, München 1957. Weitere wenige Briefe befinden sich im Institut für Zeitgeschichte München, Sammlung Roon, und in der Gedenkstätte Deutscher Widerstand Berlin, Bestand Yorck. Die wichtigste Überlieferung stellt neben den Briefen die Fülle von Zusammenfassungen dar, die vom SD nach dem 20. Juli 1944 über die Einzelermittlungen formuliert wurden. Sie sind gut zugänglich in der Dokumentation: »Spiegelbild einer Verschwörung«. Die Opposition gegen Hitler und der Staatsstreich vom 20. Juli 1944 in der SD-Berichterstattung, hrsg. v. Hans-Adolf Jacobsen, 2 Bde., Stuttgart 1984. Die Briefe Moltkes sind jetzt am besten zugänglich in Helmuth James von Moltke, Briefe an Freya 1939–1945, hrsg. v. Beate Ruhm von Oppen, München 1988; vgl. aber auch weiterhin Freya von Moltke u. a., Helmuth James von Moltke 1907–1945: Anwalt der Zukunft, Berlin 1984.

Literatur

Grundlegend sind die Monographien von Kurt Finker, Graf Moltke und der Kreisauer Kreis, Berlin (Ost) 1978; Detlef Graf von Schwerin, »Dann sind's die besten Köpfe, die man henkt«. Die junge Generation im deutschen Widerstand, München und Zürich 1991; ders., Die Jungen des 20. Juli 1944, Berlin 1991 (hier findet man auch gelungene Lebensskizzen) sowie vor allem Ger van Roon, Neuordnung im Widerstand: Der Kreisauer Kreis innerhalb der deutschen Widerstandsbewegung, München 1967. Bei ihm findet sich auch ein überzeugendes Lebensbild, das allerdings das knappe und erstmals 1954 in der *Frankfurter Allgemeinen Zeitung* publizierte Zeugnis nicht ersetzt, das ein Jahr später auch in der Sammlung von Annedore Leber u. a. (Hrsg.), Das Gewissen steht auf, Berlin 1955 (Neuaufl. in einem Bd. Mainz 1984) veröffentlicht wurde. Einen der letzten Versuche einer Lebensskizze unternahm Axel Frohn in: Rudolf Lill/Heinrich Oberreuter (Hrsg.), 20. Juli: Portraits des Widerstands, Düsseldorf 1984. Daneben ist auf den Ausstellungskatalog von Wilhelm Ernst Winterhager (Hrsg.), Der Kreisauer Kreis: Portrait einer Widerstandsgruppe, Berlin-Mainz 1985 zu verweisen. Zuverlässig ist ferner die Übersicht: Die Herkunft der Mitglieder des engeren Kreisauer Kreises - Das biographische und genealogische Bild einer Widerstandsgruppe, hrsg. v. d. Moltke Stiftung Berlin (= Moltke Almanach), Berlin o. J. (vermutl. 1984). Die Verbindungen zwischen Yorck und Stauffenberg verzeichnet genau Peter Hoffmann, Claus Schenk Graf von Stauffenberg und seine Brüder, Stuttgart 1992.

DIE AUTOREN DIESES BANDES

KARL OTMAR FREIHERR VON ARETIN, geb. 1923 in München; studierte Geschichte, Kunstgeschichte und Bayerische Landesgeschichte in München und promovierte 1952 mit einer Dissertation über die Politik Bayerns im Zeitalter der staatlichen Entwicklung des deutschen Bundes 1814–1820 zum Dr. phil.; Habilitation 1963 mit einer Arbeit über das Heilige Römische Reich 1776–1806: Emeritus für Zeitgeschichte in Darmstadt; seit 1968 Direktor des Instituts für Europäische Geschichte in Mainz, seit 1987 zudem Hauptschriftleiter der Neuen Deutschen Biographie. Veröffentlichungen u. a.: Papsttum und moderne Welt, München ^{2}1972; Nation, Staat und Demokratie in Deutschland. Ausgewählte Beiträge zur Zeitgeschichte, Mainz 1993.

ROMAN BLEISTEIN, geb. 1928 in Aschaffenburg/Main; studierte Philosophie, Theologie, Pädagogik und Soziologie an den Hochschulen in Pullach bei München, Frankfurt/St. Georgen und an der Universität München und promovierte 1965 mit einer Dissertation über die individuale und soziale Verfaßtheit im Wertverhalten der damaligen Jugend zum Dr. phil.; Habilitation 1973 aufgrund seiner Publikationen; seit 1973 Professor für Pädagogik an der Hochschule für Philosophie in München, seit 1977 Redakteur der *Stimmen der Zeit*. Veröffentlichungen u. a.: Alfred Delp. Gesammelte Schriften I–V, Frankfurt/M. 1982–1984 (als Herausgeber); Alfred Delp. Geschichte eines Zeugen, Frankfurt/M. 1989; Dossier: Kreisauer Kreis. Dokumente aus dem Widerstand gegen den Nationalsozialismus, Frankfurt/M. 1987 (als Herausgeber); Rupert Mayer. Der verstummte Prophet, Frankfurt/M. 1993.

Ulrich Heinemann, geb. 1950 in Bochum; studierte Betriebswirtschaft, Berufspädagogik und Geschichte an der Fachhochschule und an der Ruhr-Universität Bochum und promovierte 1981 mit einer Dissertation über die Kriegsschuldfrage in der Weimarer Republik zum Dr. phil.; seit 1991 im Range eines Regierungsdirektors Referatsleiter in der Staatskanzlei des Landes Nordrhein-Westfalen. Veröffentlichungen: Die Verdrängte Niederlage. Kriegsschuldfrage und politische Öffentlichkeit in der Weimarer Republik, Göttingen 1983; Ein konservativer Rebell. Fritz Dietlof Graf von der Schulenburg und der 20. Juli, Berlin 1990.

Peter Hoffmann, geb. 1930 in Dresden; studierte Geschichte, Germanistik und Philosophie in Stuttgart, Tübingen, Zürich, Northwestern und München und wurde 1961 mit einer Dissertation über die diplomatischen Beziehungen zwischen Württemberg und Bayern im Krimkrieg und bis zum Beginn der Italienischen Krise 1853–1859 promoviert; er ist seit 1970 Professor für deutsche Geschichte in Montreal. Veröffentlichungen u. a.: Widerstand, Staatsstreich, Attentat. Der Kampf der Opposition gegen Hitler, München [4]1985; Die Sicherheit des Diktators. Hitlers Leibwachen, Schutzmaßnahmen, Residenzen, Hauptquartiere, München/Zürich 1975; German Resistance to Hitler, Cambridge (Mass.) 1988; Claus Schenk Graf von Stauffenberg und seine Brüder, Stuttgart 1992.

Kyle Jantzen, geb. 1966, in Regina, Saskatchewan (Kanada); studiert Geschichte in Montreal und arbeitet an einer Dissertation, in der er örtliche Reaktionen auf die nationalsozialistische Weltanschauung und die Religionspolitik unter Protestanten in verschiedenen deutschen Ländern untersucht. Veröffentlichungen: mehrere enzyklopädische Artikel über Personen und Gruppen des deutschen Widerstandes.

KLEMENS VON KLEMPERER, geb. 1916 in Berlin; studierte Geschichte in Wien und Harvard und promovierte 1949 mit einer Dissertation über den deutschen Neokonservatismus 1919–1925 zum Ph. D.; Emeritus für Geschichte in Northampton. Veröffentlichungen u. a.: Konservative Bewegung zwischen Kaiserreich und Nationalsozialismus, München–Wien 1962; Ignaz Seipel. Staatsmann einer Krisenzeit, Graz–Wien–Köln 1976; A Noble Combat. The Letters of Shiela Grant Duff and Adam von Trott zu Solz 1932–1939, Oxford 1988 (als Herausgeber); The German Resistance against Hitler. The Search for Allies Abroad 1938–1945, Oxford 1992.

TILMAN MAYER, geb. 1953 in Freiburg (Brsg.); studierte Politische Wissenschaft, Philosophie und Germanistik in Freiburg und Würzburg und promovierte 1983 mit einer Dissertation über das Prinzip Nation zum Dr. phil.; seit 1993 Leiter des Bonner Büros des Instituts für Demoskopie Allensbach. Veröffentlichungen: Prinzip Nation. Dimensionen der nationalen Frage, dargestellt am Beispiel Deutschlands, Opladen 1986; Jakob Kaiser, Gewerkschafter und Patriot, Köln 1988.

HORST MÜHLEISEN, geb. 1943 in Freiburg (Brsg.); studierte Geschichte, Germanistik und Politische Wissenschaften in Freiburg und Köln und promovierte 1981 mit einer Dissertation über Kurt Freiherr von Lersner zum Dr. phil.; seit 1986 Archivar an der Universität Trier. Veröffentlichungen: Bibliographie der Werke Ernst Jüngers. Zusammen mit Hans Peter des Coudres, gest. 1977, Stuttgart 1985; Kurt Freiherr von Lersner. Diplomat im Umbruch der Zeiten 1918–1920. Eine Biographie, Göttingen/Zürich 1988; Hellmuth Stieff: Briefe, Berlin 1991 (als Herausgeber); Georges Clemenceau, Patriot und Staatsmann, Göttingen/Zürich 1994.

KLAUS-JÜRGEN MÜLLER, geb. 1930 in Hamburg; studierte Geschichte und Latein in Freiburg (Brsg.) und Hamburg und promovierte 1955 mit einer Dissertation über das britisch-französische

Verhältnis im Jahre 1940 zum Dr. phil.; 1970 Habilitation mit einer Arbeit zum Verhältnis von Armee und NS-Regime; seit 1973 bzw. 1977 Professor für Neuere und Neueste Geschichte an der Universität der Bundeswehr in Hamburg bzw. an der Universität Hamburg. Veröffentlichungen u. a.: Das Heer und Hitler. Armee und nationalsozialistisches Regime 1933–1940, Stuttgart ^{2}1989; Militär, Politik und Gesellschaft in Deutschland, Paderborn ^{4}1985; General Ludwig Beck. Studien zur politischen und militärischen Vorstellungswelt und Tätigkeit des Generalstabschefs des deutschen Heeres 1933–1938, Boppard 1980 (als Herausgeber); Armee und Drittes Reich 1933–39. Darstellung und Dokumentation, Paderborn ^{2}1989.

BEATE RUHM VON OPPEN, geb. 1918 in Zürich; studierte Neuphilologie in Birmingham; em. Professorin für Geschichte in Annapolis (USA). Veröffentlichungen u. a.: Documents on Germany under Occupation 1945–1954, London 1955 (als Herausgeberin); Religion and Resistance to Nazism, Princeton 1971; Helmuth James von Moltke, Briefe an Freya 1939–1945, München ^{2}1991 (als Herausgeberin; englischsprachige Ausgabe London 1991).

REINER POMMERIN, geb. 1943 in Rees am Rhein; studierte Neuere und Anglo-Amerikanische Geschichte in Bonn und Köln und promovierte 1976 mit einer Dissertation zum Verhältnis des Dritten Reiches zu Lateinamerika zum Dr. phil.; 1984 Habilitation mit einer Arbeit zum Thema »Die USA in der Politik der Reichsleitung 1890–1917«; seit 1992 Professor für Neuere und Neueste Geschichte in Dresden. Veröffentlichungen u. a.: Sterilisierung der Rheinlandbastarde. Das Schicksal einer farbigen deutschen Minderheit 1918–1937, Düsseldorf 1979; Der Kaiser und Amerika. Die USA in der Politik der Reichsleitung 1890–1917, Köln/Wien 1986; Von Berlin nach Bonn. Die Alliierten, die Deutschen und die Hauptstadtfrage nach 1945, Köln/Wien 1989; (als Autor zusammen mit Johannes Steinhoff) Strategiewechsel. Bundesrepublik und Nuklearstrategie in der Ära Adenauer-Kennedy, Baden-Baden 1992.

Ken Reynolds, geb. 1967 in Trenton, Ontario (Kanada); studiert Geschichte in Montreal und arbeitet an einer Dissertation über das Deutsche Reichsgericht im 19. Jahrhundert. Veröffentlichte verschiedene enzyklopädische Artikel zu Persönlichkeiten des nationalsozialistischen Deutschlands, des deutschen Widerstandes und zur Geschichte des Zweiten Weltkrieges in Europa.

Gregor Schöllgen, geb. 1952 in Düsseldorf; studierte Geschichte, Philosophie und Sozialwissenschaften in Bochum, Berlin, Marburg und Frankfurt/M. und promovierte 1977 mit einer Untersuchung zum Werk Max Webers zum Dr. phil.; 1982 Habilitation mit einer Arbeit zum Komplex »Deutschland, England und die orientalische Frage 1871–1914«; seit 1985 Professor für Neuere und Neueste Geschichte an der Universität Erlangen. Veröffentlichungen u. a.: Das Zeitalter des Imperialismus, München [2]1991; Ulrich von Hassell. Ein Konservativer in der Opposition, München 1990; Die Macht in der Mitte Europas. Stationen deutscher Außenpolitik von Friedrich dem Großen bis zur Gegenwart, München 1992; Angst vor der Macht. Die Deutschen und ihre Außenpolitik, Frankfurt/M./Berlin 1993.

Helena P. Schrader (geb. Page), geb. 1953 in Ann Arbor, Michigan (USA); studierte Geschichte und Politikwissenschaften in Ann Arbor und Lexington und promovierte 1991 mit einer Biographie Friedrich Olbrichts zum Dr. phil.; seit 1992 Referentin in der Treuhandanstalt (Berlin). Veröffentlichungen: General Friedrich Olbricht. Ein Mann des 20. Juli, Berlin/Bonn 1992.

Peter Steinbach, geb. 1948 in Lage (Lippe); studierte Geschichte, Politikwissenschaften, Philosophie und Volkswirtschaftslehre in Marburg und Berlin und promovierte 1973 mit einer Dissertation über Industrialisierung und Sozialsystem im Fürstentum Lippe im 19. Jahrhundert zum Dr. phil.; 1978 Habilitation mit einer Arbeit über die Wahlkämpfe im Bismarckreich 1865–1881; seit 1992 Professor für Politikwissenschaften in Berlin sowie dort wiss. Leiter der Forschungsstelle Widerstandsgeschichte der FU und der Gedenkstätte Deutscher Widerstand. Veröffentlichungen u. a.: Politisierung und Nationalisierung der Region im 19. Jahrhundert, 2 Bde., Passau 1989; Nationalsozialistische Gewaltverbrechen. Die Diskussion in der deutschen Öffentlichkeit, Berlin 1981; Sozialdemokratie und Verfassungsordnung, Opladen 1983; Die Zähmung des politischen Massenmarktes. Wahlen und Wahlkämpfe im Bismarckreich 1865–1881, 3 Bde., Passau 1991.

Susanne Strässer, geb. 1966 in Bad Pyrmont; studierte Neuere Geschichte, Osteuropäische Geschichte und Politologie in Münster (Westf.); Doktorandin bei Hans-Ulrich Thamer.

Enrico Syring, geb. 1960 in Göttingen; studierte Geschichte, Geographie, Politikwissenschaften und Pädagogik in Göttingen, Köln und Bonn und promovierte 1993 mit einer umfassenden Synthese von Hitlers Weltanschauung zum Dr. phil.; Veröffentlichungen u. a: Die braune Elite II. 21 weitere biographische Skizzen, Darmstadt 1993 (als Herausgeber zusammen mit Ronald Smelser und Rainer Zitelmann); Hitler. Seine politische Utopie, Berlin/Frankfurt/M. 1994.

Hans-Ulrich Thamer, geb. 1943 in Rotenburg (Fulda); studierte Geschichte, Latein und Politikwissenschaft in Marburg und Berlin und promovierte 1971 mit einer Untersuchung zur französischen Sozialkritik des 18. Jahrhunderts zum Dr. phil.; 1980 Habilitation mit einer Arbeit zur Ideen- und Sozialgeschichte des französischen Frühsozialismus; seit 1983 Professor für Neuere Geschichte in Münster (Westf.). Veröffentlichungen u. a.: Revolution und Reaktion in der französischen Sozialkritik des 18. Jahrhunderts. Linguet, Mably, Babeuf, Frankfurt/M. 1973; Faschistische und neofaschistische Bewegungen. Probleme empirischer Faschismusforschung, Darmstadt 1977 (als Herausgeber zusammen mit Wolfgang Wippermann); Verführung und Gewalt.

Deutschland 1933–1945, Berlin 1986 (= Die Deutschen und ihre Nation, Bd. 5).

ROMEDIO GRAF VON THUN-HOHENSTEIN, geb. 1952 in Salzau (Holstein); studierte Geschichte und Philosophie in Kiel und München und promovierte 1980 mit einer Biographie Hans Osters zum Dr. phil. Seit 1984 forstwirtschaftlicher Unternehmer und freier Historiker. Veröffentlichungen u. a.: Der Verschwörer. General Hans Oster und die Militäropposition, Berlin 1982.

RAINER ZITELMANN, geb. 1957 in Frankfurt/M.; studierte Geschichte und Politikwissenschaft in Darmstadt und promovierte 1986 mit einer Arbeit zum Selbstverständnis Hitlers zum Dr. phil.; seit 1993 Ressortleiter »Geistige Welt« der Tageszeitung *Die Welt*. Veröffentlichungen u. a.: Hitler. Selbstverständnis eines Revolutionärs, Stuttgart [3]1991; Demokraten für Deutschland. Adenauers Gegner - Streiter für Deutschland, Frankfurt/M./Berlin 1993; Westbindung. Chancen und Risiken für Deutschland, Frankfurt/M./Berlin 1993 (als Herausgeber zusammen mit Karlheinz Weißmann und Michael Großheim); Die braune Elite II. 21 weitere biographische Skizzen, Darmstadt 1993 (als Herausgeber zusammen mit Ronald Smelser und Enrico Syring).

Abbildungsnachweis

Ullstein Bilderdienst (S. 71, 126, 152, 184, 311, 328, 344)
Bundesarchiv (S. 26, 56, 94, 108, 202, 233)
Süddeutscher Verlag, Bilderdienst (S. 169, 218)
Archiv der Oberdeutschen Jesuitenprovinz/München (S. 44)
Gedenkstätte Deutscher Widerstand (S. 138, 261)
Privat (S. 247, 287)

PERSONENREGISTER